일러두기

- 각주는 편집자 주, 미주는 저자 주입니다.
- 본문에서 성경 구절을 개역개정과 다르게 번역한 경우에는 해당 구절 개역개정을 각주에 따로 넣었습니다.
- 성경은 주로 개역개정을 사용했지만, 필요한 경우 새번역과 (외경인 경우) 공동번역도 사용했습니다.

죄의 역사
Sin: a history

게리 A. 앤더슨 지음 | 김명희 옮김 | 김선용 감수

Sin: a history
by Gary A. Anderson
Copyright ⓒ 2009 by Yale University

Originally published by Yale University Press.
All rights reserved.

Translated and used by arrangement of Yale Representation Limited, London, UK through rMaeng2, Seoul, Republic of Korea.
This Korean edition ⓒ 2020 by Viator, Paju-si, Gyeonggi-do, Republic of Korea.

이 한국어판의 저작권은 알맹2 에이전시를 통하여 Yale Representation Limited와 독점 계약한 비아토르에 있습니다. 신 저작권법에 의해 한국 내에서 보호를 받는 저작물이므로 무단전재와 무단복제를 금합니다.

두 아들
크리스토퍼 마이클과 매튜 토비아스에게
시편 127:3-5

너희를 위하여 보물을 땅에 쌓아 두지 말라. 거기는 좀과 동록이 해하며 도둑이 구멍을 뚫고 도둑질하느니라. 오직 너희를 위하여 보물을 하늘에 쌓아 두라. 거기는 좀이나 동록이 해하지 못하며 도둑이 구멍을 뚫지도 못하고 도둑질도 못하느니라. 네 보물 있는 그곳에는 네 마음도 있느니라.

마태복음 6:19-21

차례

8 — 머리말
14 — 약어표

1부 문제 제기

19 — 1장 죄는 무엇인가?
39 — 2장 져야 할 짐
57 — 3장 갚아야 할 빚

2부 부채 상환

79 — 4장 속량과 변제
99 — 5장 고대의 채권자, 예속 노동자, 땅의 신성함
131 — 6장 채무 기한 연장
165 — 7장 대출금과 랍비 현자들
189 — 8장 초기 기독교의 속죄 사상

3부 선행으로 빚을 상쇄하기

227 — 9장 구제로 죄를 속량하라
257 — 10장 행위로 인한 구원?
277 — 11장 하늘의 보고
317 — 12장 하나님이 인간이 되신 이유

339 — 주註
394 — 찾아보기
402 — 자료 찾아보기

머리말

이 책은 내가 버지니아대학교에서 교직을 시작하기 여러 해 전에 시작되었다. 나는 사해사본 중에서 발견된 가장 중요한 사본인 《다메섹 규약Damascus Covenant》을 읽으면서, 인간의 죄를 히브리 성경과 사뭇 다르게 표현한다는 사실을 알아챘다. 성경에서 죄에 대한 가장 흔한 비유는 한 개인이 져야 하는 짐인 반면, 내가 읽던 그 사본에서는 죄를 갚거나 탕감해야 빚으로 보았다. 그 부분을 곰곰이 생각하는 동안 나는 이 사본이 성경적 사고의 주요한 전환점을 보게 해 주는 투명한 창문 역할을 함을 알았다. 주기도문의 헬라어 원문이 "우리가 우리 채무자에게 빚을 탕감해 준 것같이 우리 빚을 탕감해 주소서"라는 것을 알면, 이 사실이 분명해진다. 신약성경의 상당 부분, 그리고 랍비 문헌과 아람어 기독교 문서는 모두 죄를 주로 '빚'으로 비유한다. 그렇다면 사해사본은, 이후 유대교와 기독교에서 두드러지게 강조한 중요 전환점을 나타내는 것이다.

계속 연구를 하면서 보니 내가 하고자 하는 이야기는 생각보다 훨씬 방대했다. 죄를 빚으로 여기기 시작한 시대에는, 인간의 선행을 일종의 공로나 공적credit[채권, 대변]으로 여긴다.* 이는 먼저 토비트서에 분명히 나타난다. 그 책은 가난한 자들을 구제하면 그 선행을 베푼 사람에게는 '하늘 보고寶庫'가 생긴다고 알려 준다. 위기에 처했을 때 죄의 빚을 갚는 데 그 보고를 사용할 수 있다.** 이러한 생각에서, 유대교에서 중요한 '조상들의 공로' 개념이 나오게 된다. 그 개념은 곧, 이스라엘의 의로운 조상들의 선한 행위로 하늘에 거대한 보고가 생겨서, 이후 이스라엘 자손들이 고통의 때에 그것에 의지할 수 있다는 것이다. 기독교인들 사이에서도 유사한 해석이 생겨났다. 그들은 그리스도의 순종의 삶으로 '공로의 보고寶庫'가 채워졌고, 후에 성인들saints의 행위가 그 보고를 추가로 채웠다고 생각했다. 종교개혁에 관심이 있는 이들이 알듯이, 이러한 개념이 16세기에 논란을 일으켰을 것이다. 그 개념은 믿음을 훼손해 가면서 인간의 행위를 중시하는 듯 보였기 때문이다. 나는 죄에는 역사가 있었음을 깨달았다. 죄를 어떻게 정의하느냐에 따라서 성경의 이념을 실행하는 방식이 달라졌다. 만약 종교개혁에서 발생한 신학 논쟁들을 다루고 해결하고자 한다면, 죄와 선행이라는 상관 개념이 세월이 흐르면서 어떻게 발전했는지 세심하게 주의를 기울여야 한다. 신앙생활에서 이 두 개념의 의미와 역할이 전통의 발전 과정 내내 분명하지는 않았다.

- • 베버F. Weber는 유대교의 인간론을 다루면서 각 사람이 지은 죄와 의무를 이행한 것을 기록해 놓은 장부가 있으며, 각 사람은 그 장부에 기록된 결과에 따라 심판을 받으리라는 것을 일러 주는 증거가 타나트 11a라고 본다(E. P. 샌더스 지음, 박규태 옮김, 《바울과 팔레스타인 유대교》[서울: 알맹e, 2017], 121). 즉, 죄는 그 장부에서 차변debit에, 의무 즉 계명 이행은 그 장부에서 대변credit에 기록이 된다고 보았다. 여기에서 선행은 대변에 기록이 되어서 가톨릭의 '잉여 행위[공로]'와 비슷한 개념으로 보인다.
- •• "네 재산 정도에 맞게 힘 닿는 데까지 자선을 베풀어라.… 이렇게 하는 것은 네가 곤경을 당하게 되는 날을 대비하여 좋은 보물을 쌓아두는 일이 된다"(토비트서 4:8-9, 공동 번역).

이 책에서 나는 두 가지를 하려 한다. 먼저, 죄를 빚으로 보는 개념이 처음 나오는 구약성경 부분으로 거슬러 올라가 그 기원을 추적하고자 한다. 처음에는 사해사본에서 그 개념을 우연히 발견했지만, 후속 연구를 하면서 그 개념이 이미 구약성경의 가장 후기 전승에 나온다는 것을 알게 되었다. 내 과제 중 하나는, 죄를 빚으로 보는 비유가 어떻게 죄를 짐으로 보는 비유를 대체했는지, 또 그 비유가 어떻게 해서 서서히 초기 유대교와 기독교의 사상에 들어오게 되었는지 설명하는 것이다. 이 책에서 더 주목할 만한 주제는, 그리스도의 속죄 사역에 관한 초기 기독교 사상은 그 배후에 있는 (원래) 유대교의 비유를 세세하게 연구해야 제대로 이해할 수 있다는 것이다.

두 번째로, 나는 어떻게 해서 구제가 성경 이후postbiblical(즉, 구약성경 이후) 시대 초기에 유대인과 기독교인 사이에서 중요한 영성 실천이 되었는지 이야기하려 한다. 또 어떻게 구제와 빚 비유가 동시에 나타나서 서로 지속적으로 관계를 맺게 되었는지 보여 주겠다. 이전의 해석자들은 이 개념들 사이에 존재하는 미묘한 대립을 다루지 않았다.

이 책은 딱 세 부분으로 나뉜다. 1부에서는 성경 앞부분에서 죄를 어떻게 보았느냐 하는 문제와, 어떻게 빚이 죄의 이미지가 되었는지를 소개한다. 이 논의에서 중요한 것은, 성경적 사고에서 죄는 어느 정도 '실체성thingness'이 있다는 인식이다. 죄는 그저 양심의 가책이 아니다. 오히려 그 자리에서 어떤some-'실체thing'를 생성하여 죄인에게 부과한다고 상정한다. 성경의 이른 전승들에서 죄는 죄인들의 어깨에 드리워진 짐이거나, 누군가의 손을 더럽힌 얼룩이다. 후기 전승들에도 얼룩의 이미지는 여전히 있지만, 짐의 이미지는 하늘의 회계장부에 출금debit[차변]이 기입된다는 개념으로 대체된다.

2부에서는 구약성경 후기의 몇몇 책에서 죄를 빚으로 보는 개념이 어떻게 시작되어 발전했는지 추적한다. 여기에는 (보통 성결법전을 작성한 그룹Holiness School*의 작업으로 알려진) 레위기, 제2이사야서, 다니엘서라는 후기 전승들이 포함되며, 이 모든 전승의 연대는 주전 5-2세기로 추정할 수 있다. 그런 다음 그 개념이 랍비 문헌과 초대교회에서 (주후 2-6세기에) 어떻게 전개되는지로 넘어간다. 이 책 내에서 하위 주제는, 어떤 한 시점에 일어나는 일을 이해할 수 있으려면 광범위한 시간의 흐름이 초래하는 일(프랑스의 아날 학파가 '장기 지속la longue durée'이라 부른 것)을 인지해야 한다는 추론이다. 수많은 학자들이 개별 학문 분야라는 틀에 갇혀서 이 책에서 살펴 본 본문들의 온전한 의미를 이해하지 못했다. 한 시적인 시야를 넓혀야 어떠한 중요한 변화들이 일어나고 있는지를 볼 수 있다.

3부에서는 다시 구약성경 시대로 돌아가서, 가난한 자들에게 구제를 베푸는 공로 행위가 어떻게 해서 하나님의 용서를 담보하는 수단이 되었는지 추적한다. 이 개념에서 주요한 구절은, 다니엘서 4장 24절(대체로 영어 역본에서는 27절)로, 이는 종교개혁 시기에 논란이 많던 구절이다. 이 개념이 토비트서와 집회서를 비롯하여 제2성전 시대 수많은 유대교 저작에 어떻게 흘러 들어갔는지 추적하겠다. 그런 다음 랍비 자료들과 초기 기독교 자료들로 가서 이 개념의 발전을 따라가 보려 한

* 문서설에서는 Priestly Torah와 함께 Holiness School에서 유래한 자료들이 제사 문서Priestly source의 주요 두 구성 요소라고 본다. 이 두 요소가 레위기 17-26장 대부분에 있다. Michael D. Coogan, Marc Z. Brettler, et al, *The New Oxford Annotated Bible with Apocrypha: New Revised Standard Version* (Oxford University Press, 2007), 142 참조. 또 Israel Knohl, *The Sanctuary of Silence: The Priestly Torah and the Holiness School* (Minneapolis: Fortress, 1995), 7도 참고.

다. 그러고 나서 중세 시대를 간단히 손대는 것으로 책을 마무리하겠다. 그 지점이 책을 마무리하기에 적당하다고 생각한 까닭은, 서구 기독교 역사에서 속죄를 다룬 책으로는 가장 영향력 있는 책인 안셀무스의 《인간이 되신 하나님Why God Became Man》이, 인간의 죄는 갚아야 할 빚이라는 개념을 출발점으로 삼기 때문이다.

이 책에 나오는 여러 논거들은, 내가 미국 전역과 이스라엘뿐 아니라, 버지니아대학교, 하버드대학교, 노터데임대학교에서 교직에 있는 동안 진행한 다양한 강의와 과정에 나왔다. 몇몇 장학 기관들이 내 연구에 지원을 아끼지 않았다. 히브리대학교 고등학술연구소, 미국철학재단, 신학연구협회/릴리교수회, 하버드대학교 유대연구센터에 늘 감사한다.

이 과정에서 원고를 일부 혹은 전부 읽어 주며 도와준 사람들로는, 칼라드 아나톨리오스Khaled Anatolios, 조세핀 드루Josephin Dru, 캐더린 엘리어트Katherine Elliot, 케빈 헤일리Kevin Haley, 로니 골드스테인Ronnie Goldstein, 브래들리 그레고리Bradley Gregory, 존 레븐슨Jon Levenson, 브루스 마샬Bruce Marshall, 지비 노빅Tzvi Novick, 마크 누스버거Mark Nussberger, 조나단 쇼퍼Jonathan Schofer, 바룩 슈바르츠Baruch Schwartz, 마이클 시걸Michael Segal이 있다. 여러 해 동안 내 논지의 여러 세부 내용을 깊이 숙고하도록 도와준 많은 이에게도 감사하고 싶다.

구약 성경, 즉 '타나크'는 Tanakh(Philadelphia: Jewish Publication Society, 5740/1985)에서 인용했다. '타나크'에 나오지 않는 신약성경과 (토비트서와 집회서 같은) 구약성경 구절은 NRSV에서 인용했다. 그러나 일부 신구약 성경 구절은 필자의 사역私譯이며, 이런 경우에는 주註에

명시했다. 성경 시대 이후 문서들은 달리 언급이 없는 경우, 다 필자의 번역이다. 성경 본문에 부가한 강조도 필자가 한 것이다.

약어표

인용 빈도 높은 자료

AB	Anchor Bible
ACW	Ancient Christian Writers
ANF	Ante-Nicene Fathers
BDB	The Brown, Driver, Briggs Hebrew and English Lexicon
BGBE	Beitrage zur Geschichte der biblischen Exegese
BT	Babylonian Talmud
CAD	Chicago Assyrian Dictionary
CBQMS	Catholic Biblical Quarterly Monograph Series
CD	Damascus Covenant
CSCO	Corpus Scriptorum Christianorum Orientalium
Decal.	Philo, De Decalogue
DJD	Discoveries in the Judean Desert
DSD	Dead Sea Discoveries
EtB	Etudes bibliques
FAT	Forschungen zum Alten Testament
FC	Fathers of the Church
HALOT	Hebrew and Aramaic Lexicon of the Old Testament
HCOT	Historical Commentary on the Old Testament
HSS	Harvard Semitic Studies
HUCA	Hebrew Union College Annual
ICC	International Critical Commentary
JAOS	Jouranal of the American Oriental Society
JBL	Journal of Biblical Literature
JJS	Journal of Jewish Studies
JPS	Jewish Publication Society
JSQ	Jewish Studies Quarterly
JSNTSS	Journal for the Study of the New Testament Supplement

	Series
JSOTSS	Journal for the Study of the Old Testament Supplement Series
JSSSuppl	Journal of Semitic Studies Supplement
JT	Jerusalem Talmud
LCC	Library of Christian Classics
LCL	Loeb Classical Library
NJPS	New Jewish Publication Society Translation (Tanakh)
NRSV	New Revised Standard Version
OTL	Old Testament Library
RQ	*Revue de Qumran*
SBLDS	Society of Biblical Literature Dissertation Series
SJSJ	Supplements to the Journal for the Study of Judaism
Spec. Leg.	*Philo, De Specialibus Legibus*
SVT	Supplements to Vetus Testamentum
TDNT	*Theological Dictionary of the New Testament*
TDOT	*Theological Dictionary of the Old Testament*
TS	*Theological Studies*
USQR	*Union Seminary Quarterly Review*
ZAW	*Zeitschrift fur die alttestamentliche Wissenschaft*

랍비 저작

B. Bathra	*Baba Bathra*
Exod Rab	*Exodus Rabbah*
Gen Rab	*Genesis Rabbah*
Ket	*Ketubbot*
Rev Rab	*Leviticus Rabbah*
m.	*Mishna*
Qid	*Qiddushin*
San	*Sanhedrin*
t.	*Tosephta*
Yeb	*Yebamot*

1부

문제 제기

1장 ─ 죄는 무엇인가?

죄를 정의하기는 쉽지 않다. 사람들이 어떻게 말하는지 주의를 기울여 보면, 비유가 불가피함을 알게 된다. 예를 들어, 미국의 노예제도는 우리 손에 아직도 '씻어내야' 하는 '얼룩'을 남겼다고 한다. 이런 식으로 말할 때는 죄가 도덕규범 위반을 한참 넘어서며, 양심의 가책보다 넓은 범위에 영향을 미친다고 상정하는 것이다. 말로 유감을 표명하는 것도 잘하는 것이지만, 한 문화가 지속되는 죄의 유산과 씨름하는 것은 또 다른 문제다. 악한 행위는 그 과정에서, 제거해야 하는 일종의 '실체thing'를 만들어 낸다.

죄에서 벗어나는 일도 항상 쉽지는 않다. 노예제도라는 19세기의 끔찍한 유산은, 가해자들이 세상을 떠난 후에도 죄가 계속 영향을 미칠 수 있음을 보여 주는 사례다. 다른 사례도 아주 많다. 제1차 세계대전이 끝난 후 일어난 중동 분열을 예로 들어 보자. 1917년 이전에는 이집트에서 이라크까지 아랍 세계 전체를 오스만제국이 단독으로 다스렸다. 그러나 오스만제국은 제1차 세계대전 때 독일을 지지하는 운명적인 결정을 했기 때문에, 독일이 패배하자 오스만제국도 그 대가를 치렀다. 1917년 이후 중동은 프랑스와 영국의 지배를 받았는데, 이들은 그 땅을 오늘날 우리가 아는 나라들, 곧 레바논, 시리아, 요르단, 이라크 등으로 나누어 놓았다. 21세기가 시작될 무렵에야 알게 되었지만, 개별 민족의 삶의 터전을 다 고려해서 국경을 정하지는 않았다. 지난 세대의 혼란은 대부분 이러한 분쟁들을 어느 정도 내부에서 해결하고자 했기 때문에 일어났다. 그러나 지금은 이렇게 영토를 변경한 지 거의 백 년이 지났으므로, 프랑스와 영국이 20세기 초에 내린 운명적 결정을 번복할 수는 없다. 성경은 아버지의 죄 때문에 아들과 손자에 이르기까지 삼사 대가 벌을 받는다고 말한다(출 20:5). 노예제도처럼, 이러한 유감스러운 행동은 오래 지속되는 유산을 남겼다. 이제는 그저 죄인들을 확인하여 자백을 구하는 것이 문제가 아니다. 범죄자들을 추려낸 후에도 어떤 '실체'는 여전히 남아 있다. 남북전쟁이 끝나고, 상당히 수정한 법률을 제정한 후에도, 여전히 미국 사람들 손에는 그 얼룩이 남아 있다.

심각한 범죄가 어떤 실체를 만들어 내는 도화선이 된다고 말하는 것이 맞을 것이다. 노예제도의 경우를 보면, 일단 어떤 치명적인 행동을 완수하고 나자 자연스럽게 얼룩이 생겨났다. 그리고 일단 이런 얼룩이 생기면 쉽게 지울 수 없다. 심지어 오늘날 종교와 관계없는 말에도 이런 의식이 담겨 있어서 범죄자가 어깨에 그 행동의 결과를 지고 있다고 말한다. 시편에서 시인이 자기가 저지른 일에서 '얼굴을 돌이켜' 주시기를 하나님에게 기도할 때, 그 말은 진심이다. 만일 하나님이 '그의 죄를 벌하신다'면 그 결과는 심상치 않을 것이다. 이는 죄가 정말로 하나님 눈에 보일 수 있는 어떤 실체를 만들어 내기 때문이다. 이 때문에 하나님은 죄 용서를 받은 회개자에게, 그 사람의 죄가 '동이 서에서 먼 것같이' 제거되었다고 안심시키셔야 했다. 그 문제가 하나님의 시야에서 벗어나려면 이 정도 거리가 필요하다.

그러나 죄는 단지 막연한 실체가 아니라 구체적 실체다. 어떤 사람이 죄를 범하면 실체가 있는 일이 일어난다. 그 사람의 손이 오염될 수도 있고, 등에 짐을 지게 될 수도 있고, 빚이 생길 수도 있다. 그리고 용서 받음의 개념을 말로 표현하면, 앞의 상황 각각에 다음과 같은 표현이 어울린다. 오염된 손이 **깨끗해지고**, 짐을 **벗게** 되고, 빚이 **청산**되거나 **면제**된다. 하나님에게 죄를 범하면, 마치 얼룩이나, 짐, 채무 증서가 무에서 창조되는 것 같다. 그리고 죄가 만들어 낸 실체는, 그것과 씨름하여 처리할 때까지는 죄를 범한 자들의 뇌리에서 떠나지 않을 것이다.

비유가 중요하다

죄와 용서의 개념이 담긴 비유에 세심하게 주의를 기울여야 성경에 나오는 죄와 용서를 이해할 수 있다. 그 비유들은 성경적 사고에 꼭 필요한 특징이고, 그 복잡한 내용을 구체적으로 표현한다. 그런데 다채로운 관용구의 이러한 폭넓은 다양성을 단일하고 다소 단조로운 번역문 속에 함몰시킨 번역에서는 보통 그 정서적, 심리적, 신학적으로 복잡한 특징들이 사라져 버렸다. 따라서 영어에서 죄는 **용서**라는 단어에 묶이게 되었다. 그러나 **용서**라는 단어는, 그에 상응하는 성경 단어들에 더 깊이 있게 담긴 어감을 분명하게 담아내지 못한다. 또 그 보편적인 번역은, 세월이 흐르면서 성경 표현에서 일어난 방언의 주요 변화들을 보여 주지 못한다.

언어 철학자들이 상기시켜 주듯이, 비유는 일상어에 내재되어 있으며 세상에서 우리가 생각하고 인식하고 행동하는 방식을 구축한다. 조지 레이코프George Lakoff와 마크 존슨Mark Johnson은 비유와 관련하여 자주 인용되는 중요한 연구서 초두에서, 영어 사용자들이 논쟁을 벌일 때 어떤 표현을 사용하는지 고찰한다.[1] 다음 문장들을 살펴보라.

> 당신의 주장은 **막아 낼 수** 없습니다.
> 그 사람은 내 주장의 **모든 약점을 공격했습니다.**
> 그 비난은 정확히 **과녁**을 맞힌 것이었습니다.
> 나는 그 사람의 주장을 **허물어뜨렸습니다.**
> 그 사람과 논쟁하면서 **이겨** 본 적이 없습니다.
> 동의하지 않는다고요? 좋아, **말해 보시오**shoot!
> 당신이 그 **전략**을 사용한다면, 그 사람은 **당신을 지워 버릴** 겁니다.
> 그는 내 주장을 다 **격추해** 버렸습니다.

레이코프와 존슨의 주장에 따르면 이러한 다채로운 구절들은 단순히 언어에 세선세공을 한 것이 아니다. 일상 언어에서 그러한 비유들을 벗겨 낼 수 없으며, 벗겨 낸다고 해서 플라톤이 논쟁의 '이상적 형태'라 불렀을 것이 드러날 리도 없다. 사실 정반대 위치에서 진행하는 편이 더 낫다. 바로 세세한 일상 언어가 논쟁이 무엇인지를 드러내 준다.

요컨대 논쟁을 생각하고 말하는 방식이 논쟁을 수행하는 방식에 영향을 미친다. 레이코프와 존슨은 이렇게 말한다. "논쟁을 춤으로 보는 문화가 있다고 가정해 보자. 참가자들을 무용수들로 여기고, 균형 잡히고 미적으로 만족스러운 공연이 목표다. 그러한 문화에서는 사람들이 논쟁을 다르게 보고, 다르게 경험하며, 다르게 실행하고, 다르게 이 야기할 것이다."[2] 사실 레이코프와 존슨은, 우리가 아마 이런 사람들이 하는 행동을 이해하기 어려울 것이라고 결론짓는다. 논쟁에 대한 우리의 이해에는 공격과 침략과 관련한 관용구가 깊이 박혀 있어서, 우리는 그러한 행동을 '논쟁'이라 이름 붙이기가 어려울 것이다.

폴 리쾨르Paul Ricoeur는 자신의 중요한 저작 《악의 상징The Symbolism of Evil》에서 이 논지를 한 단계 더 확장한다.[3] 리쾨르가 보기에, 철학자들은 잘못, 죄, 실수, 그리고 그 결과로 일어나는 교정(다시 말해, 소위 '용서') 같은 개념들의 의미론적 내용에 곧바로 다가가지 않는다. 우리가 접하는 것은 다 비유로, 이 비유들이 더 큰 내러티브의 구성 요소다. 죄가 무엇인지 이해하려면, 특정 저자가 활용하는 용어로 시작해야 한다. 이러한 비유의 특성을 구체적으로 파악하면, 내러티브에서 비유를 어떻게 사용하는지 알 수 있다. 리쾨르는 바로 이러한 과정에서 자기가 자주 인용하는, "상징이 사고를 낳는다"는 경구를 지어냈다. 철학자는 더는 단순화할 수 없는 인간 언어의 비유적 표현을 통하여 인간 상황을 더 깊이 이해할 수 있는 구성 요소를 얻는다는 뜻이다. 실제로 이 요지는 아마도 더 강조해서 표현해야 할 것 같다. 인간 언어의 구체적인 특수성에 주의를 기울여야, 죄와 용서라는 범주에 다가갈 수 있다고 말이다.

이러한 비유들에 주의를 기울여야 성경에 나오는 용서가 이해 가능하다. 리쾨르가 가르쳐 주었듯이, 비유는 단지 문학적 장식이 아니라 성경의 가르침에 꼭 필요한 특징이다. 수많은 독자가 어느 내러티브의 전반적 목적을 놓치는 까닭은, 그 성경 본문에 담긴 비유에 귀를 닫아 버리기 때문이다. 번역이 주요 걸림돌인데, 다채로운 관용구의 폭넓은 다양성이 번역에서는 "죄를 용서하다"와 같이 단조롭고 꾸밈없는 표현 속에 함몰되기 때문이다. 중요하지만 포착하지 못한 것 가운데 하나가, 죄와 용서의 개념이 세월을 거치면서 변한 모습이다. 나는 창세기에 나오는 **죄**라는 단어가 다니엘서나 마태복음에서 나오는 죄와는 의미가 다르다고 주장한다. 시간이 흐르면서 죄 개념이 어떻게 발전했는지, 또 죄를 용서하는 방식이 새로운 상황에 맞추어 어떻게 조정되었는지 이야기해 보자.

죄에는 역사가 있다

레위기의 속죄일과 마태복음의 주기도문을 비교해 보면, 이러한 비유의 변화를 볼 수 있다. 레위기의 연대에 대해서는 학자들마다 의견이 다르다. 그 본문의 시기를 아주 이르게 왕정 시대로 보기도 하고(주전 1000-587년경), 유배기로 보기도 한다(주전 550-400년경). 어쨌든 안전하게 말하자면, 레위기와 마태복음 본문은 적어도 500년은 떨어져 있다. 그러나 우리는 시간상 엄청난 간격뿐 아니라 언어상 엄청난 간격에 대해서도 말할 것이다. 두 시기 사이에 유대의 지방 방언은 엄청나게 변했고, 그 결과 인간의 죄에 어떤 '실체성'이라는 의미가 붙었다. 속죄일에 이스라엘 백성의 죄를 없애는 의식에는 속죄 염소가 필요했다. (사실 이는 결코 속죄 염소가 아니었으며 오히려 일종의 짐을 나르는 동물이었다.) 성경에 따르면 대제사장은 그 염소 머리에 양손을 얹고 이스라엘의 죄를 고백한 다음, 염소를 광야로 보내어 다시는 돌아오지 못하게 했다(레 16:21-22). 이렇듯 그 염소가 이스라엘의 죄라는 **짐**을 맡아서, 그 죄를 영원히 사라질 광야 한가운데로 실어 나른다. 광야는 하나님의 손이 닿지 않는 곳이라고들 여겼다.[4] 거기서는 하나님이 이스라엘의 죄를 '보실' 수 없을 것이다. 이스라엘의 금식과 회개로는 충분하지 않다. 이스라엘 백성 하나하나의 어깨에 얹힌 죄라는 물리적 실체를 반드시 망각 속으로 옮겨 놓아야 했다.

반면 예수께서는 완전히 다른 어법으로 말씀하신다. 마태복음에서 예수께서는 제자들에게 "우리가 우리 채무자에게 빚을 탕감해 준 것 같이 우리 **빚**을 탕감해 주소서" 하고 기도하라고 가르치신다. 또 마태복음의 다른 부분에서는, 결산을 하려던 어느 왕의 비유를 말씀하시는데(마 18:23-34), 이 비유가 주기도문의 그 문장을 주해하는 역할을 한다. 왕에게 갚아야 하는 금전상 빚이 죄를 비유한다고 생각하기만 하면 된다. 그 비유는 왕이 어느 종의 장부를 결산하는 데서 시작한다. 그 장부에는 연체금이 만 달란트 가량 기록되어 있다. 그런데 그 종에게는 그 정도 액수를 갚을 방도가 없었으므로, 왕은 종, 종의 아내와 자식들, 종의 모든 소유를 다 팔아 빚을 갚을 돈을 마련하라고 명한다. 종이 무릎을 꿇고 왕에게 자비를 베풀어 달라고 간청하자, 왕이 가엾게 여겨 그 막대한 빚을 탕감해 준다. 그러나 어떤 사람이 빚을 갚을 수 없다면, 채무 노예로 팔려서 받는 형벌이 빚을 갚는 수단이 되었다. 그래서 예수께서는 제자들에게 채무 노예가 되는 운명을 피하도록 "우리 빚을 탕감해 주소서" 하고 기도하라고 가르치셨다. 하지만 하나님의 자비가 없다면, 사람은 체형體刑으로 생기는 일종의 화폐currency로 악행에 대한 값을 치러야 할 것이다.

물론 빚은 기독교에서 새롭게 만들어 낸 개념이 아니다. 공관복음서에 나오는 예수는, 당시 유대인들의 사고방식을 전형적으로 보여 주신다. 학자들이 오랫동안 지적해 온 대로, 예수께서 죄를 빚으로 묘사하는 데 익숙하셨던 것은 당시 히브리어와 아람어 관용구의 영향이었다. 1세기 팔레스타인의 상업적 맥락에서 빚을 표현하는 데 사용하던 단어가, 종교적 맥락에서 죄를 표현할 때 가장 흔하게 쓰는 단어가 되었다. 반면, 죄를 짐으로 보는 더 초기의 비유를 자유롭게 사용하는 어법이 신약 성경이나 당시 유대 문서들에는 거의 나타나지 않는다. (물론 그 개념이 성경 본문을 직접 인용하거나 간접 인용할 때 계속 나타나겠지만, '자유롭게 사용하는 어법free usage'은 과거 유산에 얽매이지 않는 당대의 화법을 뜻한다. 예를 들어, 현대인들은 일상 언어에서는 "아버지여… 이루어지이다thou art"와 같은 고어 구문을 거의 사용하지 않는다. 그러나 기도문이나 〈주 하나님 지으신 모든 세계How Great thou Art〉와 같은 찬송에는 그런 구문이 남아 있다.)

그러나 죄와 관련하여 어떻게 빚이 짐이라는 개념을 대체하게 되었는지 연구하다 보면, 페르시아 통치 시대(주전 538-333년)에 근본적인 사고 변화가 일어난 것이 보인다. 그 시기에는 중동과 지중해 동쪽이 대대적으로 재편되고 있었다. 언어학상으로 이러한 변화들은 아람어의 위상과 영향력 상승과 밀접하게 연결되어 있다. 페르시아 시대에 아람어는 제국의 공식 언어로 채택되었다. 아람어가 미친 영향력은 상上이집트부터 아프가니스탄에 이르는, 현대의 기준으로도 지리상 광대한 범위에서 흔적을 찾을 수 있다. 유대인들은 유배기와 그 이후에 히브리어와 아람어 두 개 언어를 사용했기 때문에, 아람어 어휘가 히브리어 발달에 현저하게 영향을 미쳤다. 그렇게 합류한 표현 가운데 하나가 죄를 빚으로 이해한 것으로, 히브리어가 아니라 아람어에 있는 비유였다.

이스라엘의 언어가 재편되던 바로 그 시기에, 이스라엘 민족은 포로가 되어 노예로 지냈다. 성경 본문에서는 이스라엘의 불행을 설명하는 내러티브의 전개가 보인다. 제2이사야서는 이스라엘이 중대한 죄를 저질러서 주전 587년에 첫째 성전이 파괴된 후 바빌론에 노예로 팔렸다고 생각했다. 마태복음의 비유에 나오는 종의 경우와 같이 형벌은 가혹했다. 수십 년 간 바빌론 한가운데서 복역한 것이다. 거기서 포로 생활이라는 체형은, 이스라엘이 갚아야 빚을 청산하기 위한 경화 hard currency*를 모으는 수단 역할을 했다. 이스라엘의 고난으로 이 목표를 달성했을 때, 이사야는 이렇게 선포할 수 있었다. "너희는 위로하라. 내 백성을 위로하라. 너희는 예루살렘의 마음에 닿도록 말하며 그것에게 외치라. 그 노역의 때가 끝났고 그 죄악이 사함을 받았느니라. 그의 모든 죄로 말미암아 여호와의 손에서 벌을 배나 받았느니라"(사 40:1-2).

따라서 체형이 범죄의 대가를 치르는 수단으로 간주되기에 이르렀다. 이 개념은 채무 노예 경험에서 나온 것으로, 채무 노예는 고대 근동 전역에 오래된 법적 선례가 있다. 이 전통에서는, 부채를 갚을 수 없는 사람은 누구든 그 부채를 청산할 때까지 채권자를 위해 채무 노예로 일할 수 있었다. 이와 마찬가지로, 어떤 죄인이 중대한 죄를 저질러 '막대한 빚'을 졌다면 그에게 부과된 형벌은 갚아야 할 빚을 상환하기 위한 '경화를 조달하는 것'으로 여겼다. 여전히 몸으로 형벌을 받았지만, 죄에 대한 비유는 그 시대의 언어적, 법적, 역사적 특수성의 영향을 받아 명백하게 경제적으로 변했다. 이 미묘한 변화를 확인해 보면,

* 국제 금융상 환관리換管理를 받지 않고 금 또는 각국의 통화通貨와 늘 바꿀 수 있는 화폐. 세계 각국의 통화 중 이에 해당하는 것으로는 미국 달러, 유로, 스위스 프랑, 영국 파운드, 일본 엔 등이 있다(네이버지식백과).

중세 시대에 이르러 신학자들이 사람들의 악행에 '가격' 목록(즉, 다양한 보속補贖*)을 제안할 수 있던 까닭이 설명된다.

분명 많은 사람들이 중세의 관행을 비성경적이라고 볼 것이다. 그렇게 생각할 수도 있는 이유는 성경 어디에도 그런 목록이 없기 때문이다. 그러나 앞으로 살펴볼 것처럼 히브리 성경 시대의 말엽에는 죄에 대한 처벌을 돈으로 환산하여 생각했다. 예를 들어, "죄의 삯은 사망"(롬 6:23)이라는 바울의 유명한 선언을 생각해 볼 수 있다. 예수 시대 직후로 연대가 추정되는 랍비 문서들에도 다양한 죄들에 대한 '가격' 목록이 나온다. 바룩 슈바르츠가 랍비 문서에서 주목했듯이, "죄인은 빚^{hôb}을 갚아야 하기 때문에 하야브^{hayyāb}, 곧 '의무를 진' 자라 불린다. 속죄제 즉 배상의 제사를 빚진^{hayyāb} 사람은 각 제사에 맞는 희생 제물로 갚아야 한다. 구타의 빚을 진 사람은 자기 몸의 채찍질로 갚아야 하고, 죽음의 빚을 진 사람은 자기 목숨으로 갚아야 하며, 끊어지는 벌 $kārēt$** 받은 사람은 죽은 후에 갚아야 한다."[5]

그러나 초기 성경 시대와 중세 사이에는, 나사렛 예수의 삶과 죽음이 있다. 예수의 삶 그리고 특히 예수의 죽음을 다룬 내러티브는 내가

---

* 가톨릭에서 죄를 보상하거나 대가를 치르는 일.《천주교용어집》(CBCK, 2017), 57.
** $kārēt$ 혹은 $kareth$는 보통 "(자기 백성 중에서) 끊어지리라"의 형태로 한글 성경에서 번역한다. 랍비들은 이 형벌을 하나님이 맡아서 시행하시는 형벌로 이해해서, 자녀 없이 죽거나, 50세가 되기 전에 (혹은 50-60세 사이에 본래 예정된 수명보다 일찍) 죽거나, 내세에서 영혼soul이 멸절되는 일로 해석했다. David de Sola Pool, *Capital Punishment Among the Jews A Paper Read Before the New York Board of Jewish Ministers*(1916), 26-27. 덧붙여, G. Thomas Hobson, "KARATH as Punitive Expulsion," in *Greek, Jews, and Christians. Historical, Religious and Philological Studies in Honor of Jesús Peláez del Rosal*, eds. Lautaro Roig Lanzillotta and Israel Muñoz Gallarte (Córdoba: Ediciones el Almendro, 2013), 67-89; Jacob Milgrom, *Leviticus 1-16: A New Translation with Introduction and Commentary* (Anchor Bible; New York; Doubleday, 1991), 457-460도 참고.

묘사하는 이러한 형태 변화에서 중요한 연결 고리를 보여 준다. 일부 전통에서는, 예수의 십자가 죽음을 최종 속죄 행위로 보았다. 그리스도께서 인간의 죄 때문에 발생한 막대한 빚을 자신의 고난을 통해 갚으셨다는 것이다. 형벌이 빚을 갚을 화폐를 모으는 방법이라고 여긴 사람들에게는 그리스도의 고난을 강조하는 것이 중요했다. 예수를 십자가에서 고통당하는 인물로 그려 낸 이젠하임 제단화 같은 중세 후기의 초상화는 이것을 잘 보여 주는 증거다.

하지만 초기 비잔틴 시대 십자가에서는 그리스도를 고난당하는 모습으로 그리지 않는다. 이 책에서는 시리아어권圈 기독교인들이 (시리아어는 기독교인들이 사용한 아람어 방언으로 예수의 모국어다) 그리스도의 구원 사역을 어떻게 생각했는지 서술하면서, 그리스도가 어떻게 죄를 속했는지에 관해 상충하는 두 가지 이론을 제시하고, 그 이론들이 서쪽의 라틴어권 기독교에 미친 영향을 추적하겠다.

구제는 하늘 보고寶庫에 기금을 조성한다

비유에서 일어난 변화에 뒤이어 성경 중심 종교에서 유달리 눈에 띄는 발전 가운데 하나가 일어난다. 죄를 흔히 빚으로 생각하게 되자, 선한 행동을 하면 일종의 채권credit, 債權이 생긴다는 개념이 생겨났다. 랍비 히브리어의 관용구 자체가 이를 지지한다. 호브^{hôb}[빚, 채무]라는 단어의 반의어가 제쿠트^{zekût}[권리, 채권]이기 때문이다. 제1성전 시대에는 그러한 반의어가 존재하지 않았다. '자기 죄의 짐을 진다'는 관용구에는 당연히 반대 어구가 없었기 때문이다. 성경 어디에도, 자기 등에 다른 사람들의 짐을 질 수 있을 정도로 초인적이고 도덕적으로 힘이 있는 사람은 없다. 그러나 제2성전 시대 유대교 문서들에서는, 도덕적 역량이 아주 비범해서 자신의 선행을 통해 얻은 수입을 하늘 은행에 예치할 수 있는 사람들 이야기가 흔해진다.

이러한 변화는 혁명적이었다. 유대 사상가들에게는 도덕적 선행을 공로로 묘사할 수 있는 어휘가 처음으로 생겼다. 사람들은 선행을 통해, 고난의 시기에 자기들을 지켜 줄 채권을 모아 놓을 수 있었다. 이를 묘사한 가장 초기 문서는 (아마도 주전 3세기와 2세기에 기록된) 토비트서다. 토비트서에서 토비트는 아들에게 가난한 이들에게 관대하게 베푸는 일을 계속하라고 충고한다. 꾸준히 구제를 베푸는 사람은 "곤경을 당하게 되는 날을 대비하여 좋은 보물을 쌓아 두게" 될 것이기 때문이다(토비트서 4:9).

공로 교리가 발전하자 죄로 인한 피해에 대응하는 과정에서 인간 행위자의 역할이 커졌다. 랍비 문서들에는 이러한 중대한 변화가 아주 흔히 보인다. 출애굽기 32장에서 모세는 금송아지 숭배 때문에 하나님이 이스라엘을 다 멸하겠다고 말씀하시는 것을 들은 후에 그 판결을 재고해 달라고 간청한다. 모세는 하나님에게 이렇게 구한다. "아브라함과 이삭과 이스라엘을 기억하소서. 주께서 그들을 위하여 주를 가리켜 맹세하여 이르시기를 내가 너희의 자손을 하늘의 별처럼 많게 하고… 하셨나이다." 성경 저자가 보기에, 모세의 주장은 설득력이 있었다. 모세의 기도의 논리를, "우리 조상 아브라함과 이삭과 이스라엘에게 하신 약속을 기억하소서"라고 바꾸어 표현할 수 있다. 모세는 하나님이 전에 확언하신 것을 잊지는 않으셨을지 두려워했다. 그러나 랍비 유대교에서는 선한 행동에서 채권이 생긴다고 여겼기에 그 본문을 다르게 이해했다. 랍비들이 보기에, 쟁점은 하나님이 족장들에게 말씀하신 것을 그분에게 상기시키는 것이 아니었다. 오히려 모세는 하나님에게 이들이 한 일을 기억해 주시기를 구했다.⁶⁾ 이 해석에 따르면 그들이 이루어 낸 위대한 신앙의 행위들 덕분에 하늘에 잉여 공로가 막대하게 생겼으며, 그 공로는 지금 이스라엘이 진 빚을 상쇄하고도 남을 정도로 충분하다.

아마 이에 대한 가장 중요한 성경의 예는 다니엘 4장 27절에 나올 것이다. 여기서 다니엘은 예루살렘성을 멸망시킨 바빌론 왕 느부갓네살에게, 구제를 행함으로써 왕 자신을 속량할 수 있다고 말한다. 여기서 핵심 단어는 '**속량하다**redeem'로, 이는 아람어 원어에서 '돈을 치르고 노예 상태에서 벗어나다'를 의미한다. 느부갓네살왕이 바로 그런 상태에 있다고 간주된다. 즉 왕은 끔찍한 죄 때문에 하나님 보시기에 비천한 채무 노예로 전락했다. 빚에서 벗어나는 방법 하나는 체형을 받는 것이지만, 다니엘은 다른 방법, 곧 가난한 이들에게 돈을 나누어 주는 방법이 있다고 알려 준다.

이 지점에서 초기 유대교의 가장 중요한 발전이 시작된다. 유대교에서 구제는 보통 '정관사가 붙은' 계명ha-mitsvah, 즉 다른 계명들과 동등한 계명으로 불렸다. 유대인들은 이렇게 구제를 높게 평가했고, 이것을 초대교회가 물려받아, 로마 세계 전역에서 유명해질 정도로 가난한 이들에게 후히 베풀었다. 이교도 황제 율리아누스Julian(주후 4세기)는, 가난한 이들에게 이렇게 넉넉하게 베푸는 일이 얼마나 영향력 있는지를 알게 되었다. 황제는 이에 대응하여 갈라디아지방에서 사역하던 이교도 사제 아르사키우스Arsacius에게 편지를 보냈다. 그 편지는 아르사키우스에게 '나그네들에게 베푸는 자선' 덕분에 기독교 운동이 얼마나 진전했는지 주목하라는 말로 시작했다. 율리아누스는 이렇게 썼다. "내 생각에, 우리는 정말로 진심으로 이러한 덕목을 하나하나 실천해야 하오. 또 그대만 실천하는 것으로는 충분하지 않소. 갈라디아에 있는 사제들이 한 명도 빠짐없이 해야 하오." 기독교인들이 하듯이 하라는 이러한 권고는 율리아누스에게 사소한 문제가 아니었기에, 율리아누스의 새로운 요구 사항을 무시하는 이들에게는 가혹한 조치가 기다리고 있었다. 율리아누스는 이렇게 명했다. "부끄럽게 만들거나 설득해서 의를 행하게 하시오. 그렇지 않으면 제사장직을 박탈하시오."[71]

율리아누스는 구체적이기까지 했다. 모든 도시에 쉼터를 지으라고 명하고 황제의 금고에서 필요한 자금을 대주었다. "매년 갈라디아 지방 전체에 옥수수 3만 포대와 포도주 6만 병을 보내시오. 명하건대, 그중 1/5은 사제들의 시중을 드는 가난한 이들에게 주고, 나머지는 나그네와 거지들에게 나누어 주시오." 황제는 왜 이러한 시도에 이토록 열의를 보였을까? 율리아누스가 바로 설명했다. "이 상황이 수치스럽기 때문이오. 유대인은 아무도 구걸할 필요가 없고, 또 불경한 갈릴리 사람들[황제가 기독교인을 지칭하는 용어]이 자기들 가운데 있는 가난한 이들뿐 아니라 우리 민족의 가난한 이들도 도와주어, 우리 민족이 우리에게 도움을 충분히 받지 못한다는 사실을 누구나 알게 되니 말이오."

황제가 가난한 사람들을 위해 이렇게 극단적인 조치를 취하려는 일이 현대의 독자들에는 놀라울지 모른다. 로마 사회는 불우한 이들을 돌보는 일에 완전히 귀를 막고 있었는가? 그렇지 않았다. 이 황제의 문제는, 그리스-로마 문화에서는 가난한 이들을 먹여살리는 일이 국가가 담당할 임무였다는 것이다. 유대교와 기독교에서만 가난한 이들을 돌보는 일이 **종교적** 의무였다. 로드니 스타크Rodney Stark가 언급하듯이, 이교 신전을 배급소로 바꾸려 한 율리아누스의 시도는 실패할 수밖에 없었다. "[율리아누스가] 이교도 사제들에게 이렇게 기독교인들이 하듯 하라고 권했지만, 거의 혹은 전혀 반응이 없었다. 그들에게는 기반으로 삼을 **교리적 바탕이나 전통 관습이 없었기** 때문이다. 로마인들이 자선을 하나도 몰랐던 것이 아니라, 신을 섬기는 바탕에 자선이 없었다. 이교도 신들은 윤리적 요구를 하지 않았기 때문에 비윤리적 행동을 벌하지 않았다. 신을 화나게 하는 경우는, 인간이 종교 의식의 규범을 무시하거나 위반하는 때뿐이었다."[8] 그러나 로마의 종교와는 반대로, 유대교와 기독교에서는 가난한 이들을 섬기는 일이 자신의 영적 상태를 확실하게 보여 주는 표지였다. 예수께서 말씀하셨듯이, 궁핍한 이들을 도와주었는지에 따라 마지막 때에 양과 염소를 가르는 판단을 내리실 것이다. 하나님은 마지막 심판 때 오른쪽에 있을 이들에게 이렇게 말씀하실 것이다. "내 아버지께 복 받을 자들이여 나아와 창세로부터 너희를 위하여 예비된 나라를 상속받으라. 내가 주릴 때에 너희가 먹을 것을 주었고 목마를 때에 마시게 하였고 나그네 되었을 때에 영접하였고 헐벗었을 때에 옷을 입혔고 병들었을 때에 돌보았고 옥에 갇혔을 때에 와서 보았느니라"(마 25:34-36). 기독교 설교자들은 이러한 면에서 이교도 설교자들보다 단연 유리했다. 자선을 베풀지 않는 이들은 영원한 형벌을 받을 위험에 처해 있다고 설교할 수 있었기 때문이다. 그에 반해 이교에는 그런 생각들을 심을 기반이 없었다. 율리아누스가 심으려 한 개혁의 씨앗들은 얕은 흙에 떨어졌기 때문에 꽃이 만개할 가능성이 거의 없었다.[9]

제2성전 시대 유대교에서 구제의 중요성이 자주 제시된 이유 중 한 가지는, 구제가 하늘에 있는 보고를 쌓는 것이었기 때문이다. 토비트서에서 처음 입증하는 이러한 개념은, 복음서에서 중요한 주제가 되었다. 이 가르침에 따르면, 사람이 돈을 나누어 주면 그 돈은 하늘의 '계좌'로 이동한다고 여겨졌다. 구제금을 달라고 구걸하는 가난한 자의 손이 제단을 대체하게 되었다. 그 손을 통해 땅에서 바로 하늘로 전달되기 때문이다. 하늘 보고寶庫라는 개념은, 다니엘이 느부갓네살왕에게 조언한 내용을 해석하는 뜻밖의 실마리를 던져 준다. 앞에서 언급했듯이, 다니엘의 논리는 간단했다. 다니엘은 왕에게 이 세상에서 왕이 갚아야 할 빚은 상당하다고, 아마도 정상적인 수단으로는 갚지 못할 것이라고 말했다. 왕의 유일한 희망은, 이러한 끔찍한 재정 부담을 관장하시는 채권자에게 기부하는 것이다. 그런데 하나님에게 어떻게 돈을 전달할 수 있을까? 토비트서에 답이 있다. 하늘에 있는 보고를 쌓는 것이다.

내가 하는 이야기의 한 부분은, 초기 유대교와 기독교에서 하늘의 경제가 운영되는 방식이다. 누군가는 자기 죄와 선행이 그 장부의 항목이라고만 생각했을 것이다. 하나님은 꼼꼼한 회계원에 지나지 않는 분으로, 유일한 임무는 하늘 회계 장부의 수지 균형을 맞추는 것이다. 그러나 전혀 그렇지 않다. 인간의 너그러운 행위는, 제로섬$^{zero\text{-}sum}$ 경제 규칙과는 상관없는 보고를 쌓았다. 구제를 베푸는 일은 결국 시장에서 최고 위치에 오를 회사의 초기 투자자가 되는 것과 같았다. 그러한 투자로 기대할 수 있는 수익은 계산할 수 없는 수준일 것이다. 하나님은 신자들의 이익을 위해 그 체계를 '이용하신다.'

죄 용서에서 인간 행위자를 중요시 여긴 것은 초대교회의 전형적인 모습이었다. 많은 저자들이 언급했듯이, 새롭게 회심한 사람들의 빚은 세례를 받을 때 완전히 지워졌다. 골로새서 2장 14절을 인용하자면, 그들의 '빚 문서'(새번역)를 그리스도의 십자가가 지웠다. 그러나 어떻게 해야 이 행동에서 혜택을 얻을 수 있을까? 믿음을 실행할 방법이 있었을까? 교회가 이 질문에 줄곧 내놓은 대답 하나는 구제를 행하는 것이었다. 16세기 스페인에서 국가가 가난한 이들을 돌보는 임무를 떠맡기 시작하자, 많은 평신도들이 깜짝 놀랐다. 그들은 "이제는 구제를 할 필요가 없다면 어떻게 구원을 받지?" 하고 물었다.[10] 세례 외에, 계속되는 죄를 없앨 단 한 가지 확실한 길은 바로 가난한 이들에게 자선을 베푸는 것이었다.

이러한 생각은 종교개혁 시기에 맹공격을 받았고, 죄 용서를 보장받는 수단으로 구제를 중요시 여기는 일은, 개신교에서 완전히 떨어져 나갔다.[11] 여러 종교개혁자들의 주된 염려는, 구제는 인간의 행위이므로 은혜로만$^{sola\ gratia}$ 구원을 받는다는 개념을 위태롭게 한다는 것이었다. 그러나 초기 기독교 자료를 세심하게 읽어 보면, 구제에서 인간 행위자의 문제를 그렇게 간단하게 분석해 버릴 수가 없다.

죄를 정의하기는 생각보다 훨씬 더 복잡하다. 그 주제를 놓고 이야기를 시작하기만 하면 바로 우리는 묘사하려는 실체를 정확히 담아낸 비유들을 찾는다. 죄는 씻어 내야 할 얼룩 같거나 제거해야 할 짐 같거나, 갚아야 할 빚 같다. 이 모든 비유를 성경에서 찾을 수 있다. 그러나 성경 저자들은 이 세 가지 보기를 다 앞에 놓고 상황에 따라 자유롭게 선택하지 않았다. 그 정반대였다. 초기에는 특정한 비유, 즉 죄를 짐에 비유하는 것이 지배적이었다. 그러나 제2성전 시대 초기에 죄를 빚에 비유하는 새로운 비유가 나와서 무대 중심에 섰다. 나는 죄에는 역사가 있다고 주장하고 싶다. 성경 시대가 끝날 무렵에는 작가들이 죄를 아주 새로운 방식으로 이야기하고 있었다.

레이코프와 존슨이 예측할 수도 있었듯이, 이러한 비유의 등장으로 새로운 세계가 열렸다. 비유는 단순한 단어들보다 영향력이 훨씬 크기 때문이다. 철학자들의 주장처럼 우리가 죄에 관해 어떻게 이야기하느냐가 죄와 관련해 어떻게 **행동할지**에 영향을 미칠 것이다. 가장 중요한 변화 가운데 하나는, 구제가 점차 성경 중심 신앙의 핵심으로 발전한 것이었다. 이러한 새로운 전개는 놀랄 일이 아니다. 죄를 출금debit[차변]으로 여기면 바로 선행을 입금credit[대변]으로 생각하기 시작하기 때문이다. 하나님이 누군가의 빚을 기록해 두신다면, 그에 상응하여 빚을 기록하는 장부가 있어야 한다. 구제를 하늘 보고를 쌓는 것으로 여겼으므로, 죄 때문에 생긴 빚을 그 돈으로 상환할 수 있으리라 추정하는 것이 지극히 당연했다. 주후 몇 세기 동안 유대인과 기독교인들이 구제금을 내어서 참으로 열심히 가난한 이들을 도왔기에 그리스-로마 이교 내부에서 가장 신랄한 비판가들조차도 그 효과를 인정해야만 했다.

그렇다고 해서 초기 성경 시대에는 가난한 이들을 돕는 일이 중요하지 않았다는 말이 아니다. 가난한 이들에 대한 관심은 성경 전승 어디에나 나온다. 그러나 (빚으로서) 죄와 (공로로서) 선행을 연결하는 이러한 새로운 방식이 등장하자, 가난한 자들을 도와주기라는 오랫동안 존경 받던 관행의 명망이 훨씬 높아지게 되었다. 한때 다른 명령들 중 하나에 불과하던 일이, 사람과 하나님의 관계 전체를 요약하는 명령으로 부상했다. 나중에 랍비들이 이 문제를 언급한 것처럼 "구제와 자선 행위는 토라에 나오는 모든 계명과 가치상 동등하다."[12]

그러나 이러한 새로운 비유의 점진적 발전은, 수많은 신학 논쟁의 원천이기도 했다. 많은 사람들이 이러한 비유적 표현에 기계적인 속성이 과도하게 있음을 인지하고 움찔했다. 차변과 대변이라는 세계는, 하나님의 자비가 빛을 발할 여지가 거의 없는 엄한 의무 체계를 예고하는 듯했다. 또 다른 사람들은 인간 공로의 가치에 초점을 맞추면, 구원이 하나님이 은혜로 주시는 선물이 아니라 인간의 행위로 바뀐다고 염려했다. 당면 쟁점들은 심오하면서도 개신교 종교개혁의 중심에 있다. 이 때문에 때로는 수사법이 격렬해질 수 있다. 그러나 유대교와 기독교의 사상가들이 신학 저술에서 이러한 비유들을 어떻게 사용하는지 세심하게 살펴보면, 이러한 논란은 대부분 사라질 것이다.

2장
──────── 져야 할 짐

> [속죄일에] 염소가 그들의 모든 불의를 지고 접근하기 어려운 땅에 이르거든 그는 그 염소를 광야에 놓을지니라. ─레위기 16:22

내가 논의하려는 본문의 배경 지식으로 연대기적 기반이 필요하다. 구약 성경에 기록된 사건들 대부분은 제1성전 시대로 알려진 시대에 일어났다. 제1성전 시대는 솔로몬왕이 건축한 성전이 예루살렘에 있던 시대를 가리킨다. 그 성전은 주전 10세기 중반에 건축되었다가 주전 587년에 느부갓네살왕과 바빌론군대에 파괴되었다. 그 민족적 비극은 유배라고 알려진 기간으로 이어졌다. 그 기간에 수많은 이스라엘 지도자가 바빌론으로 잡혀갔고 유대인의 삶을 개조하려는 시도가 있었다. 예배 중심지도, 온갖 형태의 정치적 주권도 다 빼앗겼다. 대략 50년 후에 바빌론제국이 페르시아군대에 무릎을 꿇었고, 고대 근동에 새 시대가 열렸다. 페르시아인은 관대한 정복자들이어서, 바빌론 유배자들의 본국 송환을 허락해 주었다. 이스라엘 백성은 바빌론에서 돌아와 스룹바벨의 지도 아래, 예언자 학개와 스가랴의 적극적 지원을 받아 성전 재건을 시작했다. 주전 520년에 기초가 놓였고, 주전 515년에 새 건물이 공식적으로 봉헌되었다. 이렇게 해서 제2성전 시대로 알려진 시대가 시작되어서 로마가 이스라엘 땅을 침략하여 결국 주후 70년에 그 성전을 멸망시킬 때까지 계속된다.

우리의 목적상, 제1성전 시대에서 제2성전 시대까지 히브리어가 극적으로 변했다는 데 주목하는 것이 중요하다. 구약 성경의 고대 방언으로 히브리어 공부를 시작한 연구자라면, 성경 언어가 집회서와 사해사본과 랍비 문헌에 나오는 언어와는 아주 다르다는 것을 안다. 구문과 어휘 둘 다 상당한 변화를 겪었다. 이러한 변화의 원인 중 하나는 제2성전 시대에 페르시아인들이 아람어를 급성장한 그들 제국의 공용어로 채택하면서 아람어의 중요성이 점점 커진 것이다.

예수 시대에는 대다수 유대인이 히브리어와 아람어를 둘 다 사용했다. 두 언어는 밀접하게 연결되어 있었으므로 서로 영향을 주는 경향이 뚜렷했다. 언어학자들도 랍비 히브리어의 어떤 단어의 의미가 원래 히브리어에서 나온 것인지, 아람어에서 차용한 것인지 알아내기 어려울 때가 있다. 그러나 아람어가 미친 영향의 중요성은 잠시 보류해 두고 고대 성경 히브리어의 관용구로 돌아가 보자.

짐으로서의 죄

히브리 성경에는 죄의 속성을 묘사하는 비유가 아주 많다. 그중 가장 흔한 것으로는, 죄는 깨끗이 씻어야 할 얼룩이라는 비유다. "나의 죄악$^{\bar{a}w\bar{o}n}$을 말갛게 씻으시며^{kibbēs} 나의 죄를 깨끗이 제하소서"(시 51:2). 또 져야 할 짐으로 죄를 비유하는 경우도 있다. "염소가 그들의 모든 불의$^{\bar{a}w\bar{o}n}$를 지고$^{nāśā'}$ 접근하기 어려운 땅에 이르거든"(레 16:22). 두 본문에서 그 비유 구성단위의 핵심 요소는 죄를 나타내는 명사(두 경우 모두 아원*'āwōn*)가 아니라 동사(킵베스*kibbēs*, '씻다'; 나사*nāśā'*, '지고 가다')다. 사실, 성경의 수많은 비유 가운데서 죄가 짐이라는 개념은 히브리 성경에 단연코 가장 많이 나오는 비유다. 다음 표는, 죄를 나타내는 명사 '아원'과 가장 흔하게 함께 쓰이는 다양한 동사 어근을 보여 준다.

히브리어 동사	번역	빈도수
나사*nāśā'*	죄를 지다(혹은 지고 가다).	108
살라흐*sālaḥ*	죄를 용서하다(어원을 알 수 없다).	17
킵페르*kippēr*	죄를 씻다.	6

한두 번 나오는 다른 단어들로는 다음과 같은 것들이 있다. 헤에비르*he'ĕbîr*(죄를 없애다), 키싸*kissâh*(죄를 덮다), 카바쉬*kābaš*(죄를 밟아 뭉개다, 말살하다), 마하*māḥâh*(죄를 지워 버리다), 킵베스*kibbēs*(죄를 씻다), 티헤르*tihhēr*(죄에서 [누군가를] 깨끗케 하다).

무엇보다 놀라운 것은, 히브리 성경에 '죄[의 짐]를 지다'라는 관용구가 자주 나온다는 사실이다. 이 어구는 그 다음으로 많이 나오는 관용구보다 6배가 넘게 많이 나온다. 그러므로 제1성전 시대 히브리어 사용자들은 인간의 죄를 이야기할 때 죄를 짐에 비유하는 방식을 가장 흔히 사용했다.

내가 이 사실을 일반 성도는 물론 학자에게도 말하면 놀랍다는 반응이 주로 나온다. 성경을 아주 열심히 읽는 사람조차 사실 그렇다고는 짐작도 하지 않을 것이다. 어떠한 성경 역본도 '나사 아원*nāśā' 'āwōn*'이라는 문구를 '죄(의 짐)를 지고 가다'로 문자적으로 번역하지 않기 때문이다. 이는 일반적으로 직역을 하는, 성경의 다른 관용구들과는 대조된다. 그래서 이를테면, 죄를 '씻다', '덮다'라는 표현이 흔히 보인다. 그런데 '나사 아윈'의 경우, 거의 모든 성경 역본이 그 바탕에 있는 비유 표현 대신, 무미건조하게 '죄를 용서하다'로 옮긴다.

분명 이 문구를 문자적으로 번역하지 않은 이유 하나는, '나사 아윈'이라는 관용구가 언뜻 보기보다 더 어렵다는 것이다. 이 관용구는 사전 편찬자에게든 주석가에게든 분명 힘겨운 과제였다. 극과 극으로 반대되는 두 의미가 담겨 있기 때문이다. 이 관용구가 재판을 하는 상황에서는 '죄가 있다'나 '벌을 받다'를 뜻하지만, 자비를 베푸는 상황에서는 '용서하다'가 가장 나은 번역이다. 이 사안을 제대로 파악하기 위해, 그 문제를 잘 보여 주는 본문을 몇 개 살펴보자. 처음 두 절은 유죄를, 뒤의 두 절은 용서를 나타내는 데 그 관용구를 사용한다.[1]

1. "만일 누구든지 저주하는 소리를 듣고서도… 알리지 아니하면, **그는 벌을 받아야 할 것이요**[나사$^{nāśā'}$+아윈$^{'āwōn}$]"(레 5:1).
2. "누구든지 그의 하나님을 저주하면 **죄를 담당할**[나사$^{nāśā'}$+헤트^{het}] 것이요"(레 24:15).

'죄를 용서하다'라는 의미인 경우, 다음 구절을 비교해 보라.

3. "너희는 이같이 요셉에게 이르라. 네 형들이 네게 악을 행하였을지라도 이제 바라건대 그들의 **허물과 죄를 용서하라**[나사$^{nāśā'}$+페샤$^{pešā'}$] 하셨나니"(창 50:17).
4. "이번만 **나의 죄를 용서하고**[나사$^{nāśā'}$+핱타트$^{ḥaṭṭā't}$] 너희의 하나님 여호와께 구하여 이 죽음만은 내게서 떠나게 하라"(출 10:17).

하나의 표현, 두 개의 양립 불가능한 의미

나사+아원 $^{nāśā'+'āwōn}$, 헤트/핱타트, 페샤 $^{het'/hattāt, peša'}$와 같이 단일한 히브리어 표현이 정반대 의미를 나타내는 것을 어떻게 이해해야 할까? 어떤 이들이 주장하듯이 이스라엘의 문화는 행위와 그에 따른 결과를 늘 명확하게 구분하지는 않기에, 이러한 문화의 독특한 정서^{mentalité}에 호소하는 답이 있었다. 이러한 전체론적 사고에서는, 죄에 해당하는 용어를 상황에 따라 두 가지 방식으로, 즉 단순히 악행이나 '죄'라는 행위로(3번과 4번), 또는 그 결과인 '형벌'(1번과 2번)로 번역할 수 있다.

바룩 슈바르츠는 어느 탁월한 논문에서, 그러한 전체론적 관점의 문제를 몇 가지 언급했다.[21] 첫째, 이차 의미의 발달이 수십 가지 용어 면에서 증거 자료가 충분하다고 해도, 극단적으로 정반대인 두 관용구가 생긴 것은 이상하며 그와 유사한 경우가 없다. 둘째, '나사 아원'이라는 관용구가 두 가지 확대 의미로 발달한 방식 역시 복잡하다. '나사'라는 동사와 '아원'이라는 명사 둘 다 뚜렷이 다른 두 가지 의미인, 문자적 의미와 비유적 의미로 발달했다고 추정해야 한다.

단어	일차 의미	이차 의미
'나사'	지다, 지고 가다	용서하다
'아원'	죄	형벌

자비가 나타나는 맥락에서(3번과 4번) '나사'는 '용서하다'로 의미가 확장되는 반면, '아원'은 '죄'라는 일차 의미를 유지한다. 반면, 형벌을 이야기하는 맥락에서는(1번과 2번) 동사 '나사'가 '지다, 지고 가다'라는

원래 의미를 유지하는 반면, 명사 '아원'은 '형벌'이라는 이차 의미를 지닌다.³⁾ 각 관용구에서 일차 의미와 이차 의미를 임의로 섞어 놓은 듯하다. 이는 통상적으로 관용구의 발전을 설명하는 방식이 아니다.

이러한 부조화를 슈바르츠는 평범하면서도 동시에 탁월하게 해결한다. 슈바르츠의 견해에 따르면, 일상 대화에서 '나사' 동사가 어떻게 쓰이는지에 주의를 기울이면 모든 것이 달라진다. 히브리어 사전을 대강 살펴보면, '나사' 동사는 [A] '[짐을] 지다'와 [B] '[짐을] 벗다'를 모두 의미할 수 있다.

[A]의 의미와 관련해서는 민수기 11장 11-14절을 살펴보자. 그 구절에서 이스라엘 백성은 광야에서 떠돌아다니는 자기들 상황을 심하게 한탄하기 시작한다. 이 일로 여호와가 진노하셨기에 결과적으로 모세가 간구하게 된다. "어찌하여 주께서 종을 괴롭게 하시나이까. 어찌하여 내게 주의 목전에서 은혜를 입게 아니하시고 이 모든 백성을 내게 맡기사 내가 그 **짐**[맛사ᵐᵃśśā', 나사ⁿāśā'에서 유래한 명사]을 지게 하시나이까. 이 모든 백성을 내가 배었나이까. 내가 그들을 낳았나이까. 어찌 주께서 내게 양육하는 아버지가 젖 먹는 아이를 품듯 **그들을 품에 품고** 주께서 그들의 열조에게 맹세하신 땅으로 **가라**[carry, '나사'] 하시나이까… 책임이 **심히 중하여** 나 혼자는 이 모든 백성을 **감당할**[carry, '나사'] 수 없나이다." 여기서 모세가 져야 하는 '짐'은 그 백성을 돌보는 책임이다.⁴⁾ 모세가 져야 하는 의무 즉 '짐(맛사)'이 한 곳에서 다른 곳으로 아이를 데리고 가야 하는 유모의 의무에 어색하지 않게 비유된다.

'나사' 동사의 [B]의 의미인 '짐을 벗다'에 대해서는, 민수기 16장 15절로 시작해 보자. 이 본문에서 모세는 이스라엘 백성을 인도하는 책임을 제대로 이행하지 못했다고 비난받았다. 이러한 거짓 비난에

격분하여서 모세는 이렇게 고백하며 자신의 의를 선언한다. "나는 그들의 나귀 한 마리도 **빼앗지**[나사티$^{nāśā'tī}$] 아니하였고."⁵⁾ 사무엘상 17장 34-35절에서는 다윗이 자신이 책임감 있는 목자로 행동했다고 설명한다. 그는 "사자나 곰이 와서 양떼에서 새끼를 **물어 가면**[carry off, '나사'] 내가 따라가서 그것을 치고 그 입에서 새끼를 건져내었고"라고 말한다. 이 두 본문에서 '나사' 동사는 다른 누군가에게서 무언가를 **빼앗아 가다**라는 뜻이다.

그러나 두 경우 모두, 단일한 행동을 말한다. 누군가가 짐을 맡고 있는 것이다. 첫째 맥락 [A]에서는, 그렇게 맡은 짐을 **지고 있는** 행동에 강조점이 있는 반면, 둘째 맥락 [B]에서는 전에는 자기 소유가 아니었던 짐을 **맡고 있는** 행위에 강조점이 있다. 요약하자면, 두 의미에 신비하거나 불가사의한 점이 전혀 없다. 모든 것은 문맥에 달려 있다. 주어가 다른 사람의 소유가 아닌 짐을 맡고 있는 경우라면, 민수기 11장 14절에서 보았듯이 "나 혼자서는 이 모든 백성을 **감당할** 수 없나이다"처럼 '나사'는 '[짐을] 지다'로 번역해야 한다. 반면, 주어가 다른 사람에게서 그 물건을 가져왔다면, '빼앗다' 혹은 '지고 가다'로 번역하는 것이 적절하겠다. "나는 그들의 나귀 한 마리도 **빼앗지** 아니하였고"라는 모세의 고백이나, 사자가 "양떼에서 새끼를 **물어 가면**"이라고 다윗이 목격한 경우처럼 말이다.

이렇게 대조되는 '나사' 동사의 두 용법은 '나사 아원'의 비유적 용법을 이해하는 데 아주 중요하다. 성경의 죄가 어떠한 '실체' 같은 특성을 지니고 있음을 떠올려 보라. 하나님이 죄들을 보실 수 있지만, 자비를 베풀고자 하시면 그 죄들을 깨끗이 씻으시거나, 덮어 버리시거나, 밟아 으깨실 수 있다. 어떤 비유를 접하든 우리는 범죄 항목이 말하자면, 금지된 행위를 완료하는 순간 무無에서 생겨난다고 생각해야 한다. '나사 아원'의 경우에는, 금지된 행동을 하는 순간 마치 죄인의 어깨에 짐이 지워진 것 같다. 심지어 오늘날에도 우리는 세상의 걱정 거리나 죄책감이 어깨를 꽉 누르고 있다고 묘사하곤 한다. 이것은 등을 구부리고 돌아다니는 인물 삽화에서 흔히 보인다. 그 인물이 비유적으로 지고 있는 짐은 단순한 비유를 넘어서, 실제로 존재하는 것으로 보인다.

그렇다면 이제 이 관용구가 인간의 죄를 가리키는 성경의 용법으로 돌아가 보자. 유죄 책임을 강조하는 맥락에서는, '나사 아원'을 '죄의 짐을 지다'로 번역해야 한다. 죄인은 자신의 과오가 낳은 짐을 전부 진 사람으로 묘사되어서, 이를테면 "누구든지 그의 하나님을 저주하면 죄를 담당할 것bear the weight of his sin"이다(레 24:15). 그러나 정죄 받은 사람이 용서를 간구하는 맥락이라면, 그 동사는 사람의 어깨에서 짐을 내려놓는 행위를 나타낸다. 바로가 자신이 이스라엘 백성을 풀어 달라는 모세의 외침에 주의를 기울이지 않아서 모세에게 과오를 범했음을 깨닫고서, "나의 죄의 짐을 지고 가고•"(출 10:17)라고 말한다. 이 경우에는, 바로가 하나님을 예배하도록 어린아이와 노인 할 것 없이 이스라엘 백성을 다 이집트에서 내보내 달라는 모세의 요청을 무시했을 때 (출 10:7-11) 그 짐이 생겨서 바로가 어깨에 그 짐을 지게 되었다고 생각해야 한다. 바로가 '주인'인 모세만 없애 줄 수 있는 짐을 지고 있는 한 어떤 의미에서 보면 바로는 모세의 '종'이다. 모세는 이집트의 초목을 먹어 없애는 메뚜기 떼를 보냄으로써 바로의 행위가 사악함을 보

• "나의 죄를 용서하고."

여 준다. 바로는 급히 모세를 불러 "내가 너희의 하나님 여호와와 너희에게 죄를 지었으니" 하고 고백하고는, 모세에게 자기 죄의 짐을 '지고 가라'고 권하면서 여호와께 메뚜기 재앙도 없애 달라고 간청한다.

요컨대 이 기이한 히브리어 관용구를 이해하려고 전체론적 사고라는 다소 설명하기 힘든 개념을 적용할 필요가 없다. 그 확대된 비유 용법에 나타나는 이중 의미는, 더 일상적 맥락에 나타나는 이중 의미와 다르지 않다. 이러한 이해를 염두에 두고, 앞에서 소개한 두 쌍의 본문으로 돌아가 보자. 하지만 이번에는 그 본문에서 떠오르는 선명한 비유 맥락을 염두에 두고 본문을 조금 더 문자적으로 번역해 보자. 비유의 문자적 의미에 주의를 기울이면, '나사 아원'이라는 어구 하나가 죄가 있는 상태('죄[의 짐]를 지다')는 물론, 그 죄를 없애는 것('죄[의 짐]를 지고 **가다**')도 의미할 수도 있다는 사실이 더는 특이해 보이지 않을 것이다.

'나사 아원' 관용구가 '자기 죄의 짐을 지다'를 의미하는 경우:

1. "만일 누구든지 저주하는 소리를 듣고서도… 알리지 아니하면, **그는 그 죄의 짐을 질 것이요**"(레 5:1).
2. "누구든지 그의 하나님을 저주하면 **그 죄의 짐을 질 것이요**"(레 24:15).

'나사 아원'이 '다른 사람의 어깨에서 죄의 짐을 없애 주는 것'을 의미하는 경우:

3. "너희는 이같이 요셉에게 이르라. 네 형들이 네게 악을 행하였을지라도 이제 바라건대 그 **죄의 짐을 지고 가라*** 하셨나니"(창 50:17).
4. "이번만 내 **죄의 짐을 지고 가고**** 너희의 하나님 여호와께 구하여 이 죽음

만은 내게서 떠나게 하라"(출 10:17).

죄를 짐으로 본 내러티브들

지금까지 '나사 아원'이라는 히브리어 관용구의 바탕에 있는 의미론적 난제를 살펴보았다. 하지만 단순히 그 어구의 의미론상 발달을 살펴보는 것으로는 충분하지 않다. 리쾨르는 물론 레이코프와 존슨도 보여 주듯이, 어느 문화가 죄와 용서를 어떻게 생각하는지 이해하는 데는 비유metaphor가 결정적인 변수다. 우리는 비유가 들어 있는 더 긴 글에 주의를 기울임으로써 이 사실을 알 수 있다.

주전 8세기에 살았던 예언자 이사야는 이스라엘의 죄의 본질을 묘사하는 데 그 관용구를 두 번 사용한다. 첫째 예는 이사야서 서두에 나온다.

하늘이여 들으라.
땅이여 귀를 기울이라. 여호와께서 말씀하시기를
내가 자식을 양육하였거늘
그들이 나를 거역하였도다.
소는 그 임자를 알고 나귀는 그 주인의 구유를 알건마는
이스라엘은 알지 못하고 나의 백성은 깨닫지 못하는도다 하셨도다.

- "이제 바라건대 그들의 허물과 죄를 용서하라."
- "이번만 나의 죄를 용서하고."

죄의 역사

48

> 슬프다 범죄한 나라요
>
> **죄악의 무거운 짐을 진**[케베드 아원 *kebed āwōn*] 백성이요•
>
> 행악의 종자요
>
> 행위가 부패한 자식이로다.
>
> 그들이 여호와를 버리며
>
> 이스라엘의 거룩하신 이를 만홀히 여겨
>
> 멀리하고 물러갔도다(사 1:2-4).

예언자는 자녀를 가축에 비교하며 시작한다. 둘 다 생존을 위해 자기들을 양육하는 이에게 의지한다. 보통은 자녀들이 가축보다 지능이 높으니 그 사실을 필시 알 것이라고 생각한다. 그러나 이사야는 "이스라엘은 알지 못하고 나의 백성은 깨닫지 못하는도다" 외친다. 오히려 소와 나귀는 자기 주인을 안다고 고발한다. 그런 다음 또 다른 아주 놀라운 반전이 있다. 본디 가축이 '짐을 나르는 동물'이지만, 이사야의 주장에 따르면 가축이 아니라 바로 이스라엘이 무거운 짐, 즉 정말로 독특한 화물인 죄라는 짐을 지고 있다! 그리고 예언자는 단 몇 장 뒤에 이 비유를 더 넓힌다. 이스라엘이 얼마나 악한지 그들이 저지른 죄를 수레에 실어서 소가 끌어야 하는 짐에 비유할 정도다. "[그들이] 줄에 묶인[황소들이 하]듯이 죄를,6) 수레 줄로 하듯이 죄악을 끌어당긴다••"(사 5:18).

예언자 에스겔의 유명한 상징 행위 가운데 하나에 이 비유의 바탕

- • "허물진 백성이요."
- •• "거짓으로 끈을 삼아 죄악을 끌며 수레 줄로 함 같이 죄악을 끄는 자."

이미지가 생생하게 나타난다. "[오, 사람아] 왼쪽으로 누워서, 이스라엘 족속의 **죄악[의 짐]을 네 몸에 지고 있거라**. 옆으로 누워 있는 날 수만큼, 너는 **그들의 죄악[의 짐]을 떠맡아라**. 나는 그들이 범죄한 햇수대로 네 날 수를 정하였다. 그러니 네가 삼백구십 일 동안 이스라엘 족속의 죄악을 떠맡아야 할 것이다. 이 기간을 다 채운 다음에는, 네가 다시 오른쪽으로 누워서, 유다 족속의 **죄악[의 짐]을** 사십 일 동안 **떠맡고 있거라**. 나는 너에게 일 년을 하루씩 계산하여 주었다"(겔 4:4-6, 새번역). 이 본문에서 예언자 에스겔은 민족의 전반적 상태를 연기로 보여 준다. 여기에서 예언자가 옆으로 누워 이스라엘과 유다에게 할당된 형벌을 받아야 한다는 사실이 중요하다. 예언자는 이렇게 행동함으로써 그 나라의 운명을 상징적으로 연기할 뿐 아니라, 그 모습이 이스라엘의 운명 자체임을 보여 준다. 이스라엘의 죄를 져야 할 짐으로 이해한 것이 분명하다.

마지막으로, 속죄일 염소를 이야기해야 하겠다(레위기 16장). 속죄일에 이스라엘 백성은 예루살렘성전으로 염소 두 마리를 데려 오라고 지시받는다. 대제사장 아론이 그 염소들을 받아 제비를 뽑는다. 한 마리는 희생 제물로 도살하도록 정하고, 한 마리는 광야로 보낼 것이다. 내쫓기는 염소는 속죄 염소scapegoat라고 알려졌다. 이 용어가 원래는 도살 판결을 '면한(e)scaped' 동물을 뜻했지만, 의미가 확대되어서 자신이 범하지 않은 과오를 책임지는 사람 혹은 심지어 불합리하게 혐오의 표적이 된 사람을 가리키게 되었다. 그러나 성경에서는 그 염소에게 좀 더 진부한 역할을 맡긴다. 속죄 염소의 임무는 단 하나, 이스라엘의 죄라는 짐을 지고 가는 것이다. 레위기에 따르면, 대제사장은 이 염소를 받고서 "그의 두 손으로 살아 있는 염소의 머리에 안수하여 이스라엘 자손의 모든 불의와 그 범한 모든 죄를 아뢰고 그 죄를 염소의 머리에 두어 미리 정한 사람에게 맡겨 광야로 보"내야 한다(레 16:21). 이러한 의식상 행위를 통해 아론은 이스라엘의 죄라는 **짐**을 상징적으로 그 염소에게 얹는다. 염소가 일단 그 짐을 맡으면 자기 책임을 수행할 수 있다. 고대 근동 지역 대부분에서 그랬듯, 광야는 마귀의 영역인 음부underworld의 입구 역할을 할 수 있었다. 저명한 레위기 학자 제이콥 밀그롬Jacob Milgrom이 주장했듯이, 이 죄들을 지고 가는 그 염소는 "사실상 악을 그 원천인 지하 세계netherworld로 되돌려 주고 있는 것이다."[7] 그 영역에는 하나님의 손이 미치지 않는다고 여겼으므로, 그 죄들은 이제 하나님이 지휘 감독하시는 범위를 벗어나게 될 것이다. 일단 하나님이 그 죄들을 보실 수 없다면 그 죄들은 더는 존재하지 않는 것이나 마찬가지다. 고대 이스라엘에서 죄 용서는 그저 악행을 깊이 뉘우치는 감정의 문제가 아니었다. 죄 때문에 생긴 물리적 요소(죄의 '실체성')를 제거해야 했다.

따라서 속죄 염소 의식은 죄를 무거운 짐으로 표현하는 것을 기반으로 한다. 그 표현에서는 인간이 거주하는 영역에서 동물이 그 짐을 지고 나가야 한다. 레위기 본문이 추정하기로는, 죄로 인한 짐은 생기고 나면 소멸시킬 수 없지만 추방할 수는 있다. 자주 인용되는 시편 한 구절이 생각난다. "동이 서에서 먼 것같이 우리의 죄과를 우리에게서 멀리 옮기셨으며"(시 103:12). 혹은 미가서 마지막 부분이 생각난다. "그가 우리를 사랑으로 다시 받아들이시며, 우리 죄악들을 [발아래서] 밟아 으깨서 [그 죄악들을] 깊은 바다 속에 던지시리라•"(미 7:19).[8] 레위기뿐만 아니라 이 두 시에서도, 이스라엘의 죄를 하나님의 시야에서 제거해야 하는 구체적인 실체로 여긴다. 이스라엘의 죄가 광야로 실려

가면, 그 죄들은 인간의 거처를 떠나 하나님이 버리신 곳이라 여기던 땅으로 들어가게 된다. 실제로 레위기는 광야를 귀신 아사셀의 거처라 여긴다.[9] 시편이나 미가서의 예와 같이 이스라엘의 죄들은 이제 하나님의 직속 관할에서 벗어난다.

리쾨르가 예견했었을 수도 있듯이, 죄를 무게와 질량을 지닌 구체적 사물로 여기는 문화에서는 그것을 제거하는 방법을 개발해야 할 것이다. 당시로 거슬러 올라가 보면, 죄 용서에 관한 이스라엘의 기본 내러티브에 그 죄를 지고 가는 동물이 나오는 것이 전혀 이상하지 않다. 그러나 그 비유 때문에 레위기 16장에서 짐을 나르는 동물 내러티브가 **필요하게** 된 것은 아니다. 그것은 지나친 말이다. 용서의 과정을 실현할 다른 의식 절차와 내러티브를 상상해 볼 수도 있다. 그와 아울러 해당 문화의 기저에 있는 언어가 죄를 치워야 할 무거운 짐으로 생각하지 않는다면 그러한 의식 절차를 생각해 내기 힘들 것이다.

레이코프와 존슨은 전쟁 용어 말고 다른 관용구로 논쟁을 표현하는 문화를 우리가 이해하지 못할 것이라고 했다. 이와 마찬가지로, 성경 해석자가 '죄의 짐을 지고 있다'에 있는 비유적 성격을 죄책의 표지로 인식하지 못한다면 '나사 아원' 관용구가 언제 특정한 짐을 견뎌 내는 행동을 뜻하며(누군가를 **참고 견디기**; 위의 민 11:11-15을 다시 떠올려 보라), 언제 용서의 의미(죄의 근원 **제거하기**)를 전달하는지 정확히 설명하지도 못하리라고 말할 수 있을 것이다.

가인이 아벨을 살해한 일 때문에 하나님이 내리신 심판에 반응하

- "다시 우리를 불쌍히 여기셔서서 우리의 죄악을 발로 밟으시고 우리의 모든 죄를 깊은 바다에 던지시리이다."

는 본문에는 난제가 많다. 가인이 들에서 동생을 죽인 후에 여호와께서 가인 앞에 나타나셔서 "네 아우 아벨이 어디 있느냐"고 물으신다. 그러자 가인은 "내가 알지 못하나이다. 내가 내 아우를 지키는 자니이까" 하고 말했다. 그때 하나님이 말씀하셨다. "네가 무엇을 하였느냐. 네 아우의 핏소리가 땅에서부터 내게 호소하느니라. 땅이 그 입을 벌려 네 손에서부터 네 아우의 피를 받았은즉 네가 땅에서 저주를 받으리니 네가 밭을 갈아도 땅이 다시는 그 효력을 주지 아니할 것이요 너는 땅에서 피하며 유리하는 자가 되리라"(창 4:8-12). 하나님이 가인을 심문하시고 벌을 내리신 일은, 바로 한 장 앞에서 아담과 하와를 심문하시고 벌을 내리신 일(창 2:9-19)을 반복하면서 동시에 넘어선다. 그러나 하나님이 내리신 벌을 대하는 가인의 반응에 초점을 맞추어 보자. "내 죄벌이 지기가 너무 무거우니이다. 주께서 오늘 이 지면에서 나를 쫓아내시온즉 내가 주의 낯을 뵈옵지 못하리니 내가 땅에서 피하며 유리하는 자가 될지라. 무릇 나를 만나는 자마다 나를 죽이겠나이다"(창 4:13-14). 가인의 응답에서 첫 문장을 어떻게 번역하느냐를 놓고 주석가들은 의견이 분분하다. 대부분은 "내 죄벌이 지기가 너무 무거우니이다"라는 유대출판공회Jewish Publication Society의 번역을 따르지만, "내 죄가 용서받기에는 너무 무거우니이다"를 택하는 이들도 있다.[10] 이 모호함은 명사 '아원'('형벌' 혹은 '죄')과 동사 '나사'('지다' 혹은 '용서받다')를 어떻게 이해하느냐에 따라 달라진다. 가인이 첫째 번역에서는 자신의 엄청난 죄를 파악하지 못하여 어느 정도 투덜거리는 사람이 되는 반면, 둘째 번역에서는 자기가 저지른 짓을 후회하는 모습을 보여 준다. 후기 랍비의 미드라쉬는 둘째 가능성을 택한다. 가인이 회개했음을 어떻게 알까? "가인이 여호와께 아뢰되 내 죄가 용서받기에는 너무

져야 할 짐

무거우니이다."[11]

그러나 비유 표현의 내용에 주의를 기울이면, 가인의 말이 당혹스럽지 않다. 가인의 반응을 다음과 같이 번역하면 의미가 더 선명해진다. "내 죄의 짐이 너무 무거워서 질 수가 없습니다." 슈바르츠가 주목하듯이, 가인은 자기 죄가 용서받을 수준을 넘어선다고 인정하지도 않고, 벌을 못 받겠다고 불평하지도 않는다. 오히려 가인은 자기 죄의 심각성을 인정한다. 하나님이 처음으로 자신의 죄에 직면하게 하실 때 가인은 "네 아우 아벨이 어디 있느냐?"는 질문을 받는다. 가인은 이 질문을 "내가 알지 못하나이다. 내가 내 아우를 지키는 자니이까?" 하며 대충 일축해 버린다. 이는 아직 자기 죄의 무게를 느끼지 못하는 사람이다. 그러자 하나님이 가인에게 혹독하게 벌을 내리셔서, 가인이 농사짓는 땅이 저주를 받고 가인은 정처 없이 돌아다니는 도망자로 전락할 것이다. 가인은 그제야 자기가 저지른 짓을 제대로 판단한다. 이제는 자기 죄를 과소평가하지 않고("내가 내 아우를 지키는 자니이까?"), 자기 죄책을 인정한다.

이런 식으로 가인의 반응을 법률 관련 본문들에서 '죄를 지다'라는 관용구가 의미하는 바와 비교해 볼 수 있다. 레위기 5장 1절에는 법정에서 증언해야 하는데도 증언을 하지 않는 사람의 사례가 나온다. 그 본문은 이 사람이 "자기의 죄[의 짐]를 져야 할 것"이라고 결론짓는다. 이 표현이 구체적인 형벌이나 법적 책임을 설명하지 않는다는 점이 중요하다. 형벌이나 책임은 나중에 죄인이 죄를 자백하고 희생 제물로 어떤 동물을 가져 와야 한다고 지시하는 부분에서야 자세히 설명한다(레 5:5-6). "그는 자기의 죄[의 짐]를 질 것이요"라는 조항은 다른 사안을 염두에 두어서, 해당 인물이 죄를 범하였으므로 유죄임을 나타내는 역할을 한다. 그래서 나는 가인을 옹호한다. 가인이 자기 죄를 견딜 수 없다고 외칠 때, 형벌 자체가 아니라 자기 죄의 크기를 말하고 있는 것이다. 형벌의 가혹함은, 가인이 범죄가 초래한 죄책의 크기를 나타내는 지표다.

성경 독자 대부분은 죄를 짐에 비유하는 것이 구약 성경에서 얼마나 중요한지 인지하지 못한다. 앞에서 보여 주었듯이, 이는 번역자들이 대체로 그 관용구를 문자적으로 번역하지 않았기 때문이다. 다른 비유 동사들은 죄를 '씻다', '덮다', '지우다' 등으로 그대로 번역한 반면, '죄를 지다'라는 관용구는 거의 대부분 문자적이지 않은 표현으로 제시되며 두 가지 완전히 다른 의미를 지닌다. 이 관용구는 '죄의 (짐을) 지다bear'로 번역할 수도 있고, 또 그와 다르게 '죄의 (짐을) 지고 **제거하다**bear away'를 의미할 수도 있다. 번역자들은 혼란을 피하고자 앞의 뜻은 '죄가 있다'로 번역하고 뒤의 뜻은 '용서하다'로 번역하기로 했다. 물론 이러한 선택으로 본문의 기본 의미가 훼손되지는 않는다. 그러나 더 문자적으로 번역할 때 장점이 몇 가지 있다. 첫째, 문자적 번역은 속죄의 가장 중요한 의식에 짐을 나르는 동물이 광야로 죄를 실어 나르는 일이 포함된 이유를 알려 준다. 어느 문화에서 죄를 용서받는 방법을 말하는 이야기들은 그 문화에서 죄를 표현하는 데 사용하는 관용구와 밀접한 관련이 있다. 둘째, 이 관용구가 얼마나 중요한지 이해하면, 많은 시詩 본문들이 명백해진다. 이사야가 이스라엘 백성을 '죄악의 무거운 짐을 진' 이들이라고 선포한 것이나, 하나님이 이스라엘의 죄의 짐을 누워 있는 예언자의 옆구리에 올려놓으신 일은 우연이 아니다. 셋째, 우리는 가인이 하나님을 향해 자기 죄를 지기가 너무 무겁다고 말하는 것과 같은 본문들을 더 정확하게 해석할 수 있다. 그 불평을 "내 죄벌이 지기가 너무 무거우니이다"라고 옮긴 일반 역본들에 심한 오류가 있다는 말은 아니다. 그러나 슈바르츠가 바르게 지적하듯이, 그 성경 본문은 하나님이 부과하신 형벌의 가혹함보다는 가인의 개인적 죄책이나 죄의 깊이를 강조한다. 일반 역본을 보면 가인이 형벌에 대해 불평한다고 이해하게 된다. 그러나 우리가 제안한 번역에는 가인이 자기 죄의 끔찍한 성격과 정직하게 씨름했다는 데 초점이 있다. 미묘하지만 사소한 차이가 아니다. 마지막으로, 속죄일 의식과 가인의 이야기 모두 죄에는 어떤 '실체' 같은 성격이 있음을 시사한다는 사실을 다시 한 번 이야기해야겠다. 가인이 아벨을 죽일 때, 마치 무無에서 어떤 짐이 생겨나 가인의 어깨에 자리를 잡은 것 같다. 가인이 처음에는 자기가 져야 할 짐의 양을 알아차리지 못했지만, 하나님과 대면하고 나자 자기 죄가 얼마나 큰지 한눈에 보였다. 가인의 경우 그 짐이 제거될 수나 있는지 분명하지 않다. 가인은 하나님에게 받은 표 덕분에 피의 복수에서는 보호받겠지만, 죄에 대한 책임은 사라지지 않는다. 그러나 레위기 16장에서 하나님이 이스라엘과 언약 관계를 시작하신 후에는 이스라엘 자손이 각자 져야 했던 짐을 제거하는 조치가 마련된다. 대제사장 아론이 중재자로, 그러한 죄를 염소에게 지워서 보내 버려 죄가 다시는 보이지 않게 된다.

3장

———— 갚아야 할 빚

> 우리가 우리 채무자에게 빚을 탕감해 준 것같이 우리 빚을 탕감해 주소서. —주기도문 직역

나는 죄에는 역사가 있다고 주장하고 싶다. 앞 장에서 보았듯이, 구약 성경에는 죄에 대한 비유가 다수 들어 있으며, 죄를 짐으로 여기는 비유가 그중 가장 눈에 띈다. 그러나 이 개념은 제2성전 시대에 극적으로 변했다. 그 시기에는 구약 성경 중에서 가장 후대인 책들과 함께 성경 이외의 책들도 다수 쓰였다. 죄를 짐에 빗대던 비유가 이 시기에 죄를 빚에 빗대는 비유로 대체되었다.[1] 제1성전 시대 히브리어 본문에 죄를 빚으로 여기는 사고방식이 있었다는 증거가 거의 없기는 하지만, 그 이유는 어렵지 않게 정확히 집어낼 수 있다. 바로 아람어의 영향이다.[2] 페르시아 통치자들이 아람어를 법과 상업의 공용어로 채택한 일은, 제2성전 시대 이스라엘에서 사용되던 히브리어 방언에 큰 영향을 미쳤다. 이 시기에 쓰인 많은 책들에 나타나듯이 아람어는 어휘는 물론 구문에도 널리 영향을 미쳤다.

아람어에서 빌려 준 사람에게 갚아야 할 빚에 해당하는 단어 호바 *hôbâ*는 죄를 의미하는 표준어였다.[3] 이 용어가 제2성전 시대 히브리어에 들어와서 동일하게 이중 의미를 지니게 된다. 죄를 짐으로 여기는

사고방식이 랍비 히브리어에서는 거의 발견되지 않으며, 죄를 빚으로 여기는 사고방식으로 대체되었다. 이러한 변화는, 성경 본문의 다양한 아람어역(탈굼Talgums)에서 '나사 아원'을 어떻게 처리하는지 조사해 보면 분명히 알 수 있다.[4] '나사 아원'이 '죄의 짐을 지다'를 뜻하는 거의 모든 예에서, 우리는 '빚을 지다'라는 아람어 관용구 캅벨 호바qabbēl hôbâ를 볼 수 있다. 다음의 두 본문을 검토해 보라. 가능한 문자적으로 번역했다.

히브리어 성경

1. 만일 어떤 사람이 죄를 지으면 [teḥĕṭâ']… **그는 그 죄의 짐을 질** [nāśā' 'ăwōnô] 것이요(레 5:1).

2. 누구든지 그의 하나님을 저주하면 그는 **그 죄의 짐을 질**[ḥēṭ 'ô nāśā'] 것이요(레 24:15).

아람어 탈굼

1. 만일 어떤 사람이 [죄로 인해] 법적인 의무를 지게 된다면 [yeḥôb]… **그는 빚을 지는 것이요** [yĕqabbēl hôbêh].[5]

2. 누구든지 하나님 앞에서 분노를 초래하는 자는 **빚을 질 것이요** [yĕqabbēl hôbêh].

반대로, '나사 아원'이 '죄를 지고 가다'라는 뜻으로 나오는 경우에는 모두, '빚을 면제해 주다'라는 뜻의 아람어 관용구 쉬바크 호바šbaq hôbâ가 나온다. 그에 해당하는 영어 번역어처럼, 아람어 동사도 자신에게 할당된 의무나 상환을 면제받은 사람을 나타낸다. 따라서 그 표현은, 당연히 받을 권리가 있는 사람이 자기 권리를 자비롭게 포기하는 것이므로, 자비로운 행위라는 뜻을 담고 있다.

히브리어 성경	아람어 탈굼
1. 너희는 이같이 요셉에게 이르라. "네 형들이 네게 악을 행하였을지라도… 그들의… 그 죄의 짐을… 지고 가라 [śā'… lappeša']"(창 50:17).	1. 너희는 이같이 요셉에게 이르라. "네 형들이 네게 악을 행하였을지라도 그들의 그 죄의 빚을… 면제해 주어라[šbôq… le-ḥôbê]."
2. 이번만 나의 죄의 짐을 지고 가고 [śā'… ḥaṭṭā'tî], 너희의 하나님 여호와께 구하여 이 죽음만은 내게서 떠나게 하라(출 10:17).	2. 이번만 내 죄의 빚을 면제해 주고 [šbôq… le-ḥôbây], 너희의 하나님 여호와께 구하여 이 죽음만은 내게서 떠나게 하라.

이러한 언어상 변화는 아람어 탈굼에서만 일어나지 않았으며, 그 변화의 기초에는 랍비 히브리어도 있다. 미쉬나에서는 죄를 지은 사람을 하야브^{hayyāb} 다시 말해, 갚아야 할 특정 호브 ^{hôb} 즉 빚이 있는 사람이라고 말한다.[6] 사실 이러한 언어상 변혁은 '나사 아원'이라는 관용구 표현이 랍비 시대에 실제로 사라질 정도로 완벽하게 일어났다. 이에 대한 실례로, 시편 32편 1절의 "죄가 제거된 사람, 죄가 가려진 사람은 복이 있도다●"라는 말씀을 《페시크타 라바티 $^{Pesiqta\ Rabbati}$》●●에서 어떻게 이해하는지 살펴보자.[7] 분명 현재 말하는 죄가 성경의 문화에서는 죄인의 어깨에 얹힌 일종의 부담 즉 짐이다. 그러나 랍비들은 그 죄가 다른 방식으로 제거된다고 생각해서, 시편 32편은 속죄일을 배경으로

- ● "허물의 사함을 받고 자신의 죄가 가려진 자는 복이 있도다."
- ●● 주후 5, 6세기 팔레스타인 회당과 학교에서 오경과 선지서 본문, 절기에 관해서 행한 설교(아가딕 미드라쉬 $^{aggadic\ midrash}$) 모음집.

하며, 하나님이 이스라엘의 죄를 저울에 달 때 대변과 차변이 균형을 이룬 것을 알게 되신다고 추정했다. 명백히 이스라엘의 원수인 사탄은, 이스라엘이 정죄를 받을 수 있도록 채무 증서를 더 찾으려고 한다. 그러나 사탄이 찾는 동안, 하나님이 저울에서 죄를 치워 그분 옷 아래에 숨기신다. 사탄이 돌아와서 소리친다. "온 세상의 주님, **'주께서 주의 백성의 죄악을 제거하시고 그들의 모든 죄를 가리셨습니다**•'"(시 85:2). 이에 대해 시편의 저자 다윗이 대답한다. "**죄가 제거된 사람, 죄가 가려진 사람은 복이 있도다**"(시 32:1). 미드라쉬의 이 해석은, 죄를 '제거한다'는 성경의 관용구를 설명하려고 다소 흥미진진한 내러티브를 만든 것이다. 랍비들은 이 오래된 비유를 이해하려고, 접시에 각각 빚debits[차변]과 공로merits를 얹은 양팔 저울을 상상한다. 죄를 제거하는 일이 이제는 한 사람의 등에서 짐을 덜어 주는 것이 아니라, 대차대조표에서 채무 증서를 제해 주는 일을 가리킨다.

사전의 설명

랍비들이 이 관용구의 의미를 어떻게 생각했는지 알아내는 최선의 방법은, 아마도 랍비 히브리어 사전을 둘러보는 것인 듯하다. 대표적인 용례 네 가지를 살펴보자. ⑴ 대금 지급, ⑵ 대금 회수 행위, ⑶ 부채가 있는 상태, ⑷ 부채 상환 의무를 해제해 주는 행위. 우리가 찾을 것은, 전문 상업 용어와 전문 신학 용어 간의 완벽한 호환성이다. 신학 용어

• "주의 백성의 죄악을 사하시고 그들의 모든 죄를 덮으셨나이다."

의 의미는 상업 용어에 비추어서만 이해할 수 있다.

(1) 대금 지급: 파라*pārā'* 동사는, 일반적으로 '무언가의 대가를 지불하다', 즉 지불할 의무가 있는 것에 상응하는 현금을 준다는 뜻이다. "[이전에 빚진 돈을] **내가 너에게** [계약서상] 기간 내에 **갚았다**[*pāra't'îka*]."[8] (히브리어에서 니팔*niphal*로 알려진) 재귀형 동사에서는, 동일한 동사 어근이 '누군가에게서 대금을 회수하다'라는 문자적인 의미를 지닌다. 그러나 체형이 빚을 상환하는 일종의 화폐로 간주되었으므로, 그 동사를 더 간단히 '처벌하다'로 번역할 수 있다. 랍비들이 출애굽기의 다음 구절을 어떻게 해석하는지 살펴보자. "여호와께서 큰 동풍이 밤새도록 바닷물을 물러가게 하시니 물이 갈라져 바다가 마른 땅이 된지라"(14:21). 물론 하나님이 이렇게 행하신 목적은, 이스라엘 백성이 도망갈 수 있도록 마른 길을 제공하시고, 또 물이 밀어닥치게 해서 그들을 추격하던 자들을 죽이는 것이었다. 《메킬타 드랍비 이스마엘 *Mekhilta deRabbi Ishmael*》로 알려진 랍비 출애굽기 주석에 따르면, 하나님은 갈대 바다의 물을 가르셔서 이스라엘을 안전하게 인도하시고, 또 이스라엘을 죽이는 데 혈안이 된 이들에게 **대금을 받고자***niprā'* 하셨다.[9] 파라 동사의 재귀형(니프라*niprā'*)은, 하나님이 바로와 공범들이 갚아야 할 빚을 받으셨음을 암시한다. 그들이 지불한 값은 죽음이었다.

랍비 히브리어에서 **형벌**을 표현할 때 가장 일반적으로 쓰이는 명사 푸라누트*pûr'ānût*가 같은 어간에서 파생되었다고 덧붙일 수 있다. 그렇다면 랍비들이 "하나님의 선하심이 그분의 보응보다 크다[*middat hap-pûr'ānût*]"고 선언할 때, **보응**이라는 단어가 문자적으로 '누군가가 갚아야 할 것을 회수하다'라는 의미임을 기억해야 한다.[10] 그럴 때 하나님은 누군가 죄를 범할 때 작성된 채무 증서를 보유한 채권자에

갚아야 할 빚

비유된다. 그분은 그 증서로 재량껏 자유롭게 요구하실 수 있으며, 거기에는 일종의 형벌이 따를 것이다.

(2) 대금 회수 행위: 일반적으로 '청구서에 따라 대금을 회수하다'를 뜻하는 가바^{gābâh} 동사에는 '처벌하다'라는 확대된 의미도 있다. 먼저 앞의 의미와 관련해서, 바빌론 탈무드에 나오는 문장을 살펴보자. "맨 나중 채권자가 먼저 회수하면[$qādam\ we\text{-}gabâh$], 회수한 것은 그의 것이다."[11] 확대된 비유의 의미에 대해서는,《창세기 라바$^{Genesis\ Rabbah}$》에 나오는 이 본문을 살펴보자(이것을 다음 장에서 논하겠다). "하나님은 채무 증서에 적힌 [그 죄인의] 부채를 언제 회수하실[$gābâh$] 수 있을까?"[12]

(3) 부채가 있는 상태: 의무가 있다는 의미를 가장 흔하게 전달하는 동사 어근은 하브^{hāb}로, 일반적으로 '빚지다'라는 뜻이다. 이에서 '빚진 사람'을 뜻하는 명사화된 형용사 '하야브'와, 갚아야 하는 항목인 빚을 가리키는 명사 '호브'가 나왔다. 금전상 채무에는 항상 약정서가 있으므로, 채권자(바알 호브$^{ba'al\ hôb}$)에 해당하는 표현은 채무 증서, 즉 서류(쉬타르^{štar})를 보유한 사람이다. 그 서류는 공식적으로 대출 증서를 발행하여 증인들 앞에서 서명을 할 때 작성된다. 채권자가 이 증서를 가지고 있는 한, 자기가 받아야 할 것을 회수할 권리가 있는 것으로 간주한다. 따라서 대출금을 청산하면, 증서를 둘로 찢어서 무효가 되었음을 나타내거나 차용인에게 돌려주어서 차용인이 마음대로 처리할 수 있게 했다. 그러나 비유상 더 넓은 의미에서는, 하나님이 죄인에게 내리신 형벌이 바로 채권자이신 하나님이 받으실 대금을 (형벌의 형태로) 회수하신 행위라고 여겼다. 랍비 이삭^{Issac}이 말했듯이 어떤 사람이 벌을 받는다면, "채권자[$ba'al\ hôb$]가 차용증서[$štar$]대로 회수할 기회를 찾은 것이다."[13]

(4) 부채 상환 의무를 해제해 주는 행위: 마할^{māhal} 동사는 문자적으로는 '부채 증서를 무효화하다'라는 뜻이고 (아람어에서 그에 상응하는 단어는 šbaq), 비유적으로는 '죄를 용서하다'라는 뜻이다. 문자적 의미에 대해서는, 바빌론 탈무드에 나오는 다음 본문을 살펴보자. "만약 어떤 사람이 대출 증서[šṭar]를 제시한 다음 그 대출금을 상환했다면[pāraʻ], 그 사람은 이 증서를 다시 제시할 수 없다. 그 증서에 담긴 담보가 무효화되었기[nimḥal] 때문이다."[14] 그 단어의 비유적 의미에 대해서는, 이 본문과 비교해 보라. "하닐라이의 아들 랍비 탄훔^{Tanhum}이 말했다. '이스라엘이 죄 용서를 받지^{nimḥălû} 못하면 비가 내리지 않을 것이다. 성경이 이렇게 말하기 때문이다. **여호와여 주께서 주의 땅에 은혜를 베푸사 야곱의 포로 된 자들이 돌아오게 하셨으며 주의 백성의 죄악을 지고 가시고 그들의 모든 죄를 덮으셨나이다. 주의 모든 분노를 거두시며 주의 진노를 돌이키셨나이다**'(시 85:1-4)."[15] 놀랍게도 죄를 빚으로 여기는 것을 선호하여 죄를 짐으로 보는 성경의 관용구("주의 백성의 죄악을 **지고 가시고**")를 무시했다. 이는 죄를 짐에 비유하는 일이 후기 히브리어의 일상 표현에서 사라졌다는 좋은 증거다. 죄를 빚 비유로 대체하는 일이 실제로 마무리 되었다.

예수와 주기도문

신약 성경에는 죄를 빚으로 여기는 비유가 아주 흔했다. 예수께서는 죄와 용서의 역학을 설명하시는 한 가지 방편으로 채무자와 채권자와 관련한 이야기를 자주 하셨다. 예수께서 랍비 방언과 형태가 비슷한 히브리어를 사용하신 것을 감안하면, 이는 전혀 놀랍지 않다. 레이코프와 존슨이 기록했듯이, 비유는 우리가 일상 세계에서 생각하고 행동하고 이야기하는 방식을 결정한다.

예를 들어, 마태복음에 나오는 주기도문의 유명한 구절을 살펴보자. "우리가 우리 채무자에게 빚을 탕감해 준 것같이 우리 빚을 탕감해 주소서*"(6:12). 여기서는 용서를 계약대로 빚을 받아내지 않는 자비로운 행위로 간주한다. 기도하는 사람은 하나님에게 그렇게 해 달라고 구하는 동시에, 자기도 그렇게 행동하려는 의지를 확고히 한다. 거의 모든 학자들이 인정하는 바에 따르면, 현재 신약 성경에 있는 이 기도의 헬라어 형태는 본래의 셈어 환경으로 거슬러 올라가서 번역해야 이해하기 쉽다. 신약 학자 레이먼드 브라운 신부Fr. Raymond Brown는 이렇게 말한다. "마태복음에서 '빚'을 사용하는 방식에는 셈어 느낌이 난다. 일반 헬라어에는 '빚'에 종교적 색채가 거의 없는 반면, 아람어 '호바'는 금융과 상업 용어가 종교 어휘에 휩쓸려 들어온 것이기 때문이다.… 우리의 간구에 나오는 빚을 탕감한다*aphiemi*는 개념 역시, 헬라어보다는 셈어에 가깝다. '탕감'은 히브리어의 영향을 받은 칠십인역[칠십인경, 헬라어역 성경]의 헬라어에서만 종교적 의미를 지니기 때문이다."16)

브라운의 논평은 강조할 만하다. 마태가 죄 용서를 묘사하는 데 사용한 용어에 헬라어 사용자들은 색다르다는 인상을 받았을 것이다. 신약 학자들 대부분은 이런 이유로 누가복음의 주기도문이 마태복음의 주기도문과 형태가 다르다고 추정한다. 누가복음의 주기도문에서는

* "우리가 우리에게 죄 지은 자를 사하여 준 것같이 우리 죄를 사하여 주시옵고."

"[우리에게] 우리 죄도 사하여 주시옵고"(눅 11:4)라고 한다. 당시 헬라어 단어 '탕감하다remit, *apheimi*'와 '빚debt, *opheilema*'에는 '용서하다'와 '죄'라는 이차적인 의미가 없었다. 그 표현이 근저에 있는 셈어 관용구를 나타낸다고 추정할 때에만 마태복음의 주기도문이 이해된다. 따라서 주기도문의 경우, 예수께서 원래 히브리어나 아람어로 말씀하셨을 것이라고 상정하는 편이 안전하다. 마태복음의 저자는 누가복음과는 대조적으로 문자적 번역을 택했다. 그 결과, 헬라어 원어민에게는 그 바탕에 있는 셈어 관용구를 인식하지 못해서 기묘하게 들렸을 언어 표현이 나왔다.

'빚'이라는 말의 그 의미가 주기도문에만 나오지는 않는다. 이러한 상징적 표현을 용서받지 못한 종의 비유가 가장 잘 보여 준다(마 18:23-35). 여기서 왕은 여러 종들과 결산을 하고자 한다.

그러므로 천국은 그 종들과 결산하려 하던 어떤 임금과 같으니, 결산할 때에 만 달란트 빚진 자 하나를 데려 오매 갚을 것이 없는지라. 주인이 명하여 그 몸과 아내와 자식들과 모든 소유를 다 팔아 갚게 하라 하니, 그 종이 엎드려 절하며 이르되 내게 참으소서 다 갚으리이다 하거늘, 그 종의 주인이 불쌍히 여겨 놓아 보내며 그 빚을 탕감하여 주었더니, 그 종이 나가서 자기에게 백 데나리온 빚진 동료 한 사람을 만나 붙들어 목을 잡고 이르되 빚을 갚으라 하매, 그 동료가 엎드려 간구하여 이르되 나에게 참아 주소서 갚으리이다 하되, 허락하지 아니하고 이에 가서 그가 빚을 갚도록 옥에 가두거늘, 그 동료들이 그것을 보고 몹시 딱하게 여겨 주인에게 가서 그 일을 다 알리니, 이에 주인이 그를 불러다가 말하되 악한 종아 네가 빌기에 내가 네 빚을 전부 탕감하여 주었거늘 내가 너를 불쌍히 여김과 같이 너도 네 동료를 불쌍히 여김이 마땅하지 아니하냐 하고, 주인이 노하여 그 빚을 다 갚도록 그를 옥졸들에게 넘기니라(18-34절).

이 비유는 예수께서 제자들에게 다른 사람의 빚을 탕감해 준 것같이 그들의 빚을 탕감해 달라고 기도하라고 조언하실 때 무슨 뜻으로 말씀하셨는지 아주 선명하게 설명해 준다. 이 기도가 사용하는 비유의 논리에 따르면, 우리는 죄를 지을 때 채무 노예가 될 위험에 처한다. 그 행동을 고치지 않으면, 악행의 '대가'를 체형이라는 '화폐'로 '갚아야' 할 것이다. 다행히도 하나님은 자비로우셔서 우리가 겸손히 간청하면 우리의 빚을 탕감해 주실 것이다.

브라운이 결론짓듯이, "종들과 빚을 해결하려 하는 왕은 분명 하나님이고, 재판 분위기다. 이 비유의 지적에 따르면 하나님이 그 종을 용서하시는 것은 그 종이 동료 종을 용서하는 것과 관련이 있다. 형제를 용서하지 못하는 사람은 자기 빚을 다 갚을 때까지 고문하는 사람에게 넘겨진다."[17] 이 비유는 이런 식으로 주기도문에 나오는 간구를 설명해 주면서, 종이 주인에게 빚을 탕감해 달라고 요청하는 모습뿐 아니라("우리에게 우리의 빚을 탕감해 주시옵고"), 탕감은 종이 자기에게 빚진 동료에게 어떻게 행동하는지에 따라 결정된다는 사실도 보여 준다("우리가 우리에게 빚진 자를 탕감해 준 것같이").

예수께서 죄인을, 무거운 짐 아래에서 몸부림치는 사람에 비유하지 않으신 것에 주목하라. 레위기 16장에 나오는 속죄 염소나 하나님이 에스겔에게 이스라엘의 짐을 지우시는 동안 옆으로 누워 있으라고 하신 명령 같은 이야기가 신약 성경에는 나오지 않는다. 하지만 그런 이야기들은 랍비 문헌에도 등장하지 않는다. 이는 짐이라는 이미지가 대거 빛으로 대체되었다는 충분한 증거다. 탈굼이 '나사 아윈'이라는 관용구를 으레 금융 용어로 번역한 것은 제2성전 시대에 일어난 일을 들여다보게 해 주는 훌륭한 창문이다.

사해사본에 나오는 빛

쿰란에 살면서 사해사본을 쓴 종파의 문헌으로 넘어가면, 상황이 다소 모호해지지만, 언어학 때문은 아니다. 나는 쿰란의 히브리어 사용자들이 예수와 제자들과 비슷한 언어로 **말했다**는 주장이 지나치게 무모하다고 생각하지 않는다. 쿰란에서 발견한 두루마리 대부분의 연대는 예수 탄생 한두 세기 전으로 추정되긴 하지만, 거기에 살면서 두루마리들을 필사한 공동체는 주후 1세기까지 활발하게 활동했다. 그렇다면 쿰란 언약도들covenanters 일부는 세례 요한, 예수, 그리고 심지어 랍비의 글들에 언급된 옛 랍비 인물들과 동시대인이었다. (세례 요한이 한때 그 구성원이 아니었다면 적어도 그 종파를 잘 알고 있었다고 주장하는 이들도 있다.)[18]

쿰란에서 발견된 문헌과 후기 랍비 전통은 성경의 세계에 대한 태도에서 구분된다. 랍비들은 자기들이 성경의 영역 밖에 있다고 생각했다.[•] 이는 랍비들이 자신들의 가르침을 당대의 표현 양식이자 현재 미쉬나 히브리어라는 이름이 붙은 히브리 방언으로 기록한 사실에 분명히 드러난다. 이 특정 방언은 구문은 물론 어휘도 성경의 표현 양식과 다르다. 반면 쿰란 문서들은 히브리 성경과 아주 유사한 언어로 기록

• 이 단락에서 저자가 말하는 '성경'은 구약성경을 가리킨다.

되었다. 제임스 쿠겔James Kugel이 언급하듯이, 쿰란의 사본 필사자들은 자기들의 삶과 시대를 성경 시대의 '범위 아래' 두려고 했다.[19] 이러한 동기는 성경의 관용구와 저술 전통을 모방하려는 욕구로 이어졌다. 그 결과, 랍비 문헌이나 신약 성경에서는 확연하고 거의 어디에서나 흔히 나오는 빚이라는 표현법이 쿰란 문서에는 나오지 않는다. 사실, 랍비 문헌은 인간의 죄를 묘사하는 데 '호브' 어근을 자주 사용하는 반면, 쿰란에는 이 어근이 아주 드물게 나온다. 그래서 죄를 빛으로 여기는 비유가 쿰란에는 알려지지 않았으리라고 생각하기에 이르렀을 것이다. 그러나 다음 본문들을 자세히 읽어 보면 드러나듯이 사실은 그렇지 않다.

사해사본 가운데 하나인《다메섹 규약Damascus Covenant》셋째 단에는 이스라엘의 죄가 요약되어 있다. 이 장황한 악행 설명에서는 하나님이 주전 587년에 바빌론 사람들이 첫 성전을 파괴하고 주민 대부분을 포로로 끌고 가도록 놔두신 이유를 변호한다. 그 악행 목록은 노아의 아들들의 죄로 시작한 다음, 잠시 멈추어 아브라함과 이삭과 야곱의 의로움을 이야기한다. 그러나 야곱이 죽은 이후 하나님의 율법에 대한 반항이 계속 이어진다. 저자는 이스라엘의 이러한 배반 목록의 마지막 부분에서, 이스라엘 자손 마지막 세대의 배교를 본다. "그것 때문에 그들의 왕조가 끊겼고, 그것 때문에 그들의 용사들이 죽었고, 그것 때문에 그들의 땅이 황폐해졌다."[20] 그러나 저자는 이스라엘 왕국의 종말을 설명하자마자 다시 그 문제를 다소 신학적인 방식으로 논의한다. 사람들은 질문할지 모른다. 왜 이스라엘 자손은 그렇게 불행한 결말을 맞이했는가? 저자는 이어서 말한다. "왜냐하면 처음 언약을 맺은 이들은 [모두] **빚을 졌기**[ḥābû] 때문에 칼에 넘겨졌다. 그들은 하나님의 언약을 저버리고 자신의 뜻을 택했다"《다메섹 규약》 3:10-12).[21] 이 지점까지 살핀 본문에서 《다메섹 규약》의 히브리어는 성경의 언어와 흡사하다. 성경 히브리어를 처음 배우는 학생이라도 이 본문을 어려움을 없이 읽을 것이다. 그러나 저자는 위의 인용문 마지막 행에서 갑자기 살짝 길을 벗어난다. 성경 히브리어의 전통 관용구를 따라 "처음 언약을 맺은 이들이 죄를 지었기[*ḥāṭĕ'û*] 때문에" 혹은 "반역했기[*pāšĕ'û*] 때문에"라고 쓰지 않고, 랍비 유대교 히브리어에 익숙한 표현인 "그들이 빚을 졌다"라는 어구를 도입하여 그들이 하나님 앞에서 죄인임을 묘사한다. 쿰란의 서기관은 이러한 사소한 실수로, 자기가 성경 방언을 완벽하게 모방하지 않았음을 드러낼 뿐 아니라, 자기 시대 관용구의 흔적을 겉으로 드러냈다.

내가 다음으로 살펴볼 쿰란 문서는 〈쿰란11동굴 멜기세덱11Q-Melchizedek〉으로, 이는 멜기세덱이라는 인물에 관한 수수께끼 같은 내러티브다.[22] 멜기세덱은 유대교 성경에 두 번 나온다. 창세기 14장에서는 살렘(예루살렘의 다른 명칭일 가능성이 높다)의 제사장-왕으로서, 아브람이 습격군을 성공적으로 완파한 후에 아브람을 축복한다. 그러자 아브람이 전쟁에서 포획한 전리품의 십분의 일을 이 의의 왕에게 바친다. 시편 110편에서 이 왕을 다시 언급하지만 거기서는 멜기세덱이라는 인물을 파악하기가 어렵다. 그러나 그 시편이 하나님의 심판의 날에 이 제사장-왕에게 중요한 역할을 할당한다고 볼 수는 있다. 바로 이 종말론적 역할이 쿰란에서 표면화된다. 〈쿰란11동굴 멜기세덱〉에서 우리는 마지막 날에 일어나는 사건들을 읽는데, 멜기세덱이 빛의 군대를 일으켜서 대적인 마귀 벨리알과 어둠의 세력을 물리친다.

쿰란에서 나온 많은 문서들처럼 그 문서도 파편으로 되어 있으므로 이야기 전체를 맞춰 보기는 불가능하다. 그러나 다행히도 멜기세덱이 예고한 구속의 때가 다소 판독이 쉬운 형태로 발견되었다. 이 문서 둘째 면의 서두를 살펴보자.

그는 이렇게 말했다. "[이번] 희년에는 [너희가 각기 자기의 소유지로 돌아갈지라"(레 25:13), 이와 관련하여 그가 말했다.] "[면제의 규]례는 이러하니라. [그의 이웃에게] 꾸어 준 모든 채주는 그것을 면제하고 [그의 이웃에게나 그 형제에게 독촉하지 말지니 이는] 여호와를 위하여 [면제를 선포하였음이라"(신 15:2). 그 해석은] 종말의 때와 [관련이 있다.] 그때 [⋯]한 포로된 자들(사 61:1)과 숨겨지고 가려졌던 그들의 교사들, 그리고 멜기세덱의 기업에서 나온 자들이⋯ [⋯]과 그들이 멜기세덱의 기업이라서, 그가 그들을 돌아오게 할 것이다. 그리고 그들에게 자유(레 25:10)가 선포되어, 그들의 모든 죄[의 빚]에서 자유하게 될 것이다. 그리고 이 일이 아[홉] 번의 희년 다음에 오는 희년의 첫 주에 [일어날 것이다.] 그리고 속[죄일]이 열 번째 [희]년의 [마지막]에 있어서 그날에 속죄가 모든 [빛]의 아들들[과] 멜[기]세덱의 사람들에게 일어날 것이다.[⋯] 이는 멜기세덱과 [그의] 군[대], 하나님의 거룩한 자들의 [나]라에 "은혜의 해"(사 61:2)인 시대며, 다윗의 노래들에 기록되었듯이 심판으로 다스리는 시기이기 때문이다[⋯]²³⁾

묘사가 인상적이다. 이스라엘은 희년이 아홉 번 지나는 동안 벨리알의 부당한 통치 아래 고통을 겪고 있었다. 이 시기에 이스라엘은 거룩한 땅에 있던 자신의 정당한 기업을 빼앗겼다. 그러나 불법적인 폭군의 지배를 받기는 했지만, 이스라엘이 참회하며 기다려야 했던 이유가 있다. 이스라엘은 죄 때문에 노예로 팔려 노예의 자리에 있게 됐다. 더는 죄에 대한 비용을 부담할 수 없었기 때문이었다. 그런데 열 번째 희년이 밝아올 무렵, 멜기세덱이라는 메시아 같은 인물이 나타나 하나님의 은혜의 해$^{šěnat\,rāṣôn}$를 선포한다. 이는 이스라엘이 전에 진 채무가 모두 백지화되고, 포로가 된 민족이 자기 땅을 되찾는 해다. 여호수아의 지도 아래 지파들이 그랬듯, 이스라엘이 진군하여 돌아와 하나님이 주신 기업인 이스라엘 땅의 통치권을 맡을 것이다.[24]

그러나 우리의 목적상 핵심 주제는, 〈쿰란11동굴 멜기세덱〉이 인용하는 두 본문인 레위기 25장 8-17절과 신명기 15장 1-11절을 이해하는 방식이다. 먼저 그 두 본문은 **금전상** 채무 문제만 다룬다는 사실을 강조해야 한다. 신명기 15장은 부자들에게 돈을 덜 가진 사람들에게 받을 빚을 7년마다 면제해 주라고 명령한다. 레위기 25장은 조금 다르게, 49년마다 (희년 동안) 이스라엘 자손이 원래 소유지로 돌아갈 수 있게 하라고 명령한다. 그러나 이스라엘 자손이 금융상 채무를 이행할 수 없었다는 것이 그 소유지를 양도한 유일한 이유였기 때문에(레 25:25-55을 보라), 희년은 채무 면제와도 관련이 있다. 레위기에서 면제년을 데로르^{děrôr}로 부른다(25:10). 이 단어는 아카드어 안두라루^{andurāru}와 어원이 같다. 메소포타미아 문화에서는, 새 왕이 왕위에 오를 때 한 차례 채무를 말소해 주는 경우가 많았다. 그 결과, 채무 노예로 고통받던 많은 이들이 자유를 얻었고, 여러 이유로 군주가 몰수한 땅이 해제되었다. 성경의 희년 제도가 이 모델을 취한 것은 분명하지만, 적어도 두 가지 중요한 변화가 있다. 첫째로, 이러한 관대한 행위를 이제 인간 왕이 아닌 신적^{神的} 왕이 관할한다. 둘째로, 채무 면제 행위는 새로 왕위에 오른 군주의 변덕에 달려 있지 않고 신적 군주가 시행한 언약법 규정 아래 있으며, 신명기 15장의 율법에 따르면 7년마다, 레위기 25장에 따르면 49년마다 빚을 탕감받는다.

그러나 가장 중요한 것은, 신명기 15장에든 레위기 25장에든 죄 용서가 쟁점이라는 암시가 없다는 것이다. 실제로, 지난 세기 동안 이 두 본문을 다룬 수백 편의 논문과 책 중에서 어느 하나도 그런 주장을 하지 않는다고 말할 수 있을 것 같다. 그 글들은 그러한 해석에 반대할 필요조차 느끼지 않을 것이다. 그 글들의 생각과는 너무나 동떨어져 있기 때문이다. 레위기 25장과 신명기 15장은 죄에 대해 전혀 말하지 않는다.

이 지점에서 〈쿰란11동굴 멜기세덱〉은 아주 흥미롭다. 이 문서의 저자는, 신명기 15장과 레위기 25장에 나오는 채무 면제 문구에 다른 목적이 있다고 강하게 확신한다. "[멜기세덱의 기업]에게 자유가 선포되어, 그들은 모든 죄악[의 빚]에서 해방될 것이다." 《다메섹 규약》에서 인용한 본문처럼, 〈쿰란11동굴 멜기세덱〉에도 성경의 관용구가 아주 많다. 사실, 그 문서의 상당 부분이 성경 인용문 모방이다. 그런데 저자가 중심 논지인, 아홉 번째 희년의 끝 무렵 자유^{děrôr}가 선포되고 죄 용서를 받으리라는 것을 밝힐 때, 갑자기 제2성전 시대의 구어체 히브리어가 튀어나온다.

6-7행의 문법을 조금 더 자세히 살펴보자. "그들에게 자유가 선포되어, 그들의 모든 죄[$ăwōnôtêhemah$][의 빚]에서 해방될$^{la-ăzōb}$ 것이다."[25] 종래의 성경 히브리어를 배경으로 보면, 이 문장은 기이하다. 성경에서 라아조브$^{la-ăzōb}$ 동사는 '떠나다, 버리다' 혹은 심지어 '저버리다'를 뜻한다. 이 동사가 '한 사람을 죄에서 자유롭게 하다' 즉 '용서하다'라는 뜻인 경우는 전혀 없다. 이를 어떻게 설명해야 할까? 앞에서 주기도문에서 알게 된 것을 떠올려 보자. 신약 학자들의 관찰 결과,

헬라어 동사 '아피에미^{aphiemi}'가 일반 헬라어 본문에서 '[죄를] 용서하다'를 의미한 적이 없다. 마태복음에 나오는 이 용법을 이해하는 유일한 방법은, 마태복음 저자가 아람어 동사 쉬바크^{shaq}와 문자적으로 의미가 가장 비슷한 헬라어를 찾으려고 했다고 추정하는 것이다.

주기도문에 나타난 동일한 언어상 '오류'가 쿰란에서도 분명하게 보인다! 〈쿰란11동굴 멜기세덱〉에서 '저버리다, 버리다'라는 뜻의 히브리어 동사 아자브^{azab}의 이러한 용법을 이해하는 유일한 방법은, 그 동사가 어원인 아람어 동사 '쉬바크'를 어설프게 번역했다고 이해하는 것이다.

아자브	쉬바크
1. 떠나다, 버리다	1. 같은 의미
2. 법적 책임(이를 테면, 아내 부양)이나 요구(이를 테면, 채무 상환)를 저버리다	2. 같은 의미
	3. (빚으로 여기는) 죄를 용서하다

이 표를 보면 알 수 있듯이 히브리어와 아람어는 첫째와 둘째 의미가 완벽하게 겹친다. 그런데 아람어 어근에는 한 걸음 더 나아가서 '죄를 용서하다'라는 의미도 있다는 사실 때문에, 두 언어에 능숙한 사람이라면 상당히 혼동할 수 있는 여지가 있다. 이 예에서, 이 서기관은 딜레마에 빠졌다. 죄를 빚으로 여기는 근본적인 비유에 어울리면서 용서에 해당하는 동사가 필요했기 때문이다. 해결책은 논리적이었다. '아자브' 동사와 어원이 같은 아람어 단어를 기반으로 '아자브' 동사의 의미 영역을 확대한 것이다. 이중 언어 사용자가 서로 밀접하게 관련

된 동사 어근의 의미 영역을 혼동하는 이러한 종류의 오류를 언어학자들은 번역 차용calque이라고 지칭한다.[26]

쿰란의 서기관이 그러한 관용구를 적용한 것이 의미심장한 이유는, 그 서기관이 전반적으로는 성경의 전통 어휘 내에 머물려고 애쓰기 때문이다. 그 서기관이 이 지점, 즉 이스라엘이 죄 때문에 위태로운 상황에 제2성전 시대의 관용구를 적용했다는 데서 이 비유가 얼마나 깊이 스며들어 있었는지 나타난다. 죄를 빚과 동일시하는 것은, 유대교 한두 종파 특유의 유산이 아니라 당시 모든 유대인이 공유한 것이었다. 또 죄를 짐으로 여기는 비유가 속죄 염소를 통해 죄를 제거하는 의식 제정으로 이어진 것처럼, 원래 성경 저자들은 주목하지 못했지만, 초기 성경 해석자들은 죄를 빚으로 여기는 비유를 통해 채무 면제와 관련하여 성경 율법의 의미 수준을 보게 되었다. 신명기 15장과 레위기 25장이 처음 작성되었을 때는 분명히 죄와 아무 관련이 없었다고 해도, 성경 해석자가 그 구절을 이런 식으로 이해하는 것이 아주 당연했다.[27]

1장에서 종교적 상징이나 비유가 중요한 까닭은 그것이 '사고를 낳기' 때문이라는 폴 리쾨르의 주장을 이야기했다. 이 말은 형벌이나 죄 용서를 다루는 내러티브를 구축할 때 죄에 대한 관용구들이 제공하는 의미 구성 요소를 기반으로 한다는 의미다. 이 원리를 아주 조금 조정하여, 쿰란 서기관의 주해 노력에 적용할 수 있다. 이 서기관에게 익숙하던 당시 구어체 히브리어에서는 죄를 갚아야 할 빚으로 생각했기에 저자는 거의 자동적으로 채무 면제에 관한 성경 본문들에 끌렸다. 희년이 땅에 관련된 모든 빚을 면제해 주는 때라면, 한 걸음 더 나아가 그날에 하나님이 죄 사함도 선포하실 것이라고 선언하는 데는 해석학상 엄청난 비약이 필요 없었다. 시간이 흐르면서 그러한 죄들은 다른 금전상 채무처럼 서서히 그러나 손쓸 수 없을 정도로 누적되고 있었다.[28]

리쾨르는 물론 레이코프와 존슨도 주장했듯이, 죄와 용서에 관한 대화에는 언제나 구체적인 비유가 사용된다. 우리가 하는 이야기들이 우리가 속죄 과정에 관해 견지하는 믿음을 형성하며, 곧이어 우리가 사용하는 언어가 이 이야기들의 형태를 구체화한다. 성경 신명기 저자에게는, 채무 면제 율법이 7년마다 하는 금전상 채무 면제에 관한 법규였다. 그것 말고는 없었다. 그러나 〈쿰란11동굴 멜기세덱〉의 저자에게 채무 면제 율법은 더 놀라운 순간을 보여 주었다. 이스라엘이 영적으로 빚을 져서 유배되었으므로, 이보다 앞선 율법의 세속적인 측면은 틀림없이 신학적으로 더 넓은 진리를 암시했다. 레이코프와 존슨은 논쟁을 전쟁으로 아는 문화에서, 논쟁을 춤으로 생각하는 문화를 이해할 수 있겠냐고 질문했다. 아마도 우리는 그 질문을 다른 말로 표현해야 할 것 같다. 신명기 저자가 채무 면제 율법을, 이스라엘의 과거의 죄와 미래의 구원에 대한 소망으로 볼 수 있었을까? 그 대답은 부정적일 수밖에 없다고 생각한다. 신명기 저자의 문화는 죄에 대해서 다른 비유적 표현을 받아들였다. 이 모든 것이 1장에서 주장한, 죄에는 역사가 있다는 논지를 확실히 해 준다. 또 그 역사의 한 단계에, 제1성전 시대에서 제2성전 시대에 이르기까지 비유들에는 변화가 있었다. 남은 일은, 역사상 이러한 변화에 따른 결과를 살펴보는 것이다.

2부

부채 상환

4장
──────── 속량과 변제

> 예루살렘에 부드럽게 말하며, 분명히 선포하여라. 그들의 노역 기간이 끝났고, 그 죄 때문에 진 빚을 변제받았느니라.* ―이사야 40:2

이제 히브리 성경으로 돌아가서 빚으로서의 죄를 탐구하는 일을 다시 시작하겠다. 쿰란 자료 같은 제2성전 시대 후기(주전 2세기부터 주후 1세기) 자료들에 다다를 무렵에는, 죄를 빚으로 여기는 비유가 확실히 자리를 잡았다. 예수께서 사용하신 히브리어와 흡사해 보이는 미쉬나 히브리어 방언은, 이러한 변화가 얼마나 완벽했는지 보여 준다. '나사 아원'이라는 관용구를 죄가 있음을 묘사하는 데 사용하는 경우가 이러한 저작 대부분에서 빠졌다.¹¹ 그러나 죄를 빚으로 여기는 비유를 보기 위해, 성경 시대 이후 히브리어까지 갈 필요는 없다. 그 변화는 제2이사야로 알려진, 히브리 성경의 후기 문서 하나에 이미 나타난다.

이러한 금융상 비유의 첫째 요소는, 이스라엘이 어떻게 그 죄를 '변제'**했는지에 대한 이사야의 해설에 있다. 이는 특히 보속penance***의 문제와 속죄 교리와 관련하여 기독교 사상사에서 아주 중요한 개념이

• "너희는 예루살렘의 마음에 닿도록 말하며 그것에게 외치라. 그 노역의 때가 끝났고 그 죄악이 사함을 받았느니라."

다. 그러나 이러한 개념이 성경에 얼마나 깊이 뿌리 박혀 있는지 인지한 사상가들이 거의 없었다. (나중에 주교가 된) 루터교 신학자 구스타브 아울렌Gustav Aulén이 아주 좋은 예다. 아울렌의 기념비적인 저작 《승리자 그리스도 Christus Victor: An Historical Study of the Three Main Types of the Idea of the Atonement》는 1931년 스웨덴에서 출판된 이래로 사실상 속죄에 관한 모든 논의에 영향을 미쳤다(이듬해에 영어 번역본이 출판되었다는 것이 그 책의 중요성을 보여 주는 표지다). 아울렌은, 보속penance과 속죄를 연관시키는 것에는 문제가 많다고 보았다. 그러한 연관이 특히 인간 상황에 대한 라틴어 (즉, 가톨릭) 해설에 의존하고 있기 때문이다. 아울렌의 생각으로는, 교회의 사고에서 이러한 치명적인 실수의 기원은, 안셀무스Anselm를 지나 키프리아누스Cyprian까지 그리고 결국 창안자 테르툴리아누스Tertullian까지도 거슬러 올라갈 수 있다. 테르툴리아누스는 이렇게 썼다. "보속penance을 행하지 않으면서 죄 용서를 기대하다니 얼마나 터무니없는가! 그것은 대가를 치르지 않으면서 이득을 취하려고 손을 내미는 것이 아니고 무엇인가? 주께서는 그 대가로 용서를 주기로 정하셨

•• satisfaction. 이 용어를 가톨릭에서는 '보속'으로 번역하여 사용하며, "죄를 보상하거나 대가를 치르는 일"을 의미한다(《천주교용어집》, 57쪽). 반면 개신교에서 '보속'은 expiation의 번역어로 '"덮음'으로써 죄가 취소되었다는 믿음. 기독교인에게 보속은, 그리스도의 죽음이 우리의 죄를 덮었음을 의미한다."(《신학용어사전》[알맹e, 2018], 55쪽). 이 책에서는 용어상 혼동을 피하고 빚을 갚는다는 의미를 강조하기 위해 이 단어와 be satisfied를 '변제/변제받다'로 옮긴다. 단, 이 용어를 교리와 연관하여 쓰는 경우에는 '보속'으로 적는다(예를 들어, doctrine of satisfaction은 '보속 교리'로 번역).

••• penance는 "로마 가톨릭 전통에서, 참회하는 사람이 죄의 용서를 통해 하나님 및 교회와 화해되게 하는 화해의 성례/성사"(《신학용어사전》, 18쪽)다. 가톨릭에서는 이 용어를 '고해성사'에서 '고해'에 해당하는 번역어로 쓰기도 하지만, 위에 나오는 satisfaction과 마찬가지로 '보속'으로 번역하기도 한다(《천주교용어집》, 57쪽). 이 책에서는 penance가 죄에 대한 보상이나 대가를 치른다는 의미로 쓰이는 경우에는 '보속'으로 옮기고 영문을 병기하였다.

다. 보속penance으로 대가를 치르고 처벌 면제를 사게 하고자 하셨다."²⁾ 인간의 범죄에 대한 이러한 묘사가, 결국은 특정 범죄에 맞는 형벌을 성문화한 다음 사방이 막힌 고해성사실에서 보속penance을 집행한 중세의 관행으로 이어졌으리라고 볼 수 있다. 아울렌은 이를 통탄할 일이라 여겼다. 왜냐하면 변제는, 밀접하게 관련 있는 공로의 경우처럼, 속죄를 위한 인간의 기여를 지나치게 강조하기 때문이다. 그러면 죄 용서는 하나님의 자비의 역사가 아니라, 결국 인간의 노력에 해당한다.

보속 교리에 관한 아울렌의 더 깊은 의구심들은 12장에서 설명할 것이다. 지금은 보속 교리가 히브리 성경의 후기 책들에 이미 나온다는 사실과, 이 개념이 죄를 빚으로 보는 개념과 불가분하게 연결되어 있다는 사실만 보여 주고자 한다. 죄를 이런 식으로 이해하면 곧바로 보속 교리가 등장한다. 이것이 맞는다면, 이러한 사고의 흐름이 테르툴리아누스에서 시작되었고 인간의 범죄에 대한 라틴어 특유의 이해에 의존하고 있다는 주장이 사실이 아님이 입증될 것이다. 그 대신에 죄를 변제한다는 개념이, 성경학자들이 제2이사야라고 인정하게 된 저자의 글에 나타남을 보여 주고 싶다.

위로하라, 내 백성을 위로하라

현대 성경 연구의 더 확고한 결론 가운데 하나는, 이사야서가 적어도 둘로 아니면 아마도 셋으로 나뉜다는 것이다.³⁾ 첫째 부분(1-39장)은 8세기에 살았고 예루살렘에서 예언 사역을 한 이사야라는 예언자의 글이라고 여긴다. 둘째 부분(40-66장)은 이사야라는 가명으로 글을 썼지만 바빌론 유배기(6세기 중반)에 살았던 익명의 저자가 썼다.⁴⁾ 이 저자를 제2이사야로 지칭한다. 죄를 빚으로 여기는 비유의 첫째 예가 이 후기 성경 저자의 글에 있다는 사실은 아주 중요하다. 이 저자가 바빌론에서 살고 있었던 것을 고려하면, 그래서 이 지역에서 사용하는 아람어의 영향을 틀림없이 심하게 받았으리라는 점을 고려하면, 이러한 관용구가 제2이사야의 글에 나타나는 것은 당연하다.

주전 587년에 제1성전이 무너진 후, 바빌론군대는 예루살렘과 인근 유대 지방에서 재력 있는 수많은 사람을 바빌론으로 유배했다. 제2이사야가 그 일을 묘사한 대로, 그곳에서 백성은 고국의 초토화를 초래한 자신들의 범죄를 애통해 하면서, 돌아가도 된다는 말을 간절히 기다렸다. 6세기 중반쯤 바빌론제국이 쇠퇴하기 시작하여, 고대 세계에 공백이 생기자 금세 페르시아제국이 차지했다. 주전 539-538년에 페르시아 황제 고레스가 이스라엘 백성에게 이스라엘 땅으로 돌아가서 성전 재건축을 시작해도 좋다는 칙령을 내렸다. 성경 저자들은, 이러한 놀라운 사건은 하나님의 손이 아니고서는 일어날 수 없다고 생각했다. 에스라서는 "바사 왕 고레스 원년에… 온 나라에 공포도 하고 조서도" 내리게 하신 이는 바로 여호와시라고 선포한다. 왕의 칙령은 이렇게 공포했다. "하늘의 하나님의 여호와께서 세상 모든 나라를 내게 주셨고 나에게 명령하사 유다 예루살렘에 성전을 건축하라 하셨나니 이스라엘의 하나님은 참 신이시라. 너희 중에 그의 백성 된 자는 다 유다 예루살렘으로 올라가서 이스라엘의 하나님 여호와의 성전을 건축하라. 그는 예루살렘에 계신 하나님이시라"(스 1:1-3).

이 사건에서 제2이사야는 상당한 감명을 받았다. 실제로 제2이사야의 어휘는 과장되어 있고 히브리 성경 어디에서도 유례를 찾을 수 없다. 제2이사야가 보기에 고레스는 단순히 최근에 부상한 초강대국의 전형적 왕이 아니라 하나님의 목자이자 그분이 기름 부으신 자다.

> 고레스에 대하여는 이르기를 내 목자라
> 그가 나의 모든 기쁨을 성취하리라 하며
> 예루살렘에 대하여는 이르기를 중건되리라 하며
> 성전에 대하여는 네 기초가 놓여지리라 하는 자니라.
> 여호와께서 그의 기름 부음을 받은 고레스에게 이같이 말씀하시되
> 내가 그의 오른손을 붙들고
> 그 앞에 열국을 항복하게 하며
> 내가 왕들의 허리를 풀어
> 그 앞에 문들을 열고 성문들이
> 닫히지 못하게 하리라.
> 내가 너보다 앞서 가서
> 험한 곳을 평탄하게 하며
> 놋문을 쳐서 부수며
> 쇠빗장을 꺾고
> 네게 흑암 중의 보화와
> 은밀한 곳에 숨은 재물을 주어
> 네 이름을 부르는 자가 나 여호와
> 이스라엘의 하나님인 줄을 네가 알게 하리라.
> 내가 나의 종 야곱,
> 내가 택한 자 이스라엘을 위하여
> 곧 너를 위하여 네 이름을 불러

너는 나를 알지 못하였을지라도 네게 칭호를 주었노라(사 44:28-45:4).

이스라엘이 포로 생활에서 해방되자 바빌론에 있는 이들은 환호했다. 제2이사야는 이스라엘이 심히 충격적인 과거를 애통하는 시간이 마무리되었다고 확신했다. 속량의 시대가 눈앞에 있었다. 제2이사야는 성경에서 가장 유명한 신탁 중 하나로 글을 쓰기 시작한다.

> 너희의 하나님이 이르시되
> 너희는 위로하라, 내 백성을 위로하라.
> 너희는 예루살렘에 부드럽게 말하며
> 분명히 선포하여라. 그들의 노역 기간이 끝났고
> 그 죄[로 진 빚]를 변제했느니라.
> 여호와의 손에서
> 벌을 배나 받았느니라 할지니라 하시니라(사 40:1-2).•

이 본문을 읽는 독자들 대다수는 이 표현이 헨델의 〈메시아〉 대본의 일부임을 알아챌 것이다. 그러나 우리의 목적상, 제2이사야가 이스라엘의 포로 경험을 예표론적으로 해석했다고 이해하는 것이 중요하다. 이 예언자는 이스라엘의 바빌론 유배 생활에서 수 세기 전 이스라엘이 이집트에서 겪은 노예 생활의 기억을 떠올렸다. 이 점을 저자는 하나님의 구원 행위는 속량$^{gě'ullâh}$ 행위, 다시 말해 각 사람이 노예 생활의

• "너희의 하나님이 이르시되 너희는 위로하라. 내 백성을 위로하라. 너희는 예루살렘의 마음에 닿도록 말하며 그것에게 외치라. 그 노역의 때가 끝났고 그 죄악이 사함을 받았느니라. 그의 모든 죄로 말미암아 여호와의 손에서 벌을 배나 받았느니라 할지니라 하시니라."

속박에서 해방된 행위로 특징지어야 한다고 선언할 때 몇 번이고 되풀이하여 주장했다. 실제로 속량이라는 단어가 제2이사야서에서 명사와 동사 형태로 22회쯤 나온다. 속량은 제2이사야가 이스라엘이 유배에서 구원받는 것을 묘사하는 중요한 단어다. (노예 속량에 관한 율법을 자세히 설명하는) 레위기를 제외하면 성경의 다른 어느 책에도 이와 비슷한 용법이 없다.

이러한 배경에서 보면, 이사야 40장 2절에 나오는 몇몇 다채로운 표현들이 훨씬 명확해진다. 특별히 다음의 세 부분이 그렇다. (1) 이스라엘의 노역 기간이 끝났다. (2) 이스라엘이 그 죄의 벌을 배나 받았다. (3) 이스라엘의 빚이 변제되었다.

먼저 이스라엘의 노역service, $ṣābā'$ 기간이 제대로 끝났다는 것부터 시작해 보자. '노역'에 해당하는 히브리어 단어는 종종 군대에서 복역할 의무를 가리킨다. 그러나 제사장 직무 기간을 완수하는 것과 관련해서도 그 단어를 사용할 수 있다. "또 여호와께서 모세와 아론에게 말씀하여 이르시되 레위 자손 중에서 고핫 자손을 그들의 종족과 조상의 가문에 따라 집계할지니 곧 삼십 세 이상으로 오십 세까지 회막의 일을 하기 위하여 그 **역사**service에 참가할 만한 모든 자를 계수하라"(민 4:1-3).[5] 핵심 구절은 "그 역사에 참가할 만한 모든 자"로, 여기서 '역사'는 분명 일련의 의무적 업무 수행을 의미한다. 이 용어는 품꾼의 일반 의무를 가리킬 수도 있었다. "이 땅에 사는 인생에게 **힘든 노동**[$ṣābā'$]이 있지 아니하겠느냐. 그의 날이 품꾼의 날과 같이 아니하겠느냐. 종은 저녁 그늘을 몹시 바라고 품꾼은 그의 삯을 기다리나니"(욥 7:1-2; 참고. 14:14). 욥기의 이러한 품꾼 이미지가 제2이사야서에서 노역이라는 용어를 이해하는 데 아주 중요해 보인다. 품꾼은 특정 기간 고용되고, 그 기간이 끝나면 자기가 한 노역에 상응하는 삯을 받는다. 이것이 제2이사야서에서 말하는 상황이다. 채무 노예 역시 노역 기간을 채워야 한다. 채무 노예가 충분한 시간 일했으면, 빚을 갚았다고 여겨지고 노역 기간이 끝날 것이다.

실제로 제2이사야서에 따르면, 이스라엘은 그보다 훨씬 더 잘 했다. 갚아야 할 액수보다 더 많이 지불한 것이다. "그의 모든 죄로 말미암아 여호와의 손에서 벌을 배나 받았느니라." 학자들은 두 배나 갚았다^{kiplayim}는 이 이미지에서 잠시 주춤했지만 거의 모두들 그 히브리어 단어가 법률 용어이면서 동시에 금융 용어라는 데는 동의한다. 그 단어는 이스라엘이 갚아할 빚의 두 배에 해당할 정도로 고난을 충분히 받았다는 의미인 듯하다. 이 단어가 몇몇 주석가들에게는 난해했는데, 하나님의 형벌이 부당하다는 의미가 담겨 있기 때문이다. 하나님이 이스라엘에게 너무 화가 나셔서 자제력을 잃고 그분이 택하신 백성이 응당 받아야 하는 형벌을 두 배로 받게 하신 것인가? 게르하르트 폰 라트$^{Gerhard\ von\ Rad}$는 이 질문에 답하여, 키플라임^{kiplayim}이라는 단어를 '그에 맞먹게'로 번역해야 한다고 주장했다.[6] 다른 한편으로, 잰 쿨$^{Jan\ L.\ Koole}$은 두 배나 갚았다는 표현을 문자적으로 받아들여서는 안 된다고 주장한다. 제2이사야가 전달하고자 하는 의미는, 이스라엘이 채우고도 남을 정도로 고난을 받았다는 것이다. 이러한 과장법을 사용하여 그저 이스라엘이 받아야 할 형벌의 기간을 충분히 채웠다는 사실을 전달할 뿐이라는 것이다.[7] 그러나 이 단어를 어떻게 분석하든, 제2이사야서가 금융 이미지를 불러일으켰다는 것과, 이스라엘을 빚을 갚으러 바빌론으로 보내진 민족으로 묘사하는 것은 분명하다. 조셉 블렌킨숍$^{Joseph\ Blenkinsopp}$은 그것을 간결하게 요약해서 정확히 제시한다. "이스라엘은 의무를 다했고 빚을 갚았다."[8]

이스라엘이 빚을 졌으며 그 총액이 바빌론으로 유배를 가야 했을 정도였다는 생각은, 이스라엘의 죄를 일종의 빚으로 여긴다는 의미다. 이러한 비유적 빚을 전통적 형태의 화폐로는 갚을 수 없다는 것도 분명해 보인다. 그 상황을 이해하는 유일한 방법은, 이스라엘이 노예 상태로 고난을 겪어서 이스라엘의 영적 집을 추스르는 데 필요한 화폐를 모으리라고 추정하는 것이다. 어느 성경 본문도 이 문제를 명쾌하게 말하지 않는다 해도, 해석사를 보면 그러한 해석이 충분히 옳다. 한 실례로, 《시프레^{Sifre}》(주후 3세기)로 알려진, 초기 랍비의 신명기 주석에서 랍비 느헤미야^{Nehemiah}는 이렇게 말한다. "육체의 고난은 소중하다. 희생이 **빚을 갚듯**이[měraṣṣim], 고난이 **빚을 갚기**[měraṣṣim] 때문이다."[9]

이사야 40장 2절뿐 아니라 이사야서 후반부에서도 이스라엘을 바빌론의 채무 노예로 묘사한다.

나 여호와가 이렇게 말하노라.
내가 너희의 어미를 내보낸
이혼 증서가 어디 있느냐?
내가 어느 채주에게
너희를 팔았느냐.
보라. 너희는 너희의 죄악으로 말미암아 팔렸고
너희의 어미는 너희의 배역함으로 말미암아 내보냄을 받았느니라(사 50:1).

벤자민 사머$^{Benjamin\ Sommer}$가 언급하듯이, 이 본문은 이스라엘이 하나님의 배우자인 동시에 자녀라는 전제를 기반으로 한다.[10] 첫째 이미지부터 시작해 보자. 유배가 성공적 이혼 절차의 결과로 보이긴 하지만, 사실 하나님은 최종적이고 법적 의미에서 이혼 절차를 밟으신 적이 없다. 하나님은 이스라엘에게 제대로 된 문서를 주신 적이 없기 때문이다("이혼 증서가 어디 있느냐?"). 하나님이 이혼 절차를 다 이행하셨다면, 이스라엘의 법은 아내를 집으로 다시 데리고 올 가능성을 배제했을 것이다(신 24:1-4; 렘 3:1). 그러나 합법적 문서를 작성하거나 서명한 적이 없다는 것을 감안하면, 하나님이 이스라엘을 다시 데리고 오실 수 있는 선택권이 남아 있다.

이스라엘이 하나님의 자녀라는 둘째 이미지에 대해서 보자면, 제2이사야는 부모가 자기의 생존은 물론이고 자녀의 생존도 확보하기 위해 자녀를 노예로 팔아야 하는 비극 상황을 염두에 두고 있다. 자녀는 구매자가 먹여 살릴 것이고, 부모는 자녀를 판 돈으로 겨우 목숨을 이어갈 것이다. 이러한 상황이 치를 끔찍한 정서적 대가를, 엘리사 선지자의 생애에 나오는 에피소드가 보여 준다(왕하 4:1-7). 그 이야기에서 엘리사의 제자 중 하나가 죽자 그 아내는 먹고살 방도가 없어 끔찍한 곤경에 빠진다. 남편이 죽기 전에 빌린 돈을 갚을 기한이 되었지만, 아내는 갚을 능력이 없다. 채권자가 집으로 찾아와 두 아들을 종으로 데리고 가겠다고 협박한다.[11] 아들들이 끌려갔다면, 아들들의 강제 노역이 빚을 갚는 수단이 될 것이다. 그러나 제2이사야서에는 중요한 차이점이 있다. 엘리사에게 자기 사정을 호소한 그 어머니는 제정신이 아니다. 남편의 비극적인 죽음으로 인해 자기는 빚을 갚을 수 없게 되었고 아들들의 생명이 위험에 빠졌기 때문이다. 반면 이스라엘은 비슷한 호소를 할 수 없다. 이스라엘이 채무 노예가 된 것은 하나님 잘못이 아니다. 하나님에게는 책임을 져야 하는 채권자가 없다. 오히려 이스라엘이 현재 채무 노예 신세가 된 것은 이스라엘의 재정 파탄 때문이다. 이 재정 파탄은 이스라엘이 아주 부담스러운 빚을 졌기 때문에 일어났다.[12]

제2이사야가 예루살렘에 전하는 위로의 말로 돌아가 보자. 이 구절들에서 제2이사야는 이스라엘에게 "그들의 노역 기간이 끝났고 그 죄[로 진 빚]를 변제했느니라. 그의 모든 죄로 말미암아 여호와의 손에서 벌을 배나 받았느니라"(사 40:2)고 말한다. 이 번역은 유대출판공회의 번역에 매우 가깝게 옮긴 것이다. 그러나 중요한 구절 하나는 바꾸었다. 유대출판공회 번역은, "그 죄악이 보속되었느니라expiated"라고 한 반면, 나는 "그 죄악['awōn][으로 인한 빚]이 변제받았느니라[rāṣâh]satisfied"를 택했다.[13] 동사 '라차'의 번역에 따라 모든 것이 달라진다. 표준 히브리어 용법을 기초로 하면 그 구절은 "그 죄가 받아들여졌다"로 해석해야 한다. 히브리어 성경에서는 시종일관 '라차'의 수동태를 이런 식으로 번역한다. 예를 들어, 다음 구절들을 살펴보라.

> 그는 번제물의 머리에 안수할지니 그를 위하여 기쁘게 **받으심이 되어** 그를 위하여 속죄가 될 것이라(레 1:4).
> 만일 그 화목제물의 고기를 셋째 날에 조금이라도 먹으면 그 제사는 기쁘게 **받아들여지지** 않을 것이라(레 7:18).
> 소나 양의 지체가 더하거나 덜하거나 한 것은 너희가 자원 제물로는 쓰려니와 서원 제물로 드리면 기쁘게 **받으심이 되지** 못하리라(레 22:23).

그러나 어느 누구도 이사야 40장 2절을 문자적으로 즉, "그 죄가 받아들여졌다"로 번역하지 않는다. 그렇게 하면 말이 안 되기 때문이다.[14] 현대 독자들이 보기에는, 죄를 받아들인다는 것은 죄에 익숙해지는 것이나 심지어 죄에 길들여진다는 의미다. 블렌킨솝은 그 비유의 기본 문맥의 의미를 파악했다. "그 백성을 대표하는 예루살렘은 계약한 기간 노역(ṣābā'를 징병이나, 빚을 갚지 못한 옥살이보다는 이런 의미로 이해하였다)을 했다. 그 백성은 그 의무를 완수하고 빚을 갚았다." 블렌킨솝은 이렇게 함으로써 아람어 탈굼이 이미 만든 길을 따르고 있었다. "[그것을 가지고 있는 사람이] 그 빚을 청산해 주었다."

질문이 되돌아온다. 우리는 '[빚을] 갚다'의 원형 '라차'의 이러한 용례를 어떻게 이해해야 할까? 드라이버Driver, 엘리저Elliger, 밀그롬 같은 현대 주석가들은, 랍비들이 표현하고 중세 주석가 이븐 에즈라Ibn Ezra, 히즈퀴니Hizquni와 몇 세기 후 세포르노Seforno와 루자토Luzzato가 지지한 흐름을 따랐다.[15] 이 모든 근대 이전 인물들은 레위기 26장에 나오는 '라차'의 용법을 '(빚을) 갚다'를 뜻하는 미쉬나 동사 파라pāra'로 설명한다.

(사역적 의미를 나타내는 유형stem에서) '동전을 세다, 지불하다'를 뜻하는 '라차'의 랍비 용법을 기반으로 하여, 원래는 어근이 두 개 있었는데 하나는 원래 '받아들이다, 만족하다'는 의미고 다른 하나는 '[돈을] 세다, 지불하다'는 의미라는 의견이 있었다.[16] 그러나 나는 이러한 난제를 더 간단하게 설명할 수 있다고 생각한다. 내 생각에, 이 두 의미는 단일한 원형에서 나온다. 우리는 이러한 발전을 추적함으로써, 제2성전 시대의 이스라엘 자손이 인간의 죄와 그 죄를 바로잡는 것을 어떻게 생각했는지 알게 될 것이다.

이러한 언어학상 탐구를 시작하려면, 레위기의 제사 율법에서 '라차'가 구체적으로는 대부분 화목 제물šĕlāmîm이 받아들여진다는 의미로 쓰인다는 점을 기억하라. 이 제물은 세 가지 상황에서 드렸다. 하나님에게 뜻밖의 복을 받고 감사 제물*tôdâh*을 드릴 때, 이전에 하나님에게 한 서원*neder*을 이행하려 할 때, 그리고 자발적으로 성전에 예물을 가져오는 자원하는 제물*nĕdābâh*인 경우다(레 7:12-18). 성경은 이러한 모든 형태의 제사에서 제물이 받아들여지려면 예식을 제대로 행해야 한다고 강조한다. 레위기에는 제물이 **받아들여짐**은 장부에 **입금되는 것**이나 마찬가지라고 나온다. "만일 그 화목제물의 고기를 셋째 날에 조금이라도 먹으면 그 제사는 기쁘게 **받아들여지지**[*yērāṣeh*; 라차의 니팔 미완료] 않을 것이라. 드린 자의 장부에 **입금되지**[*yēḥāšeb*] 못하고˚ 도리어 가증한 것이 될 것이며 그것을 먹는 자는 그 죄를 짊어지리라"(레 7:18). 레위기는 동일한 요지를 여러 번 반복하여서, 희생 제물을 받아들일지 여부를 다름 아닌 하나님이 보여 주신다는 사실이 얼마나 중요한지를 표현한다. 예를 들어, 다음 구절을 살펴보라. "너희는 화목 제물을 여호와께 드릴 때에 기쁘게 **받으시도록** 드리고… 셋째 날에 조금이라도 먹으면 가증한 것이 되어 기쁘게 **받으심**이 되지 못하고"(레 19:5, 7).[17]

이 본문들의 주제가 화목 제물임에 주목하라. 속죄(*'āšām*과 *ḥaṭṭā't*)와 관련이 있는 제물을 '받아들여지게' 하는 데는 관심이 없다. 사실 그 용어는 속죄 제물와 관련 있는 본문에는 전혀 나오지 않는다. 그렇다면 이사야 40장 2절의 용어 선택이 더 두드러진다. 저자는 제물이 받아들여짐을 말하는 용어를 속죄의 개념과 연결하는 데 아무 문제가 없다고 본다. 그리고 이것 때문에 우리는 핵심 질문으로 돌아간다. 제2

- "드린 자에게도 예물답게 되지 못하고."

이사야가 그렇게 유례 없는 방식으로 그 용어를 사용하는 이유는 무엇인가?

서원 이행

이에 답하기 위해 화목 제물을 드리는 상황을 검토해 보자. 앞에서 언급했듯이, 하나님의 은혜로운 개입에 대한 감사의 표현과 서원 이행이 가장 일반적인 두 가지 상황이다. 둘 다 일종의 경제 교환의 형태가 된다는 공통점이 있다. 예배자는 하나님이 특별히 베푸신 은혜에 대한 답례로, 제사의 형태로 갚아 드리겠다고 약속한다. 그래서 "나의 서원을 **갚으리이다**[šillēm]"라는 정형화된 표현이 나왔다.[18]

시편 22편은 훌륭한 예를 보여 준다. 이 시편은 탄원자 편에서 끔찍한 고통을 표현하는 것으로 시작한다. "내 하나님이여 내 하나님이여 어찌 나를 버리셨나이까. 어찌 나를 멀리하여 돕지 아니하시오며 내 신음 소리를 듣지 아니하시나이까?"(시 22:1) 그 기도의 중간에 서원이 나온다. 하나님이 그를 곤경에서 구해 주신다면(20-22절) 성소에서 예배자들 가운데서 하나님을 찬양할 것이다(23절). 이 시편의 끝부분에서, 하나님이 기도에 응답하신 후에 시인이 자신의 서원 이행을 이야기한다.

> 큰 회중 가운데에서 나의 찬송은 주께로부터 온 것이니
> 주를 경외하는 자 앞에서 나의 서원을 갚으리이다.
> 겸손한 자는 먹고 배부를 것이며

여호와를 찾는 자는 그를 찬송할 것이라(시 22:25-26).

이제 우리는 왜 화목 제물이 서원이라는 상황에 어울리는 수단이었는지 알 수 있다. 평상시 서원 이행은 큰 절기 중에 제단 주변에서 했다. 많은 사람들이 적합했던 이유는, 양이나 염소(혹은 소)를 잡으면 나오는 고기의 양이 한 사람이나 가족이 먹을 수 있는 양보다 훨씬 많고 엄청났기 때문이다.[19] 그러므로 어느 정도 중요한 절기는 다른 사람들을 초대하기에 적당한 때였다. 사람들이 갓 구은 고기를 즐기는 동안("겸손한 자는 먹고 배부를 것이며"), 시인은 하나님을 찬양하는 말을 하여서 자기가 곤경에서 구원 받은 사실을 이야기한다("큰 회중 가운데에서 나의 찬송은"). 요컨대 이는 멋진 축하 행사 시간이었다.

서원의 이행을 나타내는 데 사용한 관용구가 상업 세계에서 온 것이라는 사실이 중요하다. "주를 경외하는 자 앞에서 나의 서원을 **갚으리이다**"(시 22:25).[20] 서원 완수와 상품 판매가 형식상 유사하다는 사실을 생각해 보라. 두 경우 다 재화가 들어 있다. 시편 시인은 구원을 바라는 반면, 구매자는 유형의 재화를 찾는다. 두 경우 다 재화 공급자(하나님 혹은 판매자)가 있고, (구매자 혹은 서원을 한 사람이) 지켜야 하는 계약 조건이 있다. 서원의 경우에는 탄원자가 약속한 재화를 신에게 바쳐야 하는 반면, 구매자는 취득하고자 하는 재화와 가치가 동일한 물품을 제공해야 한다. 판매 행위와 서원 둘 다 법적 의무가 수반되므로, 판매자나 하나님이 그 결제를 받아들였음을 표시할 방법이 있어야 한다. 현대 시대에는 계산대에서 발행하는 영수증이 이 기능을 한다. 영수증은 가게 주인이 자기가 받은 돈에 만족한다는 것과 거래가 완료됨을 나타내기 때문이다. 영수증을 손에 들고 있으면, 구매자는 도둑으로 몰릴지도 모른다는 두려움 없이 물건을 들고 가게를 나설 수 있다. 그리고 차후에 고객 창구에 영수증을 제시하여 (품질 보증 같은) 자신의 권리 이행을 요구할 수 있다. 이런 문서의 중요성은 고대 세계에서도 인정했다. 요하난 머프스Yochanan Muffs가 보여 주듯이, 아카드와 아람의 매매 증서는, 구매 가격을 최종으로 받아들이고 승인한다는 사실을 강조한다. 계약서에서 이 부분은 '영수 조항quittance clause'으로 알려져 있다. 아마도 영수증이 독일어로 크비퉁Quittung이기 때문인 듯하다.[21]

이 개념에 대한 머프스의 논의는 빠짐없이 검토할 가치가 있다. 레위기에서 '라차'의 전문적 의미를 이해하는 열쇠를 제공해 주기 때문이다. 매매 증서는 판매자가 자신이 받은 돈에 만족함을 분명히 해야 한다. 판매자가 차후에 추가로 이의를 제기하거나 돈을 더 요구하지 않도록 위함이다. 매매 증서가 최종적이자 분명한 것이 되려면 판매자가 받은 금액에 '만족한다'고 기록하게 해야 했다. 머프스의 관찰에 따르면, 만족은 "요구의 중단을 나타낸다. 차후에 더는 원하는 것이 없으며, 더는 아무것도 요구할 수 없다는 뜻이다. 그러므로 이러한 상황에서 [판매자가] '당신에게 받은 돈에 내 마음이 만족합니다'[하고 선언할 때]는, '지불 금액이나 이행을 온전히 받아들이고서 나는 물러섭니다'라는 뜻이다."[22]

매매 계약서상 만족의 기능에 관한 이러한 논평은 이스라엘 종교의 발전에 지대한 영향을 미친다. 성경 저자는 서원을 갚은 사람에게 하나님이 만족하셨으며 차후에 무언가를 추가로 요구하지 않으시리라는 것을 확실히 해 주기 위해, 하나님이 그 희생 제물을 '받으셨음'을 애써 엄중하게, 법적 구속력을 드러내는 식으로 선언한다. 다시 레위기 7장 18절에 나오는 '라차' 동사의 용법을 검토해 보라. "만일 그 화목 제물의 고기를 셋째 날에 조금이라도 먹으면 그 제사는 기쁘게 받아들여지지 않을 것이라[lo' yērāṣeh]. 드린 자의 장부에 입금되지[yēḥāšēb] 못하고* 도리어 가증한 것이 될 것이며 그것을 먹는 자는 그 죄를 짊어지리라." 이 경우에, 희생 제물을 잘못 먹으면 그 이스라엘 사람은 서원을 완수할, 즉 '갚을' 능력을 갖지 못하게 된다. 받아들임^{yērāṣeh}과 장부에 적절히 입금되는 것^{yēḥāšēb} 사이에 쓰인 평행법이 문제를 해결하는 듯 보인다. 서원 갚음을 제대로 실행하지 못하면, 기도 응답이라는 '재화'를 제공한 신이 현물 지불에 '만족하지' 않을 것이다. 받아들임에 해당하는 이 관용구가 속죄와 관련 있는 제물 맥락에 나오지 않는 까닭은, 성경 시대 대부분에서 속죄 제물은 상업 세계와 아무런 관계가 없기 때문이다. 제이콥 밀그롬이 보여 주었듯이, 소위 속죄 제사 ḥaṭṭā't는 빚을 갚지 않는다. 그보다는 죄 때문에 성소에 쌓인 불순물들을 **깨끗하게 하는** 기능을 한다.[23]

그러나 앞에서 보았듯이, 제2성전 시대 동안 새로운 비유, 곧 죄를 빚으로 이해하는 비유가 성경의 토양에 확실히 자리잡는다. 이런 상황이라면, 이사야 40장 2절의 '라차'의 의미는 완전히 논리적이다. 이스라엘의 사고와 언어에 이 비유가 스며들자, 만족스러운 조건으로 갚을 의무에 관한 이 모든 표현이 서원의 영역에서 속죄의 영역으로 이동하는 데 의미상 큰 변화가 필요하지 않았다. **한때는 개인이 서원을 갚는 의무에서 벗어났음을 묘사하던 동사**^{nirṣâh}**가 자연히 이제는 죄 때문에 쌓인 빚을 갚는 의무에서 벗어난 사람을 뜻하게 된다.** 결국 서로 다른 두 어근을 상정할 이유가 없어서, 이사야 40장 2절에 "[빚으로 이해되는] 그 죄악을 갚았

- *"드린 자에게도 예물답게 되지 못하고."

느니라"*에서 어근이 자연스럽게 드러난다.

이사야는 이스라엘이 진 빚을 갚는 데 어떤 종류의 화폐가 사용되었다고 생각했을까. 그 답은 이스라엘이 바빌론에서 채무 노예로서 몸으로 겪은 고난인 듯하다. 앞에서 언급했듯이, 랍비 느헤미야는 육체의 고난으로 빚을 갚는다고 선언했다. 그러나 그는 그보다 훨씬 더 나아가서, 고난이 동물 제물보다 더 나은 형태의 속죄를 제공한다고 말한다. "동물 제물은 돈으로 사지만, 고난은 몸으로 값을 치르기" 때문이다.[24] 또 욥기가 증언하듯이, 한 사람의 신체상 안녕이 삶의 최고 가치다. "가죽으로 가죽을 바꾸오니 사람이 그의 모든 소유물로 자기의 생명을 바꾸올지라"(욥 2:4).

이사야 40장 2절에서 '라차'의 용법이 아주 특이하다는 데는 모든 학자가 동의할 것이다. *BDB*는 그 의미를 제대로 파악했지만("그 형벌이 만족스럽다고 받아들여지다"), 이 본문을 별도 단락에 배치한다.[25] 이 사전을 이용해서는 죄의 변제라는 개념이 어떻게 발달했는지 이해하지 못한다. 쾰러Koehler와 바움가트너Baumgartner**는 프렝켈Fraenkel의 작업을 기반으로 하여 두 어근이 있다고 생각한다. 하나는 받아들임을 의미하고 다른 하나는 갚는다는 의미다(이들은 이를 '제1라차'와 '제2라차'로 명명).[26] 그러나 사전학의 기본 원리상 두 어근을 선택하는 것은 궁여지책에 불과하다. 그래서 나는 추정상 어근인 제2라차는 제1라차의 논리적 발달에 불과하다는 것을 보여 주고 싶었다.

---

* "그 죄악이 사함을 받았느니라."
** *HOLOT*에 나오는 내용이라는 의미다.

그러나 여기서 내 주장은 언어학에 국한되지 않는다. 이 두 의미를 연결하면 제2성전 시대 초기에 죄를 어떻게 보았는지에 대한 내용이 상당히 많이 드러난다. 제2이사야서 저자는, 첫 성전 시대가 끝날 때 이스라엘이 죄 때문에 엄청난 빚을 지게 되었다고 본다. 그 빚을 변제하려면 바빌론에서 수십 년을 복역해야 했을 것이다.

일부 독자들에게는 이러한 언어학상 수수께끼에 대한 해답 때문에 신학적 문제가 생길 것이다. 이스라엘이 죄의 결과로 빚을 지고, 그 빚을 변제하려고 특정 기간 고난을 당해야 한다면, 하나님은 이스라엘과 어느 정도 보복하는 관계에 있는 속 좁은 회계원 같아 보인다. 블렌킨숍은 이사야 40장의 빚 이미지에 대한 논평의 끝 무렵에, 많은 사람들에게 이러한 "비유는 너무 율법주의적으로 들린다[들릴 것이다]"라고 말한다.[27]

나는 이렇게 이해할 위험이 있다는 블렌킨숍의 의견에 동의한다. 그러나 그와 동시에, 그것은 우리가 살펴본 자료들을 편파적으로 해석한 것일 수 있다고도 생각한다. 인간의 죄에는 결과가 따른다. 개개인이 도덕법에 순종하지 않으면, 반드시 처리해야 하는 악이 실체를 지니고 세상에 생겨난다. 그리고 이는 사회 전체가 타락의 길을 걸을 때 훨씬 더 그렇다. 17, 18세기 미국에 있던 노예제라는 끔찍한 죄가 떠오른다. 미국 문화가 이 부조리 때문에 엄청난 값을 치렀으며, 여전히 치르고 있다는 것은 기정사실이다. 우리가 공동으로 겪는 고난이 끝나고 있다는, 빚이 변제받았다는 소식이 은혜의 말이 아닐까? 내 생각에 성경 저자들은 이런 형태의 사실을 표현하고자 한다. 인간의 악함에는 대가가 있지만 그 대가는 유한하다. 제2이사야가 위로의 말을 할 수 있는 까닭은 하나님이 이스라엘에게 허락하신 형벌의 기간이 끝에 이르렀기 때문이다. "그 죄 때문에 진 빚을 변제받았느니라. 그의 모든 죄 때문에 두 배를 받았느니라.•"

• "그 죄악이 사함을 받았느니라. 그의 모든 죄로 말미암아… 벌을 배나 받았느니라."

5장

고대의 채권자, 예속 노동자, 땅의 신성함

4장에서는 예언자 제2이사야에게 거슬러 올라가 죄를 빚에 비유하는 기원을 추적했다. 그러나 '라차' 어근이 레위기 26장에도 나온다는 사실은 언급하지 않았다. 용법이 비슷하긴 하지만 레위기 26장은 한 가지 중요한 세부 사항을 덧붙인다. 레위기 26장에서는 이스라엘뿐 아니라 그 땅 역시 빚을 갚아야 한다고 생각한다. 그 땅의 빚을 땅이 책임져야 한다는 사실이 놀랍다. 주된 관심은 이스라엘이 자기가 받은 명령에 대해 책임을 지는 데 있었기 때문이다.

이 새 개념을 이해하기 위해 레위기 25장으로 넘어간다. 레위기 25장에서는, 채무의 증가와 이행에서 땅의 역할을 상당히 강조한다. 이 장에서는 레위기 25장과 26장의 복잡한 관계를 살펴보겠다. 이 두 장이 별개의 실체로 생겨났다는 사실과, 이스라엘의 채무라는 주제가 둘을 규합하는 공통 맥락이 되도록 나중에 편집자가 몇 가지 중요한 사항을 수정했다는 사실을 보여 주고 싶다.

이 두 장의 연대 추정이 중요하다. 성경학자들은 일반적으로 레위기가 두 개로 나뉜다는 데 동의한다. 1-16장은 제사장파$^{\text{Priestly School}}$

에서 나왔고, 17-26장(마지막인 27장은 나중에 전체 책에 추가된 것)은 성결파Holiness School에게서 나왔다. 전통적으로 성결파가 제사장파보다 연대가 앞선다고 여겨졌지만, 최근의 연구를 보면 사실은 그 반대라는 것이 다소 확정적이다.[1] 1-16장이나 17-26장 어느 쪽에 대해서도 정확한 연대를 제시하기는 어려우며 학자들마다 제시하는 연대가 아주 다르다. 그러나 지금은 제사장파 문서에 나오는 수많은 전통들의 연대를 제1성전 시대로 추정할 수 있다는 말만 해 두자(이스라엘의 죄를 지고 가는 염소가 그 한 예다). 다만 최종본의 연대는 그렇지 않다. 25장과 26장 둘 다 원본은 제2성전 시대에 쓰였지만 최종 편집 작업은 유배기 아니면 심지어 그 이후라는 것이 내 의견이다. 레위기 26장의 가장 나중 편집 단계에서 이스라엘의 죄를 빚으로 본다는 사실이, 26장이 유배기에 나왔다는 타당한 증거가 된다. 그러나 이 두 본문이 어떻게 편집되었느냐 하는 질문으로 넘어가기 전에, 구조를 각각 살펴보고 각기 어떻게 문학상 별개인 구성 단위로서 역할을 하는지 보여 주고 싶다.

레위기 25장

레위기 25장은 1절의 짧은 도입부 이후에 세 부분으로 나뉜다. (1) 안식년 규례(2-7절), (2) 희년 규례(8-22절)에 바로 이어 희년 규례가 의거하는 원리를 짧게 묘사한 다음(23-24절), (3) 희년 사이에 발생하는 부동산 거래를 다루는 일련의 법들(25-55절)이 나온다. 안식년은 칠 년마다 오며, 이 규례의 논리는 매주 지키는 안식일에서 나온다. 이스라엘 농부는 여섯 해 연속으로 자기 땅에 농사지을 수 있지만, 일곱째 해에는 땅을 묵혀야 했다. "너희는 내가 너희에게 주는 땅에 들어간 후에 그 땅으로 여호와 앞에 안식하게 하라. 너는 육 년 동안 그 밭에 파종하며 육 년 동안 그 포도원을 가꾸어 그 소출을 거둘 것이나 일곱째 해에는 그 땅이 쉬어 안식하게 할지니 여호와께 대한 안식이라. 너는 그 밭에 파종하거나 포도원을 가꾸지 말며"(레 25:2b-4). 놀랍게도 이 규례를 인간이 아니라 '땅을 중심으로' 소개한다. 다름 아닌 땅이 안식해야 하며, 이스라엘은 하나님이 땅에 부여하신 권리를 존중하라는 명령을 듣는다. 현대의 독자들은 농사를 지은 다음이니 지력을 보충해 줄 과학적 필요를 바로 떠올릴 것이다. 휴경은 고대 세계에 나오는 특이한 처방이 아니다. 요즘 농부들도 모두 비슷한 절차를 밟는다. 그러나 안식년 규례에는 단순한 과학 이상의 것이 있다. 그 내용은 이 장 후반부에서 이야기하겠다.

희년 규례(8-22절)는 이 7년 단위를 전제로 하고서 논리를 확대한다. 이 규례는 일곱 번 연속으로 안식년 주기가 (즉, 49년이) 끝난 다음에, 희년을 지켜야 하다고 선포한다. 그 해, 즉 50년째 해에는 땅이 계속 휴경 상태로 있고, 어떤 이유에서든 땅을 팔 수밖에 없었던 사람들이 모두 원래 소유지로 되돌아간다. 이 놀라운 조치는 그 땅의 진짜 주인은 하나님이라는 사실을 근거로 한다. 그래서 모든 토지 매매는 사실 임대에 불과하다. '구매자'는 기한이 얼마나 남았든지, 다음 희년까지만 자신이 키운 작물로 수익을 낼 수 있다. "토지를 영구히 팔지 말 것은 **토지는 다 내 것임이니라**. 너희는 거류민이요 동거하는 자로서 나와 함께 있느니라. 너희 기업의 온 땅에서 그 토지 무르기^{the redemption of the land}를 허락할지니"(레 25:23-24).

토지 무르기^{redemption}에 관한 규례는 희년 제정에 자연스럽게 따라 나온다. 그 땅이 정말로 하나님의 소유라면 어떠한 '매매'도 최종 매매가 아니다. 하나님에게 처음 그 땅을 넘겨받은 사람들이 자기들의 기업으로 돌아갈 수 있도록 준비가 되어 있어야 한다. 그 땅은 원래 이스라엘의 여러 지파가 물려받은 것으로, 그러한 개별 지파 안에 영원히 남아 있어야 한다.

25장의 나머지 부분(25-55절)은 이스라엘 사람이 처할 수 있는 가난을 다양한 측면에서 다루면서 그 사람이 할 수 있는 선택들을 다룬다. 첫째 상황은, 자기 토지를 일부 팔 수밖에 없던 사람의 경우다(25-34절). 이 사람은 어쩌면 파종기가 시작될 때 씨앗을 사려고 돈을 빌렸는데 흉작이었던 것 같다. 종자 대금을 치를 수 없으니, 땅의 일부를 팔려고 내놓아 보상해 줄 수밖에 없다. 매매를 한 후에 그 토지를 되찾는 방법은 세 가지가 있다. 첫째, 가까운 친척이 나서서 구매자에게서 땅을 살 수 있다. 이것이 성경에 나오는 전통적인 기업 무르기redemption이며, 그렇게 행하는 사람이 기업 무를 자redeemer•다.[2] 둘째, 땅을 판 사람이 혼자 힘으로 곤경에서 벗어나는 방법이 있다. 예를 들어, 다음 파종기에 자기 밭이 풍작일 수 있다. (이 사람이 어쨌든 땅을 다 팔지는 않았기에 아직은 수익을 낼 수 있다.) 이러한 해결책 어느 것으로도 되지 않으면, 그 땅은 희년에 당연히 그 판매자나 그 자손에게로 돌아간다.

둘째 시나리오(35-38절)는 첫째 시나리오보다 상황이 안 좋다. 이 경우 이스라엘 농부가 빚 때문에 자기 땅을 전부 팔게 된다.[3] 그 후에 그는 채권자의 감독 아래에 있는 소작농이 된다. 농부는 마치 모든 것을

• 저자는 여기에서 이렇게 친족의 땅을 대신 되사오는 사람을 redeemer로 표현하지만, 이는 NIV에서 kinsman-redeemer(개역개정에서는 '기업 무를 자')로 표현한 의미에 더 가깝다.

잃은 것 같아 보이지만, 이 규례에 따르면 채권자는 소작농에게 수익을 낼 기회를 허용해야 한다. 밀그롬은 타당한 이유를 들어서 말하기를 채무자가 채권자의 관할 아래서 먹고 살게 하라는 명령은(35절), 채권자가 필요한 자금을 계속 대주어서 빈곤한 농부가 자기 땅에 씨를 뿌릴 수 있게 하라는 뜻이라고 한다.[4] 이것 때문에 성경은 채권자를 향해 엄히 경고하여, 이자를 요구하여서 채무자를 더 힘들게 해서는 안 된다고 한다. "너는 그에게 이자를 위하여 돈을 꾸어 주지 말고 이익을 위하여 네 양식을 꾸어 주지 말라"(37절). 왜 이러한 관대함을 요구할까? 그것은 그 땅을 맨 처음 소유할 수 있게 해 준 구원 행위 때문이다. "나는 너희의 하나님이 되며 또 가나안 땅을 너희에게 주려고 애굽 땅에서 너희를 인도하여 낸 너희의 하나님 여호와이니라"(38절). 이 부분에서는 첫 부분과 달리, 가까운 친족이 그 빚진 농부를 위해 땅을 되사오거나 그 농부 스스로 되사올 정도로 자금을 마련할 가능성을 이야기하지 않는다. 그러나 그러한 방안이 첫째 상황부터 둘째 상황까지 다 적용된다고 보는 것이 온당할 것 같다.

셋째 부분(39-55절)은 다른 상황을 다룬다. 이 상황에서는 초점이 더는 땅을 잃는 데 있지 않고 채무 노예가 되는 과정에 있다. (물론 자기 땅을 다 잃은 후에만 이러한 성격의 노예 상태가 될 수 있다는 점에서, 이 둘은 밀접하게 관련이 있다. 그렇게 말할 수 있긴 하지만, 이 부분은 땅을 잃은 사실보다는 소득원이 완전히 고갈된 결과에 초점을 맞춘다.) 그러나 레위기는 이 불행한 사람을 묘사하는 데 노예^{ebed}*라는 단어를 사용하지 않으려고 한다. "너와 함께 있는 네 형제가 가난하게 되어 네게 몸이 팔리거든 너는 그를 종으로 부

---

* slave. 개역개정은 '종'으로 옮김.

리지 말고 **품꾼이나 동거인**과 같이 함께 있게 하여"(25:39-40a). 빈곤해진 이 사람은 자유를 잃고 자신의 채권자의 온 집안사람 안에 고용된 거주자로 살아가면서, 자기 수고에 대한 품삯을 적절히 받는다. 그러나 희년이 도래하면, 자기 가족과 함께 이러한 속박에서 벗어나 조상에게 물려받은 경작지로 돌아갈 수 있다. 이렇게 대우받는 근거는, 하나님이 이스라엘을 이집트에서 해방시키셨을 때 그들을 **자기** 백성으로 삼으셨다는 사실에서 나온다. "그들은 내가 애굽 땅에서 인도하여 낸 내 노예들이니 노예*로 팔지 말 것이라"(42절).[5] 이스라엘은 하나님과의 관계라는 상황에서만 '노예'로 불릴 수 있다. 야훼YHWH만 이스라엘의 주인이실 수 있다.

  이 장은 이스라엘 사람이 아닌 이들에게 일어나는 일을 다루고서 마무리된다(레 25:44-46, 47-55). 먼저, 이스라엘 사람이 아닌 이가 재정적으로 극심하게 궁핍해졌다면, 그 사람은 이스라엘 자손과 달리 채무 노예로 팔릴 수 있다(44-46절). 노예제도는 반대하는 법은 하나님이 이스라엘을 이집트에서 구속하신 사실을 근거로 하며, 그렇게 해서 하나님의 소유가 된 백성이 아니라면 이스라엘에게 해당되는 특별한 지위를 누리지 못한다. 그러면 이스라엘 사람이 아닌 이가 이스라엘 사람을 노예로 삼았을 수 있다고 생각할지 모른다. 그러나 그렇지 않다. 하나님은 이스라엘 사람들의 '주인'이 누구든지 이스라엘 사람들의 특별한 지위를 보장하신다(47-55절). 이스라엘 사람이 재정적으로 궁핍해져서 이스라엘 사람이 아닌 이를 위해 일해야 한다면, 이스라엘 사람인 주인이 그렇듯 이 '주인'도 그 가난한 가족에게 아무 권한도 행사할

- "종들이니 종으로."

수 없다. 그 이스라엘 사람은 이 거류민에게 예속되어 '삯꾼'로 살 것이다(53절).

위의 내용은 가난에 빠지는 네 가지 단계를 제시한다. 즉 땅의 일부를 판 경우, 땅을 모두 판 경우, 다른 이스라엘 사람의 집에서 품꾼이 된 경우, 그리고 마지막으로 이스라엘 사람이 아닌 이의 집에서 품꾼이 된 경우다. 이러한 단락이 25장 앞부분과 무슨 관련이 있을까? 답은 간단하다. 바로 희년이다. 성경은 이스라엘 백성이 아무리 형편없이 살아가도, 세 가지 선택이 가능하다고 생각하기 때문이다. 첫째로, 운이 다시 좋아지면 다른 가족 아래서 일하면서 자신과 땅을 되살 정도로 소득을 벌 수 있다. 둘째로, 재산이 충분하지 않다면 가족 구성원 중 하나가 그 땅을 되살 돈을 대신 댈 수 있다. 이것이 기업 무를 자의 사회 경제적 배경이다. 하나님은 이스라엘의 기업 무를 자로서 이스라엘이 비슷하게 사면초가에 몰릴 때 도움을 요청할 가까운 친족으로 여겨진다. 마지막으로, 기업 무를 자가 없다면 그 가난해진 이스라엘 사람(혹은 그의 자손)은 희년이 도래할 때 자기 땅으로 돌아갈 권리가 있다. 마지막 수단인 희년은, 하나님이 고대 이스라엘의 지파 내 특정 가문에게 주신 최초의 토지 유산이 절대 취소될 수 없음을 보장한다. 왜 그런 걸까? 이스라엘은 처음 이스라엘을 구속하신 하나님의 개인 자산이기 때문이다. "이스라엘 자손은 나의 종들이 됨이라. 그들은 내가 애굽 땅에서 인도하여 낸 내 종이요 나는 너희의 하나님 여호와이니라"(25:55). 하나님이 이스라엘에 대한 우선권을 가지시므로, 그 외의 소유권 주장은 모두 틀림없이 임시적이고 일시적이다.

레위기 26장

언뜻 보기에 26장은 25장과 특별한 관계가 없어 보인다. 앞으로 살펴보겠지만, 26장을 레위기 1-25장 전체에서 공표한 **모든** 율법에 잘 들어맞는 결론으로 해석할 여러 이유가 있다. 레위기 26장은 정확히 두 부분으로 나뉜다. 먼저, 하나님은 이스라엘이 계명들을 신실히 지킬 때 어떤 결과가 따를지 말씀해 주신다. 이스라엘이 순종한다면, 복과 번영의 삶이 뒤따를 것이다(3-13절). 철따라 비가 내리고, 밭에 곡식이 풍성하고, 땅에 평화가 가득하고, 군대는 싸우러 나갈 때마다 크게 이길 것이다. 간단히 말해서, 하나님이 이스라엘 백성을 호의적으로 보시고 그들 가운데 거하실 것이다. 그 다음으로, 이스라엘이 자신의 책임을 신실히 다하지 않는다면 어떤 일이 일어날지 경고하신다. 하나님은 그러한 배신을 간과하지 않으실 것이다. 하나님은 네 가지 엄중한 경고를 발하실 것이고, 그 경고들이 다 실패하면 이스라엘은 그 땅에서 추방될 것이다.[61]

첫 번째 경고(14-17절): 질병, 대적에게 대패.
두 번째 경고(18-20절): 극심한 가뭄.
세 번째 경고(21-22절): 들짐승들을 풀어놓음.
네 번째 경고(23-26절): 칼, 염병, 기근.
최종 형벌(27-33, 36-38절): 그 땅이 완벽하게 파괴되고, 그 주민이 쫓겨남.

수많은 학자들이 레위기 26장과 신명기 28장의 유사점에 주목했다. 두 본문은 하나님의 계명을 지키면 받을 복과, 이스라엘이 반역하면 반드시 뒤따를 형벌을 기록한다. 또 각 법전의 끝부분에 나온다. 그러나 이러한 유사점이 있더라도, 주요 차이점에 주목하는 것이 중요하다. 이스라엘의 불순종을 고려하면 레위기 26장에 나오는 하나님의 개입은 그 말씀의 진정한 의미에서 볼 때 형벌이 아니다. 이스라엘의 주의를 끌고자 하는 징계 수단이라고 설명하는 것이 더 정확하겠다.

첫 번째 경고만 있다면 우리는 그 경고에 주목하지 않을 것이다. 그 경고는 그야말로 형벌처럼 보이기 때문이다.

[첫 번째 경고] 그러나 너희가 내게 청종하지 아니하여 이 모든 명령을 준행하지 아니하[면]… 내가 이같이 너희에게 행하리니 곧 내가 너희에게 놀라운 재앙을 내려 폐병과 열병으로 눈이 어둡고 생명이 쇠약하게 할 것이요 너희가 파종한 것은 헛되리니 너희의 대적이 그것을 먹을 것임이며 내가 너희를 치리니 너희가 너희의 대적에게 패할 것이요 너희를 미워하는 자가 너희를 다스릴 것이며 너희는 쫓는 자가 없어도 도망하리라(레 26:14, 16-17).

그러나 그 다음 절을 읽는 순간 하나님이 이렇게 개입하시는 이유가 보인다. 하나님이 이스라엘에 내리시는 벌의 가장 큰 특징은 그것이 징계 수단이라는 점이다.

[두 번째 경고] 또 만일 너희가 그렇게까지 되어도 내게 청종하지 아니하면 너희의 죄로 말미암아 내가 너희를 일곱 배나 더 징계하리라.* 내가 너

---

* "징벌하리라."

고대의 채권자, 예속 노동자, 땅의 신성함

희의 세력으로 말미암은 교만을 꺾고 너희의 하늘을 철과 같이 하며 너희 땅을 놋과 같이 하리니 너희의 수고가 헛될지라. 땅은 그 산물을 내지 아니하고 땅의 나무는 그 열매를 맺지 아니하리라(레 26:18-20).

도입 문장에 따르면, 사람은 하나님이 이스라엘을 상대로 가하려고 계획하신 두 번째 형벌을 맥락에 따라 이해하는 방법을 알아야 할 뿐이다. 그것은 특정한 죄의 무게를 따져서 내리는 형벌이라기보다는, 이스라엘의 주의를 끌기 위한 경고 신호다. 실제로 계속되는 일련의 행위들은 각기 동일하게 정형화된 방식으로 시작한다.

[세 번째 경고] 너희가 나를 거슬러 내게 청종하지 아니할진대 내가 너희의 죄대로 너희에게 일곱 배나 더 재앙을 내릴 것이라. 내가 들짐승을 너희 중에 보내리니(레 26:21-22a).

[네 번째 경고] 이런 일로도 너희가 징계를 받지 못하고 나를 거스른다면 나도 너희를 거스르리라.* 너희 죄로 말미암아 너희를 칠 배나 더 치리라. 내가 칼을 너희에게로 가져다가 언약을 어긴 원수를 갚을 것이며(레 26:23-25a).

네 번의 경고가 모두 목적을 달성하지 못하면, 하나님은 이스라엘을 멸망의 벼랑으로 몰고 가실 수밖에 없을 것이다.

- "이런 일을 당하여도 너희가 내게로 돌아오지 아니하고 내게 대항할진대 나 곧 나도 너희에게 대항하여."

[최종 형벌] 너희가 이같이 될지라도 내게 청종하지 아니하고 내게 대항할진대 내가 진노로 너희에게 대항하되 너희의 죄로 말미암아 칠 배나 더 징벌하리니 너희가 아들의 살을 먹을 것이요 딸의 살을 먹을 것이며(레 26:27-29).

결론 부분(27-38절)에서는 경고의 시기가 다 지났다. 이스라엘을 징계하신다는 표현이 없다(18, 23절 참고). 오히려 하나님은 이스라엘 성읍과 성소를 다 멸하시고, 정복한 군대조차도 두려워할 정도로 땅을 황폐하게 내버려두시고, 이스라엘 사람들을 민족들 가운데로 흩으시리라고 약속하신다(31-33절).

레위기 26장 추가 편집 부분

사람들은 레위기 26장의 묘사가 명료하고 솔직하다고 생각할 것이다. 순종에는 복을 약속하고(1-13절), 이스라엘이 반역하면 경고를 발한다(14-26절). 네 번째 경고 다음에는 하나님의 인내가 극에 달하여 이스라엘이 그 땅에서 쫓겨날 것이다(27-39절). 그러나 26장에는 한 부분이 더 담겨 있다. 하나님의 경고를 따르지 않을 때 치를 대가를 서술한 다음, 이스라엘을 회복시키겠다는 약속으로 마무리된다(40-45절). 이 마지막 부분은 나중에 편집자가 추가했다는 데 거의 모든 학자가 동의한다. 이들은 레위기 원저자가 레위기를 긍정적인 분위기로 끝맺었을 것 같지 않다고 생각한다. 그러한 낙관을 더한다면 초반부터 구축해 온 수사학적 효과를 망쳤을 것이다. 저자는 열세 절(14-26절) 정도를 할

애하여, 일련의 경고를 점층식으로 제시한다. 이 경고들의 목적은, 이스라엘이 너무 늦기 전에 그 행동을 재고하도록 **설득하는** 것이다. 이스라엘이 그 행동을 고치지 않으면, 결국은 하나님의 인내심이 바닥나게 해서 그 반역의 길에 대한 최종 대가를 치러야 할 것이다. 초반부의 구성 측면에서 보면, 26장은 다음과 같이 끝났을 것이다.[71]

> 너희가 이같이 될지라도 내게 청종하지 아니하고 내게 대항할진대 내가 진노로 너희에게 대항하되 너희의 죄로 말미암아 칠 배나 더 징벌하리니 너희가 아들의 살을 먹을 것이요 딸의 살을 먹을 것이며 내가 너희의 산당들을 헐며 너희의 분향단들을 부수고 너희의 시체들을 부숴진 우상들 위에 던지고 내 마음이 너희를 싫어할 것이며 내가 너희의 성읍을 황폐하게 하고 너희의 성소들을 황량하게 할 것이요 너희의 향기로운 냄새를 내가 흠향하지 아니하고 그 땅을 황무하게 하리니 거기 거주하는 너희의 원수들이 그것으로 말미암아 놀랄 것이며 내가 너희를 여러 민족 중에 흩을 것이요 내가 칼을 빼어 너희를 따르게 하리니… 너희가 원수들을 맞설 힘이 없을 것이요 너희가 여러 민족 중에서 망하리니 너희의 원수들의 땅이 너희를 삼킬 것이라(27-33a, 37b-38절).

이것이 레위기 26장의 원래 형태였다면, 저자는 청중에게 엄중하지만 설득력 있게 메시지를 제시했을 것이다. "이스라엘이여, 너희가 어떻게 행할지 주의 깊게 고심해 보라!"고 말이다. 그러나 26장이, 하나님이 방향을 바꾸어 이스라엘을 돌아오게 하시는 것으로 끝난다면(33b-37a, 39-45절), 저자가 공표한 위협에서 수사학적 힘이 상당 부분 사라질 것이다. 긴즈버그[H. L. Ginsberg]가 설명하듯이, "어느 봉건 영주가 어느 순간에든 약해지고 말은 거칠지만 본성은 그리 나쁘지 않다는 인상을 주어서, 봉신이 반역하다 실패한다 해도 은혜로 지위를 되찾으리라는 희망을 버릴 필요가 없다면, 봉신이 부정한 짓을 하지 못하게 하려는 영주의 목적은 무산될 것이다. 이와 마찬가지로, 저자가 이스라엘에게 야훼는 못 말리게 관대하다고 확증해 준다면, 이스라엘이 갈 데까지 가지 않기를 바라는 경건한 저자의 목적도 무산될 것이다."[8]

여기서 과감히 이의를 제기하고자 하는 사람이 있을지 모르겠다. 긴즈버그가 취하는 논리가 땅의 봉신과 영주를 대상으로 하는 고대 근동의 조약 내용에는 맞을지 모르지만, 이스라엘의 거룩하신 분의 경우에는 사정이 다를 수 있다는 것이다. 어쨌든 그분은 인간 지배자의 정치적 논리를 따르실 필요가 없으시다. 이론상으로는 그 말이 맞지만, 성경의 다른 본문들을 살펴보면 이스라엘이 언약을 악용한 일을 하나님이 경고하실 때 이스라엘에게 임할 결과가 항상 좋지만은 않음을 알 수 있다. 예를 들어, 8세기 예언자 아모스의 신탁 중에 북왕국 사람들의 반역에 대한 길고도 신랄한 비판이 있다. 아모스가 그들의 거짓 종교 의식을 조롱한 다음(암 4:4-5) 선언한 내용에 따르면, 하나님은 이스라엘이 불순종에서 돌이키기를 바라시며 일련의 경고를 보내실 것이다. 첫 번째 경고는 추수기에 임할 극심한 흉작이다.

[첫 번째 경고] 또 내가 너희 모든 성읍에서
너희 이를 깨끗하게 하며
너희의 각 처소에서 양식이 떨어지게 하였으나
너희가 내게로 돌아오지 아니하였느니라.
여호와의 말씀이니라(암 4:6).

그러나 레위기 26장에서 살펴본 여러 경고처럼, 분명 이 경고는 이스라엘이 제정신으로 돌아오기에 충분하지 않았다. 그래서 하나님이 이번에는 더 가혹한 조치를 취하셔서 양식과 물 공급에 심각한 영향을 미치는 가뭄을 보내신다.

> [두 번째 경고] 또 추수하기 석 달 전에
> 내가 너희에게 비를 멈추게 하여
> 어떤 성읍에는 내리고
> 어떤 성읍에는 내리지 않게 하였더니
> 땅 한 부분은 비를 얻고 한 부분은
> 비를 얻지 못하여 말랐으매
> 두세 성읍 사람이 어떤 성읍으로
> 비틀거리며 물을 마시러 가서
> 만족하게 마시지 못하였으나(암 4:7-8).

그러나 이 두 번째 경고를 받고서도, 이스라엘은 그 메시지에 귀를 기울이지 않는다. 이 경고는 처음 경고와 정확히 똑같이 끝난다. "너희가 내게로 돌아오지 아니하였느니라. 여호와의 말씀이니라."

그리고 나서 하나님은 이스라엘에 훨씬 심한 경고를 보내신다. 세 번째 경고(9절)는, 곡식을 마르게 하는 재앙과 깜부기 재앙으로 동산과 포도원을 엉망으로 만드신다는 것이다. 그런 다음에는 메뚜기가 와서 무화과나무와 감람나무를 휩쓴다. 그러나 또다시 이스라엘은 돌이키지 않는다. 하나님은 이를 꾹 참으시고 다시 한 번 이스라엘의 주의를 끌려 하신다(10절). 이번에는 이집트인들이 겪은 것과 같은 역병을 보내시고, 거기에 칼이 뒤따라 많은 이들이 죽는다. 그래도 이스라엘은 끝끝내 굴복하지 않는다. 이 지점에서 아모스는, 이스라엘의 운명이 결정되었다고 선포한다. 여러 경고는 실패했고 하나님의 인내심은 바닥났다. 아모스는 이스라엘 사람들에게 "네 하나님 만나기를 준비하라"(12절)고 말한다. 이는 북왕국이 멸망하리라는 위협이다. 그리고 실제로 종말이 왔다. 주전 721년 북쪽에서 앗시리아 군대가 이스라엘을 침략하여 이스라엘의 주요한 도시들을 멸망시키고 수많은 지도자를 유배 보냈다(왕하 17장을 보라).

신명기 28장에 나오는 축복과 저주 세트에도 유사한 논리가 나온다. 우선 레위기 26장처럼 신명기 28장 본문도 신명기 법전(12-26장)을 마무리 짓는다. 다음으로 두 장 모두 두 부분으로 나눌 수 있다. 곧 순종에 따라오는 일련의 축복과, 이스라엘이 배교를 저지를 때 따라올 일련의 저주가 나오는 부분이다. 물론 신명기 28장에는 레위기처럼 형벌들이 조직화된 경고로 나오지는 않지만, 전반적으로 수사학적 효과는 비슷하다. 뻔뻔스럽게도 이스라엘이 여호와의 길을 배우려 하지 않는다면, 봉신으로 존재하던 이스라엘은 돌연히 사라질 것이다. 신명기 28장은 티끌만큼도 희망을 제시하지 않는다. 불순종의 결과는 비극이다.[9]

지금까지 나는 성경의 다른 책들에 나오는 여러 단락의 수사학적 형식을 살펴보았다. 이스라엘이 직면한 완벽한 멸망은, 아모스서 4장 4-12절이나 신명기 28장 같은 특정 부분에 초점을 맞출 경우에는 딱 들어맞는다. 그러나 한걸음 물러나서 성경 한 책의 최종 형태를 훑어보면 그 묘사가 달리 보인다. 정경의 최종 형태인 성경의 어떤 책도 이스라엘의 멸망이 완결되고 최종적인 일이라고 묘사하는 데 만족하지 않는다. 하나님이 잠시 얼굴을 돌리시겠지만(랍비 용어로, hester pānîm), 결국 자기 백성에게 시선을 '돌리셔서'(히브리어 어근 šûb에서 유래) 그들을 회복시키실 것이다. 아모스가 어떻게 생각했든지, 아모스의 신탁을 편집한 사람은 이스라엘 백성을 재편성할 여지를 만들었다. 그러나 이스라엘의 회복을 이야기하는 부분은, 이스라엘의 철저한 멸망이 다가오고 있다는 신탁에서 좀 떨어진 곳에 나온다. 실제로 그 부분은 아모스서의 마지막 아홉 절에 이르기까지(암 9:7-15) 기다려야 볼 수 있다. 거기서 하나님은 이스라엘이 회개하지 않고 배교했기 때문에 벌하셔야 하지만, "야곱의 집은 온전히 멸하지는 아니하리라"(암 9:8)고 선언하신다. 사실 그분이 "다윗의 무너진 장막"을 다시 세우시고, "내 백성 이스라엘… 을 돌이[킬]" 날이 올 것이다(11, 14절). 마찬가지로 신명기에서도 회복의 약속(신 30:1-10)을 찾을 수 있지만, 그 약속은 이스라엘이 완전히 멸망하리라는 예언과(신 28:58-68) 약간 거리를 두고 있다. 다시 말해, 아모스서와 신명기의 편집자들은 멸망의 위협을 당면한 문학적 상황에 그대로 둘 생각이었다. 이후의 저자-편집자는, 그 신탁에서 어느 정도 떨어진 지점이라야 이스라엘의 회복을 허락하는 메시지를 덧붙이기에 적합하다고 보았다.[10] 아모스서나 신명기와 비교하면 레위기 26장은 회복의 말씀이 이스라엘의 종말을 이야기하는 바로 그 장에 포함되어 있다는 점이 독특하다.[11]

안식일 준수

긴즈버그를 비롯하여 그를 지지하는 수많은 사람들은 레위기 26장이

애초에 이스라엘의 멸망으로 끝난다는 가설을 제기했다. 그들이 옳다고 가정하고서, 한걸음 물러나 레위기 26장 끝부분에 편집자가 덧붙인 내용을 살펴보고, 그 내용이 앞의 내용과 어떤 관계인지도 살펴보자. 레위기 26장의 편집자가 이스라엘을 향한 소망을 보여주기 위해 창의적이면서도 영리한 방식으로 자료를 재구성했다는 사실이 보일 것이다.

레위기 26장의 최종 형태는, 신명기 마지막 부분에 보이는 격려 분위기와는 사뭇 다르다. 신명기의 초점은 다소 단순하다. 죄를 뉘우치고 여호와께 돌아와 진심으로 용서를 호소하라는 것이다. "내가 네게 진술한 모든 복과 저주가 네게 임하므로… 이 일이 마음에서 기억이 나거든… 네 하나님 여호와께로 돌아와… 네 하나님 여호와께서 마음을 돌이키시고 너를 긍휼히 여기사 포로에서 돌아오게 하시되"(신 30:1-3). 레위기 저자에게는 문제가 조금 더 복잡해 보인다. 회개가 분명 중요하기는 하지만, 그 땅과 민족이 진 빚을 변제하는 것도 마찬가지로 중요하다. "그 땅이 그들에게서 버림받을 것이고, **그들의 인적이 끊어져 안식년에 해당하는 빚을 갚을 것이며, 그동안 그들은 자기 빚을 갚을 것이다.** 그들이 내 법도를 배척하고 내 율례를 일축했다는 근거가 충분하기 때문이다. 그러나 그들이 원수의 땅에 있을 때에도˙ 내가 그들을 내버리지 아니하며 미워하지 아니하며 아주 멸하지 아니하고 그들과 맺은 내 언약을 폐하지 아니하리니 나는 여호와 그들의 하나님이 됨이니라. 내가 그들의 하나님이 되기 위하여 민족들이 보는 앞에서 애굽 땅

- "그들이 내 법도를 싫어하며 내 규례를 멸시하였으므로 그 땅을 떠나서 사람이 없을 때에 그 땅은 황폐하여 안식을 누릴 것이요 그들은 자기 죄악의 형벌을 기쁘게 받으리라. 그런즉 그들이 그들의 원수들의 땅에 있을 때에."

으로부터 그들을 인도하여 낸 그들의 조상과의 언약을 그들을 위하여 기억하리라. 나는 여호와이니라"(레 26:43-45).[12]

이 장 서두에서 언급했듯이 고대 이스라엘에서 안식년의 개념은 현대 농업에서 그에 상응하는 개념보다 더 뜻이 깊었다. 안식년은 단순히 땅의 비옥함을 확실하게 유지하려는 생태적 행위가 아니다. 6년마다 땅을 쉬게 함으로써 사람들은 땅이 인간의 소유가 아니라 하나님의 소유임을 구체적으로 보여 주는 하나님의 계명을 지킨다. 일곱째 날 안식이 시간의 영역에 대한 하나님의 더 넓은 소유권을 보여 주는 것처럼, 일곱째 해 땅의 안식은 하나님이 땅의 주인이시라는 증거가 된다.[13] 이스라엘은 물론이고 땅도 이러한 의무를 지기 때문에, 계명을 무시하면 둘 다 의무를 위반한 상태가 될 것이다. 따라서 둘 다 보상을 해야 한다. 특히 주목할 것은, 그 보상 서술에서 빚 상환을 나타내는 데 쓰인 동사가 우리가 제2이사야서에서 보았던 '라차'와 동사 어근이 동일하다는 것이다. 제2이사야가 이스라엘이 죄로 진 빚을 다 갚았으므로 _nirṣâ ʿăwōnâh_ 유배 생활이 끝에 이르렀다고 선포하듯이, 레위기 26장도 그 땅이 '안식년에 대한 빚을 갚고' 이스라엘 자손이 '자신들의 죄 때문에 누적된 빚을 갚을' 때까지 이스라엘이 계속 현재의 곤경 속에 있으리라고 선포한다.[14] 그렇다면 이사야 40장 2절과 레위기 26장 43-45절의 진짜 차이는, 이사야서의 구절은 이미 갚은 빚을 되돌아보는 반면, 레위기의 구절은 이스라엘이 하나님이 발하시는 경고에 반응하지 않으면 어떤 종류의 빚을 갚아야 하는지를 예측하고 있다는 것뿐이다.

한걸음 물러나 레위기 26장 43-45절을 26장의 전체 구조에 비추어 살펴보자. 먼저, 안식년에 예외적으로 특별한 의미가 부여된다. 레위기 26장에서 계속되는 계명 표현은 일반적이어서 어느 한 계명을 다른 계명보다 특별 취급하지는 않는 것 같다. 다음으로, 유배 생활을 견딤으로써 빚을 갚는다는 주제를 도입해서, 하나님이 이스라엘에게 부과하신 최종 형벌의 효력이 완전히 바뀐다. 앞에서 언급했듯이, 레위기 26장의 관심은 하나님이 이스라엘에 하신 경고가 이스라엘이 악한 길을 재고하게 하는 수단임을 보여 주는 데 있다.

인접 문맥에서는(레 26:2-33a, 37b-38), 형벌이 전면적이고 최종적으로 보인다. 그러나 일단 편집상 이 장에 덧붙인 내용을 감안하면(레 26:33b-35, 39-45), 하나님의 최종 형벌은 새로운 특성을 띤다. 이제 그 땅의 황폐함은 단순한 형벌이 아니라, 땅을 이용하지 않는 시간을 충분히 확보하는 수단이 된다. 그렇게 해서 그 땅이 안식년을 지키지 않아서 진 빚을 갚을 수 있다. 또 이스라엘이 겪어야 하는 고난도 이제 단순히 보복을 위한 형벌이라기보다는 회복의 과정이다. 이스라엘은 오랫동안 여호와의 율례를 고의로 위반하여 막대한 빚을 쌓았다. 이 시점에서 이스라엘의 유일한 희망은 그 벌을 올바르게 견디는 것이고, 그렇게 함으로써 빚을 갚기 시작하는 것이다.

제이콥 밀그롬은, (빚을 상환함으로써) '속죄하다'라는 뜻으로 동사 '라차'를 사용한 것은, 이스라엘이 유배 중이고 성전이 폐허가 된 동안에는 어떠한 속죄 제사 형식도 가능하지 않았다는 사실로 설명할 수 있다고 말했다.[15] 이러한 관찰이 어느 정도는 사실일 수도 있지만, 독자는 앞에서 규명한 내용을 기억해야 한다. 즉 유배기와 유배기 이후에 죄를 나타내는 가장 중요한 비유는 빚 비유이며 속죄를 채무 상환으로 이해했다는 것이다. 이 사실을 감안할 때, 레위기 26장에 이 관용구가 나온다고 해서 그때 성전이 없었다고 할 수는 없다. 오히려 그 관용구는 우리가 추적하고 있는 죄에 대한 비유의 역사상 발전에 잘 들어맞는다. 그러나 그 외에 중요한 문학적 측면이 있다. 정경 편집자들은 이스라엘의 죄를 갚아야 할 빚으로 묘사함으로써 레위기 25장과 26장을 긴밀하게 연결시킬 수 있었다. 그리고 다음 장에서 다니엘서를 다루면서 보겠지만, 레위기 25-26장은 제2성전 시대 유대교에 어마어마하게 영향을 미쳤다. 이 두 장을 연결하지 않는다면, 레위기는 아주 다르게 읽힐 것이다.

레위기 25장과 레위기 26장의 관계

대부분의 무심한 독자들이 보기에는, 레위기 25장과 26장은 공통 요소가 거의 없다. 25장은 안식년과 희년 계명(레 25:1-24), 그리고 그 계명들이 기업 무르기redemption 규례와 어떻게 연관이 되는지에 주로 관심이 있다(25-55절). 26장은 두 부분으로 나눌 수 있다. 곧, 이스라엘이 받은 **모든 명령**에 순종하면 쌓이는 복과(레 26:3-14) 고집스러운 불순종에 따르는 결과다(15-45절). 그리고 25장과 26장 사이에는 두 개의 연결 구절이 있다. "너희는 자기를 위하여 우상을 만들지 말지니 조각한 것이나 주상을 세우지 말며 너희 땅에 조각한 석상을 세우고 그에게 경배하지 말라. 나는 너희의 하나님 여호와임이니라. 너희는 내 안식일을 지키며 내 성소를 경외하라. 나는 여호와이니라"(26:1-2). 밀그롬의 주석에서 이 절들에 "하나님 계명의 진수"라고 이름을 붙인 것은 적절하다. 이 절들에 쓰인 단어에서 레위기 19장의 서두와 말미가 떠오르기 때문이다.

너희는 헛된 것들에게로 향하지 말며 너희를 위하여 신상들을 부어 만들지 말라. 나는 너희의 하나님 여호와이니라(레 19:4).

내 안식일을 지키고 내 성소를 귀히 여기라. 나는 여호와이니라(레 19:30).

이 두 절 사이(레 19:5-29)에는, 레위기에서 가장 다양한 계명들 목록이 있다. 이렇게 계명들을 선택한 것은, 토라에 있는 **모든** 계명을 요약하기 위함이다. 다시 말해 레위기 19장은 모든 계명이 똑같이 중요하다고, 또 이스라엘 백성은 **어느** 계명이든 지킴으로써 하나님의 거룩하심을 어느 정도 받아들여 거룩해질 기회를 얻는다고 주장한다.[16]

그 계명들의 일반적인 속성도 강조해야 한다. 물론 레위기 26장이 (토지 사용권과 관련이 있는) 구체적인 계명들에 할애된 25장 뒤에 나오긴 하지만, 훨씬 광범위하다. 레위기 26장은 최소한으로 보면 레위기의 결론일 수 있으며, 최대한으로 보면 출애굽기 20장에 나오는 십계명을 필두로 시내산에서 받은 모든 법령의 요약일 수 있다.[17] 그 본문의 이러한 일반적 측면은 복(2-13절)과 형벌(14-45절)이 시작되는 방식으로 보아 분명하다. 레위기 25장의 안식년과 희년 규례를 특별히 고려해야 한다는 암시가 전혀 없다.

너희가 내 규례와 계명을 준행하면 내가 너희에게 철따라 비를 주리니(레 26:3-4a).

그러나 너희가 내게 청종하지 아니하여 이 모든 명령을 준행하지 아니하며 내 규례를 멸시하며 마음에 내 법도를 싫어하여 내 모든 계명을 준행하지 아니하며 내 언약을 배반할진대 내가 이같이 너희에게 행하리니 곧 내가 너희에게 놀라운 재앙을 내려 폐병과 열병으로(레 26:14-16a).

이 본문을 가장 자연스럽게 이해하는 방식은, 시내산에서 들은 모든 계명의 논리적인 결론으로 여기는 것이다.

그러나 레위기 정경을 정리한 이들은, 레위기 26장이 앞 장의 규례들과 치밀하게 결합되어 있다는 신호를 보내서 상황을 더 복잡하게 만들었다. 이는 전통적인 유대 주석가들이 레위기 26장 초반에 나오는 절들을 해석한 방식에서 잘 입증된다.[18] 그들은 26장 1절에 나오는 우상 숭배에 대한 언급이, 레위기 19장 및 이스라엘이 지켜야 하는 일반적 율법 목록을 간접인용한 것이라고 이해하지 않는다. 오히려 레위기 25장 끝부분에서 실마리를 얻어 이 절을 해석한다. 25장 마지막 단락은, 너무 가난하여 이스라엘 자손이 아닌 땅 주인에게 자기를 넘겨야 했던 이스라엘 사람의 상황을 요약했다. 11세기 프랑스 출신의 유대교 주석가 라시Rashi(랍비 솔로몬 이츠하키Shlomo Itshaqi)에게는 이 상황이 최고의 부조리였다. 가장 경건한 이스라엘 사람이라도 자기 이웃 사람처럼 행동하라는 사회적 압박을 어느 정도 느낄 것이기 때문이다. 라시의 생각에 이 불행한 이스라엘 사람은 이렇게 이유를 제시할 것이다. "내 주인이 우상을 예배하니 나도 그러겠다. 내 주인이 안식일을 어기니 나도 그러겠다."[19]

레위기 26장이 "내 안식일을 지키며 내 성소를 경외하라"는 명령으로 시작한다는 사실 또한 주목해야 한다. 밀그롬이 결론짓듯이, 이 명령이 원래 형태에서는, 즉 26장을 25장과 연결 짓기 전에는 정기적인 주간 안식일에만 적용되었다. 이는 레위기 19장 30절의 병행구("내 안식일을 지키고 내 성소를 귀히 여기라")를 보면 분명하다. 그러나 이 절이 레위기 25장과 연결되면 새로운 의미를 띤다. 복수형 '안식일들'은 틀림없이 레위기 25장에서 언급하는 안식년을 포함할 것이다. (12세기 스페인 출신의 유대교 주석가인) 이븐 에즈라Ibn Ezra가 이를 자신의 주석에서 분명하게 말하면서 덧붙인 내용에 따르면, 성소를 경외하라는 명령에는 희년을 지키는 의무도 들어간다. 이렇게 레위기 26장 2절의 **두** 부분이 레위기 25장을 다시 언급한다. 일반적으로 라시보다 더 신중하게 미드라쉬를 이용하는 이븐 에즈라조차도 26장 2절을 25장에서 설정한 정황과 연결해야 한다고 생각했다.

왜 라시와 이븐 에즈라 같은 전통적인 주석가들이 25장과 26장을 연결시킬 필요를 느꼈느냐 하는 것이 의문이다. 그 답은 이 두 장의 독특한 문학 구조에서 찾을 수 있다. 먼저, 레위기 저자는 새로운 문단을 시작하고 싶을 때마다 "여호와께서 모세에게 [어떤 계명을 지키는 것에 관해] 말씀하여 이르시되…" 하는 정형 문구로 시작한다. 이 정형 문구는 레위기 스물일곱 장 안에 33회 가량 나온다. 그러나 8장부터 10장까지는 성소에서 드리는 공예배의 시작을 기록하고 계명을 다시 계시하기 시작하고, 이 부분을 지나면 11장부터 27장까지 각 장이 그러한 정형 문구로 시작하는데, 26장만 예외다. 그래서 25장과 26장은 하나로 이어지는 문단으로 보인다. 이것은 히브리 성경 두루마리에도 보이고, 중세 히브리어 사본에도 나타난다. 이 본문들에는 장 표기가 없으며(이는 나중에 기독교인들이 본문에 추가했다) 몇 글자 길이의 빈 칸을 남겨 두어서 단락을 표시한다. 그런데 25장 끝 부분에는 그러한 빈 칸이 없다. 25장 마지막 절에 곧바로 26장의 첫 절이 이어진다. 이 히브리어 본문에는 26장 3절에 가서야 새로운 단락이 시작되었다는 표시가 있다.

마지막으로, 이 긴 단원을 마무리하는 정형 문구가 다소 특이하다. "이것은 여호와께서 시내산에서 자기와 이스라엘 자손 사이에 모세를 통하여 세우신 규례와 법도와 율법이니라"(레 26:46). 이 절만 보면, 그 책 전체에서 제시한 "규례와 법도와 율법" 전체를 다시 언급한다고 결론지어야 할 것이다. 그리고 분명 부분적으로는 그것이 옳다. 그런데 이 정형 문구에 이상한 점이 있다. 모세는 이 모든 규례를 "시내산에서" 받았다고 한다.[20] 왜 저자는 본문의 이 지점에서 그 장소를 강조하고 싶어 하는가? 이러한 이상한 점은 25장 서두에도 있다. "여호와께서 시내산에서 모세에게 말씀하여 이르시되 이스라엘 자손에게 말하여 이르라"(레 25:1-2a). 25장을 시작하는 정형 문구는 레위기 전체에 있다. 이 정형 문구는 "여호와께서 모세에게 말씀하여 이르시되"로 32회 나온다. 레위기 25장 1절에서만 "여호와께서 **시내산에서** 모세에게 말씀하여 이르시되"라고 덧붙인 형태로 나온다. 분명 최종 편집자는 이 문단의 서두와(레 25:1) 결론(레 26:46) 사이에 일종의 '틀'을 만들고자 했다.[21]

이 두 장의 구조적 연결은 무슨 의미가 있는가? 하나는, 레위기 26장 말미에 등장하는 안식년 규례를 설명해 준다는 것이다. 위에서 대략적으로 설명했듯이, 26장은 이스라엘이 받은 토라 전체에 이스라엘이 순종하거나 불순종한 결과를 보여 주고자 한다. 그러나 레위기 26장의 편집자는 계명들을 구분하지 않는 이 포괄적인 서술을 납득할 수가 없다. 편집자의 추론에 따르면 분명히 이스라엘이 계명들을 어겼으므로 하나님이 냉혹하게 형벌을 내리시지만, 회복은 이스라엘**은 물론이고 그 땅이** 빚을 보상하는 데 달려 있을 것이다(레 26:34-35, 40-45). 그 논지를 분명히 하기 위해 26장은 한 가지 계명, 즉 안식년을 지키라는 계명의 중요성을 강조하는 것으로 끝난다.

레위기의 정황상 이것이 놀랍지 않은 까닭은, 그 땅을 자율적 행위자로 여기기 때문이다. 그 특유의 정복 이야기를 살펴보라. 신명기에서 구상했던 것처럼, 군대가 습격해서 가나안 사람들을 없애 버릴 필요가 없었다.[22] 레위기에 따르면 **그 땅** 자체가 가나안 사람들을 토해 냈다(레 18:25). 여기서 쓰인 동사는 직역하면 '토하다'라는 뜻이므로, 그 행위자(이스라엘의 땅)가 거의 혹은 전혀 제어하지 못하는 반사적인 특성을 암시한다. 이스라엘도 이 점에 관한 한 특권이 없을 것이다. 이스라엘이 가나안 사람들의 행동양식을 따른다면, 그 땅이 그들도 토해 낼 것이다(레 18:28). 그러나 레위기 18장에서 저자의 초점은 가나안 사람들의 성적 관행에 있다. 이 특정 토지의 사용권과 관련하여 성적 순결이 두드러진 관심사로 보인다. 다른 한편으로 레위기 26장에서 핵심 쟁점은 안식년이다.

안식년이 레위기 26장에서 이토록 중요한 까닭은 오로지 두 요소 때문이라고 결론지을 수도 있다. 첫째는 저자가 설정하려고 하는 25장과 26장의 관계, 둘째는 18장에서 입증되듯이 그 땅의 의인화다. 그러나 제3의 역사적 요소도 있다. 학자들이 오랫동안 주목해 온 대로, 유배기와 유배기 이후의 성경 본문들은 안식일 준수의 중요성을 강조하는 경향이 강하다. 실제로 후기 성경 저자 대다수가 안식일 준수를 가장 중요한 계명으로 이해했다고 주장할 수 있다. 예를 들어, 밀그롬의 논평에 따르면 에스겔서에서 안식일 준수는 "우상 숭배 [금지]와 함께(겔 20:16, 24), 나머지 다른 계명들과 동등하게 중요하다(예를 들어, 겔 20:13, 21). 그리고 한 절(겔 23:38)에서는 [레위기] 26장 2절에서처럼 성소와 결합된다".[23] 그러나 에스겔만 이 특정 계명에 그토록 중요성을 부여하지는 않았다. 예레미야서(렘 17:19-27), 이사야서(사 56:2, 4, 6; 58:13), 느헤미야서(느 13:18)에도 비슷한 강조가 있다.[24] 이것이 얼마나 새로운 것인지 알려면, 제1성전 시대에는 아무데서도 안식일 준수를 거의 언급하지 않는다는 사실을 기억하라. 다시 말해, 성경 본문 대부분에서 안식일 준수는 거의 주목받지 못하는 계명이다.

레위기 26장에 비추어 레위기 25장 읽기

한 가지를 더 언급해야겠다. 3장에서는 〈쿰란11동굴 멜기세덱〉의 저자가, 희년에 채무자들이 해방되는 것을 이스라엘이 죄에서 해방되는 것과 연결했다고 언급했다. 내 결론에 따르면 쿰란에서 나온 이 문서는, 마치 신명기 15장과 레위기 25장이 이스라엘의 죄악된 상태를 향해 말하고 있는 듯이 해석했다. 이러한 해석학적 경향은, 우리가 제2성전 시대에서 문서로 입증하고 있는 더 큰 변화에 비추어 보면 놀라운 일이 아니다. 제2성전 시대에 죄가 짐이 아니게 되었으며, 빚으로 바뀌었다. 내가 본 대로는, 신명기 15장과 레위기 25장에 관한 수많은 주석들을 참고해도 이 두 장이 죄와 무슨 연관이 있다는 식으로 해석하는 주석은 단 하나도 찾지 못할 것이다. 그러나 그 주장이 정말 사실인가? 레위기 25장은 죄와 전혀 관련이 없는가?

이에 답하기 위해, 전통 유대교의 주해를 살펴보자. 랍비들과 중세 유대교 성경 주석가들은 레위기 26장의 처음 두 절을 (편집된 것으로 설명하지는 않았지만) 레위기 25장과 26장 사이의 연관성을 제시하는 것으로 인식했다. 그러나 문제는 더 심오하다. 수많은 랍비 문서들은 레위기 26장의 내용에 비추어 보면 25장의 전체 구조를 새로이 이해할 수 있다고 단정했다. 이 랍비 문서들을 이해하기 위해 25장의 구조를 떠올려 보자. 그 장은 안식년에 관한 법(2-7절)으로 시작한 다음 희년으로 넘어간다(8-24절). 그리고 나머지 부분(25-55절)은 곤경에 처한 다양한 사람들에게 할애된다. 즉 (1) 자기 땅의 일부를 팔아야 하는 사람(25-28절), (2) 성벽이 있는 성내의 가옥을 팔아야 하는 사람(29-34절), (3) 자기 땅 전부를 팔아야 하는 사람(35-38절), 그리고 마지막으로, 노예가 되어 이스라엘 사람 주인(39-46절)이나 외국인(47-55절)의 집으로 옮겨 가야 하는 사람이다.

처음 읽었을 때는 25장이 토지 매매로 인한 가난이라는 주제를 가능한 한 많이 다루려고 한다고 생각했다. 그러나 그달리야Gedaliah의 아들인 랍비 사무엘Samuel은 우리가 살펴볼 미드라쉬에서 25장을 다르게 이해한다.[25] 사무엘이 생각하기에 25장 서두에 나오는 안식년과 희년에 관한 율법이, 뒤이어 나오는 가난에 빠진 사람들에 관한 판례법과 밀접하게 연결되어 있다. 그는 건축에 관한 비유를 들며 해석을 시작하여서, 기둥이 모두 주춧돌 위에 얹혀 있어야 하듯이, 레위기 25장 같은 법률 단위의 체계는 견고한 토대 위에 놓여야 한다고 논평한다. 레위기 25장은 중심 주제(기둥)를 말하는 것으로 시작하는데, 이 경우 중심 주제는 안식년과 희년에 관한 두 율법이다(레 25:1-12). 그런 다음 그 주제와 연관된 판례법(13-55절)이 나온다(주춧돌).

그러나 개별 사례들에 대한 랍비 사무엘의 이해가 눈에 띈다. 그 사례들은 그저 여러 가지를 모아 놓은 것이라기보다는, 단계별 경고로 이해해야 한다. 이스라엘이 안식년이나 희년을 지키지 않는다면, 일련의 점진적 형벌이 뒤따를 것이다. 각 형벌이나 어쩌면 더 낫게는 경고가 나온 다음에는 범죄자가 회개할 기회를 얻는다. 그 기회를 활용하지 않으면, 또 다른 경고로 보이는 그 다음 사례가 뒤따른다. 결국 경고가 모조리 실패하면 그 범죄자뿐 아니라 민족 전체가 유배당하게 된다.

그달리아의 아들인 랍비 사무엘이 말했다.
A. 토라의 문단은 늘 먼저 전반적인 주제(기둥)를 표현하고 그 다음에 내용(주춧돌)을 표현한다.
B. 레위기 25장의 전반적인 주제를 어떻게 표현하는가? "여호와께서 시내 산에서 모세에게 말씀하여 이르시되… 너희는 내가 너희에게 주는 땅에 들어간 후에 그 땅으로 여호와 앞에 안식하게 하라"(레 25:1-2).
C. 그리고 안식년에 관한 문단 다음에 희년에 관한 문단이 나온다. "너는 일곱 안식년을 계수할지니"(8-12절).

그리고 이 주제 다음에 다음과 같은 사례들이 뒤따른다.

D. 어떤 사람이 안식년과 희년을 지키지 않으면 그 결과로 동산動産을 팔아야 할 것이다. 이는 성경의 내용과 일치한다. "네 이웃에게 재산을 팔아야 한다면"(레 25:14).•
E. 그 사람이 악행을 회개하면 형편이 괜찮아지겠지만, 회개하지 않으면 결국은 밭을 팔 것이다. 성경은 "만일 네 친족이 궁핍해져서 재산 일부를 팔 수밖에 없으면"••(레 25:25-28)이라고 말한다.

- 랍비 사무엘은 여기에서 매매 대상을 동산으로 해석한다. 반면 개역개정에서는 단순히 "네 이웃에게 팔든지"로 대상을 특정하지 않지만, 문맥상 부동산(땅)이다. NIV도 "If you sell land to one of your countrymen"로 번역한다.
- "만일 네 형제가 가난하여 그의 기업 중에서 얼마를 팔았으면."

F. 그 사람이 악행을 회개하면 형편이 괜찮아지겠지만, 회개하지 않으면 결국은 자기 집을 팔 것이다. 성경은 "만일 어느 사람이 성벽이 있는 성내의 주택을 판다면*"(레 25:29-34)이라고 말한다.

G. 그 사람이 악행을 회개하면 형편이 괜찮아지겠지만, 회개하지 않으면 결국 애걸할 수밖에 없을 것이다. 성경은 "네 친족이 궁핍해져서, 네 관할 아래 있[기를 애걸하]게 되면, [그를] 마치 체류자처럼 품어 주어서 네 곁에서 살아가게 하라***"(레 25:35-38)고 말한다.

H. 그 사람이 악행을 회개하면 형편이 괜찮아지겠지만, 회개하지 않으면 결국 자기를 팔아 당신 소유가 될 것이다. 성경은 "네 관할 아래 있는 네 친족이 계속 궁핍 가운데 있어서 자기를 네게 팔아야 하게 된다면***"(레 25:39-46)이라고 말한다.

I. 그 사람이 악행을 회개하면 형편이 괜찮아지겠지만, 회개하지 않으면 결국 팔려서 외국인 소유가 될 것이다. 성경은 "너희 가운데 있는 체류자가 부유해지고, 우리 친족은 궁핍해져서 그 체류자 관할 아래 있게 되고 너희 가운데 있는 체류자나 그 체류자 가족의 자손에게 자기를 넘기게 되다면****"(레 25:47-55)이라고 말한다.

J. 그리고 이런 벌을 그 사람만 받지 않고, 온 이스라엘이 받는다. 예언자 예레미야의 시대에 이스라엘이 안식년을 욕되게 했기 때문에 이방인들 손에

- "성벽 있는 성내의 가옥을 팔았으면."
- "네 형제가 가난하게 되어 빈 손으로 네 곁에 있거든 너는 그를 도와 거류민이나 동거인처럼 너와 함께 생활하게 하되."
- "너와 함께 있는 형제가 가난하게 되어 네게 몸이 팔리거든."
- "만일 너와 함께 있는 거류민이나 동거인은 부유하게 되고 그와 함께 있는 네 형제는 가난하게 되므로 그가 너와 함께 있는 거류민이나 동거인 또는 거류민의 가족의 후손에게 팔리면."

팔렸다는 기록이 있다. 성경은 이렇게 말한다. "하나님이 갈대아 왕을 그들에게 데리고 오셨다.… 하나님 집의 모든 그릇과 보물들이… 바벨론으로 옮겨졌으며… [이 모든 일은] 땅이 자기의 안식을 상환[하기 위한 것이었다]"•"(대하 36:17-21).

이 미드라쉬가 레위기 25장과 26장을 연결한 것이 아주 놀랍다. 그러나 정경 편집자들이 26장을 구성한 방식을 감안하면 놀라운 일이 아니다. 앞에서 살펴보았지만, 26장에 안식년 규례를 들여 놓은 덕분에 이스라엘이 유배된 이유를 설명할 때 안식년 계명을 위반한 일이 특별히 부각되었다. 안식년 규례 자체는 25장에서 논지를 벗어난 내용처럼 보인다. 이는 분명 희년 규례만큼 중시되지 않는다. 그러나 26장에서 안식년 규례의 구조상 의미를 감안하면, 틀림없이 26장의 초기 해석자들에게는 25장에서도 안식년 규례가 중심이 되게 해야 한다는 압박감이 있었을 것이다. 미드라쉬에서 아주 독창적으로 연결을 설정했기에, 제이콥 밀그롬은 레위기 25장의 저자가 그런 결과를 의도했다고 단언한다.[26] 그러나 내가 보기에 이것은 확대해석이다. 나는 레위기 26장이 기본 렌즈를 제공하게 해서 그 렌즈를 통해서 25장을 읽을 때만 그 미드라쉬가 설득력 있다고 주장하겠다. 미드라쉬는 25장의 구성을 그 자체만 가지고 설명하지 않는다. 그러나 25장의 저자만 아니라 25장과 26장을 결합하는 것이 적합하다고 여긴 편집자에 대해서도 이야기한다면, 밀그롬이 옳을 수도 있다. 앞에서 언급했듯

• "하나님이 갈대아 왕의 손에 그들을 다 넘기시매… 하나님의 전의 대소 그릇들과 여호와의 전의 보물을… 다 바벨론으로 가져가고… [이 모든 것은] 땅이 안식년을 누림같이 안식[하기 위함이었느니라]."

이, 26장과 25장의 연결은 다소 인위적이다. 그 기본 내용 면에서 26장은 레위기의 마무리 장 역할이 더 잘 어울린다. 편집자가 25장과 26장을 연결한 이유는, 이스라엘의 불순종의 핵심으로 안식년을 선정했고, 그 빚을 갚기 위해서는 땅과 그 민족 둘 다 필요했기 때문이다. 제2성전 시대에만 나올 수 있었을 채무 상환이라는 이러한 주제가 나온다면, 후기의 편집자가 그 두 장을 하나로 묶을 필사상 실마리(즉, 레위기 26장에서 도입부의 정형 문구를 빼고, 25장 서두와 26장 끝에서 그 계시가 '시내산에서' 있었다고 언급하는 것)를 제공하는 것은 자연스러운 일이었다. 이러한 편집 조치를 취했다면, 랍비 사무엘이 제시하는 25장 해석은 그 문맥과 상당히 어울리는 듯하다.

학자들이 오랫동안 주목했듯이, 이사야 40장 2절(이스라엘이 죄로 진 빚을 갚았다 혹은 '변제했다', 즉 라차^{rāṣāh})과 레위기 26장 34절(그 땅과 이스라엘 자손 둘 다 그들의 죄를 상환하거나 변제할[라차] 것이다)은 언어학상 관계가 밀접하다. 이스라엘의 죄를 유배라는 수단으로 갚거나 '변제해야' 하는 빚으로 묘사하는 현존 히브리어 본문들 중에서 이 두 절은 가장 앞선 증거 본문들 중에 있다. 성경학자들은 거의 이구동성으로 이 본문들의 연대를 유배기나 심지어 유배기 이후로 추정한다. 내가 레위기 26장을 이사야 40장보다 더 복잡하게 논한 이유는 레위기 26장의 편집 역사와, 26장과 25장의 편집상 관계 때문이다. 레위기 26장 34-35절과 41-43절에 나오는 동사 '라차'의 쓰임을 추적하려면 사본상의 근거를 상당히 다루어야 했다. 그러나 그 이야기는 여기가 끝이 아니다. 레위기 26장은 제2성전 시대 내내 계속해서 적잖이 영향을 미친다.

6장

─────── **채무 기한 연장**

> 주님께서는 이방 민족에 대해서는 그들의 죄를 즉시 벌하지 않고 그들의 죄가 막중하게 될 때까지 기다리신다. 그러나 우리 민족에 대해서는 그렇게 하시지 않고 그때마다 벌을 내리셔서 우리의 죄가 절정에 이르지 않도록 해 주셨다. —마카베오2서 6:14-15•

레위기 25장과 26장의 법전은 땅과 사람들의 속량에 주목하므로 이 법전을 자세히 조사하는 일이 현대 생활과는 연관성이 전혀 없어 보일지 모른다. 그러나 고대 독자들이 레위기 25-26장에 마음이 끌린 까닭은, 이스라엘이 왜 유배되었는지, 또 속량이 일어나려면 어떤 일이 일어나야 하는지 자세히 설명해 주었기 때문이다. 앞으로 살펴보겠지만, 주전 538년 페르시아의 고레스가 유대인 포로들에게 고국으로 돌아가 예루살렘과 성전을 재건해도 좋다고 선언했을 때 유배가 끝났다고 해도(대하 36:22-23과 스 1-3장을 보라), 제2성전 시대 처음부터 끝까지 하나님이 그분 백성의 회복을 더 크게 계획하셨다고들 느꼈다. 의외이지만, 유대인 저자들이 이스라엘의 거룩한 역사를 다시 전해 줄 때 자주 성전 재건을 무시했다.[1] 6세기 후반에 건립한 그 건물••이 포로기

- • 보통 4권의 경전이 마카베오서로 알려져 있는데, 개신교와 유대교에서는 외경 또는 위경으로 여기고, 가톨릭에서는 마카베오1서와 2서를 정경으로 인정하여 마카베오상·하서로 부른다. 이 책에서는 마카베오4서도 인용하므로, 마카베오1서와 2서의 번역은 공동번역을 따르지만, 명칭은 공동번역과 달리 한다.
- •• 제2성전(스룹바벨성전)을 뜻한다.

채무 기한 연장   131

동안 점차 발달한 원대한 기대에 부응하지 못한다는 인식이 널리 퍼졌기 때문이다.

이러한 소망 때문에, 레위기 26장 같은 본문을 계속 아주 열정적으로 연구했다. 유배가 완전히 끝나지 않았다면, 이러한 율법 연구에는 아마 장차 일어날 일과 관련한 실마리가 있었을 것이다. 그러나 레위기 26장이 작성된 후 몇 세기 동안 그 장에 어떤 일이 일어났는지 이해하려면, 예언자 예레미야의 글에 나오지만 관계가 없어 보이는 본문을 펼쳐 보아야 한다. 바로 레위기와 예레미야서의 결합 덕분에 제2성전 시대 유대인들 사이에 자기반성 풍조가 만연했기 때문이다.

70년 유배 중의 예레미야 예언

예언자 예레미야는 주전 7세기 후반과 6세기 초반에 살았다. 이 시기는 아마 성경 시대 중 가장 비극적인 시기였을 것이다. 바로 이 시기에, 바빌론인들이 이스라엘 땅을 침략하여 수도 예루살렘을 파괴하고, 예루살렘성전을 약탈했으며, 지도층 상당수를 유배했다. 오랫동안 예레미야라는 인물은 침울하고 다소 까다로운 인물로 알려져 있었다. 예레미야의 이름이 붙은 책을 대충 훑어만 봐도 그 이유가 명확해진다. 이 예언자가 맡은 임무는 이스라엘에게 끔찍한 운명이 확정되었음을 이야기하는 것이었다. 하나님은 이스라엘 민족에게 돌아올 기회를 여러 번 주셨지만 아무도 귀를 기울이지 않았다. 예레미야서는 열왕기에 나오는 비슷한 이야기, 곧 150여 년 먼저(주전 721년) 일어난 북이스라엘왕국의 멸망(왕하 17장)이 떠오르는 말씀에서, 유죄라고 판정하는 기소장을 제시한다. "그러므로 여호와께서 그의 모든 종 선지자를 너희에게 끊임없이 보내셨으나 너희가 순종하지 아니하였으며 귀를 기울여 듣지도 아니하였도다. 그가 이르시기를 너희는 각자의 악한 길과 악행을 버리고 돌아오라. 그리하면 나 여호와가 너희와 너희 조상들에게 영원부터 영원까지 준 그 땅에 살리라"(렘 25:4-5).[2] 하나님이 끊임없이 경고를 전달하셨는데도, 남유다왕국은 아주 고집스러웠다. 예레미야는 자기를 보내신 이스라엘의 하나님의 이름으로 "너희가 내 말을 순종하지 아니하고"(7절)라고 전했다.

그러한 오만함의 결과는 무엇이겠는가? 예레미야는 하나님이 (바빌론을 의미하는) 북쪽의 민족들을 보내서 그 땅을 사정없이 파괴하게 하시리라고 선포했다. 그 처참한 결과는 이렇다. "내가… 이 땅과 그 주민과 사방 모든 나라를 쳐서 진멸하여 그들을 놀램과 비웃음거리가 되게 하며 땅으로 영원한 폐허가 되게 할 것이라"(렘 25:9). 이 선포가 예레미야의 말을 듣는 이들에게 분명 끔찍하게 들렸겠지만, 그것으로 이야기가 끝나지는 않았다. 예레미야가 생각하기로는, 일단 심판의 날이 왔다가 지나가면 하나님의 진노가 사라지겠고 회복의 과정이 뿌리내릴 것이다. 그 땅은 황량한 폐허가 되겠지만, 유대인들은 70년 동안 바빌론 왕을 섬겨야 할 것이다. 그 시기가 지나면, 하나님이 다시 개입하셔서 불순종을 저지른 바빌론을 벌하실 것이다.

레위기 26장과 닮은 점이 분명히 보일 것이다. 첫째, 하나님이 이스라엘의 불순종을 경고하시는 시기가 있다. 레위기에서 이는 일련의 체계적인 형벌 형태로 나오고, 예레미야서에서는 예언자의 경고로 연이어 나온다. 이러한 경고가 전혀 효과가 없음이 입증되자 하나님이 극적으로 개입하셔서 그 민족을 완벽하게 파멸시키신다. 그러나 그 땅이

채무 기한 연장

황폐해진다는 것이 최종 결론은 아니다. 하나님이 이스라엘을 회복시키실 것이다. 그러나 그 전에 정해진 시간이 지나야 한다. 레위기에서는 시간이 어느 정도 필요한지 명시하지 않는다. 다만 그 본문은 땅이 빼먹고 지나친 안식년들을 만회하는 일이 필요하다고 말한다. 이는 얼마만큼의 안식년을 지나쳤는지 안다면 그러한 안식년들의 수를 분명하게 셀 수 있다는 의미로 보였을 것이다. 이 황폐한 시간에 땅이 경작되지 않는 동안, 갚아야 하는 안식년들을 청산했을 것이다. 예레미야서에서는 그 시기를 정하는 기준이 다른 듯하다. 예언자에게는 그 기간이 분명해 보인다. 이스라엘은 70년을 기다려야 한다. 그 시간이 지나면 하나님이 선포하신다. "나의 선한 말을 너희에게 성취하여 너희를 이곳으로 돌아오게 하리라.… 이것은 여호와의 말씀이니라. 나는 너희들을 만날 것이며 너희를 포로 된 중에서 다시 돌아오게 하되 내가 쫓아 보내었던 나라들과 모든 곳에서 모아 사로잡혀 떠났던 그곳으로 돌아오게 하리라"(렘 29:10b, 14).

이 신탁을 읽은 독자들은 오랫동안 왜 70년이냐고 질문했다. 그 답은 당시 앗시리아에서 기록된 문서들에서 얻을 수 있다.[3] 이 문서들을 보면 알 수 있듯이 70년 기간 멸망이라는 개념이 고대 근동에서는 아주 흔했다. 분명 예레미야는 하나님의 심판의 예언을 계획할 때 이 예표론적 숫자를 차용했다. 그러나 다른 학자들은, 또 다른 모티브가 이러한 숫자 선택에 영향을 미쳤을지도 모른다고 말한다. 시편 90편 10절에 따르면, 인간의 평균 수명을 70년으로 여겼다. 예레미야는 그 70이라는 숫자가 호소력이 있다고 생각했을지도 모른다. 한 세대가 모두 죽어야 그 다음에 회복의 소망이 조금이라도 있을 수 있다는 뜻이기 때문이다. 성경에는 이러한 개념이 오래 전부터 있었다. 이 개념이 모세 생전에 광야에서 이스라엘을 정죄하는 틀을 형성하기 때문이다. 이 스라엘이 약속의 땅 주민들의 용맹이 두려워 그 땅으로 진군하려 들지 않자, 하나님은 이스라엘 민족이 40년 동안 방황하게 하셨다(민 14:26-35). 이 40년은, 정탐꾼들이 그 땅을 정찰한 날수이면서(민 13:25, 14:34), 반역에 참여한 성인들의 기대 수명에도 해당한다(민 14:31-33). 그래서 민수기의 끝에서 그 땅에 들어갈 채비를 할 무렵에는 이스라엘이 완전히 새로운 세대로 구성되었을 것이다.[4]

레위기 26장의 시각에서 본 예레미야

예레미야의 그러한 예측은 결국 그의 설교의 중요한 요소가 되어서, 예레미야가 죽고 나서도 오랫동안 기억되었다. 성경 저자들이 서로 글을 직접 인용하는 경우는 흔치 않은데, 예레미야의 예측은 예외다. 예언자 스가랴는 페르시아 왕 다리오 1세 치하(주전 522-486년)에서 사역을 시작하면서 가장 먼저 예루살렘의 회복이 지체되는 상황에 근심을 표현한다. 스가랴는 자신의 불평에 살짝 효과를 더하려고, 어느 신비로운 밤 환상에서 본 천사가 외친 말을 기록한다. "만군의 여호와여 여호와께서 언제까지 예루살렘과 유다 성읍들을 불쌍히 여기지 아니하시려 하나이까. 이를 노하신 지 **칠십 년**이 되었나이다"(슥 1:12). 이 신탁의 연대는 주전 520년 혹은 519년으로 추정할 수 있으며, 70년 기간이 주전 587년 예루살렘의 멸망으로 시작되었다고 생각하는 듯하다. 만약 그렇다면 성전을 주전 516년이나 515년에 완공하여 봉헌하였다는 사실을 고려할 때, 70년이라는 숫자가 결국은 아주 정확하게 된다.

역대하 36장은 남유다의 운명적인 마지막 시절을 알려 주면서, 비슷한 수학 계산을 보여 준다. 역대기 저자는, 바빌론 침공과 예루살렘 도성 및 그 성전의 파괴를 이야기한 다음, 살아남은 이들과 유다왕국의 회복이라는 주제로 넘어간다. "칼에서 살아남은 자를 그가 바벨론으로 사로잡아 가매 무리가 거기서 갈대아 왕과 그의 자손의 노예가 되어 바사국이 통치할 때까지 이르니라. 이에 토지가 황폐하여 땅이 안식년을 누림같이 안식하여 칠십 년을 지냈으니 여호와께서 예레미야의 입으로 하신 말씀이 이루어졌더라"(대하 36:20-21). 이 본문을 이해할 방법은 레위기 26장과 같은 관점에서 비교하는 것뿐이다.[5] 역대기 저자가 주장한 내용이 있지만, 예레미야에게서만 영감을 받지는 않았기 때문이다. 역대기 저자는 오히려 레위기 26장이라는 렌즈로 예레미야의 예언을 읽었다.

레위기 26장 34-35절	역대하 36장 19-21절
그때 그 땅은 황무한 동안 그 땅의 안식을 갚으리라.* 너희가 원수의 땅에 있을 때, 그 땅이 쉬고 안식년을 보충하리라. 너희가 그	또 [갈대아 사람들이] 하나님의 전을 불사르며 예루살렘 성벽을 헐며… 칼에서 살아남은 자를 그가 바벨론으로 사로잡아 가매… **그 땅이 안식을 갚기까지, 즉 그 땅이 황무한 동안 그 안식을 지키기까지**** 칠십 년을 지냈으니 여호와께서 예레미야의 입으로 하신 말씀이 이루어졌더라.[6]

- * "너희의 본토가 황무할 것이므로 땅이 안식을 누릴 것이라."
- ** "이에 토지가 황폐하여 땅이 안식년을 누림같이 안식하여,"

땅에 거주하는 동안은 너희가 안식할
때 땅은 쉬지 못하였으니 그 땅은 황무
한 동안 계속해서 쉬게 되리라.*

역대기 저자는 레위기 26장 34절을 거의 문자 그대로 인용하여 예레미야서 인용에 넣음으로써, 예레미야서에는 없는 70년 유배에 대한 신학적 근거를 제공한다. 70년은 유배기 이전까지 지키지 못했던 안식년들을 보충하는 데 필요한 기간이다. 안식년은 7년마다 지켜야 하므로, 역대기에서 가능한 추론에 따르면 이스라엘은 7년이 열 번 돌 동안 이 요구를 이행하지 않았다(10×7=70).[7]

어떤 면에서는 모든 것이 분명해 보인다. 70년 동안 땅이 버려져 쉬게 되고, 빼먹고 지나친 안식년들이 준수되고 나면, 이스라엘이 그 땅으로 자유롭게 돌아올 것이다. 사실 역대기 저자는 이러한 말로 역대기를 마무리한다. "바사의 고레스 왕 원년에 여호와께서 예레미야의 입으로 하신 말씀을 이루시려고 여호와께서 바사의 고레스 왕의 마음을 감동시키시매 그가 온 나라에 공포도 하고 조서도 내려 이르되 바사 왕 고레스가 이같이 말하노니 하늘의 신 여호와께서 세상 만국을 내게 주셨고 나에게 명령하여 유다 예루살렘에 성전을 건축하라 하셨나니 너희 중에 그의 백성된 자는 다 올라갈지어다 너희 하나님 여호와께서 함께하시기를 원하노라 하였더라"(대하 36:22-23). 분명 역대기 저자는 유배를 이스라엘 역사에서 짧은 단절기로 보았다. 그 기간이 그 땅이나 하나님과 이스라엘의 관계에 장기간 영향을 미치지는 않을

* "너희가 원수의 땅에 살 동안에… 그때에 땅이 안식을 누리리니 너희가 그 땅에 거주하는 동안 너희가 안식할 때에 땅은 쉬지 못하였으나 그 땅이 황무할 동안에는 쉬게 되리라."

채무 기한 연장

것이다.[8] 고레스왕의 명령과 예언자 학개와 스가랴의 도움으로 6세기 후반에 성전이 재건되어서, 포로 생활이라는 비극이 신속하게 종료되었다. 멸망한 유다왕국의 회복이 완료되었다.

이스라엘의 회복에 대한 예언자들의 비전

그러나 역사상 기록은 그리 단순하지 않다. 이 경우 신학적으로 두 가지 쟁점이 생긴다. 먼저, 이스라엘의 예언자들은 유배의 고난이 끝나면 성취될 영광스러운 회복을 여러 번 이상적으로 묘사했다. 예를 들어, 예레미야는 새 언약이 목전에 있다고 믿었다. 그 언약은 이스라엘 자손이 이집트를 떠날 때 하나님과 맺은 언약과 다르다. 옛 언약은 오류를 범하기 쉬운 인간에게 의존하여 언약 조항을 이행했으므로, 예측 불허인 개개인의 의사 결정을 따라야 했다. 반면 예레미야가 마음에 그리는 회복된 공동체에서는, 하나님이 그 백성의 성품을 고치셔서 그 계명들이 제2의 천성이 되게 하실 것이다. "그러나 그날 후에 내가 이스라엘 집과 맺을 언약은 이러하니, 곧 내가 나의 법을 그들의 속에 두며 그들의 마음에 기록하여 나는 그들의 하나님이 되고 그들은 내 백성이 될 것이라. 여호와의 말씀이니라"(렘 31:33). 문제는 계명들이 아니라(계명들은 진실로 하나님의 말씀이다), 그 계명들에 순종할 이스라엘의 역량과 다짐이다. 하나님이 인정하셨듯이 이스라엘을 다가올 재난에서 보호하려면 이스라엘 내부부터 회복되어야 한다. 하나님은 그분의 가르침을 그들 마음에 직접 새기셔서 종래의 교훈이 필요 없게 하실 것이다. "그들이 다시는 각기 이웃과 형제를 가리켜 이르기를 너는 여호와를 알라 하지 아니하리니 이는 작은 자로부터 큰 자까지 다 나를 알기 때문이라.… 여호와의 말씀이니라"(렘 31:34).

다른 한편으로, 이사야는 예루살렘성에 임할 장엄함을 강조한다. 이사야가 보기에 그저 다윗성을 회복하는 것으로는 충분하지 않을 것이다. 하나님은 훨씬 더 큰 일을 바라신다. 시온의 재건은 머지않아 메시아가 일으킬 변혁의 시작을 나타낼 것이다. 하나님이 성전 안에서 그분의 임재를 느낄 수 있게 하실 것이다. 예루살렘성이 얼마나 매력적인 곳이 되는지, 세상 모든 민족이 순례하러 오면서, 포로들의 자녀를 안고서 엄청난 조공을 들고 줄지어 올 것이다.

> 일어나라. 빛을 발하라. 이는 네 빛이 이르렀고
> 여호와의 영광이 네 위에 임하였음이니라.
> 보라, 어둠이 땅을 덮을 것이며
> 캄캄함이 만민을 가리려니와
> 오직 여호와께서 네 위에 임하실 것이며
> 그의 영광이 네 위에 나타나리니
> 나라들은 네 빛으로,
> 왕들은 비치는 네 광명으로 나아오리라.
>
> 네 눈을 들어 사방을 보라.
> 무리가 다 모여 네게로 오느니라. 네 아들들은 먼 곳에서 오겠고
> 네 딸들은 안기어 올 것이라.
> 그때에 네가 보고 기쁜 빛을 내며
> 네 마음이 놀라고 또 화창하리니

이는 바다의 부가 네게로 돌아오며

이방 나라들의 재물이 네게로 옴이라(사 60:1-5).

두말할 필요도 없이, 회복된 이스라엘에 대한 이러한 장엄한 비전은 실현되지 않았다. 이방 민족들이 이스라엘의 자녀들을 안고 예루살렘으로 줄지어 오지도 않았고, 이스라엘의 하나님의 영광을 위해 성전에 겸손히 재물을 보내지도 않았다. 예언자의 이러한 비전은 여전히 미래의 소망으로 남아 있어야 했다.[9]

예레미야가 주전 587년의 파괴와 주전 525년 재건 사이에 있을 거의 70년이라는 간격을 예언하긴 했지만, 돌이켜 생각해 보면 진정한 회복이 일어나기에는 너무 짧은 시간임이 드러났다. 페르시아가 바빌론을 정복한 후에 이어서 예루살렘성과 성전의 기초가 다시 놓였지만, 다른 나라의 수장이 돈을 대주어서 일어난 이러한 회복은 다가올 일의 작은 징표에 불과했다. 그 거룩한 성에서 전개될 일에 관한 이사야의 영광스러운 약속(앞의 사 60:1-5을 보라)은 실현되지 않았다. 사실 제2성전 시대 문헌 대부분의 놀라운 특징은, 이스라엘의 거룩한 과거를 이야기할 때 제2성전의 재건을 무시한다는 것이다.[10] 이를 설명할 방법은 일부 유다 사람들에게는 유배가 여전히 계속되고 있었던 것 같았다고 가정하는 것뿐이다. 회복에 대한 영광스러운 약속들은 아직 실현되지 않았다.

이스라엘의 죄의 깊이

역대하 36장에서 예레미야의 예언을 지나치게 낙관적으로 설명한 것과 관련하여 신학적 문제가 하나 더 있다. 70년은 이스라엘이 언약에 순종하지 않은 기간에 쌓인 빚을 갚는 시간으로 이해되었다. 그러나 이 숫자의 온갖 함의를 곰곰이 생각해 보면, 역대하 36장은 유배가 얼마나 빨리 끝날지에 대해서나 이스라엘의 죄가 얼마나 깊은지에 대해서도 낙관적이었다. 이러한 관점으로 보면, 유배의 원인이 된 죄는 겨우 한 세대 전으로 거슬러 올라간다.[11] 그러나 예레미야는 이스라엘의 과거를 그렇게 낙관하지 않았다. 예레미야가 이스라엘 민족의 기소장에서 언급한 내용에 따르면, 예레미야뿐 아니라 오랜 시간에 걸쳐 예언자들이 이스라엘의 배신을 연이어 말했다. "그러므로 여호와께서 그의 모든 종 선지자를 너희에게 끊임없이 보내셨으나 너희가 순종하지 아니하였으며 귀를 기울여 듣지도 아니하였도다"(렘 25:4). 이 본문은 열왕기하 17장에서 주전 721년에 임박한 멸망을 염두에 두고 북이스라엘 왕국에 대해 작성한 유사한 기소장과 거의 일치한다. 그 본문에서는 이스라엘의 배신이 북왕국 수립으로 거슬러 올라간다고 생각하므로, 예레미야는 아마 남쪽에 있는 왕국을 비슷하게 부정적으로 평가했을 것이다. 그러나 에스겔은 훨씬 더 나아간다. 북왕국과 남왕국은 처음부터 타락했을 뿐 아니라, 이스라엘 민족은 시내 광야에 있을 때 이미 반역의 길을 걸은 증거를 보여 주었다(겔 20:10-26). 만약 예레미야와 에스겔의 평가를 받아들여서 이스라엘의 반역이 멀리 그 거룩한 과거로까지 확대된다면, 역대하에서 말하는 70년이라는 해석은 다소 경솔해 보이기 시작한다. 이스라엘의 배신이 훨씬 더 과거로 거슬러 올라가는데도, 과연 바빌론 유수가 단 한 세대의 죄에 대한 벌이었을 수 있을까?

주전 2세기 중반 무렵에 이르면 복잡한 문제가 또 하나 생겨난다. 주전 333년 알렉산더대왕의 침략으로 페르시아제국이 고대 근동에서 내쫓겼다. 그 위대한 군인 통치자가 죽은 후에는 그리스제국의 영토가 둘로 나뉘어서, 프톨레마이오스왕조는 이집트를 장악했고, 셀레우코스왕조는 시리아에서 권력을 잡았다. 주전 167년경에는 셀레우코스의 통치자 안티오코스 4세 에피파네스가 예루살렘에 쳐들어가서 도성의 질서를 회복했다. 그는 그 지역에 대한 자신의 권위를 확고히 하려는 전략의 일환으로, 성전을 장악하고서 이를테면 돼지 희생 제물 같은 갖가지 가증한 짓을 범함으로써 성전 내부를 더럽히기로 마음먹었다. 이 일 때문에 마카베오 혁명이 일어났다. 이 민족적 비극이 중요한 까닭은, 유대 사상가들이 예레미야의 예언을 다시 논의하게 되었기 때문이다. 이에 대한 가장 유명한 예가 다니엘서에 있다.

다니엘의 기도

다니엘서는 두 차원, 즉 역사의 차원과 상상이나 내러티브의 차원에서 읽어야 한다. 역사적으로 다니엘서는 주전 2세기 중반 셀레우코스왕조의 박해에 뒤이어 기록되었음이 분명하다.* 그러나 줄거리를 보면 그 이야기가 다니엘이라는 이름을 지닌 인물에게서 나왔다고 믿게 된다. 다니엘은 예레미야와 거의 동시대인으로 약간 후대에 살았다. 의미심장하게도 주전 2세기의 저자가 이스라엘이 어떻게 회복될지를 이야기하는 데 주전 6세기 유배기 배경을 선택했다. 이것은 스가랴와 같은 예언자들이 노력했지만, 이스라엘은 여전히 유배 중인 것으로 여겨졌다는 사실을 확증한다.

다니엘서의 내러티브 차원에 따르면, 다니엘은 바빌론 사람들에게 포로로 잡혀간 유대인 가운데 있었다. 다니엘은 페르시아 시대까지 계속 바빌론에서 살았다. 결과적으로 다니엘은 자기가 회복의 순간 바로 직전에 있는 것으로 보았다는 생각이 들었을 것이다. 그리고 실제로 페르시아 왕 다리오 통치 기간에 다니엘은 이렇게 쓴다. "메대 족속 아하수에로의 아들 다리오가 갈대아 나라 왕으로 세움을 받던 첫해 곧 그 통치 원년에 나 다니엘이 책을 통해 여호와께서 말씀으로 선지자 예레미야에게 알려 주신 그 연수를 깨달았나니 곧 예루살렘의 황폐함이 칠십 년 만에 그치리라 하신 것이니라"(단 9:1-2). 하지만 우리는 그 책이 주전 2세기에 쓰였음을 알기에, 저자가 유배를 주전 520년 즈음 끝난 것으로 도저히 생각할 수 없다는 것도 안다. 이 지점에서 우리는 아직 예레미야의 이 예언이 어떻게 해석될지 잘 모른다.

이 예레미야 인용구에 뒤이어 이스라엘의 회복에 대한 긴 기도가 나온다. 기도는 당연히 먼저 유배라는 형벌을 필요하게 만든 죄들에 대한 긴 고백으로 시작한다. "크시고 두려워할 주 하나님, 주를 사랑하고 주의 계명을 지키는 자를 위하여 언약을 지키시고 그에게 인자를 베푸시는 이시여 우리는 이미 범죄하여 패역하며 행악하며 반역하

- 20세기까지 유대교와 기독교 학자들 사이에서는 다니엘서가 주전 6세기에 활동한 다니엘이 썼다는 견해가 지배적이었지만, 현재 대부분 학자들은 다니엘서가 사실은 주전 2세기에 저술되었고, 사후 예언을 활용한 가명의 책이라고 믿는다. (레이몬드 딜러드·트렘퍼 롱맨 지음, 박철현 옮김,《최신구약개론》[서울: 크리스챤다이제스트, 2001], 501-502쪽.)

여 주의 법도와 규례를 떠났사오며 우리가 또 주의 종 선지자들이 주의 이름으로 우리의 왕들과 우리의 고관과 조상들과 온 국민에게 말씀한 것을 듣지 아니하였나이다"(단 9:4-6). 다니엘은 하나님이 그 땅과 그 주민들에게 내리신 판결이 정의로웠음을 선언하며 기도를 이어간다. 이스라엘 전체가 그들에게 주신 법령들을 뻔뻔하게 위반했다. 다니엘은 그 민족의 죄를 정직하고 열정적으로 이야기한 후에, 하나님의 자비를 간청하며 기도를 마무리한다. "우리 하나님이여 지금 주의 종의 기도와 간구를 들으시고 주를 위하여 주의 얼굴 빛을 주의 황폐한 성소에 비추시옵소서. 나의 하나님이여 귀를 기울여 들으시며 눈을 떠서 우리의 황폐한 상황과 주의 이름으로 일컫는 성을 보옵소서. 우리가 주 앞에 간구하옵는 것은 우리의 공의를 의지하여 하는 것이 아니요 주의 큰 긍휼을 의지하여 함이니이다. 주여 들으소서. 주여 용서하소서. 주여 귀를 기울이시고 행하소서. 지체하지 마옵소서. 나의 하나님이여 주 자신을 위하여 하시옵소서. 이는 주의 성과 주의 백성이 주의 이름으로 일컫는 바 됨이니이다"(단 9:17-19).

다니엘의 기도가 끝났으니, 이제 이스라엘의 하나님이 이 경건한 탄원자의 소원을 들어주시리라 기대할 수 있다. 어쨌든 이스라엘 자손은 다니엘의 중보를 통하여 그들의 악행에 대한 참회를 표현했다("우리는 이미 범죄하여 패역하며 행악하며"). 예레미야가 예언한 70년이 끝나는 날이 올 것 같아 보였다. 그러나 그렇게 되지 않았다. 유배는 주전 6세기를 넘어서도 계속되었다. 이스라엘의 죄에는 스가랴 같은 더 이른 시기 예언자들이 생각했던 것보다 더 오랜 기간의 보속^{penance}이 필요했다.

그러나 주전 2세기에 살았던 다니엘서의 저자가 이스라엘의 회복이 아직 오지 않았다고 생각했다면, 예레미야의 다소 단도직입적인 예언을 어떻게 이해해야 할까? 예레미야가 말한 70년이 지난 지 한참 되었다. 그러나 다니엘서 저자는, 정경에 속하는 책을 쓴 영감 받은 예언자 예레미야가 틀렸다고 믿었을 것 같지는 않다. 우리가 역대하 36장에서 처음 보았던 해석학적 방향에서 문제의 해결책을 찾아야 한다. 앞에서 보여 주었듯이, 그 본문은 70년을 안식년 제도, 즉 각기 7년인 열 번의 안식년과 연결시켰다.

하지만 우리는 이러한 초기의 해석에 논리적 문제가 약간 있음을 언급했다. 이스라엘의 예언자들은 이스라엘의 반역 행위가 주전 7세기 말과 주전 6세기 초에 위기를 겪기 한참 전에 시작되었다고 말했다. 이스라엘이 수 세기 동안 하나님의 율법을 무시하는 습관이 있었다면, 아마도 안식년 의무에 대해서도 똑같이 했을 것이다. 그러나 레위기 26장에서 취한 안식년 모델은 우리가 조금은 다른 길을 갈 수 있게 해 준다. 앞에서 언급했듯이, 역대기 저자는 70년과 레위기 26장을 낙관적으로 연결해서, 70년을 정해진 합계로 여겼다. 여기서 잃어버린 안식년의 총합이 수학적으로 나올 수 있다(70 나누기 7). 그러나 예레미야서를 다르게 해석하면 어떻게 될까? 예레미야의 70년이 유배로 보낸 연수의 합이 아니라, 오히려 빼먹은 안식년들의 수효라면 어떻게 될까? 계산을 해 보자. 빼먹은 안식년이 70이 되려면 70에 각 안식년에 필요한 기간을 곱해야 한다. 7년이 매 안식년 사이에 흘러야 한다. 그렇게 계산하면, 유배는 490년 간 계속될 것이다.[12]

물론 예레미야의 예언이 이러한 유형의 계산을 의미하지는 않았음을 강조해야 한다. 때로는 70년이 그냥 70년을 뜻한다. 역대기 저자가 예레미야서 인용문 중간에 레위기 26장 본문을 삽입했을 때도 그러한 계산을 의도하지 않았다. 역대기 저자는 예레미야의 70년을 열 번의 안식년 주기로 이해했다. 그러나 역대기 저자가 레위기 26장을 그 등식의 한 부분에 넣자, 예레미야의 70년과 잃어버린 안식년을 벌충하는 데 필요한 시간의 수학적 상관관계를 새롭게 탐구할 가능성이 열렸다.

이러한 급진적인 변화는 두 가지 목표를 달성했다. 첫째, 유다왕국의 회복으로 예상하던 시기를 미루었다. 이제는 하나님이 주전 6세기 후반, 예언자 학개와 스가랴의 시대에 그 나라를 온전히 회복하셨다고 생각할 필요가 없다. 둘째, 제1성전 시대에 있던 죄의 유산을 이해하기에 더 좋은 틀을 제공한다. 유배는 이제 구원 역사라는 장대한 흐름에서 짧게 한 방 맞은 사건이 아니라, 커다란 걸림돌이었다. 유배로 이어진 이스라엘의 죄라는 심각한 유산이 해결되는 데는 시간이 걸릴 것이다. 발생 '비용'을 생각하면, 앞으로도 엄청난 양의 고난이 필요할 것이다. 이렇게 생각하면 마카베오 격변기를 신학적으로 쉽게 설명할 수도 있었다. 시리아 군대의 침략으로 성전이 더럽혀진 것 역시 포로기 전 이스라엘의 반역의 결과로 하나님이 내리신 형벌의 일부였다. 역대하 36장은 페르시아 시대가 시작되면서 전액을 지불했다고 추정했다. 반면 다니엘서는 용서 비용을 훨씬 더 높게 잡았다. 고작 70년으로는 이스라엘의 빚을 갚기에 부족할 것이며 490년이 얼추 더 비슷할 것이다.

죄의 양이 다 찰 때까지

다니엘서 9장에 담긴 다른 설명 하나도 세심하게 살펴볼 만하다. 다니엘서 9장은 다니엘이 예레미야의 예언을 회상하면서 시작한 다음, 길고 감동적인 회개 기도를 상술한다. 다니엘은 하나님이 혹독한 심판을 내리신 일이 정당했다고 인정한다. 하나님은 과거에 여러 번 경고하신 일을 실행하셨을 뿐이다(단 9:12-13). 다니엘은 이스라엘 공동체는 심하게 배신하였기 때문에 내세울 공로가 하나도 없음도 깨달았다. 다니엘이 용서를 구하는 기도를 하면서 솔직히 인정했듯이, 만약 하나님이 이스라엘을 회복시키신다면 오로지 그분의 한없는 자비 때문일 것이다(단 9:18).

다니엘의 기도가 끝날 때쯤, 하나님이 기도를 들으시고 판결을 내리셨다고 가브리엘이 알려 준다. 다니엘에게는 불행한 일이지만, 약속된 구원의 날은 아직 한참 멀었다. 신탁의 첫 부분은 이렇다. "네 백성과 네 거룩한 성을 위하여 일흔 이레를 기한으로 정하였나니 허물이 그치며 죄가 끝나며* 죄악이 용서되며 영원한 의가 드러나며 환상과 예언이 응하며 또 지극히 거룩한 이가 기름 부음을 받으리라"(단 9:24). 여기서 제기될 질문은, 490년을 어떻게 이해해야 하느냐다. 이는 특히 고대의 기준에서 볼 때 엄청난 시간이다. 성경에서 유일하게 유사한 부분은, 하나님이 아브라함에게 아모리 사람들이 그 나라에서 쫓겨날 정도로 죄를 지을 때까지 이스라엘 자손이 이집트에서 400년 간 기다려야 하리라고 선언하신 경우다(창 15:13, 16). 그러나 여기서 초점은 죗값을 치르는 것이 아니라 누적된 죄가 형벌로 이어진다는 것이다. 다니엘서로 돌아가서 문제의 본문의 설명에 따르면 형벌은 "허물이 그치며 죄가 끝[날]" 때까지 계속되어야 한다. 그 일이 일어날 때 "죄악이 용서되며** 영원한 의가 드러[난다]." 이러한 표현을 오랫동안 학자들

• 저자 사역으로는 "허물의 분량을 채우며 죄의 분량을 완료하여the measure of transgression is filled and that of sin complete."

이 곤혹스러워했다. 그 표현이 무엇을 함의하는지 분명하지 않기 때문이다. 예를 들어, 존 콜린스John Collins의 주장에 의하면 이 구절의 강조점은 이스라엘의 형벌이 아니라 "정해진 시간까지 악이 갈 데까지 가야 한다"는 데 있다.[13]

콜린스의 해석을 받아들일 타당한 이유가 있다. 그러나 다니엘이 유배의 시작과, 유배를 끝낼 방법을 어떻게 생각하느냐에 레위기 26장이 중요한 역할을 했다는 사실에 우리가 동의할 수 있다면, 이 구절을 달리 해석할 방법이 나온다. 레위기에 비추어 보면, 유배는 이스라엘이 두 가지를 할 때 비로소 끝날 것이다. 이스라엘은 죄를 회개하고(레 26:40), 자기가 저지른 죄에 해당하는 빚을 갚아야 한다(레 26:41). 그 순간에 이르렀을 때 회복이 다가올 것이다. 역대기 저자는 그 빚을 갚는 데 딱 70년이 걸리겠다고 생각했지만, 다니엘은 그 기간을 먼 미래로 밀어 붙인다. 만약 그 땅이 70번의 안식년을 '빚졌다면', 그것은 이스라엘이 약 490년 동안 이 엄청나게 중요한 계명을 무시했다는 뜻이다. 게다가 이스라엘이 그 계명을 무시하고 있었다면, 다른 여러 계명도 무시하고 있었다고 추정할 수 있다. 또 그 다른 계명들에 해당하는 빚이 더해져야 한다고도 추론할 수 있다. 내 주장은, 레위기 26장이 이런 유형의 논리를 요구하는 것으로 보였으리라는 것이다. 만약 그렇다면, 이스라엘은 빚을 남김없이 갚을 때까지 회복이 보류되었을 것이다.

이러한 틀이, 다니엘이 '일흔 이레'의 끝에 이스라엘의 죄의 빚이 '채워지며' '완료되리라'•고 말한 의미를 설명해 주는 것 같다. 이 두

•• 저자는 이 부분을 "죄악이 보속되며inquity is expiated"로 옮겼다. 즉 여기에서 '용서'는 가톨릭의 보속penance이 아니라 개신교의 보속expiation으로 죄를 덮거나 빚을 취소한다는 의미다.

경우에 쓰인 동사인 '채우다'와 '완료하다'가 금융 상황에서 변제 종료를 나타내는 데 사용될 수 있다는 사실은 주목할 만하다. 실제로 예레미야애가를 보면, 고난 기간을 통해 빚을 갚는다는 의미로 '죄를 완료하다'라는 관용구가 나온다. 시온의 형벌 기간이 끝나자 그 성경 저자는 이렇게 쓴다. "딸 시온아, 네 죄악의 형벌이 다하였으니*tam* 주께서 다시는 너로 사로잡혀 가지 아니하게 하시리로다"(애 4:22). 아델 버린Adele Berlin이 언급했듯이, 이 본문을 이사야 40장 2절과 비교해야 한다. 둘 다 죄에 대해 갚아야 할 형벌의 완료라는 쟁점을 이야기하기 때문이다.[14] 이렇게 비교하고 나면 아마도 예레미야애가의 그 본문은 이렇게 번역해야 할 것 같다. "딸 시온아, 네 죄악으로 인한 채무 이행이 완료되었으니 주께서 다시는 너로 사로잡혀 가지 아니하게 하시리로다."

그러나 다니엘서 9장 2절을 바로 앞 장에 나오는 비슷한 본문과 비교해 보면, 이러한 분석에 있는 문제가 하나 드러날 것이다. 다니엘서 8장의 주제는 이스라엘의 속량이 아니라, 이스라엘을 견제해 온 다양한 왕국들의 흥망성쇠다. 8장은 두 뿔 가진 숫양이라는 다니엘의 환상으로 시작한다(단 8:1-3). 그 뿔은 메대와 바사를 나타낸다고 한다(20절). 또 서쪽 먼 데서 머리에 눈에 잘 띄는 뿔을 가진 숫염소가 나타난다. 이 숫염소는 알렉산더대왕을 나타내고(21절), 그래서 그 숫염소가 뿔 두 개짜리 숫양을 물리친다(5-7절). 그러고 나서 그 숫염소는 크기가 아주 커졌지만, 알렉산더 제국이 그러했듯이 결국은 머리에 있는 뿔이 꺾이고 그 자리에 다른 뿔 네 개가 나온다(8-12절). 이 네 뿔이 알

• "그치며", "끝나며"

렉산더 사후에 패권을 잡은 네 왕국이다(22절). 바로 이 지점에서 본문이 다니엘 당대의 세상과 만난다. 네 뿔 가운데 하나가 다름 아닌 안티오쿠스 4세 에피파네스를 상징하기 때문이다. 다니엘서 8장은 이 왕국들의 종말을 묘사하면서, 다니엘서 9장에 나오는 것과 거의 동일한 관용구를 사용한다. 저자는 8장 23절에서 "그들의 죄가 완료될 때" 전환점에 이를 것이라고 말한다. 이는 9장 24절과 거의 정확하게 일치한다. "[이스라엘은] 죄[의 분량]를 다 채우고 허물[에 대한 빚]을 완료하기 위해 [계속 유배 중이어야 한다]."[15] 그러나 어떻게 이 표현을 다니엘서 9장에서는 죄의 빚을 갚는 일이 끝났다는 것을 나타내는 데 사용하고, 다니엘서 8장에서는 하나님이 개입하셔서 죄인들을 벌하실 정도까지 죄의 충분한 분량이 찼다는 것을 의미하는 데 사용할 수 있을까? 콜린스의 의견에 따르면 다니엘서 9장은 죄가 갈 데까지 가는 데 필요한 시간을 가리키는데, 두 장에 다 나오는 이 구절의 의미를 설명할 수 있다는 점에서 더 사리에 맞는 해석으로 보인다.

이 문제의 해결은 그 비유의 기본 구성 요소에서 출발한다. 비슷한 문제를 '죄를 지다'라는 어구에서 겪은 일을 떠올려 보자. 이 히브리어 관용구가 어느 상황에서는 '용서받다'를 뜻하고, 다른 상황에서는 '죄가 있다'를 나타낸다. 어떻게 단일한 한 동사가 두 가지 정반대 의미를 전할 수 있을까? 바룩 슈바르츠가 비유가 아닌 문맥에서 '짐을 지다'

- "when their sins have been completed." 개역개정은 이 부분을 "반역자들이 가득할 즈음에"로 번역했으며, 영어 역본은 "when rebels have become completely wicked"(NIV), "when the transgressors are come to the full"(KJV)처럼 개역개정과 비슷한 의미, 또는 "When the transgressors have run their course"(NASB), "when the transgressors have been destroyed"(TNK)와 같이 반대로 보이는 의미로도 번역했다.

라는 뜻인 나사^{nāśā} 동사에 동일한 이중적 의미가 있다고 지적할 때까지 많은 학자들은 이 문제를 놓고 곤혹스러워 했다. 나사 동사가 다른 사람의 등에 얹힌 짐을 내리는 행동뿐 아니라, 짐을 계속 운반 중인 행동도 의미할 수 있으므로, 그 동사의 특정 용법이 번역에 지대한 영향을 미친다. 요셉의 형들은 용서를 구할 때 동생에게 자기들의 죄의 짐을 가져가 달라고 구한다(창 50:17). 그러나 모세가 신성모독자는 "그 죄의 짐을 질 것•"(레 24:15)이라고 선언할 때에는, 짐을 운반 중이라는 관용구를 사용하여 계속 유죄 상태임을 묘사한다.

마찬가지로 다니엘서 8장과 9장을 이해하려면 빚의 비유를 검토해야 한다. 이 경우, 상업상 거래에서 어느 편을 나타내고자 하느냐에 따라, 즉 채권자 편에서 보느냐, 채무자 편에서 보느냐에 따라 전체 의미가 달라진다. 채권자의 경우에 쟁점은, 빚이 얼마나 늘어나야 개입하여 단호하게 조치를 취할 것이냐다. 이것을 아주 잘 보여 주는 예가, 그 땅에 대한 약속과 관련하여 전술한, 하나님과 아브라함의 대화에 나온다. 아브라함이 동물을 쪼개어 그 사이로 지나감으로써 언약 의식을 치른 후(창 15:7-11), 어둠이 내려앉고 하나님이 아브라함에게 환상 중에 나타나신다. 하나님은 아브라함의 자손이 자기들 소유가 아닌 땅에서 나그네가 될 것이며, 400여 년 동안 종이 되어 압제를 받으리라고 알려 주신다. 그러나 그 후에 하나님이 나서서 이스라엘이 섬겨야 했던 나라를 심판하시고, 그들을 인도해 내실 것이다. 아브라함의 자손이 그렇게 오랫동안 고난을 당해야 하는 이유는, 아직은 이스라엘 자손에게 가나안 땅을 주기에 적당한 때가 아직 아니었기 때문

• "죄를 담당할 것."

이다. "아모리 족속의 죄악이 완료되지*[šālēm] 아니"하였기 때문이다
(창 15:16). 이 본문은 제1성전 시대에 죄를 빚으로 보는 개념이 있었다
는 유일하고도 분명한 실례다(이 구절의 연대를 후기로 보는 이들도 있기는 하
다). 그러나 하나님을 하늘에 계신 위대한 회계원으로 여긴다는 사실,
그리고 비록 아브라함의 자손에게 가나안 땅을 주기로 약속하시지만
아모리 족속의 죄가 그들을 정당하게 그 땅에서 쫓아낼 만한 정도까지
커져야 그렇게 하실 수 있다는 사실에 주목하라. 채권자라면 다 알듯
이, 어음이 쌓이기 시작하면 인내심이 한계에 이르는 때가 오고 결국
은 개입하여 재산을 압류해야 한다.

이 동사의 동일한 용법이 쿰란에 있다. 예레미야외경은 다니엘서 9
장에서 본 것과 동일하게 유배기를 490년으로 추정하며, 이렇게 적혀
있다. "그러므로 그들의 죄[의 빚]가 완료될 때까지[yašlîmû] 내 얼굴
을 숨기리라. 이는 그들의 죄[의 빚]가 완료되었다는 표지이리라. 내가
그 땅을 버리리라."[16] 그러나 성경 히브리어와 성경 시대 이후 히브리
어에서도 채무 이행 완료를 나타내는 어근 š-l-m을 찾을 수 있다. 따라
서 동일한 예레미야외경에서도 그 동사의 어근 샬렘 šālēm은 490년 주
기의 완료를 나타내는 데 쓰인다. 이 어근은 합의한 액수의 상환을 가
리키는 데 자주 쓰인다.[17] 이를테면 성경 히브리어의 t-m-m과 성경 시
대 이후 히브리어와 아람어의 g-m-r처럼 뜻이 거의 비슷한 동사 어근
들도 마찬가지다. 둘 다 채무 완료를 나타내는 데 쓰일 수 있다.

나는 모든 것이 문맥에 달려 있다고 주장하겠다. 상환을 하지 않으
면, 채권자가 일정한 전환점에 이를 때까지 šālēm 기다리다가 그 후에

- "가득 차지."

개입해서 처벌한다. 반면 상환주기를 정하여 채무자가 정해진 기간에 걸쳐 채무 이행을 완료했다면, 그의 채무가 완료되어(šālēm이나 tam, gamār) 채권자는 더는 요구할 수가 없다.

우리가 다니엘서에서 만난 난제를 이러한 역학으로 설명할 수 있다. 8장은 압제하는 이방 왕 제거 문맥으로, 거기에서 '그들의 죄를 완료하다'라는 관용구는 그들의 빚이 예정된 전환점에 이른다는 의미다. 일단 그 지점에 이르면, 하나님이 개입하여 왕을 권좌에서 쫓아내실 수 있다. 아모리족속의 죄가 일정한 합계에 도달하여 하나님이 그들을 가나안 땅에서 쫓아내실 수 있었듯이 말이다. 반면 9장은 문맥이 완전히 다르다. 다니엘은 '일흔 이레'가 정해져서 "죄의 분량을 채우며 죄의 분량을 완료하여*"라고 선포하는데, 이는 이스라엘이 채무를 이행하려면 지불해야 하는 대가를 말한다. 이 관용구가 다니엘서 8장의 관용구와 유사해 보이긴 하지만, 문맥 때문에 그 의미가 상당히 바뀌었다. '죄의 완료'가 8장에서는 하나님의 심판으로 이어지는 반면, 동일한 어구가 9장에서는 사면으로 이어진다.

고대의 도량형

죄가 전환점에 도달한다는 개념을 보면 양팔 저울이 떠오른다. 고대의 시장에서 상품의 가치를 잴 때는 상품을 저울 한쪽 접시에 둔 다음 균형이 맞을 때까지 다른 쪽 접시에 추를 얹었다. 이러한 저울 이미지에

- "허물이 그치며 죄가 끝나며."

서 비유가 많이 나왔다. 예를 들어, 랍비 히브리어에서 판결을 내린다는 개념을 표현하는 데 쓰이는 동사 le-$hakri'a$를 직역하면 '[저울을] 내리누르다'라는 뜻이다. 시장과 달리 법정에서는 두 접시의 균형을 맞추려 하지 않고, 어느 주장이 '더 무게 있는지' 분별하려고 한다. 따라서 '판결을 내리다'에 해당하는 그 동사는 양팔 저울의 특정 접시를 내리누르기에 충분한 증거를 찾았다는 의미다. 처음에는 논쟁하는 두 의견이 대등하게 균형을 이루는 듯 보이겠지만('서로 다른 의견을 말하는' 경우), 어느 쪽 설명이 더 타당한지 밝히려면 조사를 해야 한다. 분별력 있는 판사라면 아주 정밀한 차이도 구별해 낼 것이다. 때로는 영혼들의 무게를 재는 경우처럼 신의 눈에만 그 차이가 보일 수 있다.[18] 고대 세계에서 도량형은 어떤 상업 활동에나 있는 항목이었으므로, 죄와 빚에 관한 논의 속으로 자주 들어왔다. 예를 들어, 중세의 위대한 유대 해석자 라시는, "아모리족속의 죄악이 아직 가득 차지 아니함이라"에 다음과 같이 주석을 달았다. "거룩하신 분(그분을 송축하라!)은 그 죄의 분량[문자적으로, '스아^{seah}', 곡물 같은 마른 물품의 양을 되는 단위]이 찰 때까지 어느 민족에게도 지불금을 받아내지 않으신다." 죄가 '쌓인다'는 비유는 본래 상업적인 것으로, 라시는 아모리 족속의 죄를 내다 팔려고 바구니나 자루에 담은 물건에 비유함으로써 그 요점에 이른다. 바울이 데살로니가인들에게 썼던 편지도 떠오른다. "형제들아 너희가 그리스도 예수 안에서 유대에 있는 하나님의 교회들을 본받은 자 되었으니 그들이 유대인들에게 고난을 받음과 같이 너희도 너희 동족에게서 동일한 고난을 받았느니라. 유대인은 주 예수와 선지자들을 죽이고 우리를 쫓아내고 하나님을 기쁘시게 하지 아니하고 모든 사람에게 대적이 되어 우리가 이방인에게 말하여 구원받게 함을 그들이 금하여 **이처럼 그들이 걸핏하면 자기들의 죄의 분량을 채웠으나, 하나님의 진노가 마침내 그들에게 임하였으니라***"(살전 2:14-16). 바울은 이 본문에서 거래를 마무리하려면 한쪽 접시에 상품을 일정 분량 쌓아야 하는 양팔 저울을 염두에 두었던 것 같다. '상품'이 충분한 무게[저울] 혹은 분량[자루 크기]이 되면, 대금(그 헬라어를 랍비 히브리어로 번역한다면 *nipra'*), 즉 형벌*pûr'ānût*을 요구하실 수 있다. 그래서 "죄의 삯은 사망"(롬 6:23)이라는 바울의 말은, 악행들이 (상업적 의미에서) '쌓여서' 죽음으로만 상환할 수 있는 형벌에 이르렀다는 의미일 것이다.[19]

빚으로서의 죄의 이미지를 염려하는 사람이 있을지 모르겠다. 하나님의 손이 일련의 금융상 채무 관계에 융통성 없이 얽매여 있는가? 우리가 쌓은 빚을 동전 한 닢까지 어김없이 갚아야 하는가? 분명 레위기와 다니엘서에서 탐구한 본문들에서는 그 문제를 이런 식으로 묘사하는 데 동의하는 듯하다.[20] 그러나 이 본문들은 하나님의 이루 말할 수 없는 자비를 이야기하는 다른 본문들과 반드시 견주어 보아야 한다.

마카베오2서는 이 문제를 의식하고 있다. 사실상 그 본문의 저자는 신학적으로 심하게 모순되어 보이는 것에 직면했다. 성경에서 인정하는 진리는 하나님이 이스라엘을 특별히 사랑하시며, 이스라엘 자손을 특별히 자기 소유로 택하셨다는 것이다. 그러나 안티오쿠스 4세 에피파네스의 박해에 뒤이어 마치 이스라엘이 주변 나라들보다 더 심하게 벌을 받는 듯이 보인다. 이 본문에서 저자에게는 왜 하나님이 세상의 죄 많은 나라들은 악한 길을 계속 가게 놔두시면서 이스라엘은 그렇게

---

* "자기 죄를 항상 채우매 노하심이 끝까지 그들에게 임하였느니라."

서슴없이 벌하시는지를 설명해야 하는 부담이 있다. 이는 신정론에 관한 고전적 질문이다. 이 세상 일들을 보면 이토록 뚜렷하게 모순 상태인데 어떻게 공의의 하나님이 존재한다고 주장할 수 있는가? 고대의 저자는 이렇게 쓴다.

나는 독자들이 이 책에서 우리 민족이 당한 재난의 기사를 읽고 실망하지 않기를 바란다. 이 징벌은 우리 민족을 멸망시키려는 것이 아니라 오히려 채찍질하시려는 것이었다. 악한 행동을 오랫동안 그냥 내버려두시지 않고 즉시 징계하신다는 것은 하느님께서 지극히 인자하시다는 표지이다. 주님께서는 이방 민족에 대해서는 그들의 죄를 즉시 벌하지 않고 그들의 죄가 막중하게 될 때까지* 기다리신다. 그러나 우리 민족에 대해서는 그렇게 하시지 않고 그때마다 벌을 내리셔서 우리의 죄가 절정에 이르지 않도록 해 주셨다.** 따라서 주님께서는 우리에게서 자비의 손길을 거두지 않으신다. 비록 우리에게 징벌을 내리신다 하더라도 그것은 당신의 백성을 채찍질하시는 것이지 절대로 버리시는 것이 아니다. 이 몇 마디 말로 독자들은 진리를 충분히 깨달았을 것이다. 본론으로 돌아가자(마카베오2서 6:12-17)[21]

이 저자가 제공하는 답변은 기발하다. 하나님은 이스라엘 자손을 부당하게 벌하지도 않으시고 이방 이웃들에게서 눈길을 돌리지도 않으

- 저자 사역: "그들이 자기들 죄의 최대 분량에 이를 때까지(until they reach the full measure of their sins)."
- 저자 사역: "우리에 대해서는 아주 달리 결정하시는데, 이는 우리를 우리 죄의 완전한 분량에 이른 후에(after we have come to measure of our sins) 벌하셔야 할 필요가 없도록 하시려는 것이다."

신다. 오히려 하나님은 아모리족속을 다루시듯이 다른 민족들을 다루신다. 그들의 죄가 불가결한 전환점에 도달할 때까지 쌓이도록 참으며 한쪽에 서 계신다. 그 시점이 되면 개입하셔서 그들을 완전히 없애 버릴 수 있으시다. 내가 주장했듯이 이것이 다니엘서 8장 23절의 상황으로, 그들의 죄가 '완료될' 때 심판이 따라온다. 그러나 하나님은 이스라엘에게는 이런 식으로 행하지 않으신다. 하나님은 이스라엘의 죄가 그분이 관계를 끊으실 수밖에 없는 수준에 이르게 하지 않으신다. 오히려 절대 그러한 한계점에 도달하지 않게 하시려고, 자주 개입하셔서 그 택한 민족에게 대금을 받아내신다. 다시 말해, 하나님의 공의에 의문을 초래한 불공평한 기준을 보면 그것이 분명하다! 이스라엘이 더 눈에 보이게 고난을 겪는 까닭은, 하나님이 이스라엘의 출금debit[차변] 목록이 절대 심하게 늘어나지 않기를 원하시기 때문이다.

다른 문서들에 나오는 내용에 따르면, 정당하게 선고되었다고 여기는 벌을 받고서 그 일을 근거로 해서 하나님에게 개입해서서 자비를 보여 달라고 간절히 호소한다. 이런 맥락에서 〈빛나는 존재들의 노래 Divre Ha-Me'orot*〉로 알려진 주간 매일 기도문에 나오는 기도를 하나 살펴보자. 이 문서가 쿰란에서 발견되었지만, 에스더 체이존Esther Chazon

- *Words of the Luminaries*. 체이존은 이 기도문이 빛나는 천체들luminaries이 교대하는 시간인 일몰과 일출 때 예배용 기도문을 가리키는 것으로 이해하는 편이 가장 낫다고 하며, Baillet는 그러한 해석과 더불어 *Divre Ha-Me'orot*가 천사의 기도서angelic liturgy나 제사장의 직무priestly office를 뜻할 수도 있다고 본다(Daniel K. Falk, *Daily, Sabbath, and Festival Prayers in the Dead Sea Scrolls* [Leiden; Boston; Köln: Brill, 1997], 59). 중역본이기는 하지만(영어편역본을 한국어로 번역), 사해사본의 유일한 한국어 번역본인 《사해문서4》(나남출판, 2008)에서는 이 기도문 제목을 〈발광체들의 말들〉로, 《신약 성경 연구를 위한 고대 문헌 개론》(솔로몬, 2018)에서는 〈전문가의 말씀〉으로 번역했다.

이 잘 증명했듯이 그 기도들은 원래 쿰란에서 나온 것이 아닌 것으로 보인다.[21] 체이즌의 말은 사해의 북서쪽 구석에 거주하던 분파보다 더 넓은 집단에서 그 기도문을 돌려 읽었다는 의미다. 그 문서에서 내가 살펴보고자 하는 부분은 레위기 26장 40-44절의 단어들을 얼기설기 모은 글모방작에 불과해서, 사실상 이 본문 어느 부분에서는 레위기의 해당 구절들에 나오는 단어를 전부 재사용했다. "이날, 우리 마음이 낮아진 이제(레 26:41) 우리는 잘못을 저지르고 반역의 길을 걸었을 때 쌓은 우리 죄악과 우리 조상의 죄악들을 다 갚았습니다(레 26:40, 41). 우리는 주께서 주신 시련을 거부하지도 않았고(레 26:43), 시련을 겪는 동안 주의 언약을 깰 만큼(레 26:44) 육체의 고통을 싫어하지도 않았습니다(레 26:43)."[23] 그러나 이 본문이 레위기 26장에 깊이 의존하는 모습에 속아서는 안 된다. 아주 두드러지는 예외가 한 가지 있다. 앞 장에서 보았듯이, 레위기의 그 본문은 과거(주전 587년) 이스라엘이 벌을 받은 이유를 이스라엘이 "내[여호와의] 법도를 거부하며 내[여호와의] 규례를 싫어한"* 한 탓으로 돌렸다(레 26:43). 그러나 이 기도에서는, 저자가 같은 단어를 사용하지만 다른 논지를 표현한다. "우리는 주께서 주신 시련을 거부하지 않았고 육체의 고통을 싫어하지도 않았습니다."

사실상 레위기의 해당 구절이 근본적으로 바뀌었다. 레위기 본문은 이렇게 말한다.

"이스라엘이 내 법도를 거부하며 내 규례를 꺼린 사실 때문에 자기 죄의 빚을 갚으리라."**

* "내 법도를 싫어하며 내 규례를 멸시하였으므로."

이 본문이 기도문에서는 이렇게 바뀐다.

"우리는 주께서 선고하신 시련을 거부하지도 않았고, 주께서 우리에게 벌로 내리신 육체의 고통을 꺼리지도 않았[다는 면에서 그 빚을 갚았]습니다."

레위기에서 형벌의 예언이었던 내용이 지금 이 기도문에서는 회복을 위한 처방전이 된다. 이스라엘은 자기가 저지른 행동의 대가를 기꺼이 떠안음으로써 채무를 상환했다. 이스라엘의 죄라는 채무를 고난으로 상환해야 한다는 가장 좋은 증거다. 더 나아가 그 탄원자가 인식하듯이 이스라엘의 현재 고난은 주전 587년에 채무 이행을 요구받은 누적 부채를 지속적으로 상환하는 의무의 일환이다.

이 기도문의 저자는 이스라엘이 자신에게 닥친 시련들을 멸시하지 않았음을 인정한다. 그리고 이를 근거로, 하나님에게 자비로 행하시고 이 기나긴 회개의 세월을 끝내 달라고 간절히 호소한다. "오, 주님, 주께서 대대로 놀라운 일을 행하셨던 것처럼 저희에게서 진노와 노여움을 거두어 주시기를 기도합니다. 저희가 겪는 고난과 고생과 압제를 보시고, 가까운 땅과 먼 땅으로 흩으신 주의 백성 이스라엘을 구원하소서." 바로 몇 줄 위에서 이스라엘이 중대한 범죄에 대한 갖가지 벌을 얼마나 진심으로 받았는지 고백하지 않았다면 이 호소에는 수사학적 힘이 거의 없었을 것이다. 여기에 담긴 논리를 이렇게 요약할 수 있다. "저희가 범죄로 인한 고난을 기꺼이 견디었으니, 저희의 고난을 주목

•• "그들이 내 법도를 싫어하며 내 규례를 멸시하였으므로… 자기 죄악의 형벌을 기쁘게 받으리라.

채무 기한 연장

해 보시고 현재의 압제자들에게서 저희를 구원해 주소서." 이 기도는 다니엘서 9장과 공통된 부분이 아주 많아서, 둘 다 유배로 대가를 치러야 함을 안다. 그러나 이 기도는 실제로 그 대가를 치렀다는 사실을 근거로 하나님에게 자비를 베푸시기를 호소한다. 이 호소에는 하나님에게 이름에 걸맞게 행하시라고 다소 미묘하게 압박을 가하는 설득력이 있다.

마지막으로, 하나님이 빚을 진 이들을 얼마나 자비롭게 대하시는지와 관련하여 훨씬 강력한 입장을 취하는 본문을 언급해야 하겠다. 레위기에 대한 랍비 주석이자 《시프라 ^{Sifra}》(직역하면 '그 책'일 정도로 레위기는 랍비 사상에서 중요했다)라고 알려진 책을 살펴보자. 이 주석에는 "그들은 자기들 죄의 빚을 갚으리라*"(레 26:43)는 구절 다음에 이러한 해설이 나온다. "내가 그들에게 총액을 전부 회수했느냐[$pāra'$]? 오히려 그들 죄의 백분의 일만 회수했다!" 하나님이 마땅히 받으셔야 하는 것보다 훨씬 적게 받아내셨음을 가리키는 것보다 하나님이 자비로우심을 보여 주기에 더 좋은 방법이 있을까? 《시프라》는 마카베오 박해 몇 세기 이후에 기록되었으므로 정치적으로나 신학적으로나 다른 분위기가 나타난다. 주후 3세기 이스라엘은 그처럼 공공연하게 압제를 겪지 않았다. 그러면 당연히 랍비들은 유배를 훨씬 담담한 위치에서 돌아볼 수 있었다. 인간 채권자들과 달리 하나님은 '한 파운드의 살'을 요구하실 필요가 없다."[24]

이 장에서는 제2성전 시대에 레위기 26장이 광범위한 영향을 미쳤

- "그들은 자기 죄악의 형벌을 기쁘게 받으리라."

음을 보여 주었다. 우리는 역대기 저자가 레위기 26장을 어떻게 택해서 예레미야의 70년 예언을 아주 놀랍고 새롭게 해석하여 제공하는지 보았다. 해석학적으로 이러한 움직임은 다니엘서에서 더 확장되었다. 다니엘서에서는 이스라엘이 빚을 갚으려면 490년 간의 유배가 필요하리라고 말한다. 그러나 레위기 26장은 사해사본에도 영향을 미쳤다. '죄의 완료'는 예레미야외경과 〈빛나는 것들의 노래〉의 중요한 요소가 되었다.

우리는 다니엘서 8장과 9장에서 관용구 하나가 두 가지 서로 다른 목적에 사용되는 것을 보았는데, 이는 오랫동안 주석가들을 혼란에 빠트린 문제다. 나는 그 답이 '죄를 [짐으로] 지다[nāśā''āwōn]'의 두 가지 의미와 관련하여 슈바르츠가 제시한 답과 마찬가지라고 주장했다. 우리는 두 가지 관점을 구별했다.

(1) 거래처의 부채가 일정한 한계에 도달할 때까지 기다리다가 가혹하게 조치를 취하는 채권자. 가나안에 거주하던 아모리족속의 경우(창 15:16), 이는 토지 압류로 이어졌고, 다니엘서 8장에서는 (항상 신의 특권인) 왕으로서 통치할 권리 압류로 이어졌다.

(2) 신실하게 상환하여서 그 이상의 채무는 면제되기를 기다리는 채무자. 이것이 제2이사야서와 레위기 26장에 나오는 '변제(라차 $rāṣāh$)'의 의미고, 예레미야애가 4장 22절에 나오는 '[범죄]의 완료(탐 tam)'의 의미다. 나는 이것이 다니엘서 9장 24절에 나오는 '[죄의 분량]이 다 차고 $le\text{-}kalleh$'와 죄를 '그치며 $le\text{-}hātēm$'의 의미이기도 하다고 주장했다. 일흔 이레가 끝나고 이스라엘 자손은 빚이 변제되었다는 소식을 기다린다.

마지막으로, 나는 제2성전 시대의 문서들 다수가 죄를 어떻게 이야기하는지 보여 주기 위해 도량형이라는 쟁점을 제기했다. 나는 죄가 빚이라는 비유가 한 가지 뜻으로만 사용되지 않음에 주목했다. 하나님은 항상 빚을 전부 갚으라고 요구하실 필요가 없다. 마카베오2서를 보면, 선민이 아닌 이들은 극심한 형벌을 만나지만 이스라엘은 그렇지 않을 정도로 하나님이 이스라엘의 삶에 꾸준히 개입하신다. 징계는 사랑의 징표다. 이는 하나님이 택하신 이들에게 더 많이 기대하신다는 아모스서의 유명한 구절의 다른 측면일 뿐이다. 그래서 하나님은 이렇게 말씀하신다.

내가 땅의 모든 족속 가운데
너희만을 알았나니
그러므로 내가 너희 모든 죄악을
보응하리라(암 3:2).

마카베오2서 저자는 아모스서에 나오는 이 자명한 이치를 당시의 특징적인 비유의 용어를 사용하여 해석했다고 말할 수 있다.
〈빛나는 것들의 노래〉는 레위기 26장의 본문을 살짝 뒤집었다. 레위기 26장은 하나님의 계명을 무시했기 때문에 이스라엘에게 임할 벌을 예언한 반면, 그 기도문에서 탄원자는 형벌들이 합당하며 그 민족이 그 형벌을 받고 있다고 고백한다. 그러나 그 기도문은 내용을 좀 덧붙인다. 지체되고 있는 속량을 베푸시기를 마무리 부분에서 하나님에게 간구한다. 분명 그 백성은 조금만 더 갚으면 자기들이 죄에 대해 마땅히 갚아야 하는 것보다 더 많이 갚게 된다고 생각하고 있다.

이러한 다양한 묘사와 관련하여 명심할 것은, 죄를 빚으로 보는 비유는 미묘하여서 다양한 맥락에 맞추어 뜻이 조정된다는 것이다. 셀레우코스왕조의 박해에 이어서, 이 비유는 이스라엘이 당시 겪는 일이 이치에 맞는다고 강조하는 역할을 (따라서 다니엘서 9장과 마카베오2서가 각각 그 나름으로) 한다. 박해가 끝난 후에, 그 비유는 하나님에게 탄원자들의 신앙심에 부응하여 행하시라는 간절한 호소(〈빛나는 것들의 노래〉)에, 또는 하나님의 자비하심으로 면제를 완벽히 해 달라는 간절한 호소(《시프라》)에도 쓰일 수 있다. 신앙생활의 많은 측면이 그렇듯, 신학 용어의 뜻이 한 가지인 경우는 드물며, 문맥에 따라 달라지는 경우가 많다.

7장
대출금과 랍비 현자들

"여호와여, 주의 인자함[hesed]은 주께 속하오니 주께서 각 사람이 행한 대로 갚으심이니이다"(시 62:12). 그러나 [충분한 공로가] 부족하다면, 하나님이 그분 것을 주실 것이다. —예루살렘 탈무드

하나님은 그분의 공의에 반하는 일이 아니라, 그 공의를 넘어서는 일을 하심으로써 자비를 베푸신다. 이와 마찬가지로, 어떤 사람이 100데나리온 빚진 자에게 자기 돈 200데나리온을 준다면 그 사람은 관용과 자비를 베풀면서 공의에 반하지 않는 것이다. 자신을 상대로 저지른 잘못을 용서한다면 그것도 같은 것이다. 이 빚을 면해 주면서 어떤 의미에서는 선물을 하는 것이므로 에베소서 4장 32절에서 사도는 용서를 '선물'이라 칭하면서, "그리스도께서 너희에게 선물을 주심같이, 서로 선물을 주라"•고 한다.
—토마스 아퀴나스, 《신학대전》

지금까지 죄를 빚에 비유하는 형태가 구약성경에서 후기에 작성된 본문들과 구약성경 이후에 작성된 초기 본문 일부에서 어떤 역할을 했는지 살펴보았다. 이 본문들은 고대 히브리어 어휘를 죄에 대한 파격적이고 새로운 사고방식에 맞추어 바꾸었다. 그러나 이 비유를 가장 정확하게 파악하기 위해, 나사렛 예수의 시대와 초기 랍비 현자들의 시대인 1세기 팔레스타인의 두 가지 상용 언어인 미쉬나 히브리어, 아람어의 팔레스타인·바빌론방언으로 넘어가 보겠다. 미쉬나 히브리어는

- "서로 용서하기를 하나님이 그리스도 안에서 너희를 용서하심과 같이 하라."

좁은 의미로는 미쉬나에 쓰인 히브리어를 가리킨다. 미쉬나는 비교적 초기 랍비 저작으로(주후 200년경에 편집되었지만, 저작의 상당 부분은 그보다 훨씬 먼저 창작되었다), 히브리 성경의 율법을 보완하고 완성했다고 여겨지는 여섯 율법 모음집을 문서화한 것이다. 그러나 우리가 미쉬나 히브리어라는 방언을 논할 때는 주후 1-2세기의 상용 히브리어, 다시 말해 예수께서 사용하시던 언어를 말한다.[1]

랍비 문헌을 보면 히브리어 계통이건 아람어 계통이건 상업용 어휘가 죄와 용서에 사용되는 어휘와 거의 완전히 겹친다. 이제는 '[채무] 변제'라는 개념을 '라차' 같은 동사에서(따라서 사 40:2과 레 26:34-35, 41, 43에서)나, 〈쿰란11동굴 멜기세덱〉처럼 성경의 채무 면제 율법을 이용하여 죄 용서라는 쟁점을 이야기하는 본문들에서 파악해 내려고 애쓸 필요가 없다. 랍비 문헌에서는 상업 용어와 종교상 적용 간 이동이 아주 유기적이고 조화롭다. (그러나 사해사본 저자들조차 미쉬나 특유의 어법을 사용하여 죄와 용서를 이야기한다는 점은 기억하라.)[2] 랍비 히브리어 사전마다 그 사실을 분명히 증언한다. 엘리저 다이아몬드$^{Eliezer\ Diamond}$가 이를 잘 요약한다. "시장 모델을… 사용하여 현자들은 영적인 출금^{debits}[차변]과 공로^{merits} 계산을 묘사하였다. 일반적으로 현자들이 보상을 나타내는 데 사용한 단어인 사크하르^{sākhār}의 주요 의미는 품삯 혹은 상환금이다. 형벌에 해당하는 일반적인 랍비 용어인 푸라누트$^{pŭr'ānût}$(문자적으로 '응징')는 '빚을 갚다'라는 어근 프르$^{pr'}$에서 파생했다. 푸라누트의 개념은 죄를 지은 사람에게는 하나님에 대한 채무, 즉 호바^{hôbâ}가 생긴다고 보는 것과 연결된다. 조지 푸트 무어$^{George\ Foot\ Moore}$가 말하듯이, '사람은 하나님에게 순종할 의무가 있으며, 죄를 범하든 순종을 하지 않든 죄는 모두 변제하지 않은 채무, 즉 빚이다.' 그 채무는 하나님의 응징을 통해 변제받는다. 하나님은 사람이 형벌을 겪음으로써 빚을 갚게 하신다." 다이아몬드의 주장에 따르면 이러한 체계는 "한편으로는 의와 죄 사이에, 다른 한편으로는 보상과 형벌 사이에 어느 정도 비례 관계"가 있음을 확인해 준다는 데 의미가 있다. 그러나 "하나님이 의인들에게 미리 보상을 해 주셔야 한다거나 그분 자신을 위해 악인들을 벌해야 하신다는 것"은 실상과 다르다. 오히려 하나님은 "대변과 차변, 보상과 형벌의 체계를 만드셔서" 대개는 그 범위 내에서 운용하는 방식을 택하셨다.³⁾ 이 장 첫머리에 있는 두 인용문처럼, 하나님이 자비를 보여 주시는 역량이 금전의 수입과 지출을 엄격하게 기록하는 규칙을 항상 따르는 것은 아니다.

채무 증서

지금 시대에는 공식 서류에 서명을 해야 은행 대출을 받을 수 있는데, 고대에도 그랬다. 실제로 고대 근동에서 나온 아주 오래된 문서 일부는 대출 기록문이다. 그 문서들은 보존에 특별히 신경을 쓴 덕분에 현재 그런 문서들이 아주 많이 남아 있다(그중 일부는 4천 년도 더 되었다). 우리가 그런 서류들을 대여 금고나 내화 금고에 보관하듯이, 고대 근동 주민들도 대출 서류를 안전하게 보관해 두었다.

전형적인 메소포타미아의 대출 조건을 점토판*tuppu*에 기록했고, 이를 대출을 받은 개인이나 기관이 공식 기록으로 보관했다.⁴⁾ 만약 대출자가 갚기 힘든 처지가 된다면, 채권 발행자는 배상을 요구하기 위해 그 점토판을 법정에서 제시할 수 있었다. 대출 조건을 부인할 가능성을 미연에 방지하기 위해, 점토판은 채무에 대한 법적 증거로 여겨졌다. 대출을 상환하면, 그 점토판은 법적 효력이 없다는 표시로 깨뜨렸을 $^{tuppam\ hepû}$ 것이다.

후기 탈무드 시대는 물론이고 제2성전 시대 유대교에서도, 차용증을 점토판이 아닌 문서 형태로 만들었다. 그러한 증서들을 채권(쉬타르 ^{štar}, 복수형으로 쉬타로트 ^{štārôt})이라고 불렀다.[5] 쉬타르-홉 $^{štar-hôb}$은 직역하면 채무자가 정해진 기한 내에 상환할 ^{pārá} 의무가 있다는 ^{hayyāb} 채무 증서로, 때로는 고정 금리 ^{rabbît}를 덧붙이기도 했다.[6] 대출을 해준 사람은 그 증서의 소지자 혹은 소유자(히브리어로 바알 쉬타르 $^{ba'al\ štar}$, 아람어로 마레 쉬타라 $^{māre'\ štará}$, '주인' 혹은 '증서 소유자')가 되어서, 그 채권을 소지하고 있는 동안은 채권 상환금을 회수할 ^{gābāh} 권리가 있었다. 메소포타미아에서 그랬듯 이러한 채권은 법적 구속력이 있는 문서였고, 대금업자들은 채권을 공공 기록 보관소에 안전하게 보관하곤 했다. 제1차 유대인 반란이 일어났을 때(주후 66-70년), 반란군은 도시의 기록 보관소를 급습하여 그곳에 보관하던 채무 기록을 불태우려고 했다.[7] 이러한 문서들을 없애는 데 열중했다는 데서 나타나듯이 일반 대중 사이에 부채의 규모를 염려하는 풍조가 널리 퍼져 있었다. 바빌론 왕들은 이러한 사실을 알고 있었기에 왕위에 오를 때 면제(안드라루 ^{andurārum}, 히브리어로는 데로르 ^{dérôr})를 선포하곤 했다. 왕의 이러한 너그러운 행위는 정치적 목적에 도움이 되어서, 새 왕에 대한 지지를 견고히 해 주었다.

라멕의 자랑

위에서 내가 강조한 용어들 전부가 죄와 용서에 관한 초기 유대 문서들에 되풀이하여 나온다. 한 가지 사례가 《창세기 라바》로, 5세기나 6세기에 창세기를 다룬 미드라쉬 전통 선집이다. 문제의 본문은 라멕이라는 인물에 관한 것이다. 창세기의 원래 내러티브에서 라멕은 뻔뻔한 죄인이며, 동생 아벨을 잔인하게 살해한 가인의 운명적인 계보의 일곱째이자 마지막 인물이었다. 가인이 여호와 앞에서 내쫓겨 에덴 동쪽 놋 땅에 자리잡은 다음에 이렇게 적혀 있다. "[가인이] 아내와 동침하매 그가 임신하여 에녹을 낳은지라. 가인이 성을 쌓고 그의 아들의 이름으로 성을 이름하여 에녹이라 하니라. 에녹이 이랏을 낳고 이랏은 므후야엘을 낳고 므후야엘은 므드사엘을 낳고 므드사엘은 라멕을 낳았더라. 라멕이 두 아내를 맞이하였으니 하나의 이름은 아다요 하나의 이름은 씰라였더라"(창 4:17-19).

> 라멕이 아내들에게 이르되
> 아다와 씰라여 내 목소리를 들으라.
> 라멕의 아내들이여 내 말을 들으라.
> 나의 상처로 말미암아 내가 사람을 죽였고
> 나의 상함으로 말미암아 소년을 죽였도다.
> 가인을 위하여는 벌이 칠 배일진대
> 라멕을 위하여는 벌이 칠십칠 배이리로다(창 4:23-24).

성경 저자는 라멕을 분명하게 가인의 계보 끝에 두어서 인류가 얼마나 사악해졌는지 보여 주고, 독자들이 곧 임할 대재앙을 맞이할 준비를 시킨다. 그 재앙은 노아와 그의 직계 가족만 살아남을 홍수다. 라멕이 주목하라면서 아내들에게 하는 말을 랍비 독자들은 이해할 수 없었다. 그들은 아내들이 라멕의 성관계 요구를 무시했다고 추정함으로써 이 문제를 풀었다. 랍비 독자들이 생각하기에 임박한 홍수에 비추어 보면 라멕의 요구는 터무니없었다. 결국 물에 빠져 죽을 운명인 인간들을 왜 더 낳는가? 랍비들의 추론에 따르면 라멕은 성경이 말하는 것처럼("나의 상처로 말미암아 내가 사람을 죽였고") 아내들에게 단순히 평서문으로 대답하지 않았다. 랍비들은 그 대신에 라멕의 말을 수사의문문으로 표현한다. "내가 상처받았다고 해서 사람을 죽였는가?" 그 결과 이 성경 이야기를 새로운 방식으로 이해하게 되었다. "하니나의 아들 랍비 요세Yose는 이 절['아내들이여… 내 목소리를 들으라']을 해설하면서, [라멕이] 아내들과 성관계를 요구했다고 말했다. 그러나 아내들은 대답했다. '내일 홍수가 닥칠 거예요. 우리가 당신 목소리에 귀를 기울여야 하나요? 우리가 저주를 위해 아이를 낳아야 하나요?' 라멕이 대답했다. '내가 상처받았다고 해서 사람을 죽였소?' '아니면 내가 멍이 들었다고 해서 소년을 죽였소? 전혀 그렇지 않소! 그러나 가인의 경우를 생각해 보시오. 가인은 [아벨을] 살인했는데, 그가 받을 벌이 일곱 세대 동안 유예되었소. 그렇다면 내 경우에는 살인을 저지르지는 않았으니 그 벌이 일흔일곱 세대 동안 유예되[는 것이 논리적이]지 않겠소?'"(창 4:24) 라멕의 요지는, 가인의 범죄에 대한 벌이 일곱 세대 동안 연기될 수 있었다면, 자기 죄는 훨씬 가벼우니 훨씬 더 나중까지 벌을 받지 않으리라는 것이다. 이 지점에서 논의가 잠시 중단되고 추가 논평이 있다. "라멕의 말은 논리적으로 악한 추론이다. 라멕의 말이 사실이라면, 거룩하신 분(그분을 송축하라!)은 채무 증서[šṭar ḥôb]상 빚을 언제 받아내실[gābâh] 수 있겠는가?"[8] 랍비들은 라멕의 논리가 틀렸다고 결론짓는다. 역사가 이렇게 진행된다면, 하나님은 받아야 하시는 것을 도대체 언제 회수하실^{gābâh} 수 있을까? 가인, 혹은 그런 죄를 저지른 다른 어느 어떤 범죄자의 형벌이라도 유예가 가능했다. 여기서 사용한 비유에 따르면, 가인이 동생을 살해한 순간 하늘에서 채권이 발행되었으며, 상환금 회수^{gābâh}는 오직 그 증서 소유자$^{ba'al\ šṭar}$인 하나님의 권리라고 전제된다. 그분이 그것을 일곱 세대 동안 연기하기로 하셨다면, 그분은 그때 회수하실 것이고 영원히 유예하지는 않으실 것이다.

그 채권이 발견될 수만 있으면

요셉 이야기는, 랍비들이 성경 이야기의 줄거리에 채무 증서라는 개념을 어떻게 삽입하여 인간의 과실을 이해했는지 보여 주는 또 다른 예다. 창세기 37장 서두에서는 요셉을 아버지의 극진한 사랑을 받는 아들로, 형들이 분통을 터트릴 정도로 호의를 이용하는 지위에 있는 사람으로 묘사한다. 형들은 요셉의 거만함에 분노하여 그를 없애기로 결심했다. 물론 자기들의 범죄를 숨길 방도를 모색해야 하기는 했다. 아버지를 속이는 일은 오히려 간단해서, 형들은 동물을 죽이고 그 피에 야곱의 겉옷을 살짝 적셔서 아버지에게 보여 드린다. 그 옷을 보고서 아버지가 소리친다. "내 아들의 옷이라. 악한 짐승이 그를 잡아먹었도다. 요셉이 분명히 찢겼도다"(창 37:33). 창세기 37장은 형제들이 아버지의 슬픔을 진정시키려고 하면서 마무리된다. 그러나 아버지는 어떤 위로도 거부한다. "내가 슬퍼하며 스올로 내려가 아들에게로 가리라"(37:35).

이 비극적 장면에 바로 이어서 우리는 요셉이 바로의 친위대장 보디발에게 이집트의 노예로 팔려갔음을 알게 된다(창 37:36). 이에 대해서는 창세기 39장 서두에 다시 자세히 다루면서 보디발의 집에 있는 요셉의 이야기를 해 준다. 이상하게도 요셉이 이집트에 내려간 사실을 이렇게 두 번 언급하는 중간에 유다가 자기 형제들을 떠난 이야기가 끼어 있다(창 38장). 분명히 유다는 동생에게 그렇게 야비하게 행동한 후에 집을 떠나기로 하고서, 히라라고 불리는 아둘람 사람 가까이에 정착한다. 유다는 그곳에서 히라의 딸 수아와 사랑에 빠져 결혼하여 세 아이를 낳는다. 성경학자들은 오랫동안 이 이야기의 위치를 놓고 의아해했다. 이 사건이 요셉이 이집트로 내려간 이야기, 즉 창세기 37장에서 시작되어 39장에서 다시 시작하는 이야기를 끊어 놓기 때문에, 이를 나중에 편집자가 끼워 넣은 것으로 이해했다. 랍비 독자들 역시 이렇게 본문이 끊긴 듯이 보이는 것을 이해할 수 없었다. 그러나 랍비들이 모세오경 전체를 모세가 썼다고 믿었다는 사실을 감안하면, 절대 편집자를 들먹이며 본문의 이러한 파격을 설명하려고 들지 않았을 것이다. 대신 유다가 갑자기 자기 형제들에게서 떠난 일을 이렇게 특이할 정도로 상세히 설명하기 때문에, 그 내용을 설명할 실마리를 찾아 37장의 내러티브를 조사해 보게 되었다.

랍비들의 추측에 따르면, 요셉의 형제들은 자기들이 아버지와 하나님에게 죄를 지었음을 알았다. 아버지의 의심은 교묘하게 피했지만, 하나님의 손에서 벗어날 수 있을까? 랍비들에 따르면, 요셉의 형들은 모여서 이렇게 이야기했다. "우리 흩어지자. 우리가 모여 있는 한, 채권이 **발견될** 수 있고, 하나님이 받으셔야 할 것을 회수하실$gābāh$ 수 있어."⁹⁾ 그렇다면 유다가 자기 형제들에게서 떠난 이야기는 아주 논리적이다. 형제들이 떨어져 사는 동안은 채권이 분실 상태여서 하나님은 받아야 하시는 것을 회수하실 수 없을 것이다.

그러나 랍비의 사상계에서는 문제가 절대 그렇게 간단할 수가 없다. 하나님은 그러한 어리석은 음모에 가담하지 않으실 것이다. "거룩하신 분(그분을 송축하라!)이 말씀하셨다. '만일 열 명이 절도죄가 있다고 밝혀지면, 한 사람을 그들 전체로 취급 수는 없을까?' 그래서 [나중에 그 이야기에서, 형들이 대경실색했지만 요셉의 잔이 베냐민의 가방에서 발견되어 야곱이 가장 사랑하는 아들이 이 죄의 대가로 이집트에서 영원히 노예로 있을 운명에 처할 것으로 보일 때] 형들은 '하나님이 종들의 죄악을 **찾아내셨다**'(창 44:16)고 말했다.¹⁰⁾ 랍비 이삭^{Isaac}은 차용증 소유자[$ba'al\ ḥôb$]가 그의 채무 증서[$šṭar\ ḥôb$]에 따라 회수할 [$gābâh$] 기회를 찾았다고 말했다."¹¹⁾ 형들이 보기에는 그 범죄가 각자 장부에 누적되었다. 하나님이 공평하시려면 그들을 함께 벌하셔야 한다. 형들의 추론에 따르면 자기들이 뿔뿔이 흩어지면 하나님이 그 증서를 잃어버리신 것이나 마찬가지가 될 것이다. 증서가 없으면 하나님은 받아야 하시는 것을 회수하실 수 없을 것이다. 그러나 미드라쉬의 추정에 따르면 하나님이 그러한 멍청한 논리에 사로잡히실 수 없다. 형들이 전부 유죄지만, 하나님은 그들 가운데 아무에게서든 마음껏 상환금을 받아내실 수 있다("한 사람을 그들 전체로 생각할 수는 없을까?").

이 지점에서 미드라쉬는 인상적인 조치를 취한다. 성경의 이야기가 전개되면서 요셉은 형들이 자기를 대하는 태도가 변했는지 알아 볼 시험을 생각해 낸다. 요셉이 아버지의 사랑을 받는 아들이라서 미움을 받았으므로, 자기가 없을 때 베냐민에게도 같은 편애가 보였을 것이다. 요셉과 베냐민만 야곱이 가장 사랑한 아내 라헬이 낳은 아들이었다는 점에서 그렇다. 형제들이 곡식을 얻으려고 이집트에 체류하는 동안 요셉은 종에게 지시해서 자기가 가장 아끼는 점치는 잔을 베냐민의 가방에 넣어(창 44:2) 베냐민이 그 잔을 훔친 것처럼 보이게 한다. 그러고 나서 그 잔을 발견하자마자, 요셉은 다른 형제들은 아버지에게 돌아가게 하고 그 소년은 이집트에서 노예로 삼겠다고 위협한다. 다시 말해, 요셉은 형들에게 예전에 자기를 없앴던 것처럼 아버지의 사랑을 받는 형제를 없앨 기회를 준다. 이 미드라쉬가 다시 쓴 내용에서 더 인상적인 장면은, 형들이 베냐민이 잡혀 가는 것을 보고 "하나님이 종들의 죄악을 **찾아내셨다**"(창 44:16)고 말하는 부분이다. 하나님은 형제들 가운데 아무나가 아니라 아버지의 사랑을 받는 그 아들을 벌하기로 결정하셨다. 그런데 이 아들은 전에 요셉을 파는 사건이 일어났을 때 아버지와 함께 집에 있었으므로 그 범죄와 아무 관련이 없다.

랍비 이삭의 논리에 따르면, 하나님이 종들의 죄를 찾아내셨다는 말은, 형들의 추론처럼 그 증서가 잊혔거나 분실되었다는 뜻이 아니다. 오히려 랍비 이삭이 주장하기로는 하나님은 빚을 회수하기에 가장 적합한 순간을 찾으셨다. 요셉의 또 다른 자아인 베냐민이 요셉과 같은 운명에 빠지기 직전이 되어서야 비로소 형들은 자기들의 간계가 발각되었음을 깨닫는다. 하나님은 받으실 빚을 회수하기에 안성맞춤인 때를 발견하셨다.

미드라쉬에 나오는 이 멋진 글에서, 하나님은 아무 잘못도 없는 이에게 상환금을 받아내기로 하신다. 베냐민은 요셉을 노예로 팔아버린

일과 아무런 관련이 없었다. 더욱이 베냐민은 한때 요셉이 누리던 역할을 맡아서, 아버지 야곱의 사랑을 받는 아들이 되었다.[12] 다른 형제들이 부쩍 성숙했다는 표시로, 이제 형들은 요셉의 대타인 베냐민에게 자비를 베푼다. 이제는 야곱에게서 사랑하는 아들을 빼앗는 일이 아주 끔찍하다는 것을 안다. 그래서 유다는 앞으로 나아가 베냐민의 죗값을 자기가 지게 해 달라고 이집트 총리인 요셉에게 요청한다. 형들이 이제 베냐민을 향한 야곱의 애정을 이해하게 되었으니 하나님은 어쨌든 그 증서대로 회수하실 필요가 없을 것이다. 형제들이 눈물을 흘리며 화해하고, 그 후로는 미드라쉬가 그 증서를 언급하지 않는다. 형들이 요셉을 종으로 팔았을 때 작성된 증서가 무효가 되었다고 가정할 수 있다. 그들이 교육상 겪은 시련으로 빚을 충분히 상환했다.

네 자손이 사백 년 동안 괴롭힘을 당하리라

창세기에 따르면, 야곱과 에서의 관계는 독단적인 편애와 질투와 분노로 점철되어 있다. 심지어 이 쌍둥이 형제가 태중에 있을 때에도 문제가 있었다. 아이들이 싸울 때 리브가는 여호와께 나아가 이것이 무슨 의미인지 묻는다. 그리고 이런 말씀을 듣는다.

두 국민이 네 태중에 있구나.
두 민족이 네 복중에서부터 나누이리라.
이 족속이 저 족속보다 강하겠고
큰 자가 어린 자를 섬기리라(창 25:23).

마지막 행이 핵심이다. 사회 관습과는 반대로 야곱이 장자가 받을 복을 빼앗고, 에서는 이러한 모욕에 분노하여 야곱을 죽이려고 한다. 그러자 야곱은 서둘러 가나안 땅을 떠나 아람에 정착하고, 거기에서 장차 결혼할 여자들인 라헬과 레아를 만난다. 여러 해 후 야곱은 형의 분노가 누그러들었기를 바라며 가족을 데리고 고향으로 돌아온다. 다행히도 에서는 더는 격분하지 않고 달려가 야곱을 맞이하는 감동적인 장면이 이어진다. 둘은 서로 껴안고 눈물을 흘린다(창 33:3-4). 야곱은 에서에게 자기 재산의 상당 부분을 선물로 주는데, 아마도 자기가 이전에 가로챈 복을 배상하려는 것 같다. 처음에 에서는 이 선물을 받으려 하지 않는다. 에서에게는 그런 유화 전략이 필요 없다. 끈덕지게 강권한 후에야 선물이 전달된다(창 33:8-11).

이러한 화해로 보아, 야곱과 에서가 서로 가까이에 자리잡고서 한때 갈라져 있던 가족이 이제 함께 어우러져 살아가겠다고 생각할지도 모른다. 그러나 놀랍게도 두 형제는 헤어진다. 이렇게 헤어져 살았다는 이야기가 진작에 나왔지만(창 33:16-17), 몇 장 다음에야 자세한 내용이 보인다. 창세기 36장 6절에는 이렇게 적혀 있다. "에서가 자기 아내들과 자기 자녀들과 자기 집의 모든 사람과 자기의 가축과 자기의 모든 짐승과 자기가 가나안 땅에서 모은 모든 재물을 이끌고 그의 동생 야곱을 떠나 다른 곳^{land}으로 갔으니." 그런데 히브리어 원문에는 '다른'이라는 단어가 없다. 어쨌든 이 본문대로라면, 에서는 동생 때문에 잘 모르는 곳(문자적으로 '어느 땅'이지만, 아마도 '아무 땅'이라는 의미일 것이다)으로 급히 자리를 피한 것 같다. 그러나 어떻게 이럴 수 있을까? 고통스럽고 거의 죽일 것 같은 증오 속에서 살다가 동생과 이제 막 눈물을 흘리며 화해했다. 랍비 엘르아살^{Eleazar}(주후 1세기 말-2세기 초)은 에서가 '그 채무

증서 때문에' 동생에게서 떠났다고 선언함으로써 이 수수께끼를 해결한다.[13]

에서가 갚아야 했던 그 채무 증서는 무엇이었을까? 에서의 살해 의도 때문에 채무 증서가 작성되었다면, 야곱과 화해함으로써 무효화되었을 것이다. 요셉의 형들에게 불리한 그 증서도 어쨌든 그렇게 해서 무효가 되었다. 그렇다면 이 '쉬타르 홉$^{star\ hôb}$'은 무엇인가? 분명 《창세기 라바》의 원 편집자들은 그 주제가 설명이 필요 없을 정도로 널리 알려졌다고 믿은 듯하다. 그러나 나중에 필사자들은 달리 생각하여서 유용한 해설을 달았다. 그중 하나에는 이렇게 적혀 있다. "[에서가 야곱을 떠난 것은] 에서가 포함되지 않기를 바랐던 유배에 관한 채무 증서 때문이다. [그 증서의 약관들이 아브라함에게 전해졌다. '너는 반드시 알라.] 네 자손이 [이방에서] 객이 되어 [그들을 섬기겠고 그들은 사백 년 동안 네 자손을 괴롭히리니(창 15:13)].'"[14] 이 설명에 따르면, 그 증서는 에서의 죄와 아무런 상관이 없으며, 정확히 말하자면 두 세대 전에 작성되었다. 아브라함이 아주 중대한 죄를 범해서 하늘에서 증서가 작성되어야 했고, 그 증서는 아브라함의 자손이 대략 400년 동안 이집트에서 비참한 노예로 있을 운명이라고 말한다. 이스라엘 자손이 그곳에서 벌을 받아야 그 채무 증서를 청산하는 데 필요한 화폐^{currency}를 얻을 것이다.

아브라함이나 그의 자손이 갚아야 할 채무 증서에 관한 전승이 생겨난 까닭을 쉽게 알 수 있다. 창세기 15장 본문은 하나님이 아브라함에게 하신 약속에 이상한 부칙을 덧붙인다. 몇 장 전 아브라함이 처음 메소포타미아를 떠나 가나안 땅으로 가라는 하나님의 부르심을 받았을 때에는 모든 것이 장밋빛이었다.

여호와께서 아브람에게 이르시되 너는 너의 고향과 친척과 아버지의 집을 떠나 내가 네게 보여 줄 땅으로 가라. 내가 너로 큰 민족을 이루고 네게 복을 주어 네 이름을 창대하게 하리니 너는 복이 될지라. 너를 축복하는 자에게는 내가 복을 내리고 너를 저주하는 자에게는 내가 저주하리니 땅의 모든 족속이 너로 말미암아 복을 얻을 것이라 하신지라(창 12:1-3).

이 약속에는 어두운 면 같은 것은 전혀 없다. 아브라함과 그의 후손은 엄청나고 분에 넘치게 복을 받을 것이다. 그리고 이러한 낙관에는 창세기 13장 14-17절에 되풀이되는 약속이 따라온다. 그러나 창세기 15장에서 모든 것이 바뀐다. 하나님이 아브라함과 언약 관계에 들어가시면서, 동물 몇 마리를 둘로 가르고 그 사이로 지나감으로써 엄숙히 진행할 때, 냉기가 감도는 새로운 조건들이 그 약속에 들어온다. "해 질 때에 아브람에게 깊은 잠이 임하고 큰 흑암과 두려움이 그에게 임하였더니 여호와께서 아브람에게 이르시되 너는 반드시 알라. 네 자손이 이방에서 객이 되어 그들을 섬기겠고 **그들은 사백 년 동안 네 자손을 괴롭히리니** 그들이 섬기는 나라를 내가 징벌할지며 그 후에 네 자손이 큰 재물을 이끌고 나오리라"(창 15:12-14). 노예 생활이 400년이나 지속된다는 이러한 심히 충격적인 부칙이 왜 영광스러운 약속에 더해졌을까? 성경 시대에 400년은 거의 영원이었다. 이 본문이 아주 명확하게 말하지는 않지만, 랍비 독자들은 아브라함이 그 내러티브에 앞서 죄를 범했다고 파악했다. 그리고 15장 초반부에서는 아브라함이 자기에게 하신 약속을 하나님이 지키실 수 있을지 엄청난 의심을 표한다.[15] 그 미드라쉬의 추정에 따르면 그 결과로 하늘에서 채무 증서가 '작성되었고' 아브라함의 모든 자손은 지금 육체의 고난으로 그 채무를 청산할 의무가*hayyāb* 있다. 에서와 야곱 모두 아브라함의 자손이므로, 두 사람은 이러한 버거운 의무 아래 있게 될 것이다. 그러나 에서는 그 계약에서 어느 정도 해석의 여지를 발견한 듯하다. 야곱과 그의 아들들은 선택받은 혈통이었으므로, 이 채무 증서의 약관에 들어가야 할 수 있었다. 그런데 만약 에서가 그 일이 일어났을 때 그곳에 있지 않다면, 그 증서의 약관은 특혜를 받은 동생이 전액 이행할 것이다. 그렇다면 동생이 혼자 그 증서를 청산하게 놔두고 서둘러 '어느 땅'(아마도 히브리어가 말하듯이 필사적으로 '아무 땅')으로 갔다는 것이 말이 된다.

그러나 이 미드라쉬*에서만 아브라함의 죄와 그 죄가 야곱과 에서에게 미친 영향을 편리하게 이용하지는 않는다. 모세와 이스라엘 백성이 이스라엘 땅을 향해 행진할 때, 에서 자손의 소식이 다시 들린다. 에서 자손의 거주지인 에돔 땅 국경에 다다르자, 모세는 자기들과 가까운 친족에게 경의를 표하며 그 영토를 지나가게 해 달라고 정중하게 요청한다. "모세가 가데스에서 에돔 왕에게 사신을 보내며 이르되 당신의 형제 이스라엘의 말에 우리가 당한 모든 고난을 당신도 아시거니와 우리 조상들이 이집트로 내려갔으므로 우리가 이집트에 오래 거주하였더니 이집트인이 우리 조상들과 우리를 학대하였으므로 우리가 여호와께 부르짖었더니 우리 소리를 들으시고… 청하건대 우리에게 당신의 땅을 지나가게 하소서"(민 20:14-17). 랍비들은 이 본문에서 두 가지 면 때문에 충격을 받았다. 첫째, 모세는 자기 백성을 "당신의 **형제 이스라엘**"이라 밝힌다. 모세는 왜 에돔 사람들과 이스라엘이 둘 다 같은 아버지의 자손임을 상기시켜야 했을까? 둘째, 모세는 이스라엘이

• 《창세기 라바》

이집트에 있는 동안 잔인한 대우를 받았음을 강조한다. 왜 모세는 자기들의 경험에서 그 부분을 강조했을까? 미드라쉬는 그 두 질문은 답이 분명하다고 보았다. 모세는 이스라엘 사람들이 에돔 사람들과 이스라엘 사람들 둘 다 때문에 생긴 증서를 청산하기 위해 고난을 겪어야 했음을 에돔 자손에게 분명히 밝힌다. 사실상 이스라엘은 에돔을 대신하여 고통을 겪었다. 이렇듯 엄청나게 관대한 행동을 했으니, 에돔 사람들은 당연히 이스라엘이 안전하게 지나가도록 호의를 베풀어야 할 것이다.

민수기에 대한 이 미드라쉬는, 모세의 요청에 담긴 무언의 논리를 일종의 비유 형식으로 해석한다. "우리는 이 상황을, 할아버지 때문에 발행된 채무 증서를 맞닥뜨린 두 형제에 비유할 수 있다. 둘 중 하나가 그 증서를 청산했다. 얼마 지난 후 그가 자기 형제에게 어떤 물건을 빌려 달라고 청하면서 이렇게 말했다. '알다시피 우리 둘이 책임져야 하는 그 증서를 청산한 사람은 나다. 그러니까 해당 물건을 빌려 달라는 요청을 거절하지 마라.'"[16] 이 비유는 모세가 이용한 전략을 잘 요약해 준다. 야곱과 에서의 할아버지 아브라함을 상대로 채무 증서가 발행되었다. 야곱의 자손들이 그 증서를 떠맡아서 전부 청산했으므로, 그들의 친족이 은혜를 갚는 것이 당연했다.

랍비 종교에 대한 기독교의 비판

유대교의 죄 개념은 기독교인 독자들에게 다소 열띤 비판 주제였다. 특히 신약 학자들에게 개신교의 율법 개념이 지대하게 영향을 미쳤기에, 신약 학자들은 랍비 유대교를 달갑지 않게 묘사하는 경향이 있었다. 죄를 빚으로 보는 비유는, 하나님이 하늘에서 회계 장부를 펼친 채 앉으셔서 인간의 행동을 대변에 기록할지 차변에 기록할지 면밀히 살피신다는 개념을 생각나게 하는 듯하다. 삼위일체 하나님의 자비로운 측면은 거의 드러날 여지가 없어 보인다. 하나님에게 있는 이렇게 엄격하거나 징벌적이기까지 한 면을 이해하려면 신학을 공부할 필요가 없다. 회계학 학위로도 충분할 것이다.

이러한 유형의 비판적 평가의 주요 자료 중에 헤르만 슈트라크Hermann Strack와 파울 빌러베크Paul Billerbeck가 출간한 여러 권짜리 신약 주석이 있다.[17] 20세기 초반에 활동한 이 두 독일인 학자는 신약성경을 한 줄 한 줄 일일이 뒤지면서 랍비 자료들에서 나온 병행 절들과 비교하고자 했다. 이 권위 있는 저작은 지금도 수많은 신약 학자들의 연구 작업에 영향을 미치는데, 보통은 저자들의 더 광범위한 신학 설계를 예증해 주는 랍비 문서들만 인용한다. 한때 학자들은 이 저작의 편파적 **텐덴츠**Tendenz*를 무시하고 이 저작이 랍비 사상을 편견 없이 기록한 듯이 이용했다. 이러한 경향은 1977년에 완전히 바뀌었다. 그해에 샌더스E. P. Sanders가 갈채를 많이 받은 저서 《바울과 팔레스타인 유대교 *Paul and Palestinian Judaism*》에서 이러한 접근을 강력하게 비판하여 신약 연구계를 흔들었다.[18] 그 책에서 샌더스는 슈트라크와 빌러베크가 랍비 유대교의 신학 세계를 어떻게 이해했는지 요약해 주었다.

하나님은 이스라엘에게 토라를 주셔서 그들이 공로를 쌓고 보상을 받을 기

* 경향, 풍조.

회를 갖게 하셨다. 개개인에게는 선을 택할 능력이 있고, '바리새파 구원론'의 체계 전체는 인간이 율법을 이행할 수 있는 능력에 따라 깊이 좌우된다. 이스라엘 자손은 계명을 지킬 때마다 공로^{zekût}를 얻고, 죄를 범할 때마다 빚 즉 죄책^{hôbâh}을 얻는다. 하나님은 공로는 물론이고 과실도 기록해 두신다. 사람이 공로가 더 많으면 의롭다 여겨지지만, 범죄가 공로보다 많으면 악하다고 여겨진다. 공로와 범죄가 같으면 중간 수준이다. 사람은 하나님이 어느 정도로 계산하시는지 모르기에, 땅에서는 아무 보장도 없다. 대차 계정의 잔고는 어느 때든 바뀔 수 있다. 결국 그 계정을 기초로 그 사람의 운명이 결정된다. 계명을 더 많이 지킨 사람은 에덴[동산]으로 가고 죄가 더 많은 사람은 지옥으로 가지만, 중간에 있는 사람의 경우에는 하나님이 저울에서 죄를 제거하셔서 계명 완수 쪽으로 기울어지게 하신다.[19]

랍비 사상은 처음부터 끝까지 이렇게 회계 장부처럼 신학에 접근한다. 빌러베크가 말하듯이, "이렇게 옛 유대교는 가장 완벽하게 스스로 구원하는[Selbsterlösung] 종교여서, 세상의 죄를 위해 죽는 구세주가 들어갈 자리가 없다."[20] 내가 《창세기 라바》에서 인용한 본문이 이를 뒷받침하는 것 같다. 하나님은 라멕의 오만에 대응하시면서 어느 때든 그분이 소지하신 증서에 따라 돈을 받아내실 수 있음을 표명하셨다. 아브라함의 죄 때문에 범과^{demerits}가 아주 많이 남았으므로, 아브라함뿐 아니라 아브라함의 자손, 또 그 자손의 자손이 그 범과를 청산해야 할 것이다.

그러나 동시에, 이 동일한 본문들이 보여 주듯이 하나님은 회계 장부를 기계적으로 관리하지는 않으신다. 예를 들어 라멕이 보았듯이, 하나님은 가인의 경우 일곱 세대를 다 채울 때까지 상환을 유예해 주실 만한 이유를 찾으셨다. 요셉의 경우에는 형들이 배상을 하자 그 증서가 완전히 백지화되었다. 그러나 (앞으로 간단히 살펴 볼) 또 다른 본문들을 보면 하나님은 하늘 회계 장부를 더 아무렇게나 다루셨다. '그 장부에 따라' 처리하셔서 대변에 맞추어 차변을 조정하지 않으시고, 그분 백성을 구원하시려고 갖가지 금융상 채무를 기꺼이 무시하셨다. 금융 세계에서는 그러한 분식 회계가 재앙과 같은 영향을 미칠 수 있지만, 영적 영역에서는 다른 규칙이 작용한다. 최종 결과가 하나님이 너무나 사랑하시는 이스라엘 민족을 향한 호의가 된다면, 하나님은 '장부 조작'에 전혀 반대하지 않으신다. 실제로 일부 미드라쉬 내러티브에는 공정이라는 요소가 도통 보이지 않는다. 대신 공정이 있을 자리에 은혜라는 덕목, 다시 말해, 하나님이 아무 공로가 없는데도 주시는 혜택이라는 영수증이 있다. 놀랍게도 슈트라크와 빌러베크는 이러한 사례에는 주목하지 않는다.

속죄일

랍비 사상에서 이러한 다른 측면을 보여 주기 위해《페시크타 라바티 *Pesikta Rabbati*》에 나오는 본문 하나를 논하고 싶다.《페시크타 라바티》는 상대적으로 후기의 저작으로, 유대 교회력의 다양한 절기에 봉헌한 랍비 설교 모음집이다. 이 저작의 제45장에 속죄일에 봉헌한 설교가 들어 있다. 랍비 사상에 따르면, 하나님은 속죄일에 이스라엘의 죄를 심판하시고 모든 죄인의 이듬해 운명을 결정하신다. 만약 하나님을 각 사람에게 정확히 벌을 매기는 까다로운 은행가로 여긴다면, 하나님이 소지하신 갖가지 채무 증서들을 모아 그해 말에 장부 결산을 위해 상환을 요구하시리라고 예상할 것이다. 이스라엘 자손은 죄 때문에 연체가 상당하기에 당연히 두려워 떨 것이다. 그러나 그런 예상이 시편 32편 1-2절에 대한 랍비의 해석에서 완전히 뒤집힌다.

"다윗의 교훈˚, 허물의 사함을 받고[něsûy pešaʻ] 자신의 죄가 가려진[kěsûy ḥaṭṭā't] 자는 복이 있도다"[시 32:1]. 다윗의 말은 '주께서 주의 백성의 죄를 가져가 버리셨으며[nāśāʼ ʻăwōn], 그들의 죄를 다 가리셨다'는 뜻이다.

속죄일에 사탄이 이스라엘을 고발하러 왔다. 사탄은 이스라엘의 죄들을 열거하고 나서 말한다. "온 세상의 주여, 세상 민족 가운데 간음한 자들이 있듯이 이스라엘에도 있습니다. 세상 민족 가운데 도둑이 있듯이 이스라엘에도 있습니다." 찬양을 받으실 거룩하신 분이 이스라엘의 공로[zěkûyôt]를 열거하셨다. 그런 다음 무슨 일을 하셨을까? 저울을 가지고 오셔서 죄와 공로를 맞춰 보셨다. 같이 무게를 달아 보니 저울이 균형을 이루었다. 그런 다음에 사탄이 가서 죄를 더 얹자, 저울이 더 낮게 가라앉았다.

찬양을 받으실 거룩하신 분이 어떻게 하셨을까? 사탄이 죄를 찾는 동안, 찬양을 받으실 거룩하신 분이 그 죄들을 저울에서 내려 그분의 자주색 왕복 아래에 숨기셨다. 사탄이 돌아왔지만 죄를 찾지 못했으니 "이스라엘의 죄악을 찾을지라도 없겠고"[렘 50:20]라 기록된 것과 같았다. 사탄이 이것을 보고서, 찬양을 받으실 거룩하신 분 앞에서 말했다. "주의 모든 분노를 거두시며 주의 진노를 돌이키셨나이다"[시 85:3]. 다윗이 이를 보고 말했다. "허물의 사함을 받고 자신의 죄가 가려진 자는 복이 있도다"[시 32:1].

• 다윗의 마스길.

중요하게 언급할 만한 사실은, 예상과 달리 사탄이 악의 화신이 아니라는 것이다. 오히려 정의의 원리를 보면 보잘것없는 존재다. 사탄의 주장에 따르면, 이스라엘은 용서받을 자격이 없으며, 차변debits이 대변credits보다 크다. 그러나 하나님은 회계 절차를 엄격하게 하실 마음이 없으시다. 사탄은 옳은 경우에도 이길 수 없다. 하나님은 이스라엘의 죄를 '지고 가 버리심으로써' 상황을 바꾸신다. 이 경우 하나님은 성경이 표현하듯, 누군가의 어깨에서 짐을 없애 버리시는 것이 아니라, 채무 증서를 없애신다.[21] 저울에서 증서가 제거되면서 이제 이스라엘은 대변이 더 커지고, 하나님이 '공정하게' 그분 백성을 용서하실 수 있다.

하나님의 관용에 천사가 분노한다는 주제는 랍비 문헌에서 드물지 않으며, 이를 예증하는 실례 목록도 대규모로 작성할 수 있다.[22] 천사들이 벌을 받는 이야기도 있고, 천사들이 속는 이야기도 있다. 그러나 중요한 점은, 마지막에 가서는 하나님이 인간의 죄를 슈트라크와 빌러베크가 묘사한 유형에 따라 계산하지 않으신다는 것이다. 하나님은 공의로우시지만, 관대하시기도 하다. 이 장 서두 인용문에서 토마스 아퀴나스는 그러한 관용이 공의를 훼손하지 않는다고 말했다. 백 달러 빚진 사람이 2백 달러를 갚아도 되는 것처럼, 백 달러를 받아야 하는 사람이 아무것도 받아내지 않을 수 있다. 채권자가 채무를 면제해 준다면 어떤 의미에서는 그것을 선물하는 것이다. 하나님은 언제나 선물을 주실 수 있다. 물론 죄인들이 자신의 악행 때문에 벌을 받았다는 랍비 이야기들도 많다. 그러나 랍비 신학을 제대로 설명하려면 이런 이야기들을, 하나님이 규칙을 변경하셔서 자비가 이길 수 있게 하시는 모습을 보여 주는 내러티브들과 균형을 맞추어야 한다. 모든 채무는 궁극적으로 하나님에게 갚아야 하므로, 하나님에게는 부채 회수를 철회할 권리가 있으시다. 그분이 채무자에게 그러한 선물을 주신다면, 공의에 어긋나게 행동하시는 것이 아니다.

《페시크타 라바티》는 중세 후기의 모음집이니 너무 최근 저작이라 랍비들이 대변과 차변의 문제를 어떻게 이해했는지 밝혀 주지 못한다고 주장할지도 모르겠다. 아마도 더 이전 시기에 성행하던 훨씬 더 엄격하고 단호한 묘사에 비하면 이 모음집은 더 새롭고 너그럽게 수정한 것이라고 주장할 수도 있다. 그러나 훨씬 이른 시기의 작품인 예루살렘 탈무드(주후 5세기)에는, 우리가《페시크타 라바티》에서 본 이야기와 비슷하게 대응되는 이야기가 있다. 예루살렘 탈무드의 소논문 〈페아^{Peab}〉에 따르면 공로^{merits}가 더 많은 사람은 천국을 상속받는 반면, 죄가 더 많은 사람은 지옥 불을 상속받을 것이다. 그러나 공로와 차변^{debits}의 무게가 똑같은 사람은 어떻게 되는가?

> 하나나의 아들 랍비 요세가 말했다. "[출 34:6-7에서] 하나님의 성품을 묘사하는 부분을 살펴보라. '죄들을 없애시려고 그 죄들[복수]을 쥐고 계신 분'이라 기록되어 있지 않다. 오히려 하나님은 '죄[단수]를 없애 주시는 분'이다. 이는 거룩하신 분(그분을 송축하라!)이 선행이 우위를 차지하도록, 증서 하나를 잡아채시리라는 뜻이다."
>
> 랍비 엘르아살은 "주여 인자함은[$hesed$] 주께 속하오니 주께서 각 사람이 행한 대로 갚으심이니이다"[시 62:12]라는 절을 인용했다. 그러나 어떤 사람이 [공로가 충분하지] 않으면, 하나님이 그분의 것 일부를 주실 것이다! 이는 랍비 엘르아살의 생각과 일치한다. 그 [역시] "인자[가] 많은 [rab $hesed$] 하나님이라"[출 34:6]라는 절에 대해, 하나님이 정의의 저울을 인

자한 결정 쪽으로 기울이신다고 말했다(JT *Peah* 5a).

첫째 진술에서 볼 수 있듯이 랍비 요세는 성경 본문을 지나치게 문자적으로 인용한다. '죄를 용서해 주시는'이라는 구절에서 '죄'라는 명사는 단수이지만, 히브리어의 의미는 분명 복수다. 그럼에도 불구하고, '죄'가 단수로 나와 있다는 데 요세는 특이하다는 인상을 받았다. 하나님의 자비를 묘사하려는 절에서, 왜 그분이 죄를 딱 하나만 없애시리라고 말할까? 요세가 제시하는 답에 따르면, 그 성경 본문은 저울이 균형을 이루고 있는 어느 한 사람을 염두에 두고 있다. 이 경우 하나님은 그 사람의 죄가 우위를 차지하지 못하도록 채무 증서 하나를 없애주심으로 자비를 보이신다.

랍비 엘르아살도 비슷한 결론에 도달하지만 출발점이 다르다. 시편 62편 12절은 각 사람이 행한 대로 갚음을 받는다고 분명히 말하지만, "주여 인자함은 주께 속하오니"라는 말로 그 단언에 단서를 단다. 이 말은 무슨 뜻일까? 랍비 엘리아살의 생각으로는, 인간의 행동에 따라 상벌을 행하는 것은 하나님의 권리지만, 이러한 일반적인 단언을 철칙으로 여기면 안 된다. 인자의 원리로 하나님을 정의하므로, 하나님은 공로가 부족한 이들에게 그분의 무한한 공로를 나누어 주실 수 있다. 엘르아살은 하나님의 자비하신 속성을 인용함으로써(출 34:6) 이 원리를 재차 단언한다. 하나님이 '인자가 많으신' 분이라는 사실은, 하나님이 깊이 사랑하시는 사람에게 유리하게 기울도록 저울에 엄지손가락을 얹으신다는 뜻이다. 빚은 하나님에게 갚아야 하므로, 하나님은 원하신다면 그것을 눈감아주실 수 있다.

폴 리쾨르의 논의에서 보았듯이, 기존 언어에 깊이 배인 비유를 제쳐두고서는 죄의 개념에 접근할 수가 없다. 리쾨르는 그러한 비유들이 이야기의 형식을 엄격하게 결정했다는 뜻으로 말하지 않았다. 오히려 비유들이 원재료를 제공했기에 종교 전승이 다양하게 형성될 수 있었다. 슈트라크와 빌러베크, 그리고 그 다음 세대 신약 학자들은, 죄 용서에 관한 유대 사상이 엄격한 재무 타당성 규칙에 한정된다고 추정하는 실수를 저질렀다. 이 장에서 보았듯이 죄 용서라는 주제는 복잡하고 미묘하게 사용되었다. 분명 하나님을 고압적인 대출 담당자처럼, 받아야 하는 돈을 일 원짜리 동전 한 닢까지 내놓으라고 하는 분으로 묘사할 수도 있다. 그러나 아끼는 조카에게 돈을 빌려 주고도 쉽게 잊어버리는 상냥한 이모처럼 묘사할 수도 있다. 비유가 들어 있는 문맥에 따라 모든 것이 완전히 달라진다. 도덕적으로 조심하게 하려면, 하나님의 법정을 인간의 죄를 엄격하게 따지는 데 몰두하는 곳으로 묘사하는 것이 적절하다. 여기에서는 국세청 감사를 받는 상황이 떠오른다. 그러나 속죄일, 즉 하나님이 온 세상을 심판하시는, 일 년 중 가장 거룩한 날에는 그 비유의 결이 다르다. 하나님이 사랑하시는 아들인 이스라엘의 보전이 핵심이라면, 어느 형태의 분식 회계든 모두 정당화할 수 있다.

8장

초기 기독교의 속죄 사상

> 나는 육신에 속하여 죄 아래에 팔렸도다. —로마서 7:14
> 그리스도께서는 우리를 대적하는 채무 증서를 지우셨다.•
> —골로새서 2:14

신약 학자들이 오랫동안 주목했듯이, 헬라어로 나사렛 예수에 대해 읽는 데는 문제의 소지가 있다. 헬라어 문서가 예수의 삶과 가르침에 대한 가장 고대의 증언을 제시하기는 하지만, 역사상 인물과는 거리가 좀 있다. 예수께서 제자들과 동료 유대인들에게 그들의 언어인 히브리어나 아람어로 (혹은 아마도 두 언어를 아울러 사용하여) 설교를 하셨다는 데는 의문의 여지가 없다. 예수의 가르침의 바탕에는 셈어의 특징이 있으며, 그 증거가 현존 헬라어 본문에 간간이 나온다. 앞에서 언급했듯이, 주기도문의 "우리가 우리 채무자에게 빚을 탕감해 준 것같이 우리 빚을 탕감해 주소서"라는 말씀이 1세기에 헬라어가 모국어이던 이들에게는 다소 이상하게 들렸을 것이다. 관습상 죄를 금융 용어를 이용하여 떠올리지는 않았기 때문이다.[1] 그러나 헬라어를 아람어나 히브리어로 되돌려 보면, 예수 당시의 팔레스타인에 완벽하게 들어맞는 어법이 결과물로 나올 것이다. 실제로 시리아역 즉 기독교의 아람어

• "우리를 거스르고 불리하게 하는 법조문으로 쓴 증서를 지우시고."

역 성경 페쉬타Peshitta에 나오는 주기도문인 "쉬부크 란 하우바인$^{šbûq\,lān}$ ^{ḥawbayn}"이 예수께서 하신 말씀과 가장 비슷할 것이다. 여기서 동사 명령형 '쉬부크'는 우리가 진 빚^{ḥawbayn}을 어느 사람이 '[회수할] 권리를 포기하다'를 뜻한다.

셈어 분위기를 드러내는 또 다른 내러티브는, 누가복음 7장 36-50절에서 예수께서 죄를 지은 여인을 용서해 주시는 이야기다. 이 내러티브에서 시몬이라는 바리새인이 예수를 자기 집 식사 자리에 초대하는데, 놀랍게도 그때 마을에서 죄인으로 이름난 여자가 문간에 나타난다. 이유는 언급되지 않지만, 시몬이 예수의 발을 씻겨 드리거나 들어오실 때 기름을 붓는 것이 당시 관습이었을 텐데, 시몬은 그런 일에 신경을 쓰지 않는다. 대신에 그 여자가 감동적인 태도로 그 일을 한다. 본문의 기록에 따르면 여자가 "눈물로 그 발을 적시고 자기 머리털로 닦고" 그 발에 기름을 부었다고 기록한다. 시몬은 이 놀라운 광경을 보면서 점점 짜증이 나면서도 예수께서 왜 그 여자의 죄를 꾸짖지 않으시는지 의아했다. 그러나 예수께서는 시몬이 무슨 생각을 하고 있는지 아시고 비유를 들어 꾸짖으신다. 중요한 금융 용어는 시리아어로 표시한다. "어느 채권자[mārē' ḥawbâ]에게 채무자[ḥayyābē]가 둘이 있어 하나는 오백 데나리온을 빚졌고[ḥayyāb] 하나는 오십 데나리온을 빚졌는데, 갚을[praʻ] 것이 없으므로 두 사람의 채무를 무효화했다[šbaq]"*(눅 7:41-42).

이 짧은 이야기 속에, 유대 자료들에서 보았던 단어가 거의 다 다시

---

* "빚 주는 사람에게 빚진 자가 둘이 있어 하나는 오백 데나리온을 졌고 하나는 오십 데나리온을 졌는데 갚을 것이 없으므로 둘 다 탕감하여 주었으니."

나온다. 채권자는 채무자가 상환할$^{pra'}$ 의무가 있는^{hayyāb} 채무 증서의 소유자$^{mārē' hawbâ}$다. 채무자들이 갚을 수 없는 경우에, 자비로운 채권자라면 상환을 받을 권리를 무효화하거나 포기할^{šbaq} 수 있다. 무효화 또는 포기에 해당하는 동사는 신약 성경에서 보통 용서를 묘사하는 데 사용하는 동사이기도 하다. 예수께서는 이 비유를 끝내시자마자, 시몬에게 단도직입적으로 말씀하신다. "[빚진 사람] 둘 중에 누가 그[채무자]를 더 사랑하겠느냐?" 그러자 시몬이 지혜롭게 대답한다. "내 생각에는 많이 탕감함을 받은 자니이다"(눅 7:42-43).

이 내러티브를 셈어 특유의 어법으로 보면, 지극히 평범하고 자연스럽게 들린다. 따라서 시리아어를 쓰던 초기 신학자의 해석을 들어 보는 것도 유익할 것이다. 시리아 전승에는 초기 기독교의 활기 넘치는 형태가 나타나며, 신학 사상이 모두 셈어로 표현되었다. 대체로 사람들은 초기 기독교 운동이 기본적으로 두 그룹으로 나뉜다고 생각한다. 바로 라틴어권(이며 아우구스티누스를 제일가는 신학자로 떠받드는) 서쪽 지역 사람들과, 헬라어권(이며 카파도키아인으로 알려진 세 사상가인 성 바실리우스, 나지안주스의 성 그레고리우스, 니사의 성 그레고리우스를 특별하게 여기는) 동쪽 지역 사람들이다. 그러나 내 생각에는 초기 교회를 세 부분으로 나누는 것이 더 정확하다. 바로 라틴어권인 서쪽 지역, 헬라어권인 중앙 지역, 시리아어권인 (그리고 결국은 아람 사람들인) 동쪽 지역이다. 초기 시리아 교회에서 가장 눈에 띄는 인물은 성 에프렘$^{St.\ Ephrem}$(373년에 사망)으로, 5세기 초반의 교리상 끔찍한 분열이 일어나기 직전에 살았다. 에프렘의 글로 넘어가는 까닭은, 죄인인 그 여자와 바리새인 시몬 이야기(눅 7:36-50)가 에프렘의 속죄 신학 전체의 기초였기 때문이다.[2]

에프렘이 이 이야기에 얼마나 매료되었는지 주석을 최소 세 개 내

놓았다.³⁾ 에프렘이 보기에 예수께서는 그 죄인인 여자가 보인 사랑 때문에 여자를 자비롭게 대하셨다. 시몬도 집 주인으로서 손님의 발을 씻겨 드릴 의무가 있는, 즉 '채무가 있는*hayyāb*' 사람이었지만, 이 책임을 죄인인 여자가 대신 감당했다. 발을 씻기는 단순한 행동뿐이었지만, 여자가 눈물과 머리카락을 사용하여서 도덕적으로 뛰어난 능력을 보여 주자 그 일이 완벽해졌다. 바로 이 깊은 사랑, 집 주인과 예수 둘 다를 향한 사랑이 원동력이 되어서 예수께서 여자의 죄를 용서하시게 되었다. 에프렘은 이렇게 말한다. "예수를 만찬에 초대한 사람은 사랑이 부족했기 때문에 꾸짖음을 들었다. 그러나 그 여자는 자기 죄에 생긴 **엄청난 채무 증서**를 눈물로 지워 버렸다."⁴⁾

우리를 대적하는 증서 지우기

증서를 언급하니 앞 장에서 살핀 주제가 떠오른다. 에프렘은 아람어 특유의 어법으로 글을 썼으므로, 당대의 유대교 문서들에 나오는 단어와 동일한 단어들을 썼다는 것은 놀랄 일이 아니다. 에프렘은 한때 고대 메소포타미아로 불리던 북쪽 가장자리에 집이 있었고, 랍비 형제들과 같은 언어를 사용했으며, 형제들도 대부분은 인근에 살았다. 이 시기에는 기독교인들이 유대인과 교류할 기회가 자주 있었다. 에프렘의 신학 용어 중에는 제2성전 시대 유대인의 글들까지 거슬러 올라갈 수 있는 용어가 있기는 하지만, 에프렘과 랍비들이 죄와 용서에 대해 똑같은 용어를 사용한 까닭은 그 용어가 그들이 공유하던 모국어 어휘였기 때문이라고 추정할 수 있다. 실제로 오늘날에도 유대교 작가와 기독교 작가 모두 실존주의 철학에서 유래한 소외, 아노미 등등의 용어를 사용하여 인간의 죄악된 상태를 묘사한다. 유대교가 기독교에서, 또는 기독교가 유대교에서 이러한 용어를 빌려 온 것이 아니라 오히려 평범한 철학 용어에서 가져온 것이다.

그러나 에프렘에게는 채무 증서를 거론해서 죄로 인한 인간의 곤경을 묘사할 만한 근거가 더 있었다. 한편으로, 에프렘은 문맥에 아주 어울리게 단어를 선택한다. 누가가 '빚을 소유한 사람'(시리아어로는 mārē' ḥawbâ)이라는 표현을, 유형의 서류를 소유한 사람 šṭar ḥawbâ 말고 달리 무슨 의미로 말할 수 있었을까? 에프렘은 그 시대에 현존하던 경제 관행을 언급하고 있었다. 다른 한편으로, 중요한 성경 구절에서도 채무 증서를 언급한다. 에프렘은 골로새서 2장 14절에서 묘사하는 속죄를 에둘러 인용한다. 그 구절은 그리스도의 용서 행위를 "증서를 지우시"는 일로 서술한다.

이 본문은 초기 기독교의 중심이었으며, 아마도 속죄라는 주제로 가장 많이 인용되는 신약의 구절일 것이다.[5] 이렇게 적혀 있다. "또 범죄와 육체의 무할례로 죽었던 너희를 하나님이 그와 함께 살리시고 **우리의 모든 죄의 채무를 무효화하시고**[*charizo*] 법적 요구를 들어서 우리는 대적하는 **채무 증서**[*cheirographon*]**를 지우사*** 십자가에 못 박으시고 통치자들과 권세들을 무력화하여 드러내어 구경거리로 삼으시고 십자가로 그들을 이기셨느니라"(골 2:13-15). 여기서 핵심 구절은 "우리의 모든 죄의 채무를 무효화하시고"와 "[우리의] 채무 증서를 지우사"다. 첫째 구절은, 기본 의미가 '너그러이 거저 주다'인 동사 *charizo*를 사용

- "우리를 거스르고 불리하게 하는 법조문으로 쓴 증서를 지우시고 제하여 버리사."

한다. 이는 앞에 나온 바리새인 시몬의 이야기에서 쓰인 동사와 같다 ("어느 채권자에게 채무자가 둘이 있어 하나는 오백 데나리온을 빚졌고 하나는 오십 데나리온을 빚졌는데, 갚을 것이 없으므로 두 사람의 채무를 무효화했다[charizo]"). 이렇듯 카리조^{charizo}는 빚이 무효화되었음을 나타내는 데 아주 좋은 동사다. 채권자가 자비롭게도 대출금을 완전한 선물로 바꾸었기 때문이다.[6]

둘째이자 훨씬 더 중요한 어구인 "[채무] 증서를 지우사"는 우리가 현재 추적 중인 유대 상황에 놓이게 한다. 여기서 사용한 헬라어는 케이로그라폰^{cheirographon}이다. (시리아역 신약 성경은 이 단어를 쉬타르 하우바^{štar hawbâ}로 번역하는데, 이는 히브리어 쉬타르 홉^{štar hôb}에 해당하는 아람어다.) 이 단어를 직역하면 '자필 서류'(케이로^{cheiro}는 '손', 그라폰^{graphon}은 '적힌 항목')로, 아마도 차용인이 증인들 앞에서 자기 손으로 그 채무 증서에 서명하는 절차를 가리킬 것이다. 이러한 공개 의식을 통해 채무 증서가 법적 구속력을 지니게 되었을 것이다. 당대 헬라어 파피루스 문서들에서 채무 증서를 가리키는 데 보통 이 용어를 사용한다.[7]

이러한 파피루스 문서들이 신약 학자들에게 중요하다는 것이 분명해졌던 이유는, 파피루스 문서들에는 골로새서에 있는 단어 용법과 아주 비슷한 용법이 나오기 때문이다. 그러나 그들 중 일부와는 달리 내 생각으로는 그 파피루스 문서들만으로는 골로새서 2장 14절을 이해할 수 있는 맥락을 온전히 제공하지 못한다. 이러한 파피루스들을 활용한다면, 동시대 유대교보다는 그리스-로마 세계가 초기 기독교의 발전을 이해하기에 더 적절한 맥락을 제공한다고 주장하는 셈이다. 그러나 파피루스 문서들은 그렇게 관련이 있다고 해도, 한 가지 중요한 영역에서 결함이 있다. '케이로그라폰'이라는 단어가 거의 늘 대출 명세서 같은 맥락에서만 나오지, 죄를 비유하는 데 그 단어를 널리 사용했다는 증거는 없다.[8] 이 맥락을 보면, 골로새서의 용어 선택은 제2성전 시대 유대교의 히브리어와 아람어 안에서 더 자연스럽다. 우리가 논의한 랍비 본문 중에 4세기보다 이른 시기의 본문이 없기는 하지만, 그렇다고 해서 유대교의 용법이 더 일찍 시작되지 않았다는 뜻은 아니다.[9] 실제로 골로새서는 그러한 유대교 용법이 있었다는 가장 이른 시기의 증거라고 할 수 있을 것이다.

초기 유대교에서 채무 증서

'케이로그라폰'이라는 단어는, 의미가 약간 다르기는 하지만, 헬라어역 토비트서에 맨 처음으로 나온다. 토비트서의 연대는 주전 2, 3세기로 추정하며, 히브리어나 아람어로 쓰였는데도 유대교 성경에 들어가지 않는다. 그러나 가톨릭 성경에서는 토비트서를 볼 수 있다(일부 개신교 성경들은 토비트서를 외경으로 게재하기는 한다). 이 책은 아주 신앙심 깊은 사람인 토비트에 대한 이야기를 해 주는데, 토비트는 가난한 이들을 관대하게 대하라는 명령에 철저했다. 토비트는 어릴 때 메소포타미아로 유배되었지만, 거기에서 왕궁의 수완 좋은 상인으로 신분이 급격히 상승한다. 한번은 사업차 메대에 갔다가 가바엘이라는 사람에게 상당한 액수의 돈을 맡긴다(토비트서 1:14). 헬라어역에서 토비트는 '케이로그라폰'을 작성하여(토비트서 1:14, 5:3, 9:2을 보라) 이 예금을 보호한다.[10] 이것은 엄밀히 말해 대출은 아니지만, 가바엘에게 부과된 의무는 비슷해서, 차용인처럼 가바엘은 앞으로 언젠가 돌려줄 의무가 있는 예금을 맡는다. 그 증서는 앞서 말한 거래에 대한 토비트의 영수증 역할을 하고, 그 이야기에서 나중에 토비트가 아들 코비아스를 보내 돈을 되찾으려고 할 때 매우 중요해진다.

이상하게도 (주후 5세기 초) 성 히에로니무스 St. Jerome의 라틴어역•은, 이 금융 거래를 다르게 묘사한다. 차이를 제대로 구별하도록, 대출과 그 대출금 상환이 나오는 헬라어와 라틴어 구절들을 모아 보았다. 원래 헬라어역에서는 돈을 맡긴 행위였는데 불가타역은 이를 가난한 사람에게 대출해 주는 것으로 바꾸었다는 데 주목하라. 둘 다 신용이 필요하긴 하지만, 분명 둘 중 대출이 더 위험했다. 아마도 그래서 불가타역이 토비트가 소지한 채무 증서(키로그라품 chirografum)를 더 자주 언급할 것이다. 그 서류가 (1) 법적으로 토비트에게 채무를 회수할 권리가 있음을 나타내기 때문이고, (2) 일단 전액을 상환하면 채무자가 이제는 채권자에게 채무가 전혀 없음을 분명하게 하기 위해 그 서류를 채무자에게 넘겨주어야 하기 때문이다. 이 '키로그라품'을 언급하는 두 부분도 아래에 실었다. 그 단어는 토비트서 서두에서 토비트가 가바엘에게 돈을 맡길 때, 그리고 중간에 토비트가 돈을 회수하기 위해 아들 토비아를 보낼 때 언급된다.

라틴어 불가타
1:16. 그가 메대의 한 도시 라게스에 갔을 때, 왕에게 은 십 달란트를 지불받았는데,

헬라어
1:14. 그래서 나는 메대에 자주 가곤 했는데, 한번은 메대의 라게스에 있을 때

- 불가타역.

17. 수많은 친척 가운데서 그와 같은 지파인 가벨루스가 가난한 것을 보고는, 그에게 자필 증서[*chirografum*]를 받고 상술한 액수의 돈을 주었다.

4:21. "아들아, 내가 또 말한다. 나는 네가 아직 어릴 때 메대의 한 도시 라게스라에서 가벨루스에게 은 십 달란트를 **빌려 주었고** 그의 자필 증서[*chirografum*]을 가지고 있다.

22. 그러니 어떻게 그에게 가야 할지 알아보고 앞에서 말한 액수의 돈을 받고 그의 자필 증서[*chirografum*]는 돌려 주거라.

23. 아들아, 두려워하지 마라. 우리는 정말 가난하게 살지만, 하나님을 두려워하고 모든 죄를 멀리하며 선을 행하면 좋은 것을 많이 얻게 될 것이다."

5:1. 그때 토비아가 아버지에게 대답했다. …

2. "그렇지만 어떻게 이 돈을 받아오니까? 저는 모르겠습니다.… 그에게 어떤 징표를 주어야 합니까?"

3. 그러자 그의 아버지가 대답했다. "내게 그의 자필 증서[*chirografum*]가 있다. 그걸 보여 주면 그가 바로 갚을 것이다."[11]

가브리의 형제 가바엘에게 은 십 달란트를 맡겼다.

4:20. "내가 전에 메대의 라게스에서 가브리의 아들 가바엘에게 은 십 달란트를 **맡겨 둔** 일이 있으니 너도 알아 두어라.

21. 아들아, 가난해졌다고 해서 두려워하지 마라. 하나님을 두려워하고 모든 죄를 멀리하며 하나님 보시기에 기쁜 일을 행한다면 너는 부유하게 될 것이다."

5:1 그때 토비아가 아버지에게 대답했다. "아버지, 아버지께서 명령하신 대로 다 행하겠습니다.

2. 그렇지만… 저는 그를 모르는데 어떻게 돈을 받아올 수가 있겠습니까?"

3. 그러자 토비트가 그에게 영수증을 주며 말했다. "같이 갈 사람을 찾아라. 그러면 내가 살아 있는 동안 그 사람에게 삯을 주겠다. 가서 그 돈을 받아오너라."

초기 기독교의 속죄 사상

헬라어판이 더 오래되긴 했지만, 히에로니무스의 본문은 그래도 상당히 가치 있다. 히에로니무스가 직접 말한 내용에 따르면 그 이야기를 라틴어로 번역하면서 아람어역에서 도움을 받았는데, 그 아람어역은 자유롭게 이용하라며 어느 유대인 동료가 준 것이다.[12] 만약 그렇다면, 후기의 어느 유대인 서기관이 원래 이야기를 바꾸어서 토비트가 가브리엘에게 맡긴 돈이 대출이 되게 했다고 추정 가능하다. 이렇게 바꿀 때의 문학적 이점은, 토비트가 가난한 사람에게 해 준 대출이 자선 행위로 인식된다는 것이다. 그러한 상황에서는 돈을 돌려받을 가능성이 아주 낮기 때문이다.[13] 이는 토비트가 그러한 큰 재무 위험을 감수할 정도로 하나님의 섭리적 돌보심을 무던히 믿어야 한다는 뜻이다. 결국에는 가바엘의 모험적인 사업은 점점 나아져서 토비트의 호의를 갚을 수 있었다.

서기관은 이런 식으로 이야기를 바꾸면서 세부 내용도 조정해서 주후 첫 몇 세기 팔레스타인의 대출 관행이 반영되게 해야 했다. 대출을 담보하기 위해 가바엘은 대출 증서를 작성하고 서명을 해서, 전액을 갚겠다는 약속을 명시해야 했다. 그런 다음 그 증서를 토비트에게 넘겨주어서, 토비트가 마레 쉬타라*mārē' štārā*, 즉 '증서 소유자'가 된다. 이렇게 증서를 소유하고 있으면 자기가 받을 것을 회수할 권리가 보장된다.[14] 일단 상환을 하면, 증서 소지자는 해당 증서를 차용인에게 돌려주어서 마음대로 처리하게 한다.

《욥의 유언*Testament of Job*》은 증서 작성 관행에 관한 또 다른 시각을 제시한다. 이 문서를 대부분의 학자는 유대인의 저작으로 여기며, 연대는 주전 100년에서 주후 200년 사이로 추정한다. 유언 장르의 다른 문서들처럼 이 이야기도, 죽기 직전 침대 머리맡에서 가족에게 전하는 말로 구성되어 있다. 위경인 이 개작에서, 욥은 자기가 가난한 이들을 아주 관대하게 대했음을 강조한다. 어느 부분에선가 욥의 이야기에 따르면 자신의 관대한 행동을 많은 사람들이 거들고 싶어 했지만 너무 가난해서 나누어 줄 것이 아무것도 없었다. 그들이 욥에게 간청했다. "부디 우리도 이 섬김에 참여할 수 있게 해 주세요. 그런데 우리에게는 아무것도 없습니다. 우리에게 자비를 베풀어 돈을 빌려 주시면 먼 도시로 나가 사업을 해서 가난한 이들을 섬길 수 있습니다. 그러면 나중에 갚겠습니다." 욥은 그들의 요청에 기쁘게 응답하여 필요한 것을 가지고 가게 한다. "나는 그들이 원하는 만큼 다 주면서 **서면으로 된 증서** 외에는 아무 담보도 잡지 않았다. 그래서 그들이 내 돈으로 나갔다. 때로는 사업에 성공하여 가난한 이들에게 나누어 준 사람도 있었다. 그러나 다른 때에는 강도를 만나기도 했다. 그러면 그들이 와서 간청하면서 이렇게 말했을 것이다. '부디, 참아 주십시오. 우리가 갚을 방도를 찾도록 허락해 주십시오.' 곧바로 나는 그들 앞에 그 증서를 내놓고 읽었다. 그런 다음 **갈기갈기 찢어** 그들에게서 빚을 없애 주면서 이렇게 말했다. '나는 가난한 이들을 위해 여러분에게 맡겼으므로, 여러분에게서 돌려받을 것이 없습니다. 내게 갚아야 할 것은 아무것도 받지 않겠습니다'"(욥의 유언 11:2-4, 7-12). 히에로니무스가 번역한 토비트서에서처럼, 채권자는 서명된 증서의 소유자다. 채권자는 증서를 소유하고 있으므로, 명시된 액수를 요구할 권리가 있다. 욥의 경우, 그 증서를 큰 소리로 읽었지만 즉각 상환을 요구하는 대신 증서를 갈기갈기 찢었다. 이는 순간적인 변덕이나 기분이 아니라, 증서 소유자의 권리를 무효화하는 법적 조치였다. 이런 행동으로 욥은 차용인이 장래에 어떠한 채무에서든 벗어나게 해 주었다.

증서에 관한 해답이 없는 질문들

위에서 탐구한 누가복음, 토비트서, 《욥의 유언》에 나오는 본문들은, 증서를 작성하고 무효화하는 과정을 꽤 완벽한 내러티브에 담고 있다. 반면 골로새서 본문("[하나님이] 법적 요구를 들어서 우리는 대적하는 채무 증서 [를 지우사]")의 경우, 기본 개념은 명확하지만 세부 사항 대다수는 그렇지 않다. 실제로 누가 그 증서에 서명을 했으며, 하나님이 지우실 때 그 증서를 누가 가지고 있었는가? 본문이 이런 문제들을 명확하게 말하지 않기 때문에, 이런 질문들을 놓고 가설상 해결책이 다양하게 나오게 되었다. 수 세기에 걸쳐 골로새서를 다룬 주석이 수백 편이라는 사실이 이 구절들에 존재하는 어려움을 입증한다. 저자는 그리스도의 구속 사역을 살짝 일별할 뿐, 이 비유의 신학적 맥락을 구체적으로 차근차근 설명하지는 않는다.

만약 골로새서의 저자와 가장 초기의 독자들이 다른 바울 서신들을 알고 있었다고 추정한다면, 그 저작들을 참고하여 이 불분명한 부분을 더 밝혀낼 수 있다.[15] 예를 들어, 바울은 로마서에서 죄인인 우리 상태가 **노예** 상태와 비슷하다고 분명히 말한다.[16] 그리스도의 구원 행위로 우리는 비참한 상황에서 속량을 받았다. 그러나 문자적으로 속량의 의미는 노예를 되사오는 것, 즉 맨 처음에 노예 상태에 이르게 했던 그 빚을 갚는 것이다. 이런 시각에서, 우리의 죄인 상태는 채무 노예와 유사해 보인다. 우리 죄라는 채무가 하나님에게 연체되어 우리는 영적 노예로 팔렸다.

그러나 어쩌다가 인간이 그런 빚을 지게 되었는가? 바울은 로마서에서, 아담이 에덴에서 불순종한 것이 인간의 죄의 기원이라고 말한다

(롬 5:12-14). 만약 바울의 말뭉치corpus 범위를 벗어나지 않은 채로 로마서에 비추어 골로새서를 읽는다면, 그 질문에 이렇게 답할 수 있다. 바로 아담과 하와가 인류를 노예로 만든 증서에 서명한 이들이다.

로마서와 골로새서는 상관관계가 명백하므로, 가장 초기의 교부 사상가인 리옹의 이레네우스(주후 2세기)가 이와 동일한 결론을 도출한 것은 당연하다. 이레네우스는 아담과 하와가 금지된 열매를 먹었을 때 인류가 에덴에서 '하나님의 채무자'가 되었다고 선언한다.[17] 이어서 이레네우스는 그 채무의 면제는 십자가 죽음을 근거로 한다고 말한다. "[예수께서]… 증서를… 제하여 버리사 십자가에 못 박으"(골 2:14)셨다고 성경이 분명하게 선언하기 때문이다. 이러한 방법이 적합한 까닭은, "[에덴동산의] 나무 때문에 우리가 채무자가 되었고, [그래서 또] 나무[즉 십자가] 때문에 우리가 채무 면제를 받을 수 있기" 때문이다.

이레네우스는 이 증서가 어디에서 (아담에게) 생겼는지 분명히 말하지만, 그 증서의 소유자가 누구인지는 말하지 않는다. 5세기 유명한 시리아 신학자 스룩의 야곱Jacob of Serug의 저작에 퍼즐 조각이 몇 개 더 있다. 야곱은 주기도문에 나오는 "우리 빚을 탕감해 주소서"라는 구절을 해설하면서, 타락한 아담의 상황을 아담의 목소리로 한탄해 본다.

오, 주님, 제가 팔렸습니다. 어떻게 하면 다시 자유로워질 수 있을까요?
제 의지로 제가 이 악한 왕Lord의 편에 있게 되었습니다.
교활한 뱀이 제 펜을 잡고 썼습니다.
뱀과 하와가 노예 증서[šṭārâ]를 쓰고 저를 노예로 만들었습니다.

저도 동의하여, 한때 자유인이던 제가 노예가 되었습니다.
저를 사들인 그 원수가 아무 까닭도 없이 저를 묶었습니다.[18]

바울 서신에서 말하지 않는 것을 이 몇 행이 설명해 준다. 아담은 자신이 비참한 채무자이며, 자신의 손실을 보상하려고 노예로 팔렸다고 생각한다. 아담이 어긴 명령은 하나님이 내리신 명령이지만 그 증서는 어쨌든 사탄이 가지고 있다. 스룩의 야곱과 수많은 다른 초기 기독교 사상가들이 그 이야기를 이런 식으로 하는 까닭은 강력한 내러티브적, 신학적 이유가 있어서다. 그리스도의 삶은 하나님이 죽음의 권세를 이기신 이야기이므로, 바로 (사탄으로도 알려진) 이 권세가 그리스도께서 구원하신 인류보다 조금 유리한 위치에 있어야 말이 된다. 이런 식으로 구원을 묘사하는 방식은 초대교회에 널리 퍼져 있었으며, 자주 인용되는 구스타브 아울렌의 책에서는 '승리자 그리스도'라는 별칭을 붙였다.[19]

어떻게 증서가 무효가 되었을까?

바울의 글들에서는 인간의 곤경을 어느 정도 일관성 있게 묘사하긴 하지만, 그리스도께서 **어떻게** 이 채무 증서에서 인류를 구해 내셨느냐에 대한 질문은 훨씬 모호하다. 니케아신경을 보면 교회가 그리스도의 위격의 성격personhood을 명확하게 하는 데는 시간과 노력을 상당히 들였지만, 속죄가 실제로 어떻게 작용하는지 밝히는 데는 그 정도의 관심을 보이지 않았다. 그리스도의 위격person에 할애한 행들의 수와 구원 사역에 할애한 행들의 수를 비교해 보라

그리스도의 위격:
우리는 한 분이신 주 예수 그리스도를 믿습니다.
그분은 모든 시간 이전에 성부에게서 나신,
하나님의 독생자이십니다.
그분은 하나님에게서 나신 하나님이시요,
빛에서 나신 빛이시요,
참 하나님에게서 나신 참 하나님이시며,
성부와 같은 분으로 나신 것이지 지음 받은 분이 아닙니다.
오히려 그분을 통해서 만물이 지음 받았습니다.

그리스도의 구원 사역:
우리 때문에 본디오 빌라도 치하에서 십자가형을 받아
죽임을 당하고 묻히셨습니다.•

"우리 때문에… 십자가형을 받아"라는 이 표현이 간결했기 때문에, 속죄 내러티브의 개요에 관한 설명이 다양하게 나왔다.

시리아 전승에는, 사탄이 가진 증서가 어떻게 뒤집혔는지에 관한 설명이 두 가지가 있으며, 그 둘은 뚜렷이 구별된다. 하나는 (이라크 동부와 페르시아에 자리잡은) 세칭 동방 교회의 주요 신학자 나르사이[Narsai](503년에 사망)에게서 나오고, 다른 하나는 서쪽 (레바논과 시리아에 자리잡은) 시리아 정교회를 대표하던 스룩의 야곱의 저작에 나온다.

나는 몇 가지 이유로 이 시리아 사상가들을 선택했다. 먼저 역사적

• 세계교회협의회 번역을 바탕으로 일부 수정함.

인 관점에서 보자면, 초기 기독교 운동이 두 방향, 즉 헬라어와 라틴어를 사용하는 서쪽과 시리아어를 사용하는 동쪽으로 뻗어나갔음에 주목하는 것이 중요하다. 거의 알려지지 않은 사실이지만, 7세기와 8세기에 이슬람이 발흥할 때까지는 동쪽 기독교 인구가 서쪽 기독교 인구와 비슷했다. 또 동쪽에 살던 기독교인들이 아랍 정복 후 수 세기 동안 무슬림보다 수적으로 계속 우세했다. 시리아어권 기독교인들이라는 말이 현대인들이 듣기에는 낯설지 모르지만, 오늘날에도 중동 여러 지역과, 서유럽과 미국의 디아스포라 공동체에서 이들을 볼 수 있다. 주후 첫 몇 세기 동안 시리아 기독교는 초기 기독교회의 주요 진영이었다. 시리아 신학자를 선택한 둘째 이유는 그들이 사실상 유대인 동료들과 거의 똑같은 언어인 셈어 방언으로 글을 썼기 때문이다. 시리아 신학 저술들에 나오는 빛 이미지를 따라가다 보면, 그들이 어떻게 자기들의 원래 환경에 신약 성경의 다양한 셈어 관용구를 받아들여 자세히 설명했는지 보게 될 것이다. 이 시리아 저자들이 초기 기독교 개념들의 본래 의미를 간직하고 있었다고 말한다면 과장이겠지만, 학자들이 흔히 그 개념들을 그에 상응하는 그리스-로마 개념들과 동질화시키는 경향을 확인하게는 해 준다.

나르사이: 사탄이 채무 증서의 약관을 넘어서다

스룩의 야곱처럼 나르사이Narsai도 그 증서가 무효화되는 드라마를 예수의 죽음과 부활의 맥락 안에 놓는다. 그러나 나르사이는 그리스도의 수난 설교를 하면서, 보통 예상하듯이 그리스도의 생애 마지막 일주 일의 사건으로 시작하지를 않는다. 대신 그리스도께서 광야에서 시험을 받으시는 장면, 곧 예수의 공적 사역의 시작을 알린 사건을 짧게 회상하며 시작한다.[20] 마태복음과 누가복음에 시험이 세 가지 나오지만, 가장 중요한 것은 첫째 시험이다. "예수께서 성령의 충만함을 입어 요단강에서 돌아오사 광야에서 사십 일 동안 성령에게 이끌리시며 마귀에게 시험을 받으시더라. 이 모든 날에 아무것도 잡수시지 아니하시니 날 수가 다하매 주리신지라. 마귀가 이르되 네가 만일 하나님의 아들이어든 이 돌들에게 명하여 떡이 되게 하라. 예수께서 대답하시되 기록된 바 사람이 떡으로만 살 것이 아니라 하였느니라"(눅 4:1-4).

이 시험을 수난 이야기와 연결하는 것이 현대 독자들에게 놀라울지 모르지만, 분명 나르사이의 청중에게는 특이해 보이지 않았다. 교부 전통에서는 사탄과 그리스도의 충돌이 두 군데에서 일어났다고 생각했다. 첫째가 광야 시험이고 둘째가 수난이다.[21] 초기 기독교인 독자들에게는 해석학적으로 이 둘을 연결할 확실한 이유가 두 가지 있었다. 우선 누가는, "마귀가 일단 모든 시험을 끝내자, **적당할 때까지** 예수에게서 떠나 있었다*"고 말한다.[22] 이 적당한 때가 수난을 가리킨다는 데 의심의 여지가 없는 까닭은, 예수의 생애 마지막 주간에 "열둘 중의 하나인 가룟인이라 부르는 유다에게 사탄이 들어가니"(눅 22:3)라고 적혀 있기 때문이다. 유다는 사탄의 계략에 굴복하여 유대 권력자들에게 가서 예수를 넘겨줄 방법을 찾았다(눅 22:4-6). 예수께서는 겟세마네에서 고뇌의 기도를 하시는 동안(눅 22:39-46), 하나님이 맡기신 사명을 버리라는 시험을 받으셨지만 아버지의 명령에 따르는 데 전심으로 동

- "마귀가 모든 시험을 다 한 후에 얼마 동안 떠나니라."

의했다. 예수께서는 이렇게 외치셨다. "아버지여 만일 아버지의 뜻이 거든 이 잔을 내게서 옮기시옵소서. 그러나 내 원대로 마시옵고 아버지의 원대로 되기를 원하나이다"(눅 22:42).

교회 교부들이 광야 시험을 수난과 연결하는 둘째 이유는, 광야에서 사탄과 만남으로써 아담이 받은 유혹이 재개되었다는 생각이 초대교회에 널리 퍼져 있었기 때문이다.[23] 에덴에서 아담이 음식 제공에 굴복한 반면 광야에서 둘째 아담은 굴복하지 않았다는 사실에서 이러한 예표론적 해석이 나왔다. 사탄이 자신에게 유리하게 사용하고자 한 공통 요소는 바로 식욕이다. 그리스도께서 아담의 죄로 인한 비참한 결과를 십자가에서 무효화하셨으므로, 초기 기독교 사상가들 사이에 광야 승리를 십자가 승리와 연결하는 풍조가 자연스러웠다. 둘 다 아담의 죄라는 슬픈 유산을 뒤집는 데 기여했다.

나르사이는 성육신을 언급하며 설교를 시작한다. 그리스도께서는 사탄('악한 자')에게 사로잡힌 인류를 되찾으러 나아가고자 육신을 취하신다.

> [인]류가, 반역한 [두] 폭군인 악한 자와 죽음에 사로잡혔다.
> [그래서 그리스도께서] 자기 백성을 위해 싸우러 오셨다.
> 그분은 광야로 가서 악한 자와 싸우셔서 그를 물리치셨고,
> 죽음, 즉 만족을 모르는 자와 친히 싸울 준비를 하셨다(II. 23-26).[24]

그리스도께서는 다른 포로들(전체 인간)과 외양상 구별이 안 되었지만, 그들과 다르게 성령의 보이지 않는 능력으로 무장하셨으므로 육체를 괴롭히는 시험을 성령의 능력으로 이길 수 있으시다.

사탄은 광야에서 돌을 빵이 되게 하라고 시험함으로써 그리스도를 제압하려 했다. 그러나 에덴에서는 아담의 몸의 연약성이 '영적 존재'의 감언이설에 굴복했지만, 광야에서는 역전이 일어났다.

영적 존재가 육적 존재에게 영적 능력으로 말미암아 패했다[*hāb*].
[그리스도의] 육신이 수난을 짓밟고 공중의 권세 잡은 자를 이겼다.
경멸스러웠던 육신이 강한 자를 무시하고 조롱했고,
무기를 없애서, 강한 자가 사람들과 전쟁을 벌이는 데 사용하지 못하게 했다(ll. 29-32).

이 싸움에서 1회전은 거의 끝났다. 성육신하신 그리스도, 즉 '육적 존재'가 '영적 존재'를 이겼다. 그러나 이 소규모인 첫 전투를 최종 승리와 혼동해서는 안 된다. '공중의 권세 잡은 자'는 살아남아서 또 다른 날에 싸울 것이다.

그리스도께서는 사탄이 또 준비해 놓은 것을 아시고, 그분의 첫 성과를 이용하여 대적을 조롱하셨다. 그분은 사탄에게 다음 싸움에는 더 나은 무기를 준비하라고 충고하셨다. 이번에는 사탄이 전우인 죽음에게 도움을 구한다.

[그리스도께서] 말씀하셨다. 악한 자여, 네 짝에게 물러가라.
물러가거라, 죽음을 위해 다른 무기를 준비하라.
물러가거라, 인간들의 도움을 받아 치명적인 그물을 준비하라.
혼자서 싸우기에는 네 힘이 너무 약하다(ll. 33-36).

아담과 하와가 받은 시험을 반복하는 것으로는 충분하지 않다. 그리스도께서는 대적에게, 인간들만 제공할 수 있는 '치명적인 그물'(l. 35)을 사용하라고 제안하신다. 치명적인 그물이 무엇인가? 그리스도께서는 계속해서 그것을 명시하신다.

> 물러가거라, 네 책략으로 낳은 자녀를 모으라.
> 네가 늘 하듯, 그들을 중상모략으로 무장시키라.
> 너를 도와 거짓말하는 전우들을 소환하라.
> 너는 거짓말쟁이이고, 거짓말로 이기는 데 익숙하니 말이다(ll. 37-40).

그리스도께서는 사탄에게 유대인들을 모아, 사탄이 늘 하듯이 '그들을 중상모략으로 무장'시키라고 충고하셨다. 이것이 적절한 전략인 까닭은, 사탄이 거짓의 아비로 알려졌기 때문이다(요 8:44). 그래서 "[그는] 거짓말로 이기는 데 익숙했다." 여기서 유다가 한 짓, 그리고 예수께서 대제사장 앞에 서셨을 때 예수에게 반대 증언을 할 거짓 증인들이 떠오른다(참고. 막 14:53-65과 병행 구절들).

이 지점에서 나르사이는 그리스도께서 십자가에서 죽으시고 죽은 자들의 처소로 내려가신 순간으로 곧장 건너뛴다. 복음서들은 숨이 끊어지신 후에 그리스도에게 무슨 일이 일어났는지에 대해서는 아무 말도 하지 않기 때문에, 나르사이는 성경의 도움 없이 이야기를 이어나가야 한다. 그러나 교부들은, 성경이 이야기하는 이 세상의 역사적 사건들을 배경으로 더 넓고 우주적인 전투가 진행되고 있다는 실마리를 찾았다. 예를 들어, 요한복음에서 예수께서 자신의 죽음에 관해 자세히 이야기하기 시작하시면서 이렇게 말씀하신다. "이제 이 세상에 대한 심판이 이르렀으니 **이 세상의 임금이 쫓겨나리라**. 내가 땅에서 들리면 모든 사람을 내게로 이끌겠노라"(요 12:31-32). 나르사이와 다른 교부 독자들은 이러한 사탄의 패배 언급은, 수난의 사건들이 역사적으로뿐 아니라 초역사적으로도 일어날 것을 나타낸다고 보았다. 땅에서 일어난 일들은 어쨌든 다른 데서 일어난 일들을 보여 주고 있었다. 유대의 대제사장이 거짓 증인들을 이용하여 그리스도에게 사형 선고를 할 방법을 모색한 일은, 다음날 그리스도께서 죽은 자들의 영역에 나타나실 때 사탄이 비슷한 방침을 따를 것을 암시한다.

사탄은 먼저 자기가 어떻게 인류를 다스릴 권리를 얻었는지 말하며 기소를 시작한다. 사탄은 그리스도 앞에 자기가 소유한 채무 증서를 제시한다. 그 증서는 모든 인류가 에덴에서 금지된 열매를 먹는 행동 때문에 사탄의 노예가 되었다는 보증서였다(ll.47-48). 마치 재판정에 있는 양 사탄은 앞으로 걸어 나와 증거를 제시한다.

> 사탄이 하와와 아담의 서명을 그분에게 보여 주었다.
> 보라! 당신의 조상들이 서명해서 이것을 넘겨주었소. 잘 읽어 보시오.
> 에덴에서 아담이 죄에 굴복했을 때[ḥāb] 내게 써 준 증서[šṭārā']요.
> 아담이 채무를 상환하지 않았으므로 그 자손들이 이자로 저당 잡혔소(ll. 49-52).

사탄은 이러한 종류의 교묘한 술수를 부리는 면에서 전문가다. 사탄은 그러한 채무 증서를 꽤 확실하게 위조할 수 있는 방법을 두 가지 알고 있다. 하나는 그 증서에 비공개로 증인 없이 서명하는 경우고, 다른 하나는 서명하는 사람의 뜻을 거슬러 증서를 강제로 작성하는 경우다. 사탄이 신경 써서 언급한 내용에 따르면 "그들이 절대 몰래 이 증서를 작성한 것이 아니었고"(l. 54), 무력에 의해 그 증서에 서명한 것도 아니다. 그들이 부적절한 것(하나님의 말씀보다는 과일)을 탐하여 **"자진해서 노예가 되었다"**(l. 56).[25] 뿐만 아니라 사탄이 주장하기로는, 아담과 그의 직계 후손뿐 아니라 육체를 지닌 사람은 **모두** 죽음을 피할 수 없다. 그래서 사탄은 자기가 대적의 운명을 확정할 수 있다는 논지로 주장을 마무리한다. 그리스도께서도 육신을 소유하셨으므로, 틀림없이 무질서한 육신의 정욕에 매여 있을 것이다. 또 그분이 그렇게 매여 있다면 사탄의 권세 아래 있다.

> 그대도 육체적 존재이고, 육신의 [무질서한] 정욕을 소유하고 있다면,
> 그대의 본성을 살펴보면 알겠지만, 그대는 내가 주인인 증서에 매여 있소.
> 육체적 존재, 팔다리가 있는 존재는 죽을 수밖에 없고,
> 죽어야 할 존재라면, 나와 죽음의 노예인 것이오(ll. 59-62).

그러나 사탄은 모든 육체적 존재가 필연적으로 아담의 죄라는 유산 때문에 고통받는다고 가정하면서, 중대한 실수를 저지른다. 그러한 가정이 아담의 모든 직계 후손에게는 적용되겠지만, 하나님이 직접 육체를 입으시고 그 육체를 자기 것으로 삼으셨다면 그렇지 않을 것이다. 나르사이는 설교의 다른 부분에서 이렇게 말한다.

> 죽을 운명인 우리의 본성은 불완전하여 자신의 구속주가 될 수 없으므로 스스로 존재하는 이가 우리의 본성을 입으심으로써 우리 인류를 자유롭게 하셨다(ll. 659-660).

하나님 편에서 베푸신 성육신이라는 바로 이 은혜의 행위 덕분에 사탄의 파멸이 드러날 것이다. 사탄은 자신 앞에 서 있는 신-인$^{God-Man}$의 존재론적 성격을 이해하지 못했기 때문에 자기에게 하나님이 한때 양도하신 법적 권한을 넘어선다. 하나님은 타락 이후에 죄를 지은 아담의 모든 후손을 차지할 권리를 사탄에게 주셨다. '열매를 향한 정욕'이, 그들이 사탄에게 속해 있다는 육체의 표지 즉 '담보'였다. 그러나 사탄은 이 정욕을 정복한 사람에 대해서는 아무 권리도 없었다. 사탄은 광야에서 시험을 할 때 그 사실을 알 수도 있었다. 그리스도께서는 아담과 달리 굴복하지 않으셨기 때문이다. 그리스도라는 존재의 진정한 성격을 전혀 모르면서도 사탄은 주장을 되풀이한다. 아담과 하와가 서명한 증서를 그리스도께 보여 주고(ll. 49-50), 그리스도도 아담의 후손 중 하나로, 자기 채무 노예라고 추정한다(l. 55). 사탄은 이어서 이렇게 말하고자 한다. "법적으로 채무가 있는[*hayyāb*] 다른 사람들처럼, [죽음으로] 채무를 상환하라"(l. 82).

놀랍게도 그리스도는 사탄의 말에 이의를 제기하지 않으신다. 그분은 인간 고소자 가야바 앞에서 행동하신 것과 똑같이 영적 고소자 앞에서도 행동하신다. 침묵을 지키시는 것이다.

> 나는 그가 나를 처형함으로 반역을 마무리할 때까지
> 침묵으로 내 위엄을 감춘다(ll. 91-92).

침묵에도 일정한 역할이 있다. 그리스도께서 인류를 구원하시려면, 사탄이 월권행위를 저질러야 한다. 그러한 조건에서만 하나님이 사탄의 지배에서 인류를 속량하실 수 있다. 타락 때문에 창조 세계에 대한 사탄의 주권을 하나님이 허락하셨음을 기억하라. 하나님은 아담과 하와에게 죄를 지으면 죽으리라고 위협하셨으므로, 자신의 말을 번복하시는 것은 부당하다. 그러나 하나님은 사탄에게 인류에 대한 권리를 **영원히** 넘겨주실 의무가 전혀 없다. 사탄이 월권행위를 저지르도록 하나님이 유도하실 수 있다면, 사탄의 권리는 수치스럽게 종료될 것이다.

그래서 그리스도께서는 계속 침묵하시며 사탄의 잘못된 판단이 논리적 결론에 이르도록 내버려두신다. 사탄의 결론에 따르면 그리스도는 육체의 본성과 그 본성에서 나오는 정욕 때문에 사탄의 소유인 '증서'의 영향을 받으므로 그리스도는 사탄 자신의 것이다. 사탄의 증언이 마무리되자마자 그리스도께서는 여전히 사탄에게 들리지 않을 정도의 혼잣말로 자신의 주장을 펼치신다.

> 죽을 수밖에 없는 인간들이 죄를 지어 빚을 갚아야 한다면
> 내게는 그러한 오점이 전혀 없는데, 누가 나와 소송을 할 수 있을까?
> 만약 아담이 사탄의 조언을 받아들였기 때문에 빚을 지고 저당 잡혔다면,
> 사탄은 어떻게 나를 상대로 소송을 할 수 있었을까? 자기가 나를 절대 이길 수 없었는데(ll. 95-98).

그리스도께서는 사탄의 뻔뻔함에 무척 놀라신다. 광야에서 시험을 받으실 때 사탄을 물리치셨는데, 사탄은 무슨 권리로 그리스도가 아담과 하와의 증서[šṭārā']의 영향 아래 있다고 생각하는가?

만약 금지된 열매를 향한 지속적인 정욕이 아담의 증서를 보증한다면, '그러한 오점이 전혀 없는' 그리스도는 그 영역에 절대 들어갈 수 없다(l. 96). 사탄이 무죄한 사람을 처형한다면, 채무 증서(*šṭar hawbâ*, 참고.

골 2:14) 때문에 받은 법적 권한을 넘어서는 흉악한 행위라는 죄를 범할 것이다.

> 그는 인류의 채무 증서[šṭar ḥawbê]를 죽음으로 봉인했지만,
> 내가 [나의] 십자가 죽음을 통해 그것을 둘로 찢겠다.
> 그가 마치 승리자인 양 으스대는 그 법적 평결을,
> 내가 천사들과 인간들이 보는 데서 파기하겠다.
> 나는 하늘과 땅에 있는 모든 이에게 보여 주겠다,
> 살아 있는 것들의 속량과 그들의 중생이 내 안에서 성취되었음을(ll. 109-114).

십자가에서 그리스도를 처형함으로써 이 증서의 약관들이 무효가 된다. 그리스도께서 십자가에서 이 증서를 둘로 찢으셨다고 선언하실 수 있으며(l. 110), 그 증서가 남용되었기 때문에 구속력이 없다는 뜻으로 그렇게 하시는 것이다. 구원 사건 전체를 하늘과 땅이 목격했으며(ll. 111-112) 그리스도의 약속은 사탄이 소유한 증서보다 훨씬 근거가 확실하고, 사탄의 증서로는 그 정도로 믿음직한 증인을 신청할 수 없었다.[26] 죄와 사망의 권세가 산산조각 났다. 사탄과 사망이 전쟁에서 졌으므로 ḥābû, 승리자 zākyâ 그리스도께서는 그 승리의 전리품을 믿음의 동료들과 마음껏 나누실 수 있다.[27]

스룩의 야곱: 그리스도께서 그 증서대로 갚으시다

스룩의 야곱은 사탄의 증서가 수난 사건들을 통해 어떻게 무효가 되었

는지를 아주 다르게 설명한다. 야곱도 나르사이처럼, 세례를 설명하는 것으로 시작한다. 야곱이 보기에도 그리스도의 구원 사역은 두 단계 사건으로, 곧 광야 시험으로 시작하여 수난과 부활로 마무리된 과정이다. 금지된 열매를 먹었기 때문에 인류가 타락했으므로, 그 죄에 대한 벌금은 그러한 선택을 하지 않는 것으로만 낼 수 있다. 금식은 인간의 상황에 딱 맞는 치료약이었다. "금식은 육체의 첫 상처를 치료하기 위해 마련된 첫 치료약이다.[28] 먹었기 때문에 타락이 일어났고, 금식에서 부활이 나왔다. 최초의 계명은 '먹지 말라'였다. 순종하지 않고 먹은 그 사람을 죽음이 삼켰다. 또 그 사람이 패하여 채무자[ḥāb]가 되고 발을 헛디뎌 타락했으므로, 금식으로 그 빚을 갚고[p-r-'] 타락에서 일어나도록 발을 헛디디는 행동을 고쳐야 했다."[29]

그러나 그 빚 상환 p-r-'+ḥawbâ은 광야의 금식 기간에 결코 끝나지 않았다. 그것은 2막극에서 1막에 불과했다. 아담의 모든 채무 약관은 수난 때에야 비로소 다 이행할 수 있었다. 신체상 형벌에 해당하는 시리아어 단어 pûr'ānût가 '빚을 갚다'를 뜻하는 동사 어근 p-r-'에서 파생된 것을 감안하면, 그리스도의 고난을 아담의 채무를 청산하는 데 필요한 화폐 currency의 견지에서 이해하는 것이 논리적이었다.

그리고 바로 그 일이 일어난다. 야곱이 보기에 그리스도께서는 아담이 인류에게 물려준 빚을 갚기 위해서 수난을 겪으셔야 했다. 야곱은 그리스도를 '상속자'라 명시하며 시작한다. 이 명칭은 아마도 히브리서에서 유래한 듯하다. 히브리서는 하나님이 그리스도를 "만유의 상속자"로 세우셨다고 말하기 때문이다(히 1:2).[30] 야곱이 그리스도를 상속자로 생각한 이유는, 그리스도께서 인간들이 아담으로부터 물려받은 '빚을 갚음으로써' 수많은 인간을 속량하실 것이기 때문이다. 야곱은 그리스도로 하여금 다음과 같이 고백하게 한다. "나는 이 폐허를 유산으로 받았다. 내가 아담의 집을 재건하겠고, 상속자로서 내가 갚겠다. 이 일을 위해 내 아버지가 나를 보내셨고, 내가 아담의 상속자가 될 것이다. 그분은 아담의 빚을 갚을[pāra' ḥāwbātâ'] 상속자가 달리 없음을 아셨기 때문이다. 내가 그 폐허를 재건하겠다. 우리의 형상 image이 스올에서 파괴되게 하지 않겠다. 나는 우리의 모양 likeness을 버리지도 않고, 지옥의 전사들이 밟게 하지도 않겠다. 나는 상속자다. 아담이 빚진[ḥayyāb] 것을 전부 내가 갚겠다."[31] 야곱은 이렇게 그리스도께서 빚을 갚을 필연성을 강조함으로써, 자신의 구원론을 나르사이의 구원론과 다른 범주에 놓는다. 나르사이의 경우, 사탄의 월권행위 때문에 그 증서가 파기되었다. 그래서 나르사이는 수난 기간 그리스도가 실제로 겪으신 고난에는 거의 관심이 없다. 반면에 야곱은 법적 소송이라는 주제에 관심이 없다. 야곱이 보기에 채무 증서는 "짐스러웠고, 정의는 무시무시했다. [인류에게] 요구하는 것은 엄청났다." 그리스도께서 인간을 대신하여 기꺼이 고난당하시고 그렇게 하심으로써 그 증서를 청산하신 데서 하나님의 사랑이 예증되었다. 채무를 완전히 청산했을 때만 증서를 둘로 찢을 수 있었다.

야곱이 보기에 그리스도께서 빌라도 앞에서 재판을 받으시는 동안 이 점이 분명해졌다. 그때 바라바와 그리스도가 백성 앞에 있었다(마 27:15-23과 병행 구절들). 성경 내러티브에 따르면, 유월절에 예배하러 온 사람들에게 로마인들이 죄수 한 명을 놓아주는 관습이 있었다. 빌라도는 군중에게 두 명을 내놓아서 그 책임을 이행한다. 물론 한 사람은 나사렛 예수, 다른 한 사람은 바라바라는 이름의 악명 높은 죄인이다. 대제사장들과 장로들이 충동질하여 무리는 빌라도에게 바라바를 풀어 달라고 재촉한다. 그러자 빌라도가 묻는다. "그러면 메시아라 하는 이 예수를 내가 어떻게 하랴?" 백성이 한목소리로 대답한다. "십자가에 못 박혀야 하겠나이다." 빌라도가 깜짝 놀라 묻는다. "어찜이냐? 무슨 악한 일을 하였느냐?" 그러나 빌라도는 대답을 듣지 못한다. 백성은 훨씬 더 큰 소리로 "십자가에 못 박혀야 하겠나이다" 외칠 뿐이었다.

야곱은 이 이야기의 핵심, 곧 예수께서 바라바 대신 처형된다는 사실을 취하여, 그리스도의 삶과 죽음과 부활에 담긴 구속 목적 전체를 도출한다. 해석의 핵심에 무리가 선택한 그 사람의 이름, 바라바가 있다. 아람어로는 그 이름을 '아버지의 아들'이라는 뜻인 '바르 아바'로 번역한다. 야곱에게는 이 사실이 우연일 리가 없었는데, 그 이름이 아담이라는 인물로 거슬러 올라가기 때문이며, 아담 역시 하나님 아버지의 아들이었다. 아담이 모든 인류의 조상이므로, 바라바는 여기서 모든 사람을 가리키는 암호다. 따라서 야곱의 결론에 따르면 백성은 바르 아바를 풀어 달라고 외치면서 사실은 자기들을 자유롭게 해 달라고 요구하고 있었다.

이러한 해석은 아이러니한 효과를 낳는다. 아담이 죄를 지은 것처럼, 바르 아바가 반역을 저질렀다. 아담이 스올 한가운데서 법에 맞게 죄수로 매여 있는 것처럼, 바르 아바가 국가의 죄수로 범죄의 값을 제대로 치르고 있다. 성육신의 전체 목적이 죄와 사망의 권세에서 아담(그리고 아담에게서 나온 온 인류)이 풀려나는 것이었듯이(롬 5:12-21), 백성은 바르 아바의 석방을 요구하면서 동시에 그리스도의 죽음을 요구함으로써 하나님의 명령을 행하고 있다. 백성은 바르 아바의 석방을 요구할 때 자기들도 모르는 사이에 섭리적 목적을 돕고 있었다. 야곱은 그 이야기를 다음과 같이 한다.

죄의 역사

그것은 [사람들 편에서 보면] 사악한 욕망이었지만, 아름다운 외침["그를 십자가에 못 박으시오"]이었다. 예수께서 매이자 바르 아바가 자유로워졌다. 무죄한 이에게 유죄가 선언된 반면, 죄 있는 이에게 무죄가 선언되었다. 강한 자가 매이자 죄인이 풀려났다. 우리 주께서 채찍질을 당하신 반면, 아담은 채찍질을 면했다. 태양이 기둥을 붙잡았고, 불꽃이 채찍에 맞았다. 승리자가 세상의 짐을 지고서 고난으로 죄인들의 상처를 없앴다. 부유한 이가 죄인들의 빚을 갚고서 대대손손의 자산으로도 갚지 못하는 채무 증서를 찢었다. 십자가에 못 박힌 이가 고난당하심으로 만물을 새롭게 하셨고, 그분이 고통을 겪으심으로 타락이 없는 세상을 재건했다. 그리하여 교회는 큰 소리로 외친다. "우리 주 예수, 메시아의 십자가 외에는 내게 자랑할 것이 없게 하라." 그에게 영광이 세세에 있을지어다. 아멘.[32]

아버지 하나님은 섭리적 계획으로 둘째 아담에게 첫째 아담의 죄의 빚을 갚으라고 요구하셨다. 그리고 무리는 그 일이 완료되도록 자기 역할을 했다. 예루살렘 사람들은 첫째 아담을 풀어 주고 둘째 아담을 처형하여서 아버지 하나님의 명령을 행했다. 야곱은 "그것은 사악한 욕망이었지만, 아름다운 외침이었다"고 쓴다.

그래서 수난 사건들은 두 가지 차원에서 이해해야 했다. 먼저 단순한 역사적 사실로서, 우리는 강도와 죄 없는 사람을 본다. 강도는 죄를 지었으며, 그 죄를 갚으려면 신체의 고통을 상당히 겪어야 한다. 하지만 무리는 그를 풀어 달라고 소리친다. 그 강도 대신 죄 없는 사람이 고통을 겪을 수밖에 없을 것이다. 우주적 차원에서 보면, 이 강도는 다름 아닌 아담 자신이다. 아담이 받을 벌이 우리의 비극적인 유산이 되었다. 하지만 하나님의 은혜 덕분에 아담은 전액을 갚을 필요가 없다.

둘째 아담이 첫째 아담 자리에서 첫째 아담과 우리가 받아야 하는 채찍질을 당하실 것이다. '부유한 이' 그리스도가 나서서 "죄인들의 채무를" 상환하고, [이전] 대대손손의 자산으로도 갚을 수 없는 채무 증서를 [찢으신다](골 2:14)."

나르사이와 스룩의 야곱을 논하기 시작하면서 언급했듯이, 교회는 신경creeds에서 속죄를 이해할 방안을 서술하지 않았다. 예수께서 죄에서 구원하신다고 선언은 하지만, 그 구원이 어떻게 일어나는지에 대해서는 답이 없다. (그리고 이천 년쯤 후 로버트 젠슨Robert Jenson이, 이 질문에 대한 교회의 무응답을 조직신학이 반성할 주제로 삼은 것을 주목하라.)[33] 나르사이와 야곱은 다른 점이 많지만, 상당수의 전제를 공유한다. 바로 인간의 부채가 아담과 하와에게서 시작된다는 것이다. 아담과 하와가 에덴에서 증서에 서명했고, 그 증서 때문에 모든 사람이 그들의 빚에 포함된다. 그 증서가 실재하므로, 누군가는 그것을 소유하고 있어야 한다. 나르사이와 스룩의 야곱 둘 다 당연히 그 후보는 사탄이라고 보았다. 사탄은 성경에 나오는 탁월한 고소자이며, 나르사이의 글에서 보았듯이 그리스도께서 수난을 받으시는 동안 자기가 소유한 증서를 근거로 고소한다. 하나님은 인간들이 그분의 법을 어긴 결과로, 사탄에게 인간에 대한 일정한 권리를 양도하셨다. 그러나 아타나시우스가 주장했듯이, 하나님은 친히 만드신 인간들의 타락 앞에서 가만히 계실 수 없었다.[34] 사탄이 소유한 그 증서를 무효화하시기 위해 무언가를 행하셔야 했다(참고. 골 2:14).

여기서부터 이야기의 줄거리가 갈라진다. 나르사이의 경우에는 그 증서의 효력을 파기하려면 사탄이 자기가 받은 법조항을 과도하게 넘어서야 했다. 그저 무력으로 그 조항들을 없앤다면 하나님이 불의하시게 되므로, 하나님은 사탄이 자기가 소유한 증서 조항 아래 그리스도가 있다고 생각하게 하셔야 했다. 사탄이 그리스도를 진짜 사람으로 판단하고 처형하기로 결정했을 때, 인간을 지배하던 사탄의 법적 권리가 소멸했다. 그리스도께서 하나님의 아들임을 드러내 보이시고, 집결한 모든 천군 앞에서 그 증서를 찢으신다. 이 시각에서 보면 그리스도는 고난을 받으셔야 하지만, 그것은 오로지 사탄이 잘못 고발한 무죄한 희생자로 보이기 위함이다. 그분의 고난은 채무 증서를 상환할 '화폐currency'를 전혀 제공하지 않는다.

반면 야곱이 믿기로는, 갚아야 할 빚이 실제로 있으며 그리스도께서 그 약관을 다 이행하심으로써만 그 증서를 파기할 수 있다. 야곱이 보기에는 그리스도와 바르 아바를 바꾸는 데 모든 것이 달려 있다. 바르 아바는 첫째 아담의 대역이다. 빌라도가 성주간 금요일에 무리 앞에 이 두 인물을 세웠을 때 무리는 마땅히 벌을 받을 범죄자(아담과 그의 유산)와, 죄 없는 희생자(예수, 둘째 아담) 중에서 선택을 해야 했다. 죄 없는 이가 죽음으로써 필요한 화폐가 생기는데, 그 화폐는 아담의 다른 어느 후손의 손도 닿지 못하는 곳에 있었다. "부유한 이가 죄인들의 빚을 갚고, 대대손손의 자산으로도 갚을 수 없는 그 증서를 찢었다." 그러한 무한한 양의 공로가 생기게 하는 (그리고 그 결과로 '부유한 이'라는 호칭을 얻는) 둘째 아담의 유일무이한 능력을 야곱은 이 설교에서 충분히 다루지 않는다(그래서 우리는 성 안셀무스의 저작을 기다려야 한다). 어쨌든 스룩의 야곱의 사상에서 중요한 것은, 그리스도께서 그 증서대로 이행하셨고, 그 결과 그것을 둘로 찢어 파기하실 수 있다는 것이다.

나르사이와 스룩의 야곱을 선택할 때 이점은, 시리아 출신인 설교자

두 명이 셈어로 속죄 교리를 해결하는 것을 볼 수 있다는 것이다. 그 셈어의 연대는 제2성전 시대가 시작될 무렵으로 거슬러 올라간다. 그들이 구현하는 '승리자 그리스도' 모델은 완전히 신화적이며, 또 비성경적이라는 비판을 흔히 받았지만, 그 말이 다 맞는 것은 아니다.[35] 나르사이와 야곱이 제시하는 줄거리는 분명 성경의 간결한 설명을 넘어서지만, 전적으로 상상의 산물은 아니다. 그 줄거리는 제2성전 시대 유대교에서 형성된, 죄를 표현하는 관용구에 깊이 뿌리를 두고 있다. 유대교 저자들과 시리아 저자들이 공유하는 개념이 많다는 사실은, 역사적 기원상 한계가 있었어도 제2성전 시대 자료들의 영향을 많이 받았다는 증거다.

아우구스티누스와 서쪽 라틴어권

이 장에서 나는 두 시리아 신학자가, 그리스도께서 어떻게 "우리를 거스르는 증서를 지울" 수 있었느냐 하는 문제에 천착했는지 추적했다. 죄를 빚에 비유하는 유산이 시리아 기독교의 특징이라고 추정할지도 모르겠다. 어쨌든 우리가 보았듯이 빚이라는 어휘가 헬라어 신약 성경에 불쑥 들어간 것은 자연스러운 일이 아니었다. 사실 수많은 학자들의 의견에 따르면, 마태복음의 주기도문이 누가복음에서는 헬라어 독자가 더 이해하기 쉽도록 바뀌었다 ("우리 죄를 사하여 주시옵고").

그러나 예상과는 반대로, 헬라어권 (그리고 라틴어권) 세계로 옮겨 가서도 죄를 빚으로 보는 어법의 삭제나 변경은 없었다. 실제로 채무 증서 이미지는 헬라와 라틴의 신학자 양편에서 중요한 상징이 되었다.[36]

교부 시대에 신약 성경에서 어떤 본문들이 가장 많이 인용되었는지 컴퓨터를 돌려 보면, 분명 골로새서 2장 14절이 목록에서 제일 위에 있을 것이다. 이러한 인용문을 찾을 때 성구 색인을 늘 신뢰할 수는 없는데, 이 성경 본문의 단어들(채무 증서를 지우다, 무효화하다, 찢다)이 당시 신학 표현 양식의 일부가 되었기 때문이다. 교부 문서 편집자들이 눈에 띄지 않게 이 본문들을 자주 간접 인용한다. 죄를 빚에 비유하는 경향이 헬라어권 (그리고 라틴어권) 기독교의 모든 측면에 느리지만 꾸준히 스며든 모습이 보인다.

한 예로, 성 아우구스티누스가 《고백록 Confessions》에서 어머니 모니카의 죽음 문제를 어떻게 다루는지 살펴보자.[37] 어느 감동적인 장면에서 아우구스티누스는 어머니를 향한 깊은 애정과 어머니가 내세에 축복받은 자들의 나라에 이르기를 바라는 간절함을 드러낸다. 그 일이 어떻게 일어날지를 고찰할 때 두 가지가 두드러진다. 첫째로, 아우구스티누스가 인식하기에 어머니가 세례를 통해 죄를 용서받긴 하셨지만, 그 후에도 계속 죄를 지으셨다. 아우구스티누스는 세례 이후에 지은 죄 역시 용서받게 해 달라고 기도하면서 어머니가 주변 사람들에게 자비를 베푸시는 분이었음을 언급한다. 아우구스티누스는 주기도문의 어휘를 이용하여 어머니가 어머니의 채무자에게 빚을 탕감해 준 것같이 어머니의 빚을 탕감해 주시기를 하나님에게 간청한다.

그러나 아우구스티누스는 모니카의 선행만 강조하지 않고, 하나님을 향한 어머니의 엄청난 믿음도 기억해 낸다. 아우구스티누스는 모니카가 아주 겸손한 여인이었다고 말한다. 어머니는 자기 장례에 대해 특별히 지시도 하지 않았고, 특별한 기념비로 무덤을 표시하기도 원하지 않았다. 아우구스티누스는 이렇게 적는다. "어머니는 오로지 하나님의 제단에서 기억되기만 바랐기에, 단 하루도 빠짐없이 예배를 드렸고, 그 자리에서 거룩한 희생 제사가 베풀어지는 것을 아셨는데, 그 희생 제사로써 '우리를 거스르는 친필이 지워지고'[골 2:14] 원수가 패배했으며, 원수는 우리 죄를 합산하여서 고발할 것들을 찾았지만, '그분에게서 아무것도 찾지 못했고'[요 14:30-31], 그분 안에서 우리는 원수를 이겼습니다."[38] 아우구스티누스는 한 문장으로, 이 장에서 추적한 사고를 요약한다. 우리는 아우구스티누스의 말을 이런 식으로 다시 쓸 수 있다. 마귀는 모든 인류에 대한 채무 증서를 소유하고서, 그 대가로 죽음을 받아낼 근거를 찾고자 했다. 그리스도에게서 죽음에 합당한 죄를 찾을 수 없었는데도, 어쨌든 마귀는 그리스도를 죽였다. 이러한 월권행위의 결과, 마귀가 소유하던 증서가 지워졌다. 그리스도께서 수난과 부활을 통해 이루신 승리는 역사상 단회적 사건이었지만, 그 혜택은 미사라는 희생 제사를 통해 영원히 누릴 수 있다. 모니카는 그 희생 제사에 매일 참석함으로써 그리스도의 구원 사역에 대한 믿음을 입증했다. 그래서 아우구스티누스는 세례 때 어머니의 어린 시절의 빚이 없어졌던 것처럼, 어머니의 계속된 자비의 행동과 미사라는 희생 제사로 이후의 빚이 처리되었으리라 결론지을 수 있었다.

아우구스티누스의 신학은 분명 나르사이가 그려 낸 이미지와 유사하다. 물론 아우구스티누스의 십자가 신학은 여기서 검토한 것보다 내용이 훨씬 더 많지만, 《고백록》에 나오는 이 간단한 발췌문만으로도, 마귀가 소유한 채무 증서라는 주제가 시리아 기독교의 직접 영향권 바깥쪽에 깊이 뿌리 내리고 있었음을 충분히 보여 줄 수 있다.

8부

선행으로 빛을 상대하기

9장
───── 구제로 죄를 속량하라

죄를 채무^{debt}로 여기는 개념이 무대에 등장하는 것과 거의 동시에, 재정상 상대 개념인 채권^{credit}이 등장한다. 이 두 개념은 상업 세계에서 자연스러운 한 쌍이었고, 이어서 종교적 사고에서도 그렇게 되었다. 이 점에서 죄를 채무로 보는 관용구는, 성경적 사고에서 '노붐^{novum}', 즉 새로운 사상에 해당하는데, 죄를 오점이나 짐으로 여기는 이전 관용구에서는 그렇게 명백한 상대 개념이 나오지 않았기 때문이다. 이론적으로는 이스라엘의 몸에 있는 죄의 얼룩을 닦아낼 수 있었을 청렴한 정치인$^{Mr.\,Clean}$ 같은 도덕적인 사람이나, 민족적 죄의 무게를 견딜 정도로 튼튼한 성 아틀라스 같은 사람을 상상할 수 있지만, 성경에는 그러한 이미지가 존재하지 않는다.

랍비 히브리어 사전에서는, 채무^{hôb}와 채권^{zĕkût}에 해당하는 용어가 논리상, 어휘상 반대이다. 어원학의 관점에서 보면, 시리아어에서 이 두 동사 어간의 활용은 자연스럽다. 아람 방언에서 하브^{hāb} 동사는 '지다', 자카^{zāka} 동사는 '이기다'라는 뜻이기 때문이다. 이기고 지는 일이 주로 일어나는 상황은 전쟁터와 법정이다. (법정에서는 그 용어들의 어감이 조금 다르기는 한데, 지는 것이 '유죄'를 의미하고 이기는 것이 '무죄'를 의미하기 때문이다.) 어떻게 해서 전쟁이나 법정에서 지면 채무를 지게 되는지 쉽게 이해할 수 있는 이유는, 전쟁이든 법정이든 진 사람들은 항상 어느 정도 배상 책임을 떠안기 때문이다. 전쟁에서 지면 조공을 바치게 되는 반면 (고대의 미술 작품들은, 피정복민들이 정복자에게 경의를 표하며 그 뒤로 전리품들을 가지고 가는 모습을 자주 묘사한다), 법정에서 지면 피해 보상금이나 벌금을 내야 한다.

바룩 슈바르츠는 법정의 상황이 랍비 율법에 얼마나 딱 들어맞는지 보여 주었다. 랍비 율법에서 죄인이 자기가 갚아야 할 내용이 기록된 석판을 지우려면 대가를 치를 의무가 있다*hayyāb*. 경우에 따라서 속죄 제물로 염소를, 또는 배상 제물로 양을 바친다. 더 중대한 죄의 경우에는, 채찍질이나(미쉬나 소논문 *Makkot*, "채찍질"을 보라), 심지어 끊어지는 벌 *karet*로 '갚아야' 했다. 이러한 차등 형벌들을 통해, 채무를 변제할 화폐를 충분히 모았다.[11] 제2성전 시대의 훌륭한 유대인이었던 사도 바울이 언급했듯이, "죄의 삯은 사망"이다(롬 6:23). 죄에는 항상 대가가 있었기 때문이다.

이러한 환경에서, 전쟁에서 진 사람이나 유죄 판결을 받은 사람은 대가를 치러야 하는 일종의 의무에 매인다. 이러한 의미를 지닌 어근이 대금업 영역에 자리잡는 데는 그리 시간이 오래 걸리지 않았다. 빌리는 사람 역시 갚아야 하는*hayyāb* 사람이고 그 갚아야 하는 것이 채무*hôb*로 불리게 되었기 때문이다.

제쿠트*zēkût*는 어원을 추적하기가 조금 더 어렵다. 시리아어에서, 그 동사 어근의 기본 의미는 '이기다'이다. 시리아어 명사형은 (전쟁에서) '승리'와 (법정에서) '무죄' 혹은 '면죄'를 뜻한다. 그러나 어떻게 여기서

'공로'라는 개념을 도출할까? 가능한 설명 하나는 전쟁터를 배경으로 한다. 전쟁터에서 승자는 전리품을 차지한다. 반면 법정에서는 이긴 사람이 보통 피해보상 형식으로 돈을 받는다.[2] 그러나 이러한 의미 발달에는 명사형 '제쿠트'를 유일하게 사용하는 언어인 히브리어와 유대 아람어에서 동사 어근 z-k-y가 '이기다'를 뜻하는 경우가 매우 드물다는 문제가 있다. 시리아어에도 동사형에는 그러한 의미가 있지만, 관련 명사에는 '공로'라는 의미가 없다. 유대 자료에서는, 그 동사 어근이 원래 '깨끗하다, 순결하다'를 뜻했던 것 같다. 법이나 상업의 정황에서는, '배상 청구에서 벗어나다'라는 이차 의미를 얻었다.[3] 여기에서 어떤 약간의 과정을 거쳐 '얻다, 구입하다'라는 의미와 그로 인해 '얻은 것', 더 간단히는 '공로, 채권'이라는 명사까지 나오게 되었다.

'제쿠트'의 어원이 무엇이든, 유대 아람어와 시리아어에서 '채무'를 뜻하는 '호브'와 '채권[대변]'을 뜻하는 '제쿠트' 사이에는 의미상 자연스러운 관련성이 있다. 예를 들어, 랍비들은 마치 하늘의 법정에 양팔 저울이 구비되어 있다는 듯이, 어떤 사람의 대변^{zekūyôt}과 차변을 저울에 달아 비교하는 이야기를 즐겨 했다. 하나님이 어떤 사람의 운명을 결정하셔야 할 때, 한쪽 저울 접시에는 누적된 채무 증서들을, 다른 쪽 접시에는 채권을 두신다. 이때 차변 쪽이 더 무겁다면 차액을 메꿔야 할 것이다.

그러나 이스라엘의 하나님은 항상 그렇게 그분의 정의의 기준대로 요구하시지는 않았다. 1세기 후반 하나냐의 아들 랍비 요세의 가르침에 따르면 채무와 공로 행위의 무게를 비교하는 저울이 균형을 이루고 있다면 하나님이 증서 하나를 낚아 채셔서 죄인을 용서해 주신다.[4] 더 인상적인 어느 미드라쉬 내러티브에서는, 이스라엘이 금송아지를 숭배한 이후 하나님이 이스라엘을 멸망시키려고 결심하셨을 때, 모세는 족장들이 쌓은 공로들$^{zĕkût\ ʾābôt}$을, 특히 가장 중요한 공로로는 이삭이 기꺼이 자신을 희생 제물로 바치려 한 일(창 22장)을 떠올림으로써 하나님의 손을 막을 수 있었다.[5] 이삭이 희생 제물이 되기로 함으로써 잉여 행위^{supererogation}를 하여 공로가 엄청나게 생겼다. 따라서 그 미드라쉬가 추론하기에, 모세가 이스라엘의 채무 상환을 위해 하나님에게 이 '공로의 보고'에서 공로를 인출해 달라고 구하는 것은 논리적이었다.[6]

공로의 보고와 관련하여 유대교와 기독교 사이의 유사점이 분명하다. 이삭의 자기희생에서 이스라엘이 나중에 인출할 수 있는 공로가 생겼듯이, 에프렘은 그리스도의 승리에서 나온 혜택을 누릴 있게 해 달라고 기도한다. 그리스도께서는 증서 소유자이시기에 대가를 요구하고 그것을 마음대로 나눠 주실 수 있다. 에프렘은 그리스도를 아무 때나 채무자들에게 상환을 요구할 수 있는 채권자로 묘사한다. 죄인들이 해야 할 일은 모든 자비의 근원이시기도 한 그리스도께 '빚 문서'를 감추시는 면제를 간구하는 것뿐이다.[7] 공로의 보고라는 기본 개념은 제2성전 시대 유대교와 그 후손인 랍비 유대교, 초기 기독교의 언어와 문화에 깊이 배어 있다.

죄를 빚으로 보는 개념은 성경 시대에 나왔을지 몰라도, 선행을 공로로 보는 개념은 성경 정경 시대가 끝난 다음에야 나왔다고 생각할지도 모른다. 그러나 그렇지 않다. 앞으로 보겠지만 선행을 공로로 생각하는 개념도 고대에서 내려왔다. 구약 성경 다니엘서에 그 개념의 첫 열매가 들어 있으며, 이를 나중에 랍비 시대와 교부 시대에 풍성하게 추수하게 된다. 사실 유대인과 기독교인 대부분이 이해하는 죄 용서가 그 본문에서 나왔다.

느부갓네살왕의 '빚'

다니엘서 4장에서 느부갓네살왕은 악몽을 꾸고 나서 다니엘을 왕궁으로 불러 그 뜻을 낱낱이 밝히라고 한다. 왕은 처음에는 꼭대기가 하늘에 닿은 거대한 나무를 본다. 그 넓은 잎사귀 아래로 들짐승들이 모여들어 그늘을 누리고 풍성한 열매를 먹는다. 그런 다음 장면이 갑자기 전환되어서, 하늘에서 천사가 내려와 나무를 베고 잎사귀를 떨어내고 열매를 흩어 버리라고 명령한다. 그러나 그루터기는 땅에 그대로 남겨 둔다. 그 나무의 기이한 이미지가 왕의 모습으로 바뀐다.

> 그러나 그 뿌리의 그루터기를 땅에 남겨 두고
> 쇠와 놋줄로 동이고
> 그것을 들풀 가운데에 두어라.
> 그것[느부갓네살]이 하늘 이슬에 젖고
> 땅의 풀 가운데에서 짐승과 더불어 제 몫을 얻으리라.
> 또 그 마음은 변하여 사람의 마음 같지 아니하고
> 짐승의 마음을 받아
> 일곱 해를 지내리라(단 4:15-16).

그 꿈을 마무리하는 논평에 따르면 이 형벌은 천사와 같은 사회자가 선고했으며, 다름 아닌 바로 지극히 높으신 하나님이 "사람의 나라를 다스리시며 자기의 뜻대로 그것을 누구에게든지 주시며 또 지극히 천한 자를 그 위에 세우시는"(4:17) 줄을 만물이 알도록 하려는 것이었다. 다니엘은 이 꿈이 예고하는 불길한 미래를 알아차리고서 꿈의 의미를 밝히기를 주저한다. 그러나 느부갓네살이 재촉하자, 다니엘은 장차 베여 쓰러지고 잎사귀와 열매가 떨어질 그 거대한 나무가 바로 왕이라고 선포해야 했다. 그 왕이 오만했기에, 거의 짐승같이 몰락한 후에야 자신의 위엄이 오로지 하나님에게서 온다는 사실을 알게 된다.

느부갓네살왕의 꿈은 창세기에 나오는 바로의 꿈(창 41:1-24)과 아주 유사하다. 두 꿈 다 장차 있을 재앙의 날(7년 연속으로 이어질 심각한 기근; 왕좌에서 축출됨)을 미리 경고하며, 둘 다 의로운 이스라엘 백성 한 사람(요셉; 다니엘)을 불러 그 꿈을 해석하게 한다. 그러나 바로의 꿈은 기묘하게도 **한 쌍**으로 나온다. 첫째 꿈에서는 야위고 허약한 암소 일곱 마리가 나일 강가에서 올라와 아름답고 살진 소 일곱 마리를 먹는 것을 보았다(창 41:2-4). 다음 꿈에서는, 뜨거운 동풍 때문에 말라 버린 가느다란 일곱 이삭이 무성하고 알찬 일곱 이삭을 삼키는 모습을 보았다(창 41:5-7). 요셉의 결론에 따르면 두 꿈 모두 무시무시한 기근을 예고한다. 바로가 같은 의미의 꿈을 두 번 꾸었다는 것은, "하나님이 이 일을 [확고히] 정하셨음이라. 하나님이 속히 행하시리니"(창 41:32)라는 의미였다.

바로와 달리 느부갓네살은 꿈을 한 번만 꾸었기에, 다니엘은 이 꿈이 틀림없이 실현되리라고 할 수는 없다고 결론을 내리게 된다. 다시 말해, 다가올 일을 피하거나 적어도 개선할 길이 반드시 있을 것이다. 그래서 다니엘은 그 꿈 해석을 짧은 조언으로 마무리한다. "그런즉 왕이여 내가 아뢰는 것을 받으시고 구제를 행함으로$^{sidqa'}$ 죄를 사하고 가난한 자를 긍휼히 여김으로$^{mihan\ 'anayin}$ 죄악을 사하소서. 그리하시면 왕의 평안함이 혹시 장구하리이다"(단 4:27).[8]

구제의 개념은 어디에서 왔는가?

그러나 오랫동안 많은 해석자들이 다니엘 4장 27절에 나오는 '치드카$^{sidqâ'}$'가 '구제'라는 의미라고 확신하지 못했다. 랍비 문헌에서 그 단어가 이런 의미로 발전한 것은 확실하지만, 다니엘서에서 이미 그런 의미를 지니고 있었다는 무슨 증거가 있는가? 그것을 지지하는 논거 하나는 다니엘서의 헬라어역으로, 거기서는 치드카를 엘레에모쉬네 $eleēmosynē$로 옮기는데, 이는 일반적으로 구제에 해당하는 헬라어 번역이다.[9] 사해사본 역시, 어근 $ṣdq$가 그 시기에는 구제를 뜻할 수도 있다고 확인해 준다.[10] 그러나 치드카를 실제로 구제로 번역했을 가능성이 있었더라도, 다니엘서 저자는 그러한 어법을 몰랐다고 누군가는 주장하고 싶을 수 있다. 이 가능성을 논박하기 위해 프렌츠 로젠탈$^{Franz\ Rosenthal}$이 그 문제를 획기적으로 다룬 논문을 다뤄 볼 텐데, 그 논문에서 로젠탈이 주장하기로는 다니엘 4장 27절을 제대로 번역하는 열쇠는 그 절의 병행 구조에 있다.[11] "치드카를 통해 죄를 속량하라•"는 명령이 "가난한 자에게 너그럽게 대하라^{miḥan}••"는 어구와 균형을 이룬다. 치드카의 의미를 파악하려면 그 절 하반절을 살펴보아야 한다. 동명사 미한^{miḥan}의 발전이 치드카의 발전과 거의 정확히 유사하기 때문이다.

명사 미한은 어근 $ḥnn$에서 나왔다. 원래 이 동사 어근에는 '호의를 보이다', 혹은 '관대하다'라는 일반적인 의미가 있었고, 가난한 이들을

- • "공의를 행함으로 죄를 사하고."
- •• "가난한 자를 긍휼히 여김으로."

특별히 관대하게 대하는 행동과는 관련이 없었다. 그러나 로젠탈은 시편에 두 번 나오는 ḥnn이 정확히 다음과 같은 의미로 쓰인다는 사실이 중요함을 발견했다.

악인은 꾸고 갚지 아니하나
의인은 관대하게 나누어 주는도다[ḥônēn wĕ-nôtēn][•] (시 37:21).¹²⁾

그[의로운 자]는 자비롭고[ḥanûn] 긍휼이 많으며 인정이 많도다.^{••}
관대하게 꾸어 주는 자는[ḥônēn û-malveh] 잘 되나니^{•••} (시 112:4-5).

이 두 본문에서 동사구 호넨 웨-노텐^{ḥônēn wĕ-nôtēn}과 호넨 우-말베 ḥônēn û-malveh는 분명 '관대하게 나누어 주다'라는 의미다.¹³⁾ 그렇게 내놓은 돈은 빈곤한 사람들, 자선이 필요한 사람들이 받을 가능성이 클 것이다. 그렇다면 로젠탈은 이후 성경 본문들에서 어근 ṣdq와 ḥnn 둘 다 가난한 이들에게 관대하게 나누어 주는 것으로 의미가 확장된다고 말하는 것이다.

앞의 예들만 있는 것이 아니다.¹⁴⁾ 이러한 특별한 의미를 입증하는 본문이 여섯 개가 더 있어서 지혜 시편에 두 가지 예가 있고 잠언에 네 개의 지혜 경구가 있다.¹⁵⁾ 먼저 잠언에서 발췌한 구절부터 살펴보자.

• "의인은 은혜를 베풀고 주는도다."
•• "그는 자비롭고 긍휼이 많으며 의로운 이로다."
••• "은혜를 베풀며 꾸어 주는 자는 잘 되나니."

이웃을 업신여기는 자는 죄를 범하는 자요
빈곤한 자에게 **관대하게 나누어 주는**[*] [mĕhônēn 'ănāyîn] 자는 복이 있는 자니라(잠 14:21).

가난한 사람을 학대하는 자는 그를 지으신 이를 멸시하는 자요
궁핍한 사람에게 **관대한**[**] ḥônēn 자는 주를 공경하는 자니라(잠 14:31).

가난한 자에게 **관대한**[***] [ḥônēn dal] 것은 여호와께 꾸어 드리는 것이니 그의 선행을 그에게 갚아 주시리라(잠 19:17).

중한 변리로 자기 재산을 늘이는 것은
가난한 사람에게 **관대한**[****] [ḥônēn dallîm] 자를 위해 그 재산을 저축하는 것이니라(잠 28:8).

여기 각 본문에서, 가난한 이들에게 관대한 것은 유형의 재화를 공급하는 것을 뜻한다. 잠언 14장 31절과 19장 17절은 가난한 사람들이 하나님에게 직접 통하는 도관(導管)일 수 있다고 주장한다. 잠언 14장 31절은 가난한 이들에게 베푸는 것을 하나님을 공경하는 것으로 서술한다.[16] 잠언 19장 17절은 훨씬 더 인상적이어서, 가난한 자들에게 기부한 것은 "여호와께 꾸어 드리는 것"과 같다고 선언한다. 바빌론 탈무

- [*] "빈곤한 자를 불쌍히 여기는."
- [**] "궁핍한 사람을 불쌍히 여기는."
- [***] "가난한 자를 불쌍히 여기는."
- [****] "가난한 사람을 불쌍히 여기는."

드에서 랍비 요하난은 그 구절의 신학적 함의에 충격을 받았다고 표현한다. "성경에 기록되지 않았다면, 그렇게 말하기가 불가능할 것이다! 빌리는 사람은 빌려 주는 사람의 노예가 되는 것처럼 보인다[잠 22:7]."[17] 2세기 혹은 3세기 시리아역 성경인 페쉬타는^{Peshitta} 잠언 19장 17절을 하나님에게 꾸어 드린다는 개념이 완전히 사라지도록 번역함으로써 랍비 요하난을 넘어선다.[18]

요지는 분명하다. 가난한 이들을 위하여 하는 일이 곧바로 하나님에게 기재된다는 것이다. 가난한 사람이 고대의 현금 입출금기처럼 되어서 그 사람을 통해 하늘 계좌에 바로 예금을 할 수 있었다. 제단이 하늘로 직접 통하는 희생 제사의 도관이었던 것처럼, 자비를 구하는 궁핍한 사람의 손이 그러했다.

시편에 나오는 본문들도 논조가 유사하다. 예를 들어, 위에서 인용한 시편 37편 21절과 112편 4-5절에서도 ḥnn은 궁핍한 이들에게 베푸는 관대한 선물을 가리킨다. 두 가지 예를 더 들어 보자.

> 그[의인]는 **관대하게**・[ḥônēn ûmalweh] 꾸어 주니
> 그의 자손이 복을 받는도다(시 37:26).

> 그에게 인애를 베풀 자가 없게 하시며
> 그의 고아에게 **관대한**・[ḥônēn] 자도 없게 하시며(시 109:12).

여기서 읽은 본문 여덟 개에서 관대함의 대상은 보편적인 인간이

• "그는 종일토록 은혜를 베풀고."

아니라, 가난한 자, 탄압받는 자, 고아들이며, 이 대상들이 입증하듯이 이러한 본문들은 친절한 성향을 드러내는 것을 말하는 것이 아니며, 가난한 이들을 물질적으로 지원해 주는 것이 핵심이다.

만약 후기 지혜 시편과 잠언에서 발췌한 구절들이 어근 ḥnn을 사용하여 가난한 이들을 향한 구체적인 자선 행위를 나타내려고 한다면, 이 본문들에서 어근 ṣdq도 마찬가지인지 조사해 보고 싶을 것이다. 시편 37편 21, 26절과 112편 4-5절에서는 탄압받는 이들에게 재산을 관대하게[hōnēn] 나누어 주는 이를 의인[ṣaddiq]이라고 서술한다. 이 시편들에서 어근 ṣdq는, 다니엘서처럼 ḥnn과 연결되어 있다("구제를 행함으로[ṣdq] 죄를 사하고 가난한 자를 긍휼히 여김으로[ḥnn] 죄악을 사하소서"). 성경의 후기 전승에서는 두 단어 모두 가난한 이들에게 자비를 보인다는 의미를 새로이 얻었다.

정의, 심판, 희년

나는 왜 다니엘서 4장 27절을, 구제를 행하라고 명하는 특히 초기의 성경 본문 가운데 하나로 이해해야 하는지 강력한 논거를 제시했다.[19] 그러나 **의**에 해당하는 단어가 구제를 나타내는 일반 표현이 된 것을 많은 사람들이 놀랍게 여긴다. 어쨌든 의는, 재화의 공정하고 공평한 분배라는 의미를 전달하는 용어다. 정의를 보통은 눈이 멀었다고들 여긴다. 정의는 부자든 가난하든 사람을 차별하지 않기 때문이다. 성경

- "은혜를 베풂."

은 이 사실을 명쾌하게 증언한다. "너희는 재판할 때에 불의를 행하지 말며 가난한 자의 편을 들지 말며 세력 있는 자라고 두둔하지 말고"(레 19:15).[20] 그렇다면 히브리어 명사 체다카 *ṣĕdāqāh*가 어떻게 해서 가난한 이들을 향한 관대한 자선 행위를 나타내게 되었을까?

그 답은 고대 근동의 문화권에 있다. 학자들이 오랫동안 주목했듯이, 메소포타미아에서 왕이 왕위에 오를 때 보통은 해방 기간을 선포했다.[21] 이 선포에는 빚을 갚을 의무를 면제해 주는 것도 포함되었다. 그러한 조치의 정치적 목적은 단순하여서, 그러한 의무를 면제해 줌으로써 왕은 극심한 빈부 격차를 바로잡으려 했다. 얼마 후에 그러한 격차 때문에 왕국의 안정이 위협받을 수 있기 때문이다. 왕의 이러한 관대한 행동을 '면제 제도 establishment of release'라 불렀다.[22]

더 나아가, 면제를 뜻하는 아카드어 안두라룸 *andurārum*과 어원이 거의 완전히 일치하는 히브리어 데로르 *dĕrôr*가 있다는 것이 우연일 리 없는 까닭은, 틀림없이 이스라엘 문화도 빈부의 양극화로 인해 비슷하게 문제를 겪었기 때문이다. 그러나 성경에서는 면제년을 인간 왕이 아니라 하나님이 선포하셨다. 이스라엘 백성은 49년마다 속죄일에 뿔나팔을 불어 희년의 시작을 알리라는 명령을 받았다.[23] 그날에 '면제', 즉 데로르(레 25:10)가 선포되었고, 개인 빚 때문에 땅을 잃은 모든 이스라엘 자손이 상환 의무에서 벗어나 조상에게 물려받은 땅으로 돌아갈 수 있었다. 하나님이 온 땅의 주인이시므로("토지를 영구히 팔지 말 것은 토지는 다 내 것임이니라. 너희는 거류민이요 동거하는 자로서 나와 함께 있느니라"[레 25:23]), 그 땅을 그분의 뜻에 따라 나누어 주는 것은 온전히 그분의 권리다.

주목해야 할 중요한 사실은, 가난한 이들과 혜택 받지 못한 이들에게 놀라운 은혜였던 이러한 해방의 칙령이, 아카드어로는 '의로운 제도'(mišaram šakānum; 참고. 어원이 같은 히브리어는 mîšôr/mêšar)로 불리기도 했다는 것이다.[24] 의는 모든 사람을 맹목적으로 공평하게 대하는 것이 아니라, 오히려 경제적 불의를 바로잡는 구체적인 행위를 뜻한다. 그래서 이사야 11장 4절은 다윗 자손인 이상적인 통치자의 도래를 이야기하면서, 그 왕의 의를 가난한 자를 대하는 왕의 긍휼과 연결한다. "공평으로* [bĕ-ṣedeq] 가난한 자를 심판하며 정의로** [bĕ-mîšôr] 세상의 겸손한 자를 판단할 것이며."

바인펠트Weinfeld가 꽤 길게 기록하듯이, 예언자들이 이스라엘 지도층에게 가난하고 소외된 자들에게 공평을 회복시켜 주는 데 이렇게 더 관심을 기울이라고는 말하지 않으면서 정의롭게 행하라고만 간청한다고 보기는 어렵다. 그렇다면 이러한 시각에서, 어근 '체다카'가 '가난한 이들을 향한 자선 행위'라는 이차 의미를 얻은 이유를 이해할 수 있다. 왕이 가난한 이들의 채무를 면제해 줌으로써 자신의 의를 드러내 보였듯이, 일반 시민들도 개인적 자선 행위를 통해 자기 몫을 해낼 수 있었다. 개인 시민 편에서 행하는 그러한 해방에 당연히 체다카, 즉 '의[로운 행위]'라는 이름이 붙었다.

- * "공의로."
- ** "정직으로."

구제를 통한 속량

마지막으로 살펴보아야 할 요소는 성경의 예언자가 "구제를 행함으로 죄를 사하고 가난한 자를 긍휼히 여김으로 죄악을 사하소서"라고 말할 때 그 생각에 영향을 미친 신학 논리다. 다니엘의 추정으로는 구제는 죄 사함을 보증하기에 적합한 방법이다. 그러나 어떻게 해서 그렇게 되는가?

첫째, 다니엘이 용서를 속량의 시각에서 이해했음을 아는 것이 중요하다. 이는 우리가 추적해 온 빚 이미지에 잘 들어맞는 개념이다. 느부갓네살왕은 마치 죄 때문에 끔찍한 연체 상태에 놓인 것처럼 취급받는다. 용서를 받으려면 빚에서 빠져나올 수단을 사서 자신을 속량해야 했다. 랍비들은 이 구절의 의미를 정확히 포착했다.《메킬타 이스마엘 *Mekhilta Ishmael*》에 이렇게 적혀 있다. "이스마엘이 말한다. '말씀으로 세상을 지으신 그분이 인간에게 얼마나 자비로우신지 와서 보라.''그런즉 왕이여 내가 아뢰는 것을 받으시고 구제를 행함으로 죄를 속량하고*'(단 4:27)라고 되어 있듯이, 사람이 돈을 지불함으로써 하늘의 심판에서 자신을 속량할 수 있으니 말이다.'"[25] 다니엘의 제안에 있는 근본 논리는, 이사야 40장과 레위기 26장에서 보았던 논리와 거의 정확히 일치한다. 죄를 범하면 엄청난 빚을 지게 되고, 유일한 해결책은 지불해야 할 것을 납부할 방법을 찾는 것이다.

그러나 레위기와의 관련성이 훨씬 더 깊은데, '속량하다'에 아람어 동사 프라크*praq*가 쓰이기 때문이다.[26] 이 동사는 보통 히브리어 동

- "공의를 행함으로 죄를 사하고."

사 가알$^{gā'al}$의 번역어로, 채권자 때문에 노예로 전락한 사람을 속량하는 일을 가리킬 때 가알을 프라크로 번역한다. 주로 채무 노예라는 주제를 다루는 레위기 25장에서, 느부갓네살왕의 경우와 유사한 상황을 만난다. "만일 너와 함께 있는 거류민이나 동거인은 부유하게 되고 그와 함께 있는 네 형제는 가난하게 되므로… 그가 (노예로) 팔린 후에 그에게는 속량 받을 권리가 있나니 그의 형제 중 하나가 그를 속량하거나… 그가 부유하게 되면 스스로 속량하되"(레 25:47-49).[27] 히브리어 원문에서 '속량하다'에 해당하는 단어는 모두 가알 어근으로 번역되었다. 아람어 번역은 다 프라크 어근을 사용한다. 이는 다니엘서에서 사용한 것과 같은 어근이다.[28] 레위기 율법에 따르면, 가족 구성원 하나가 엄청나게 빚을 지고 노예로 팔렸을 때, 두 가지 중 한 가지를 할 수 있다.[29] 가족 구성원 하나가 개입하여 그 빚을 갚음으로 그를 속량할 $^{gā'al, praq}$ 수 있다. 아니면 채무자 자신이 잘되어서 필요한 자금을 모을 수 있다면, 스스로 속량할 수 있다. 만약 느부갓네살의 곤경을 레위기 25장의 추론에 따라 이해한다면, 왕의 죄 때문에 왕에게 상당한 연체금이 남았다고 할 것이다. 이스라엘이 한때 바빌론에 노예로 팔렸듯이 느부갓네살도 신체의 고난이라는 화폐로 빚을 갚도록 노예로 팔려갈 참이다.[30] 그러나 이스라엘 채무 노예의 경우처럼, 만약 느부갓네살의 재산이 변하여 부유해진다면 그 상태에서 나올 수단을 구매할 수 있다.

느부갓네살은 이 곤경에서 나올 수단을 구매할 수 있는 화폐를 어떻게 모아야 하는가? 예언자 이사야의 추정에 따르면 죄 때문에 생긴 빚은 그 악행의 결과를 겪음으로써만 갚을 수 있다. 그러나 다니엘의 조언은 완전히 달라서, 왕에게 구제를 베풂으로써 죄를 속량하라고 권한다. 랍비 유대교와 초기 기독교에서는 다니엘의 조언이 진부할 것이다. 일부 자료들에서는, 구제 없는 회개는 상상할 수 없다.[31] 어쨌든 가난한 사람들에게 재화를 주는 행위를 하면 죄의 빚을 덜어 줄 일종의 '영적 화폐'를 모을 수 있다. 그러나 여기에는 엄청난 역설이 있다. 돈을 나누어 주는 행위로 엄청난 이익을 낼 수 있다는 것이다. 우리는 이를 어떻게 이해해야 할까?

땅과 하늘의 보고

앞서 검토한 잠언서 구절들과 동일한 집단에서, 명사 **체다카**가 금융 자본에 대한 표현들과 나란히 쓰이는 것을 보았다. 마치 체다카가 금융 자산을 처리하는 방편이라 말하는 것 같았다. 예를 들어, 잠언서에 나오는 이 유사한 격언들을 살펴보라.

> 악인들의 보고 treasuries는 무익해도
> **체다카**는 죽음에서 건지느니라˙ (잠 10:2).[32]

> 금융 자산은 진노의 날에 무익하나
> **체다카**는 죽음에서 건지느니라˙˙ (잠언 11:4).

• "불의의 재물은 무익하여도 공의는 죽음에서 건지느니라."
•• "재물은 진노하시는 날에 무익하나 공의는 죽음에서 건지느니라."

두 격언 다 악인들이 재물을 얻는 방식을 의인들의 방식과 대조한다. 요점은, 재산을 보통 미래에 대한 대비책으로 쌓아두지만, 그릇되게도 가치 있게 여기면 그 재산이 아무 가치가 없으리라는 것이다.[33]

그러나 잠언이 "공의[ṣĕdāqâh]는 죽음에서 건지느니라"(잠 11:4)라고 할 때는 무슨 의미로 말하는 것인가? 이 잠언이 사람의 일반적인 행동을 언급하는 것 같지는 않다. 잠언은 일반적으로 막연하고 평범한 일을 다루지는 않는다. 저자는 부를 축적하는 의로운 태도와 악한 태도를 대조하고 싶었을 가능성이 높다. 부를 어떻게 획득하느냐보다는 부로 무엇을 기대하느냐가 악함을 규정하는 듯하다. 그 잠언이 **보고**寶庫*(잠 10:2)라는 단어를 사용하는 이유가 달리 무엇이 있겠는가? 이 단어 선택은 돈을 **축적하는** 행동을 암시한다. 따라서 축적에 반대되는 것은 무엇이든, 죽음에서 구해 줄 공의일 가능성이 높다. 그러므로 공의는 자기 재산을 후하게 나누는 것을 가리킬 가능성이 높다. 이는 우리가 만났던 다른 비유, 즉 의인은 관대하게 빌려주는 사람이라는 비유와 잘 어울린다(예를 들어, 그중에서도 시 37:26). 앞으로 보게 될 것처럼 제2성전 시대 독자들은 이 잠언 구절을 대체로 이런 식으로 해석했다.

토비트서는 제2성전 시대 유대인들이 이 잠언을 어떻게 이해했는지 보여 준다. 토비트서는 주전 3세기나 2세기에 저술되었으므로 다니엘서와 거의 동시대다.[34] 이야기는 토비트가 이스라엘 땅에서 앗시리아로 유배 간 상황에서 시작하는데, 그곳에서 토비트는 주변 사람들에게 놀랄 만큼 후히 베푸는 삶을 살기 시작한다. 토비트의 고결한 성품 중에는 구제를 행하는 습관이 있다. 그런데 메소포타미아에서 일이 다

* 개역개정에서는 '재물', NIV와 KJV도 treasures로 옮겼으나 저자는 treasuries로 옮겼다.

잘 되지는 않았다. 결국 토비트는 시력을 잃고 일을 할 수 없게 된다. 절망에 빠져 토비트는 하나님에게 자기 생명을 거두어 주시기를 간청하고 죽음을 준비하기 시작한다.

4장에서 토비트는 죽음이 임박하기 전에 아들에게 자신의 마지막 말이라 생각하는 것을 해 준다. 이 마지막 유언에서, 자기가 잘 아는 토라의 방대한 가르침을 세 가지 주요 범주로 압축한다. 부모님을 보살피는 것, 구제, 적합한 아내를 선택하는 것이다. 그 책의 전체 구조에 비추어 보면, 구제를 행하라는 명령이 절정이다. 그 주제와 관련하여 토비트는 이렇게 말한다. "애야, 너는 일생 동안 우리 주 하느님을 기억하고, 죄를 짓거나 하느님의 계명을 어기려고 하지 마라. 너는 평생토록 옳은 일을 행하고 옳지 않은 길은 걷지 마라. 네가 진리를 따르기만 한다면 무슨 일을 하든지 성공할 것이다. 옳은 일을 행하는 모든 사람에게, 너에게 있는 것으로 구제를 베풀어라. 구제를 베풀 때에는 아까워하는 마음을 갖지 마라. 가난한 사람을 만나거든 그가 누구든지 외면하지 마라. 그러면 하느님께서도 너에게서 얼굴을 돌리시는 일이 결코 없을 것이다. 네 재산 정도에 맞게 힘닿는 데까지 구제를 베풀어라. 네가 가진 것이 적더라도 주저하지 말고 적은 대로 구제를 베풀어라. 이렇게 하는 것이 네가 곤경을 당하게 되는 날을 대비하여 좋은 보물을 쌓아 두는 일이 된다. 구제는 구제를 베푸는 사람을 죽음에서 건져 내고 암흑에 빠지지 않게 해 주는 것이다. 누구든지 구제를 베풀면 그 구제는 지극히 높으신 하느님께 바치는 좋은 예물이 된다•"(토비트서 4:5-11). 이 본문에는 구제에 관한 중요한 견해가 많지만, 우리와 관

• 공동번역에서는 almsgiving을 '자선'으로 옮겼지만 여기에서는 '구제'로 바꾸어 옮겼다.

련 있는 내용은 마지막 세 문장이다(9-11절). 토비트가 아들에게 자기 소유의 재산에 준하여 구제를 하라고 권하고 나서 분명히 말한 내용에 따르면, 구제를 행함으로 "네가 곤경을 당하게 되는 날을 대비하여 좋은 보물을 쌓아 두는 일이 된다. 구제는 구제를 베푸는 사람을 죽음에서 건져 내고 암흑에 빠지지 않게 해 준다." "구제는… 죽음에서 건져 내고"라는 어구는 분명 잠언 10장 2절과 11장 4절 후반부를 축어적으로 인용한 것이다. 그러나 나는 토비트가 언급한 '좋은 보물' 역시 이 두 잠언에서 나왔다고 주장하겠다. 악인과 의인에 해당하는 단어는 성경에서 자주 짝을 이루어 나오므로, 의인의 보고가 악인의 보고를 상쇄하리라고 예상할 수 있다. 그리고 생략이 바로 좋은 시의 특성이므로, 제2성전 시대에 성경을 꼼꼼히 읽은 독자라면 그 두 잠언에 다음과 같이 해설을 달 수 있었다.

> 악인들의 보고는 무익하여도
> 구제로 얻은 보고는 죽음에서 건지느니라(잠 10:2).

> 재물은 진노하시는 날에 무익하나
> 구제로 얻은 자금은 죽음에서 건지느니라(잠 11:4).

2행 연시의 논리를 이런 식으로 작성한다면 토비트서에 있는 본문에 다다른 것이다. 토비트서 저자는, 이 두 잠언을 엮어서 자신의 독특한 정형 어구를 완성했다. "진노의 날을 대비하여 [구제를 베풂으로써 하늘에] 좋은 보물을 쌓아야 한다. 구제야말로 사람을 죽음에서 건져 내는 것[이고 돈을 쌓아 두지 않게 하는 것]이기 때문이다."

요약하자면, 토비트서는 더 광범위한 논증에 중요한 퍼즐 조각을 제공해 준다. 다니엘서에서는 느부갓네살왕이 스스로 속량해야 할 채무 노예에 비유되는 것을 보았다. 그 문제를 해결하기 위해 다니엘은 왕에게 구제를 하라고 조언한다. 하지만 이 조언 뒤에는 무슨 논리가 있는가? 다니엘서는 가난한 자들에게 준 돈으로 하늘에 쌓인 빚을 상환할 수 있다고 추정하지만, 어떻게 해서 그렇게 되는지는 설명하지 않는다. 토비트서에서 해결책을 찾을 수 있다. 이 저작에 따르면, 구제의 놀라운 특징 중 하나는, 구제가 하늘에 있는 보고에 직접 기금을 적립하는 일이라는 것이다. 토비트의 생각으로는 앞으로 다가올 시련에서 가족을 구해 주는 데 이 보고가 필요할 것이다. 다니엘서에서 느부갓네살이 쌓은 죄의 계좌를 없애는 데 그 보고가 필요하다.

그러나 가난한 자들에게 나누어 주어 하늘에 있는 보고에 기금을 적립한다는 개념이 다니엘서와 토비트서에만 나오지는 않는다. 가난한 사람이 하늘의 보고와 연결되는 유일무이한 고리 역할을 한다는 개념은, 초기 유대교와 기독교에서 볼 수 있는 거의 모든 문학 장르에서 아주 흔한 말이 되었다.

복음서들에 나오는 예수의 가르침이 생각나는 사람도 있을 것이다. "너희를 위하여 보물을 땅에 쌓아 두지 말라. 거기는 좀과 동록이 해하며 도둑이 구멍을 뚫고 도둑질하느니라. 오직 너희를 위하여 보물을 하늘에 쌓아 두라"(마 6:19-20). 또 영생을 얻으려던 부자 청년 이야기도 있다. 부자 청년이 무슨 일을 해야 하는지 질문하자 예수께서는 하늘에서 보고를 취득하려면 재산을 가난한 이들에게 나누어 주라고 조언하신다(마 19:16-30과 병행 구절). 아마도 가장 좋은 예는, 곡식을 풍성히 수확하였으니 이제 편안한 나날이 계속되리라 믿은 부자 이야기일 것이다. "영혼아 여러 해 쓸 물건을 많이 쌓아 두었으니 평안히 쉬고 먹고 마시고 즐거워하자"(눅 12:19). 이에 대해 하나님이 응답하신다. "어리석은 자여, 오늘 밤에 네 영혼을 도로 찾으리니 그러면 네 준비한 것이 누구의 것이 되겠느냐?" 그런 다음 예수께서 결론지으신다. "자기를 위하여 [땅에] 재물을 쌓아 두고 하나님께 대하여 [구제로] 부요하지 못한 자가 이와 같으니라"(눅 12:21). 그러나 하늘에 있는 보고가 안전하다는 예수의 가르침은, 더 이른 시기의 유대인 현자 벤 시라가 2세기 초반에 글을 쓰면서 이미 예시해 주었다.

> 계명대로 가난한 사람을 돕고
> 궁핍한 사람을 빈손으로 돌려보내지 말아라.
> 형제나 친구를 위해서라면 손해를 봐도 좋다.
> 돈을 돌 밑에 두어 썩혀 버리는 것보다
> 형제나 친구를 위하여 손해 보는 것이 낫지 않겠느냐?
> 지극히 높으신 분의 명령대로 네 재물을 써라.
> 그것이 황금보다도 너에게 더 유익하리라.
> 네 곳간을 적선almsgiving으로 채워라.
> 그러면 네가 모든 불행에서 벗어나리라.
> 그것이 방패나 창보다도 더 강한 무기가 되어,
> 네가 원수와 싸울 때 네 편에 서 주리라(집회서 29:9-13).

예수께서 가르치시던 시대에 앞서 벤 시라는 제자들에게 돈을 썩혀 버리지 말고 오히려 하늘에 참된 보물을 모으라고 조언한다. 그러나 벤 시라는 토비트의 가르침도 되풀이하며 선언하기를, 고통에서 구해 주는 것은 전쟁 무기보다는 그러한 보물일 것이라고 한다.

나사렛 예수와 벤 시라의 가르침은 가난한 사람의 손에 쥐어 준 동전들이 두 가지 기능을 한다고 시사한다. 가난의 고통을 덜어주는 데 도움이 될 뿐 아니라, 곧바로 하늘로 이양되어 기부자에게 이득이 된다. 이러한 두 가지 유익이 한참 뒤인 주후 5세기 랍비의 가르침에 잘 요약되어 있다. 랍비 제이라$^{Ze'ira}$가 이렇게 말했다. "이스라엘 땅에서는 백성의 평범한 대화조차도 토라의 한 요소다. 어떻게 그럴 수 있을까? [가난한] 사람이 종종 이웃에게 '제키 비$^{zěkî\,bî}$' 혹은 '이즈닥키 비$^{izdakki\,bî}$'라고 말하여, '나를 통해 [당신을 위한] 공로를 획득하라'는 뜻을 전할 것이다."[35] 이 본문은 몇 가지 이유에서 주목할 만하다. 먼저, 궁핍한 사람들을 구제하는 것을 하늘의 보고에 곧바로 예금하는 것과 동일하게 여긴다. 재물^{mammon}이 하늘의 공로^{zěkût}가 된다. 집회서 29장 10-11절도 떠오른다. "친구를 위해서라면 손해를 봐도 좋다.… 네 제물을 [하늘에] 써라." 둘째로, 이 말이 중요한 까닭은 하늘의 공로라는 개념이 대중의 마음에 얼마나 깊이 스며들었는지 보여 주기 때문이다.[36] 이는 현자들 사이에서 유포되던 학술적 비유가 아니라, 이스라엘 거리에서 일상적으로 오가는 대화의 표현 양식이었다. 아마 이러한 구어체 표현이, 정확히는 아주 흔한 표현이었으므로, 이 특정 본문에서 나오는 것보다 틀림없이 더 오래되었을 것이다. 실제로 내 주장으로는, 어근 자카^{zākāh}의 의미 발전에 (그리고 '공로를 획득하다'는 동사형 제키/이즈닥키$^{zěkî/izdakki}$, '공로'라는 명사형 제쿠트^{zěkût}의 의미 발전에도) 영향을 준 것과 동일한 논리가 다니엘이 느부갓네살왕에게 조언한 논리에도 영향을 주었다. 구제는 하늘의 보고에 기금을 적립해 준다.

구제와 희생 제물

토비트의 말에는 주의를 기울일 만한 내용이 하나 더 있다. 토비트는 유언 마지막 부분에 이렇게 덧붙인다. "누구든지 구제를 베풀면 그 자선은 지극히 높으신 하느님께 바치는 **좋은 예물**[*dōron*]이 된다." 구제를 하나님에게 바치는 예물이라고 하니, 사람들이 성전에 가지고 오는 예물이나 희생 제물이 떠오른다. 실제로 헬라어 도론*dōron*은 보통은 제단에 바치는 헌물에 해당하는 히브리어 코르반*qōrbān*의 번역어다. 그리고 레위기에 따르면, 사람들이 코르반을 가지고 오는 이유는, 하나님 앞에 있는 제단에 드리기 위해서다. 다시 말해, 토비트는 거지의 손에 동전을 쥐어 주는 일과 제단에 희생 제물을 드리는 일이 같다고 말하고 있다. 그 손과 제단 덕분에 하나님에게 바로 다가갈 수 있기 때문이다.

토비트서 1장의 구조에 주의를 기울여 보면, 이러한 개념은 더 앞부분에도 있다. 내러티브는 토비트가 평생 실행한 수많은 자선 행위를 언급함으로 시작한다(토비트서 1:3). 토비트는 메소포타미아에 도착하자마자 이러한 원리에 따라 행동한다(토비트서 1:16). 그 사이에 토비트가 이스라엘에 사는 동안 보인 종교적 열정에 관한 이야기가 들어 있다. 이스라엘에서 토비트는 성전에 열심히 희생 제물을 가지고 온 것으로 유명하다(1:5-9). 디아스포라에서 행한 구제 행위가(토비트서 1:3; 1:16) 이스라엘 성전에 낸 세금을 대신한다는 것이 요점인 듯하다(토비트서 1:5-9).[37]

벤 시라도 이를 잘 설명해 준다. 벤 시라는 자신의 저작 한 부분에서 지혜 전승에서 소중한 주제를 고찰한다. 바로 주를 두려워함, 아니면 주를 향한 경외가 더 나은 표현일 것이다. 그와 같은 경외함을 보여 주는 가장 바람직한 방법이 예물을 드리는 것이다.

> 네 마음을 다하여 주님을 두려워하고
> 주님의 사제들을 공경하여라.
> 온 힘을 다하여 네 창조주를 사랑하고
> 그분의 봉사자들을 공양하여라.
> 주님을 두려워하고 사제를 공경하여라.
> 그리고 주님이 명하신 대로 사제에게 곡물을 바쳐라.
> 즉 첫 수확물과 속죄의 제물과 짐승의 어깨 부분과
> 성결제의 제물과 거룩하게 드린 것들의 첫 몫을 바쳐라.
>
> 가난한 사람에게도 후하게 하여라.
> 그러면 주님의 충만한 축복을 받으리라.
> 산 사람 모두에게 너그럽게 은덕을 베풀 것이며
> 죽은 사람에게까지도 은덕을 베풀어라.
> 우는 사람들을 내버려두지 말고
> 슬퍼하는 사람들과 함께 슬퍼하여라.
> 병자 위문을 게을리 하지 말아라.
> 그러면 네가 사랑을 받으리라.
> 무슨 일을 하든지 너의 마지막 순간을 생각하고
> 절대로 죄를 짓지 말아라(집회서 7:29-36).

이 중요한 본문은 사제들과 가난한 사람들이라는 두 부류의 사람들을 병치시키는데, 이들을 통해 하나님을 향한 경외를 드러내 보일 수 있다. 주를 두려워한다는 것은 주의 사제들을 공경하는 것, 즉 사제들에게 필요한 성전 기금을 내는 것이며, 가난한 자들에게도 손을 내미는 것이다.

구제를 헌금에 비유하는 일은 집회서에 자주 나오며 어느 정도는 벤 시라의 종교적 세계관의 기반이다. 예를 들어, 집회서 35장 1-2절은 이렇게 말한다.

> 율법을 지키는 것은 곧 많은 제물을 바치는 것이며
> 계명을 지키는 것은 곧 평화의 제물을 바치는 것이다.
> 남의 은혜에 보답하는 것은 고운 밀가루 제물을 바치는 것이며
> 남에게 자선을 베푸는 것은 찬미의 제사를 드리는 것이다.[38]

찬미의 제사^{thank offering}*가 특별한 형태의 화목제이며, 고운 밀가루 제물은 가져올 수 있는 희생 제물 중 값이 가장 싸기 때문에 **여러 번 가져올 수 있다는** 사실은 주목할 만하다. 부모를 공경하라는 벤 시라의 유명한 권고는 다음과 같은 말로 끝난다.

> 아비를 잘 섬긴 공은 잊혀지지 않으리니
> 네 죄 대신 네게 입금될 것이다.**
> 네가 역경에 처했을 때 주님께서는 너의 효도를 기억하시겠고
> 네 죄는 얼음이 햇볕에 녹듯이 스러질 것이다(집회서 3:14-15).[39]

* 개역개정에서는 thank offering을 '감사제'로 번역하며, 화목제의 일종이다.
** 공동번역에서는 "네 죄는 용서받고 새 삶을 이룰 것이다."

이 본문은 다니엘서 4장의 신학 세계와 유사한데, 여기서 우리는 아버지에게 관대하게 행하는 것이 속죄제를 대신하는 역할을 할 수 있음을 알게 되기 때문이다. 토비트서에서 그랬듯, 역경에 처했을 때 이러한 섬김으로 효도를 한 것(은혜를 베푼 것)이 기억될 것이다.

속량하는 기부금

죄를 빚으로 보고 가난한 사람을 하늘로 곧장 통하는 도관으로 보는 세계에서, 궁핍한 이들에게 풍성히 주는 것보다 계좌의 입출금을 맞추기에 더 논리적인 방법이 무엇이 있겠는가? 앞에서 살펴본 본문들의 논리에 따르면, 이런 식으로 하늘에 예금한 돈은 죄 때문에 생긴 빚을 상환하는 데 쓰일 수 있다.

다니엘이 느부갓네살왕에게 구제를 하라고 조언한 일은 죄 용서에 관련한 유대와 기독교 사상사에서 유일한 사건이 아니다. 오히려 그 반대로 구제는 하나님의 은혜를 보장받기에 가장 중요한 수단이었다. 랍비 메이어Meir와 아키바Akiba의 글로 보이는 다음의 고대 전승을 살펴보라(주후 2세기). "랍비 메이어가 이렇게 말하곤 했다고 배웠다. '[유대교]를 비판하는 사람이 이런 반론을 제기할 수도 있다. "당신의 하나님이 가난한 사람들을 사랑하신다면, 왜 그분이 그들을 도와주지 않나요?" 그렇다면 이렇게 답하라. "우리가 그들을 통해 게힌놈Gehinnom•

- 기드론 계곡과 연결되는 예루살렘 남동쪽 골짜기인 '힌놈 계곡'을 지칭하는 히브리어(그리스어로는 게엔나, 라틴어로는 게헨나). 악인들이 멸망하는 곳을 상징한다.

의 벌을 피하기 위해서요.'" 다음은 투르누스 루푸스Turnus Rufus(유대의 로마 총독)가 랍비 아키바에게 실제로 한 질문이다. '당신의 하나님이 가난한 자를 사랑하신다면, 그분은 왜 그들을 도와주지 않소?' 랍비 아키바는 이렇게 답했다. '우리가 그들을 통해 게힌놈의 벌을 피하기 위해서요.'"[40] 당시 기독교인 작가들도 유사하게 판단했다. 한 예로, 2세기 중반에 쓰인 클레멘스2서에는 이런 내용이 있다. "그러므로 구제는 죄를 회개하는 것만큼 좋습니다. 금식이 기도보다 낫지만 그 둘보다 구제가 낫습니다. 사랑이 허다한 죄를 덮지만, 선한 양심에서 나온 기도는 죽음에서 건집니다. 구제는 죄를 가볍게 해 주므로, 이런 것들로 가득한 사람에게는 복이 있습니다."[41] 아주 초기의 기독교 문서로, 주후 1세기 초반으로 연대를 추정하는《디다케Didache》는 이렇게 덧붙인다. "받으려고 손을 뻗으면서 주는 일에는 손을 움켜쥐는 사람이 되지 말라. 네 손으로 무엇을 얻든지, 네 죄에 대한 속전으로 주라."[42] 클레멘트는 구제가 죄를 용서해 달라는 기도보다 낫다고 보았다.《디다케》에서는 다니엘의 말이 그대로 반복된다. 그것은 곧 구제가 갚아야 할 것에 대한 속전이 된다는 것이다. '속전'으로 번역한 헬라어는 뤼트로시스lytrōsis이며, '속량하다'라는 뜻의 아람어 '프라크'를 번역하는 데 쓰인 어근과 동일한 어근에서 파생된 것임에 주목하라. 다니엘서처럼《디다케》의 경우에도 구제에서 죄를 충당할 화폐가 나온다.

랍비 문서들은 죄를 채무로, 선행을 채권으로 보는 개념이 의미론적으로뿐 아니라 신학적으로도 연결되어 있음을 분명히 보여 준다. 그러나 앞에서 보여 주었듯이, 이러한 연결이 이 글들의 언어자료에만 있는 것은 아니다. 실제로 선행을 채권으로 보는 개념은 죄를 채무로 보는 개념과 거의 같은 시대에 나타나며, 두 개념의 관계는 이미 다니엘서에 전제되어 있다. 느부갓네살은 죄로 인해 연체 상태에 놓였기 때문에 하늘의 채무를 상환할 수단이 필요하다. 다니엘은 가난한 자들을 구제함으로써 스스로 속량하라고, 즉 돈을 써서 노예 신세에서 벗어날 방법을 마련하라고 제안한다. 왕의 도덕 역량이 빚을 충당할 것이다.

이렇게 '장부의 수지를 맞춤으로써' 죄 용서에 접근하는 방식은 곧바로 둘째 쟁점으로 이어졌다. 모든 가능한 선행 중에서 왜 구제를 이토록 칭송하는가? 왜 구제가 속량 과정에 도움에 되는 독특한 구성 요소가 되었는가? 가난한 자를 섬기는 것과 하나님을 섬기는 것을 다룬 본문 중에 잠언 19장 17절이 가장 눈에 띈다. "가난한 자에게 **관대한** [*hônēn dal*] 것은• 여호와께 꾸어 드리는 것이니 그의 선행을 그에게 갚아 주시리라." 가난한 자를 하나님에게 곧바로 연결되는 도관으로 보는 이러한 개념은 토비트서에서 새로운 부문으로 넘어가며, 토비트서는 가난한 사람들을 구제하면 하늘에 있는 보고에 돈이 쌓인다고 가르친다. 이는 제2성전 시대 유대교에 두루 있는 개념이다. 우리는 집회서와 복음서들에 있는 그 개념의 흔적을 밝혀냈다. 놀랍게도 그 개념은 학문적인 신학계에만 존재하지 않았다. 랍비 문서들을 보면 하늘의 보고라는 이미지는 5세기 (그리고 아마도 훨씬 더 일찍) 팔레스타인의 일상 언어의 한 부분이 되었다. 가난한 사람들은 "나를 통해 공로를 얻으라"는 말로 후원자들에게 인사를 했는데, 자기한테 구제를 베풀어 하늘의 보고에 예금을 하라는 뜻이었다. 다니엘이 느부갓네살왕에게 해준 조언과 이 내용은 분명히 관계가 있다. 왕은 오만한 행동의 결과로

• "불쌍히 여기는 것은."

끔찍한 연체 상태에 이르렀다. 오명을 씻으려면 빚을 즉시 상환해야 했다. 간단히 말해서, 하늘의 보고에 자금을 자동 이체해야 했다. 이렇게 하는 데 가난한 이들에게 구제를 베푸는 것보다 더 나은 방법이 무엇이겠는가?

그러나 이야기는 여기서 끝나지 않는다. 가난한 사람들에게 제공한 구제금이 하늘에 직접 기재된다고 여겨졌다면, 가난한 사람들의 손은 성전 앞에 있는 제단과 비슷해진다. 제2성전 시대 유대 문서들 대다수가 이러한 유추를 중요하게 여긴다. 유대인들은 주후 70년에 예루살렘 성전이 파괴된 후로 관대한 행위들을, 그들이 한때 성전에서 드리던 희생 제물의 대체물로 여기기 시작했다.[43] 그러나 우리가 토비트서와 집회서에서 알게 되었듯이, 그러한 신학적 개념은 이미 몇 세기 동안 존재해 왔다.

10장

─────── **행위로 인한 구원?**

> 그대의 구제와 기도는 대출해 주는 것과 같습니다. 그것은 어디서든 그것을 받는 이들을 풍요롭게 하지만, 원금과 이자는 모두 그대 것입니다. 대출해 준 것이 그대에게 돌아옵니다. ─시리아의 성 에프렘

독자들 대부분은 다니엘이 느부갓네살에게 해 준 조언을 내가 사실 그대로 해석하는 방식이 마음에 좀 불편할 것이다. 구제를 베푸는 행위는 채무자와 하나님 사이의 금융 거래에 불과한가? 만약 그렇다면 인간이 그들의 죄악된 상태에서 빠져 나올 방도를 '사들일' 수 있으며, 인간이 선행으로 자신을 구원한다는 개신교 종교개혁자들의 비판에 해당되는 듯이 보일 것이다.[1]

로만 개리슨Roman Garrison은 한 책에서 그리스도의 사역을 초대교회에서 다양하게 묘사하는 방식을 살펴보면서 이 문제에 정면으로 맞섰다.[2] 그 책에서는 주후 2세기의 두 사상가의 인식을 통해 그러한 차이점을 설명한다. 한 사람은 디오그네투스서Epistle to Diognetus를 쓴 익명의 저자, 다른 한 사람은 교부인 알렉산드리아의 클레멘스다.[3] 두 저자는 금융 거래의 이미지를 차용하여 구원의 과정을 설명하지만, 그 거래를 이해하는 방식은 서로 다르다.

디오그네투스서(9:3-5)에는 이렇게 적혀 있다. "그분의 의가 아니라면 다른 무엇으로 우리 죄를 가릴 수 있을까? 하나님의 아들이 아니라

면 악하고 경건하지 못한 우리가 의롭게 되는 일이 누구 안에서 가능했을까? 오 아름다운 거래, 오 헤아리기 힘든 창조, 오 예상치 못한 혜택, 많은 사람의 악함이 의인 한 사람 안에 감추어지고, 그 한 사람의 의가 많은 악한 사람을 의롭게 해 주다니!" 여기서 저자가 염두에 두고 있는 아름다운 거래는 그리스도의 속죄의 죽음이다. '하나님의 아들이 아니라면' 죄를 덮는 다른 방법이 있을 수 없다. 인간을 대신하여 죽는 그리스도의 자비로운 결단은 이루 말로 표현할 수가 없기에 적절한 반응은 경외뿐이었다.

알렉산드리아의 클레멘스에게 넘어가 보자. 여기에도 그 거래를 유사하게 칭송하는 수사법이 나오지만, 주제는 완전히 다르다. 클레멘스는 그리스도께서 성취하신 신적 구원 사역에 초점을 두기보다는, 구제를 하는 인간의 행동을 찬양하는 듯하다. "오 정말 멋진 거래! 오 거룩한 사업! 그대는 썩지 않는 것을 돈으로 산다. 세상의 멸망하는 것들을 내주고 대신 하늘에 있는 영원한 것을 받는다. 부자여, 지혜롭다면 이 시장을 향해 출항하라. 필요하면 온 세계를 돌라. 위험이나 수고를 피하지 말라. 여기서 하늘나라를 살 수 있다."[4]

개리슨의 생각에는 이 두 본문이 신학 독자에게 도전을 가한다. **인간이 한 일에 대한 클레멘스의 칭송은, 디오그네투스서에서 예수 그리스도의 신적 사역을 찬양하는 것과 거의 수준이 같아 보인다. 인간 행위자가** (구제라는 형태로) **구원을 받을 만한 자격이 충분하다면, 신적 구원자가 왜 필요하겠는가?** 그래서 교회의 초기 사도 전승에서 구제가 받던 칭송이 개신교도들에게는 어느 정도 걸림돌이 되었다. 마르틴 헹엘Martin Hengel이 언급하듯이, "유대교에서 이어받은 공로 개념은… 신학상 퇴보로 보일 수 있지만, 그것이야말로 구체적 사회 활동과 자선 행위의 강한 동기가 되었다."⁵⁾ 토랜스^(T. F. Torrance)가 보기에 클레멘스의 주장 같은 지나친 주장들은 원래의 복음 메시지의 순수성이 시야에서 사라졌음을 시사한다.⁶⁾ 그러나 이러한 주장 때문에 토랜스는 곤경에 빠졌다. 화해를 위한 구제의 중요성은 초대교회에서 거의 보편적인 특성이었다. 그것을 복음에서 떠난 것이라 말한다면, 거의 모든 초기 기독교 사상가가 그 사안을 오해했다는 의미다. 그럴 리가 없다. 아마도 우리가 이 중요한 신학 개념을 제대로 파악하지 못한 것이 문제일 것이다.

만물을 부요하게 하시는 이가 만물에게서 빌리시다

4세기 시리아의 시인이자 신학자인 성 에프렘은 이 주제를 다룰 때 소중한 증인이다. 에프렘은 아람어 설교자로서 죄를 빚으로 언급하는 것이 자연스럽다고 여겼기 때문이다. 에프렘이 보기에 성육신의 근본 목적 중 하나는, 그리스도께서 우리를 대적하는 채무 증서를 파기하시는 것이다(골 2:14을 보라). 그러나 이와 밀접하게 관련된 것이, 그리스도께서 우리의 채무자가 되려고 하시는 것이다. 에프렘은 〈성탄 찬송^(Hymns on the Nativity)〉에 이렇게 쓴다.

> 이 성탄절 막이 열리니 기쁩니다.
> 거룩하신 분이 성전에서 기뻐하시고,
> 아기들의 입에서 큰 소리가 울려 퍼지고,
> 메시아가 천군의 지휘관으로

그분의 절기를 기뻐합니다.

성자가 나신 날, 왕이 인구 조사를 하여
사람들을 명부에 올렸습니다.
이는 사람들로 왕에게 빚을 지게 하려는 것입니다.
그런데 왕이신 하나님이 우리에게 오셔서
우리 빚을 말소하시고, 그분 이름으로 다른 빚을 내셨습니다.
이는 그분이 우리에게 빚을 지시려는 것입니다(5:11-12).[7]

에프렘은 탄생 기사에서 전하는 인구 조사를 언급한다(눅 2:1-2을 보라). 황제는 과세와 징병을 원활하게 하려는 동기로 인구를 조사했다. 로마의 관리들은 시민 전체의 이름을 명부에 올림으로써 모든 이가 시민의 의무를 반드시 감당하게 할 수 있었다. 그러나 에프렘은 국가의 관심사와 하늘의 관심사를 대비시킨다. 우리의 왕 메시아는 '우리가 그에게 진 빚을 말소하려고' 오셨을 뿐 아니라, 새로운 증서 곧 자신이 인간의 채무자가 되게 하는 증서를 쓰러 오셨다.

에프렘이 내린 결론에 따르면 하나님의 의도는 인간을 위협하는 증서를 파기하는 것만이 아니다. 그러한 선언 한 번으로 무슨 목적이 성취되겠는가? 해방 시기가 끝나자마자, 다시 말해 세례 이후에, 우리는 '시장'으로 돌아가 우리의 영적 신용 카드에 청구된 대금을 계산할 것이다. 그래서 그리스도께서는 새로운 채무 증서를 쓰셔서, 우리의 절망적인 상태를 완벽하게 고치려고 하신다. 이 새로운 증서의 약관에 따르면 그리스도께서 우리에게 채무자가 되신다.

이 짤막한 시에서 에프렘은 그리스도께서 인류에게 어떤 종류의 채무 증서를 남기셨는지 알려 주지 않는다. 하지만 이 찬송의 다른 부분에서 그 답을 알려 준다.

> 만물의 주이신 분이 우리에게 만물을 주시고,
> 만물을 부요하게 하시는 분이 만물에게서 빌리십니다.
> 그분은 아무것도 필요 없는 분으로서 모든 것을 주십니다.
> 그러나 가난한 분으로서 다시 빌리십니다.
> 창조주로서 소와 양을 주셨지만,
> 다른 한편으로는 궁핍한 분으로서 희생 제물을 찾으십니다(성탄 찬송 4:203-205).[8]

에프렘은 하나님을 '만물에게서 빌리는' 분으로 묘사한다. 이 말은, 여호와께서 이스라엘과 언약을 맺으시려고 스스로 낮추셨을 때, 그분에게는 인간의 섬김이 필요하지 않은데도 이스라엘이 그분을 섬길 수 있게 하겠다고 약속하셨다는 뜻이다. 구약에서 이러한 섬김은 희생 제사의 형태를 취했다. '아무것도 필요 없으신' 분이 제단에서 '가난한 분'처럼 행동하셨다. 그러나 이제 새 언약의 시대에는 '만물을 부요하게 하시는 분'이 새로운 방침을 취하셨다. 음식을 바치라고 하시는 대신 우리의 지갑에서 빌리고자 하신다. 가난한 이들의 손이 희생 제사를 드리는 번제단을 대체한다.[9]

에프렘이 보기에, 신앙생활에는 하나님이 인류와 개인적인 차원에서 관계를 맺으시는 일이 필요하다. 그렇게 하지 않았다면, 하나님은 아리스토텔레스가 주장한, 멀리 떨어져 계시는 '부동의 동자 unmoved mover'에 불과할 것이다. 이렇게 하나님이 은혜로 스스로 낮추셨다는 믿음은 다음 찬양에 잘 나타난다.

> 우리에게 복을 주시고 우리의 기도를 취하시는
> 그분에게 감사하십시오.
> 그분은 예배를 받기에 합당하신 분을 내려 보내시고
> 그분을 향한 우리의 예배를 올려 보내십니다.
> 그분은 우리에게 신성을 주셨고
> 우리는 그분에게 인간성을 드렸습니다.
> 그분은 우리에게 약속을 주셨고
> 우리는 그분 친구 아브라함의
> 믿음을 그분에게 드렸습니다.
> 우리가 그분에게 우리의 구제를 빌려 드렸으니
> 이제 갚으시라고 합시다(믿음 찬송^{Hymns on Faith} 5:17).[10]

여기서 에프렘은 성육신이 영향을 미친 일종의 상업 거래를 찬양한다. 하나님은 복을 주셔서 우리의 기도와 교환하신다. 우리에게 신성을 주셔서 우리 인간성과 교환하신다. 그분은 약속을 주셨지만 우리에게는 그 약속을 의지하는 믿음이 확고히 있어야 한다. 우리는 그분에게 대출을 제공하고, 그 대신 상환을 받으리라 확신할 수 있다.

에프렘의 믿음에 따르면 구제로 하나님께 빌려 드리는 사람은 단순히 인간의 **행위**를 하는 것이 아니라 **믿음**을 공개적으로 증거하는 것이다. 이러한 시각에서 볼 때 구제는 인간의 행위라기보다는 근본 믿음의 지표다. 믿음과 대출의 관계는 다수의 언어에 잘 나타난다. 예를 들어, 영어에서 대출을 해 주는 사람을 ('믿다'라는 뜻의 *credere*에서 나온) creditor로 부르지만, 독일어에서는 ('믿다'라는 뜻의 glauben에서 나온) Gläubiger다.[11] 이러한 의미 현상이 널리 퍼져 있다고 해서 의미의 차용을 입증하는 것 같지는 않다. 대출과 신앙의 관계는 분명 인간 문화에서 아주 기본적인 것으로 어떤 언어에서든 독자적으로 생길 수 있다. 어느 미드라쉬는 가난한 사람들에게 대출을 해 주는 것과 신앙의 관련성을 날카롭게 포착한다.

어느 철학자가 랍비 감리엘Gamliel에게 질문을 했다. 랍비에게 말했다. "당신네 토라에는 '너는 반드시 그(네 어려운 친족)에게 줄 것이요, 줄 때에는 아끼는 마음을 품지 말 것이니라'(신 15:10)라고 적혀 있습니다. 그렇다면 다른 사람들에게 자기 재산을 나누어 주고도 속상해하지 않을 그런 사람이 있습니까? 그런 사람은 결국 자기 자신을 먹여 살려야 할 것입니다!"

랍비는 철학자에게 이렇게 대답했다. "누가 돈을 꾸러 온다면 그 사람에게 빌려주겠습니까?" "아니오!" "그 사람이 담보를 가져온다면 돈을 빌려주겠습니까?" "그렇죠!"

"만약 그 사람이 보증인으로 세우기에 적합하지 않은 사람을 데려왔다면 돈을 빌려주겠습니까?" "아니오." "그 사람이 보증인으로 지방 총독을 데려왔다면 돈을 빌려주겠습니까?" "그렇죠."

"그렇다면 이는 너무도 논리가 자명하지 않습니까? 평범한 인간이 보증을 서 줄 때 돈을 빌려주겠다면, 말씀으로 세상을 만드신 분이 보증을 서 준다면 얼마나 더 그렇게 하겠습니까? 성경은 '가난한 자에게 관대한 것은 여호와께 꾸어 드리는 것이니'(잠 19:17)라고 말하니까요."[12]

대출을 받을 사람을 신뢰할 이유가 없는데도 어렵게 번 돈을 나누어 줄 사람은 없다. 하지만 랍비 감리엘의 결론에 따르면 대출을 받아 갈 대상이 하나님이라면 충분히 신뢰할 만하다. 에프렘도 전적으로 동의할 것이다. 내가 그의 〈믿음 찬송 *Hymns on Faith*〉에서 인용한 시를 보면, 정확히 균형 잡힌 2행 시구 네 쌍이 하나님과 인간의 관계에 나타날 모습을 알려 준다.

> 하나님이 복을 가져 오시고/ 우리는 기도를 드립니다.
> 하나님이 경배하기에 합당한 분을 주시고/ 우리는 경배를 드립니다.
> 하나님이 신성神性을 어느 정도 주시고/ 우리는 우리의 인성人性을 드립니다.
> 하나님이 약속을 주시고/ 우리는 믿음을 드립니다.

여기에서 짝들이 서로 비대칭이다. 복을 주시는 것은 기도로 요청하는 행위보다 더 크고, 시 전체를 관통하는 논리도 마찬가지다. 하나님은 인간이 답례로 드리는 것보다 훨씬 뛰어난 것을 주신다. 관계가 이런 양상으로 흘러갈 때, 우리는 피조물이 창조주에게 철저하게 의존함을 배운다. 그러나 에프렘의 심한 과장법은 놀랍다. 마지막 두 행에서 하나님이 하신 약속에 믿음으로 어떻게 반응할지를 설명해 준다.

> 그분에게 우리의 구제를 빌려드렸으니
> 이제 그 상환을 **요구**합시다.[13]

놀라울 정도로 대담한 행이다. 정말로 하나님에게 상환을 **요구**할 수 있을까? 그러나 에프렘이 보기에는, 진정 하나님을 궁극적 보증인으로 믿고서 가난한 자에게 대출해 주는 사람이라면 상환을 요구할 배짱

이 있을 것이다. 에프렘의 추론으로는, 성경은 하나님이 은혜를 베푸신다는 약속이 가난한 자들의 손에 있음을 보여 준다. 그렇게 돈을 빌려 주고서 보답을 받을 수 있을지 겁을 낸다면 믿음이 부족하다는 표시일 뿐이다.[14] 여기까지 왔다면, 우리는 인간 행위의 공로를 다루는 논의의 기본 테두리를 훨씬 넘어선 것이다.

증서 소유자인 성인들

성인聖人들이 하나님에게 빌려드린다는 언급이 에프렘의 글 곳곳에 있으므로, 그 개념이 원래 성경이라는 정박지에서 풀려나와서 보통의 시적 비유가 된 것인지도 모르겠다. 실제로 성인들이 행한 모든 종교적 선행은 일종의 화폐가 되어서 하나님에게 빌려드릴 수 있다.[15] 에프렘은 4세기 시리아 금욕주의자 율리아누스 사바Julian Saba 이야기를 한다.

> [하나님이] 그분의 보고를 열어, 그대가 그분에게
> 대출해 드린 내용이 적힌 채무 증서들이 그대 소유가 되게 하십니다.
>
> 그대의 기도가 그분 책에 기록되고,
> 그대의 보물이 그분의 보고 안에서 안전합니다.
>
> 오, 공동체여 일어나 사바에 대해
> 매일 우리 주님께 감사를 드립시다(율리아누스 사바를 향한 찬가 6:14-16).[16]

그리스도께서 먼저 그러셨듯이, 사바는 종교적 열정 덕분에 채권자가 되었다.[17] 사바는 새로운 재정 상태에서 하나님에게 대출해 드린 것의 상환을 '요구할' 수 있다. 그러나 하나님에게 그러한 요구를 하는 충격적인 담대함은, 앞서 대출해 드릴 정도로 하나님을 충분히 신뢰하는 채권자의 근원적인 믿음('내가 믿사오니'라는 신조)의 표지일 뿐이다.

에프렘은 성 아브라함 키두나이아 St. Abraham Kidunaya 의 공로를 칭송할 때, 하나님에게 대출해 드린다는 주제로 돌아온다.

두 가지 웅대한 계명은 이웃과 하나님을 사랑하는 것입니다. 그대는 멍에처럼 그 계명을 메었습니다. 사람과 하나님 사이에서 아름다운 예금을 씨로 뿌렸습니다.

그대가 귀를 기울인 것은 행하기 위함이었습니다. 행한 것은 꾸어 주기 위함이었습니다. 꾸어 준 것은 믿기 위함이었습니다. 믿은 것은 받기 위함이었습니다. 믿은 것은 다스리기 위함이었습니다.

그대의 구제와 기도는 대출해 주는 것과 같습니다. 그것은 어디서든 받는 이들을 풍요롭게 하지만, 원금과 이자는 모두 그대 것입니다. 대출해 준 것이 그대에게 돌아옵니다.

기부자의 구제는 의인이 해 주는 대출과 같습니다. 빌리는 사람과 빌려 주는 사람 모두의 온전한 소유이기 때문입니다. 그것이 이자와 함께 그에게 돌아가기 때문입니다(아브라함 키두나이아를 향한 찬가 1:5-8).

이 시에서는 신앙생활을 두드러지게 현상학적으로 묘사한다. 사람들은 믿음이 먼저 오고 행함이 뒤따른다고 예상한다. 그러나 에프렘은 순서가 바뀌었다고 생각한다. 가난한 자들에게 '대출'해 주라는 명령을 먼저 듣고, 그런 다음 그것을 실행하는 것이다. 실행하고 나서 믿음에 이른다. 게다가 믿음*credere*과 행동(대출해 주는 것, creditor가 되는 것)의 결합을 보면, 이 성인의 행동을 믿음 대 행위라는 일반적인 축에 따라 분석할 수 없다. 구제 '행위'를 통해 믿음이 나타난다.

대부분의 사람들이 보기에 하나님이 우리에게 무언가를 빚진다는 뜻이 담긴 표현은 하나님을 제대로 존중하지 않는, 필요 이상의 과장법이다. 그러나 에프렘이 보기에, 경건한 증인 율리아누스 사바와 아브라함 키두나이아는 하나님이 성경에서 약속하신 내용을 적절히 이용하고 있을 뿐이다. 이들이 하나님의 채권자가 된 까닭은 그저 하나님이 구원의 경륜 가운데서 이런 식의 접근을 허용하셨기 때문이다. 사바와 키두나이아는 가난한 이들을 관대하게 대하면서 자기 자신을 구원하고 있는 것이 아니다. 그보다는 하나님이 솔직하게, 공개적으로 하신 약속을 믿고 하나님의 명령에 순종하고 있는 것이다. 구약 성경에서 하나님은 마치 음식이 필요한 듯이 행동하셨지만, 새로운 시대에는 화폐가 부족한 듯이 행동하신다. 전자의 경우, 사람들은 제단에서 하나님에게 음식을 드릴 수 있었고, 후자의 경우 궁핍한 이들의 손을 통해 하나님을 섬길 수 있다.

그러나 에프렘의 글의 또 다른 부분은, 즉 여기서 나타나는 유형의 경제에 대한 에프렘의 생각은 언급할 만하다. 가난한 자들에게 대출해 주는 사람이 아주 지혜로운 사업가인 까닭은, 하나님이 그런 거래 제도를 세우셨기 때문이다. 이러한 제도에서는 아무도 사기당하지 않으며, 어디에든 하나님의 은혜가 드러난다. 에프렘은 이렇게 말한다. "어디서든 [그대의 구제는] 받는 이들을 풍요롭게 하며, 원금과 이자 모두 그대 것입니다. 대출로 내놓은 것이 그대에게 돌아옵니다." 분명 잠언 19장 17절의 신학이 이 본문을 뒷받침한다. 가난한 자들에게 대출해 준 이 돈을 결국은 하나님이 친히 받으시므로, 다른 경제 교류가 눈에 보인다. 그리고 랍비 시대 저자들이 하늘의 경륜에 구제가 영향을 미치는 방식에 비슷한 태도를 보인 것이 아마 우연이 아닌 이유는, 미쉬나의 선언에 따르면 구제를 베푸는 너그러운 사람은 원금과 아울러 이자도 받을 것이기 때문이다.[18] 여기에서 하나님의 무한한 선하심이 작동 수단인 듯하다. 하나님은 우리에게서 얼마 안 되는 기부금을 받아 하늘에서 불리신다. 하나님의 자비하심에 대한 몹시도 유대교적인 이 개념은 복음서에 고전적인 표현이 나온다. 예수께서는 제자들에게, 구제를 하는 사람은 이생에서 백배를 돌려받고 오는 세대에 영생을 받으리라고 말씀하셨다.[19]

전통적으로 행위보다 은혜를 중요시 여기는 대표적 인물인 성 아우구스티누스(430년 사망)가 랍비 문서와 시리아 문서가 분명하게 말하는 내용에 동의하는 것도 당연하다. 아우구스티누스는 시편 37편 26절("[의인은] 종일토록 은혜를 베풀고 꾸어 주니")을 주석하면서, 그 절에서 이상한 점을 언급한다. "누군가에게 빌려주었다면, 즉 대출 형태로 돈을 주었다면… 상대방에게 준 돈보다 많이 돌려받으리라 기대한다." 그러나 더 많이 돌려받는 방법은 이자를 청구하는 것뿐이고, 그것은 성경이 보통 "칭찬이 아니라 마땅히 비난을 받아야 한다"고 말하는 행동이다. 그렇다면 금지된 고리대금업을 칭송하는 이 절을 어떻게 이해해야 할까? "대금업자의 방식을 연구해 보라. 대금업자는 적게 주고 이윤과 함께 돌려받기를 원하며, 누구나 마찬가지다. 조금 주고 대대적으로 받으라. 이자가 얼마나 늘어나는지 보라! 영원하지 않은 재산을 주고 영원한 이자를 요구하라. 땅을 주고 하늘을 얻으라. '그것을 누구에게 주나요?'라고 질문했는가? 주님이 먼저 나서서 그대에게 대출을 요구하신다. 고리대금업자가 되는 것을 금하신 그분이 말이다[마태복음 25장 34-36절을 보라]. 성경이 주님을 그대의 채권자로 삼는 방법을 이야기해 주고 있으니 귀 기울여 들으라. '가난한 자에게 구제를 베푸는 사람은 누구든 여호와께 꾸어 드리는 것이다.'"[20] 아우구스티누스의 결론에 따르면 성경은 다른 사람에게 이자를 요구하는 것을 용서하지 않는다. 대신 이자를 얻어 낼 수 있는 방법은 하나님에게 대출해 드리는 것뿐이다. 하늘에 쌓은 보물은 일반적인 저축 상품과는 완전히 다른 규칙에 따라 운용된다는 뜻이다. 산술적으로는 기부하는 만큼 쌓이리라고 기대할 것이다. 1달러를 기부할 때마다 1달러가 쌓이는, 제로섬 경제의 작동 방식이다.

이 세상 은행은 고객에게 하나 가격에 두 개를 줄 수 없다. 그러면 돈이 금융시장의 규칙과 맞지 않을 정도로 불어난다. 그러나 하늘의 보고에는 그러한 제한이 없다. 하늘의 투자 성장률은 기하급수적이어서, 수익률이 매년 복리가 되는 경우의 투자 성장률을 보여 주는 그래프와 마찬가지라고 생각하는 편이 낫겠다. 아니면 아마 훨씬 더 중요한 것은, 그러한 보고에 자금을 제공하는 것은 처음부터 수익성 좋은 주식 공모에 참여하는 것과 같다는 것이다. 출자한 돈은 한 푼도 남김없이 100배의 수익률을 낼 것이다. 적은 액수만 예금해도 하나님의 한량없는 자비의 문을 충분히 열 수 있는 지렛대 역할을 한다(그래서 아우구스티누스는 이렇게 말했다. "조금 주고 대대적으로 받으라… 땅을 주고 하늘을 얻으라"). 느부갓네살의 상황을 이러한 틀에서 이해해 보면, 이 인간 왕은 자기 죄 때문에 진 채무를 거의 완전히 상환하지 못할 것이다. 요컨대, 하늘의 보고라는 영역으로 들어가면 우리는 '스스로 구원하는 것$^{\text{Selb-}}$

sterlösung'과는 거리가 멀어진다.

종교개혁의 비판을 다시 살펴보자

에프렘에게서 얻은 통찰로 다니엘서 본문으로 돌아가면, 그 본문을 다른 시각으로 읽게 된다. 또 내 생각으로는 이러한 새로운 해석에 비추어 보면, 종교개혁 이후 이 본문과 관련하여 일어난 분열은 대부분 다음과 같이 멈출 수 있다.

(1) 구제를 베푸는 것을 순전히 인간의 일로 이해할 필요가 없다.[21] 말하자면 하나님은 우리 죄의 무한한 빚을 우리의 작은 기부들과 맞교환하는 식으로 체제를 만드셨다.[22] 12세기에 캔터베리의 성 안셀무스가 말했듯이, 보속penance이 어느 관점에서 보면 전혀 말이 되지 않는 이유는, 인간에게는 하나님에게 부채를 상환하기 위해서 드릴 수 있는 것이 아무것도 없기 때문이다.[23] 사람이 하나님에게 무엇을 드리든지 그것은 애당초 하나님의 것이었다. 그러나 그렇다고 해서 참회하는 행위가 없어도 된다는 뜻은 아니다. 죄인은 성탄절에 어머니 선물을 사고 싶어 하는 아이와 같다. 어머니가 아이에게 돈을 주었다는 것을 생각하면, 아이는 어머니에게 무엇을 드리는 것인가? 어느 관점에서 보면 아이는 아무것도 드리는 것이 아니며, 전에 어머니의 소유였던 것을 돌려 드리는 것에 불과하다. 또 다른 관점에서 보면, 이 선물 덕분에 아이는 감사를 표현하기 위해 무언가를 내놓을 수 있다. 선물 때문에 관계가 생기는 것이 아니므로 아이가 엄마의 사랑을 받으려고 무언가를 할 필요가 없지만, 어떤 의미에서 보면 선물은 그 관계의 특징인

사랑을 행동으로 보여 준다.

느부갓네살왕의 경우도 마찬가지다. 구제를 베풀면서 왕은 자기 것 중에서 무언가를 주고 있지 않다. 하나님의 것을 하나님에게 돌려 드리고 있다. 하나님이 처음에 주신 자금으로 하나님에게 갚은 것이다. 그러나 동시에 왕의 선물은 창조주를 향한 감사를 보여 줄 수 있는 자유 선택 사항이었다. 느부갓네살은 한때는 하나님에 대한 믿음을 거절했지만 가난한 자들에게 구제를 베풂으로써 이제 그 믿음을 행동으로 나타낼 기회를 얻는다(여기서 어원적 의미에서 가난한 자들에게 대출해 주는 사람이 채권자가 된다는 것을 기억할 만하다•). 다시 말해, 왕이 구제를 베풀어서 생기게 할 공로는, 자기가 섬기고자 하는 하나님에 대한 믿음과 신뢰를 선언하는 것이기도 하다. 에프렘이 지혜롭게 언급했듯이, 행위와 믿음은 떼어놓을 수 없다. 바로 믿음이 행위를 가능하게 하고 행위가 일어나게 한다.

(2) 나는 이 구제가 하늘의 보고에 축적된다면, 그 보고에 쌓이는 방식에는 완전히 새로운 규칙들이 영향을 미친다고 주장했다. 희생 제사를 드리는 번제단에서든, 가난한 자를 통해서든, 하나님과 거래할 때 그것은 일대일 교환 문제가 아니다. 하나님에게 적게 드리고 백 배 아니 천 배로 상환받는다. 느부갓네살 같은 죄인이 어떻게 보잘것없는 구제로 측량할 수 없는 빚을 갚을 수 있는지는 이러한 논리로밖에는 설명할 수 없다.

(3) 종교개혁이 물려 준 문제에는 또 다른 측면이 있다. 우리가 주목했듯이, 구제를 '체다카(공의)'의 행위로 규정하면 희년 의식이 떠오르

• 저자는 앞부분에서 creditor(채권자)가 '믿다'는 의미인 credere에서 나왔다고 밝혔다.

는데, 그때에는 왕이신 하나님이 채무 노예로 전락한 모든 이들을 풀어 주라고 명령하심으로써 땅에 있는 그분 백성 가운데 공의를 수립하신다. 이스라엘의 왕이신 하나님이 하시든, 메소포타미아의 인간 왕이 하든, 이러한 행동은 순전한 은혜의 행위였다. 경제적으로 곤란하여 고통당하던 사람들은 이러한 후한 행위를 누릴 자격이 있는merit 일은 전혀 하지 않았다. 이러한 채무자들에게 어울리는 반응은 순전한 감사 표현밖에 없을 것이다. 느부갓네살왕은 보속penance으로 구제를 베풀어서 이러한 하나님 사랑의 본을 실행하고 있었다. 역설적이게도 다름 아닌 이렇게 하나님의 은혜를 모방한 덕분에 왕이 죄에서 해방되었다. 아마도 느부갓네살은 가난한 사람들이 자기를 보는 방식에서 자기를 향한 하나님이 시선을 유추한 것 같다. 두 경우 모두 개개인이 보답을 기대하지 않고 무언가를 나누어 주었다. 물론 느부갓네살 자신도 일종의 채무 노예였다. 왕이 가난한 이들에게 은혜를 시행함으로써, 자신에게도 은혜가 쏟아졌다.

느부갓네살의 보속에 대한 이러한 이해가 성 토마스 아퀴나스의 《신학대전Summa Theologica》에 정확히 예시되어 있다. 아퀴나스는 늘 하던 대로 질문으로 논의를 시작한다. "구제가 자선 행위인가?" 아퀴나스는 그렇게 생각해서는 안 되는 이유 네 가지를 제시한다. 그중 하나에서 아퀴나스의 주장에 의하면, 구제가 자선 행위일 수 없는 까닭이 느부갓네살에게는 구제를 **변제**, 즉 자신의 빚을 갚는 수단으로 정해 놓았기 때문이다. 구제는 자선이 아니라 정의라는 덕목과 관련이 있다. 그러나 그 뒤에서는 성경 자체가 구제를 자선 행위로 (sed contra로) 이해한다고 밝히면서, 느부갓네살의 보속 문제를 다시 다룬다. 여기서는 구제가 죄로 진 빚을 갚는 행위인 **동시에** 자선 행위일 수 있다고 설명한다. 구제하는 사람의 마음이 하나님을 향하고 있는 한 (그래서 "기쁘고 신속하게, 또 그 일을 제대로 하는 데 필요한 모든 것을 다해" 구제를 하는 한), 그 사람이 가난한 자들을 섬기는 행위는 하나님을 예배하는 행위*latria*가 된다. 이렇듯 구제는 단지 벌금의 변제뿐 아니라, 가난한 자들 가운데 계시는 하나님을 사랑하는 것과도 관련이 있다.[24]

(4) 민감한 독자라면 이 9장의 논의가 종교개혁 이후 오해를 낳은 또 다른 이슈, 즉 면벌부라는 쟁점과도 관련이 있음을 알 것이다. 면벌부 수여는 그리스도와 성인들의 행위 덕분에 교회에 남겨진 '공로의 보고'의 일정 부분을 사용할 수 있다는 교황의 허가증에 불과했다. 이러한 개념이 제2성전 시대 유대교에 깊이 뿌리 박혀 있었으며, '제쿠트 아보트', 즉 '족장들의 공로'라는 랍비 개념과 분명히 유사점이 있다고 추론할 수 있다.[25] 이러한 개념이 (특히 그 '보고'를, 필요할 때 빼낼 수 있는 교회의 개인 은행 계좌로 이해했을 때) 오용될 소지가 있긴 했지만, 이는 뛰어난 자선 행위들이 다른 사람들이 인출할 수 있는 은혜의 원천을 만들어 낸다는 개념에 깊이 뿌리 내리고 있다. 실제로 《인간이 되신 하나님*Cur deus homo*》에서 안셀무스의 속죄 개념은, 그리스도의 희생 제사에서 그분에게는 필요 없는 무한한 공로의 보고가 생겼다는 개념을 근거로 한다. 그리스도께서 인간을 사랑하셔서 이 측량할 수 없는 부요함을 교회에 넘겨주셨다. 그리스도의 공로로 어느 죄인이든 모두 자신의 빚을 갚기에 충분한 자원을 찾을 수 있다.

내 생각에는 면벌부 발행이 생각했던 만큼 비성경적이지는 않다고 말해야 공정하다. 토비트서만큼 이른 시기에, 구제는 어느 사람을 죽음에서 구할 수 있는 보고에 예금을 하는 것으로 여겨졌다. 유대교에 있는 '조상들의 공로'와 교회에 있는 '공로의 보고'는 토비트서에서 기술하는 것을 넘어서는데, 신앙 공동체의 구성원들이 다른 구성원의 예금에서 이익을 누릴 수 있다고 여기기 때문이다. 그러나 이러한 사실 자체로 기독교인 독자에게 불안이 생길 필요가 없는 이유는, 바울은 교회가 다름 아닌 그리스도의 몸이며, 그 머리(그리스도)가 이루신 일이 모든 지체에게 이익으로 되돌아간다고 주장하기 때문이다. 공로의 보고는, 그리스도께서 (그리고 그리스도를 본받고, 그렇게 해서 그리스도의 인격과 통합됨으로써 성인聖人들이) 수난을 통해 얻은 무한한 예금^{credit}이다. 이러한 공로의 능력을 누리기를 기도하는 것이 개신교도의 신학적 감수성을 거스를 필요는 없다. 일찍이 루터가 이 점을 밝혔다. 1517년 비텐베르크 성당 문에 붙인 95개조 논제 중 42-45조에서, 로마의 성 베드로 대성당 재건을 위해 기금을 모으는 것은 혐오하지만, 그것과 가난한 이들에게 재화를 기부하는 행위는 다르다고 주장했다.

42. 기독교인들이 배워야 할 것은, 교황은 면벌부 구입을 어떤 면으로든 자비 행위(즉, 가난한 이들을 향한 자선)와 비교하고자 하지 않았다는 것이다.

43. 기독교인들이 배워야 할 것은, 가난한 이들에게 주는 사람이나 궁핍한 이들에게 빌려주는 사람의 행동이 (주로 성 베드로 대성당 재건을 돕기 위해) 면벌부를 사는 사람보다 더 선하다는 것이다.

44. 사랑은 사랑의 행위로 더 커지는 것이므로, 이를 통해 사람이 더 선해진다. 그러나 면벌부로는 더 선해지지 못하고, 그저 형벌을 면할 뿐이다.

45. 기독교인들이 배워야 할 것은, 궁핍한 사람을 보고 그냥 지나치면서 면벌부에는 돈을 내는 사람은, 교회의 면벌부가 아니라 하나님의 진노를 산다는 것이다.[26]

이 논제에서 루터의 비판은 교회를 나누지 않는다. 루터는 선한 행위 자체는 반대하지 않는다. 가난한 이들을 향한 자비 행위는 여전히 칭찬할 만한 일로 보인다. 루터가 불쾌하게 여긴 것은 로마의 성 베드로 대성당 복구를 위해 면벌부를 허용한 행위다. 이 지점에서 그의 이력을 볼 때, 루터는 여전히 가톨릭 교회 안에 있는 종교개혁자다.

가난한 이들을 섬겨서 공로를 획득하는 것이 교회 연합의 걸림돌이라고 흔히 주장하지만, 그렇게 주장할 필요가 없다고 결론내릴 수 있다. 물론 이 공로의 분배 방법에 대한 발언권이 로마의 주교(교황)에게 있는 것은 별개 문제다. 그러나 그것은 그리스도의 구원 사역을 이해하는 방법(구원론)보다는 교회를 이해하는 방법(교회론)의 문제이며, 현재의 관심사의 테두리 밖에 있다.

11장
———————— 하늘의 보고

> 하늘이 선포했다. "내게서 비가 나와 땅에 내린다." 땅이 응수했다.
> "내게서 자선 행위가 나와 하늘에 저장된다."
> —"시리아어로 된 하늘과 땅의 논쟁"

앞 장에서는 하늘에 있는 보고의 주요 특징 가운데 하나가 뛰어난 수익률이라고 말했다. 성 아우구스티누스가 외쳤듯이 말이다. "조금 주고 대대적으로 받으라. 이자가 얼마나 늘어나는지 보라! 영원하지 않은 재산을 주고 영원한 이자를 요구하라. 땅을 주고 하늘을 얻으라." 이번 장에서는 이 주제를 조금 더 깊이 다룰 것이다. 구제의 두드러진 특징 가운데 하나는, 입출금 차액을 극적으로 변경한다는 점이다. 다양한 형태의 악행으로 진 모든 빚에 대해, 비슷한 액수를 입금해서 파산을 면해야 한다. 하지만 구제의 논리는 이러한 전제를 재고하게 한다.

신중한 구제

구제가 하늘의 계좌에 예금하는 것과 같다면, 자본을 극대화하는 방법이 궁금할 것이다. 한 가지 안은, 토비트의 사례를 따라 밑천을 넉넉하게 모으기 위해 꾸준히 기부금을 내는 것이다. 이 계좌에 꾸준히 기부하는 경우 또 다른 장점은, 꾸준히 기부할수록 기부할 때마다 더 수월하고 자연스러워져서 "자선을 베풀 때에는 **아까워하는** 마음을 갖지 마라"(토비트서 4:7; 참고. 신 15:7b-8, 10a)는 명령을 이행하게 된다는 것이다. 성 바울은 이 조언을 떠올리면서 사랑에 관한 유명한 설교에서 "내가 내게 있는 모든 것으로 구제… [할]지라도 사랑이 없으면 내게 아무 유익이 없느니라"(고전 13:3)고 썼을 것이다.

하지만 더 많은 변수들이 상정되어 있다. 누구든 지혜로운 투자 책임자라면 알려 주듯이, 신중한 투자에 미래의 보유 자산이 달려 있다. 구제도 마찬가지다. 기부가 효과가 있으려면 책임감 있게 해야 한다. 한편으로는, 그래서 받을 사람을 세심하고 철저하게 살펴보아야 한다. 토비트는 "옳은 일을 행하는 모든 사람에게, 너에게 있는 것으로 자선을 베풀어라"(토비트서 4:7) 하고 말한다. 다른 한편, 재력에 따라 기부하는 것도 중요하다. "네 재산 정도에 맞게 힘닿는 데까지 자선을 베풀어라. 네가 가진 것이 적더라도 주저하지 말고 적은 대로 자선을 베풀어라"(토비트서 4:8). 그러나 기부를 너무 많이 하면 원금에 지장을 줄 수도 있다. 그런 일이 너무 자주 일어나면, 결국은 궁핍해져서 도리어 기부금이 필요한 처지가 될 것이다. 랍비들은 이러한 신중한 판단 하에, 처음에는 원금의 1/5 이내로 기부하고 그 다음에는 원금으로 벌어들인 이자의 1/5까지만 기부하라는 원리를 성문화하기에 이른다.[1)] 이렇게 관리하면 가난해지지 않으면서 매년 확실하게 기부를 이어 나갈 수 있다.

구제와 희생 제사

구제는 하늘의 보고에 직접 예금하는 수단이었으므로, 하나님에게 재화를 보내는 또 다른 수단인 희생 제사와 교차한다.[2] 고대 이스라엘에서 제단의 주요 목적 가운데 하나는, 하늘의 하나님에게 개인이 드리는 희생 제물을 실어 나르는 것이었다. 그래서 제단을 성전 구조에서 '지극히 거룩한'(코데쉬-쿠다쉼 qodeš-qudāšim; 참고. 출 40:10) 곳으로 여겼으며, 하나님이 거하신다고 생각하던 지성소만큼 거룩하다고 여겼다. 잠언 19장 17절은 구제와 희생 제사의 교차점에 관한 중요한 성경 구절이다. "가난한 자에게 **관대한**[ḥônēn dāl] 것은 • **여호와께 꾸어 드리는 것**이니 그의 선행을 그에게 갚아 주시리라."[3] 이 놀라운 본문은 누군가 가난한 사람의 손에 동전을 두면 deposit 그와 동시에 그 동전이 하늘에 계신 하나님에게 이동한다는 뜻이다. 구제를 베푸는 사람은 하나님이 친히 '서명하신' 채무 증서 소유자가 된다. 일반 투자자들이 미국 국채를 유달리 좋아하는 이유가 정부가 뒤에서 책임지기 때문이라면, 이스라엘의 거룩하신 하나님이 채무자라면 우리는 얼마나 안도하겠는가?

기독교 신학자인 리용의 이레네우스(주후 2세기)는 잠언 19장 17절에서 하나님 편에서 사랑으로 낮추시는 극적인 행동을 보았다. 하나님은 우리의 희생 제사나 우리의 돈이 필요 없으시지만, 제단과 가난한 자의 기다리는 손을 그분에게 나아가는 수단으로 사용하신다.[4]

우리는 [성전에서] 그분께 제물을 바친다. 그러나 그분에게 그것이 필요해

- "가난한 자를 불쌍히 여기는 것은."

서가 아니다.… 또 하나님은 우리의 재산이 필요하지 않으신데도… 우리는 하나님에게 무언가를 바쳐야 한다. 솔로몬이 말하듯이, "가난한 자에게 관대한 것은 여호와께 꾸어 드리는 것"이다(잠 19:17). 하나님은 아무것도 필요하지 않으시지만 우리가 그분에게 드리는 선한 행위를 취하셔서, 그분의 선한 것들로 우리에게 보상해 주고자 하신다. 우리 주님도 이렇게 말씀하신다. "내 아버지께 복 받을 자들이여 나아와 창세로부터 너희를 위하여 예비된 나라를 상속받으라. 내가 주릴 때에 너희가 먹을 것을 주었고 목마를 때에 마시게 하였고 나그네 되었을 때에 영접하였고 헐벗었을 때에 옷을 입혔고 병들었을 때에 돌보았고 옥에 갇혔을 때에 와서 보았느니라"(마 25:34-36).

그러므로 그분에게는 이러한 것들[섬김]이 필요 없지만, 우리가 보상을 받지 못할세라 우리의 유익을 위해 그것을 드리기를 바라신다. 그래서 하나님은 제물이 필요 없으신데도, 성경 말씀은 제물을 드리는 것에 관련한 규칙을 주어서 사람들이 하나님을 섬기는 법을 배우게 했다. 이렇듯 우리 역시 자주, 중단 없이 제단에 예물을 드리는 것이 그분의 뜻이다.[5]

이 본문에서 이레네우스는 (1) 희생 제사와, (2) 하나님께 꾸어 드리는 구제(잠 19:17)와, (3) 마태복음 25장 31-46절에 나오는 마지막 심판에 대한 서술을 연결 짓는다.[6] 마태복음에 따르면, 우리는 가난한 자들 안에 계시는 그리스도께 관대했느냐를 기준으로 하여 심판을 받을 것이다.[7] 잠언 19장은 그리스도께서 마태복음 25장에서 설명하신 내용에 대한 구약의 증거 본문이다. 우리는 가난한 자들에게 구제를 베풂으로써 인자에게 돈을 꾸어 드린다.[8] 하지만 주목해야 할 중요한 사실은, 이레네우스의 생각에 이 '꾸어 드림'은 돈 문제가 아니라 예배 행위라는 것이다. 가난한 사람의 손에 돈을 쥐어 주는 것은 제단에 제물을 드리는 것과 같다. 하나님은 성전에서 드리는 동물 희생 제사가 필요 없으시지만 우리의 유익을 위해 우리가 그 제물을 드리기를 바라시는 것처럼, 우리가 베푸는 구제도 필요 없으시지만 우리에게 그것을 요구하셔서 경외를 구체적으로 드러낼 수단이 있게 하신다.

구제를 베푸는 일이 희생 제물을 드리는 일과 유사하다면, 신중히 관리하는 일에 관한 토비트의 조언이, 드린 것을 계산하는 유일한 방법인지 궁금하다. 일부 희생 제사 율법, 특히 죄를 처리하기 위해 의무적으로 드려야 하는 제물의 경우, 무엇을 바쳐야 하느냐에 대해 정도의 차이가 분명하며, 드리는 자의 재산이 주요 변수다.[9] 비싼 동물을 드려야 하는 사람이 있고, 비둘기 한 쌍을 드리는 사람이 있으며, 곡식만 드리는 사람도 있다. 그러나 서원하며 드리거나 자유롭게 드리는 제물같이, 의무가 아닌 희생 제사 같은 정황에서는 훨씬 더 많이 드릴 수 있다.[10] 여기서 희생 제물과 관련하여 예언자 미가가 차등 가치를 제시한 것이 떠오른다. 미가는 수사 의문문으로 이 쟁점에 대한 신탁을 시작한다.

내가 무엇을 가지고 여호와 앞에 나아가며
높으신 하나님께 경배할까.

미가는 그 대답으로 세 가지 대안을 제시한다.

내가 번제물로 일 년 된 송아지를 가지고
그 앞에 나아갈까.

여호와께서 천천의 숫양이나

만만의 강물 같은 기름을 기뻐하실까.

내 허물을 위하여 내 맏아들을,

내 영혼의 죄로 말미암아 내 몸의 열매를 드릴까(미 6:6-7).

미가의 추론으로는 어느 정도는 동물을 번제로 드리는 것이 좋고, 양 수천 마리면 훨씬 더 좋지만, 최고의 제물은 맏아들이다. 아브라함이 잘 알았듯이, 맏아들보다 더 훌륭한 큰 희생 제물은 있을 수 없다. 아마도 이런 이유로 랍비 문서 몇몇에서는 이삭을 제물로 바치는 제사를 성전에서 매일 드리는 제사의 토대가 되는 사건으로 보게 되었을 것이다.[11]

구제를 베푸는 데도 유사한 논리가 적용된다. 구제가 제단에서 드리는 제물과 유사하다면, 보잘것없는 기부도 효과가 있을 수 있다. 그러나 진실로 경건한 사람들 가운데 일부는 확실히 최소한도 이상 기부하고 싶었을 것이다.

부자 청년과 예수

공관복음에 나오는 부자 청년의 이야기야말로 이 원리를 가장 잘 보여 주는 예다.[12] 나는 마가복음에 나오는 이야기로 논의를 하고자 한다(막 10:17-31; 참고. 마 19:16-30; 눅 18:18-30). 하지만 먼저 문맥을 살펴보는 것이 중요하다. 이 이야기는 마가복음 정중앙에 나오며(막 8:27-10:52), 이 단락에서는 예수께서 마지막 한 주를 보내실 예루살렘으로 가시는 장면을 다룬다. 따라서 이 부분에서는 예수의 사역 초기인 갈릴리(막 1:1-8:26)에서 마지막 주간인 예루살렘으로(막 11:1-16:8) 넘어가는 중요한 장면 전환을 보여 준다. 마가복음의 이 중요한 부분에서는 수난에 대한 세 번의 예언이 눈에 띈다. 시작 부분에 하나(막 8:31-33), 중간에 하나(막 9:30-32), 그리고 마지막 부분에 또 하나(막 10:32-34)가 있다.

이 세 번의 예언에서, 제자들은 예수께서 어떻게 죽으실지 말씀하시는 것을 듣고 심한 충격을 받는다. 첫 번째 예언 후에, 베드로는 예수를 한쪽으로 모시고 가서 그분을 바로잡으려 한다. 이 일 때문에 베드로는 심하게 꾸짖음을 받는다("사탄아 내 뒤로 물러가라"). 그 다음 두 번의 예언 후에도 제자들은 여전히 당황했지만, 지혜롭게도 침묵을 지킨다("그러나 제자들은 이 말씀을 깨닫지 못하고 묻기도 두려워하더라"[막 9:32]). 분명 제자들의 추정에 따르면 이스라엘의 메시아는 절대 그러한 죽음을 당해서는 안 된다. 하나님의 사랑받는 아들이 되는 대가에 그들은 심히 놀랐다.[13] 하지만 여기에는 또 다른 아이러니가 있다. 예수께서는 자기에게 해당되는 일이 제자가 되고 싶어 하는 이들에게도 일어날 것이라고 덧붙이신다. "누구든지 나를 따라오려거든 자기를 부인하고 자기 십자가를 지고 나를 따를 것이니라. 누구든지 자기 목숨을 구원하고자 하면 잃을 것이요 누구든지 나와 복음을 위하여 자기 목숨을 잃으면 구원하리라"(막 8:34-35). 예수를 따른다는 것은 십자가의 길을 가시는 그분을 따른다는 뜻이다.

두 번째 예언과 세 번째 예언 사이에 예수와 그 청년의 만남이 들어 있다. 이 일은 세 번째이자 마지막 예언 직전에 일어난다. 위대한 교부 주석가 오리게네스(주후 3세기)는 이러한 문학적 병치가 우연이 아니라고 보았다.[14] 전 재산을 포기하는 것이, 복음을 위해 목숨을 잃는 것과 같은 길로 이해되었다. 제자들의 내면에서 십자가형이 충격이었던 것과 같이, 그 청년에게는 전 재산을 포기하는 것이 상상할 수 없는 희생이었다.

이야기는 청년이 예수께 달려와 그 앞에 무릎을 꿇고 무엇을 해야 영생을 얻을 수 있냐고 묻는 장면으로 시작된다. 예수께서는 이스라엘이 시내산에서 들은 십계명으로 그 청년의 관심을 돌리신다. "네가 계명을 아나니 살인하지 말라, 간음하지 말라, 도둑질하지 말라, 거짓 증언 하지 말라, 속여 빼앗지 말라, 네 부모를 공경하라 하였느니라. 그가 여짜오되 선생님이여 이것은 내가 어려서부터 다 지켰나이다. 예수께서 그를 보시고 사랑하사 이르시되 네게 아직도 한 가지 부족한 것이 있으니 가서 네게 있는 것을 다 팔아 가난한 자들에게 주라. 그리하면 하늘에서 보화가 네게 있으리라. 그리고 와서 나를 따르라 하시니 그 사람은 재물이 많은 고로 이 말씀으로 인하여 슬픈 기색을 띠고 근심하며 가니라"(막 10:19-22).

이 사람과 대화는 끝났지만, 전체 내러티브는 끝나지 않았다. 제자들이 예수께서 하시는 말씀에 함축된 내용에 충격을 받은 것은 이해할 만하다. 제자들의 추론으로는 이러한 것이 요구된다면, 아무에게도 희망이 없다. 예수께서는 모든 사람에게 최고의 희생을 요구하시는 것 같다. 예수께서는 제자들이 불안해하며 의혹을 제기하자 이렇게 답하신다. "사람으로는 할 수 없으되 하나님으로는 그렇지 아니하니 하나님으로서는 다 하실 수 있느니라. 베드로가 여짜와 이르되 보소서, 우리가 모든 것을 버리고 주를 따랐나이다. 예수께서 이르시되 내가 진실로 너희에게 이르노니 나와 복음을 위하여 집이나 형제나 자매나 어머니나 아버지나 자식이나 전토를 버린 자는 현세에 있어 집과 형제와 자매와 어머니와 자식과 전토를 백 배나 받되 박해를 겸하여 받고 내세에 영생을 받지 못할 자가 없느니라"(막 10:27-30).

우리는 이 이야기의 세 측면에 주의를 기울여야 한다. 첫째 측면은, 보통 십계명의 '둘째 판'으로 알려진 부분에서 예수께서 **특별한 선택**을 하셨다는 것이다.[15] 그 목록은 여섯째 계명("살인하지 말지니라")으로 시작하여 순서대로 열째 계명까지 이어진다("속여 빼앗지 말라"). 그러나 그러고 난 다음 다시 돌아가서 다섯째 계명("네 부모를 공경하라")이 덧붙는다.[16] 이러한 특정 명령들은, 인간과 하나님의 관계보다는 사람 사이의 문제와 관련이 있다. 수직적이 아닌 **수평적인** 데 초점이 있다.

둘째 측면은 그 청년의 선언으로, 어릴 때부터 그 여섯 계명을 지켰다고 한다. 그 청년이 정말 이 의무들을 완수했다고 믿어야 할까? 만약 그렇다면, 예수께서 여전히 한 가지가 부족하다고 대답하신 것은 어떻게 해석해야 할까? 예수께서는 왜 그 청년에게 가진 모든 것을 가난한 자들에게 주라는 **새로운 조건**을 덧붙이시는가?[17]

셋째이자 마지막 요지는, 예수께서 그 청년에게 **동기 부여**를 해 주셨다는 것이다. 예수께서는 그저 재산을 내주라고 요청하지 않으시고 '하늘의 보화'를 얻으라고 권하신다. 그런데 이 보화는 이 세상의 재화를 누리는 것 대신으로 제시되지 않는다. 예수께서는 현세에서 이 재산 없이 고통당하다가, 내세에서 기다리고 있는 부를 맘껏 즐기라고 하지 않으신다. 오히려 지금은 물론이고 내세에서도 수고의 결실을 누릴 수 있다고 주장하신다. 하늘나라의 경제는 제로섬 게임이 아닌 것 같다. 예수께서는 이 단락을 마무리하시면서 제자들에게 하늘의 증권시장이 어떻게 돌아가는지 '내부 정보'를 제공해 주신다. 이 시장에서 재산을 모으는 방법은 자기에게 있는 것을 **전부** 희생시키는 것이다. 초기 위험 요소가 상당하지만 상상 이상의 보상이 있다("**현세에 있어… 백 배나 받되… 내세에 영생을…**"). 하늘나라는 일련의 독특한 규칙으로 운영된다. 주는 자와 받는 자 모두 혜택을 받아서, 구제와 희생 제사 사이의 일치가 다시 보인다. 내가 다른 데서 주장했듯이, 성전에 드리는 제물을 지배하는 논리는 "나는 아주 조금 (겨우 동물 한 마리를) 드리고, 주께서는 내게 아주 풍성하게 (풍성한 삶을) 갚아 주십니다"이다.[18]

그러므로 우리가 탐구할 주제 세 가지는, 계명들의 선택과 수직이 아니라 수평인 그 계명들의 성향, 예수께서 명령을 덧붙이신 이유, 예수께서 약속하신 보고寶庫의 현황이다. 이 세 가지를 랍비 문서들이 밝혀 줄 수 있다.

구제는 무제한이다

살펴보려는 랍비 문서 세 가지 중에서 첫째는 유대 율법 모음집인 미쉬나로, 주후 2세기 말이나 3세기 초에 최종 편집되었다. 전승에 따르면, 미쉬나에는 연대가 모세에게까지 거슬러 올라가는 구전 율법들이 담겨 있다. 그러나 현대 학자들은 그 주장의 역사성을 미심쩍어 하며, 더 타당한 추정은 일부 율법(특히 학자들의 논쟁 대상인 것들)의 연대는 서기가 시작되던 때로, 아마도 일부는 그보다 한두 세기 전으로 거슬러 올라간다는 것이다. 미쉬나와 나란히 있는 것이 토세프타Tosephta로, 이 단어는 '보충'이라는 뜻을 지녔다. 전통적인 견해에 따르면, 미쉬나와 동시대의 율법들이지만 어떤 이유에서인지 미쉬나에 포함되지 못한 율법들이 토세프타에 들어 있다. 그러나 최근 연구에서 나온 의견에 따르면 토세프타를 미쉬나의 더 초기 형태로 보아야 한다. 만약 그렇다면, 토세프타와 미쉬나를 비교하면 미쉬나 편집자들이 원자료를 어떻게 다루었는지 밝힐 수 있을 것이다.[19] 셋째 자료는 예루살렘 탈무드다. 그에 대응 관계인 바빌론 탈무드처럼 예루살렘 탈무드는 미쉬나를 다룬 주석이며 어느 정도는 토세프타를 다룬 주석이기도 하다. 예루살렘 탈무드는 이스라엘 땅에서 편집되었고 연대는 주후 5세기로 추정된다.

미쉬나의 소논문 〈페아 *Peah*〉에는 가난한 자들에게 기부하는 것과 관계있는 여러 성경 율법에 관한 논의가 있다.[20] 〈페아〉라는 제목은, 성경 시대에 가난한 이들에게 기부하는 방법 중 하나가 밭모퉁이, 즉 '페아'를 추수하지 않고 남겨놓는 것이었기 때문에 붙었다. "너희가 너희의 땅에서 곡식을 거둘 때에 너는 밭모퉁이[*peah*]까지 다 거두지 말고 네 떨어진 이삭도 줍지 말며"(레 19:9). 그러나 이 논문은 서두 부분이 특이한데, '페아' 자체를 고찰하는 것으로 시작하리라는 예상과 다르기 때문이다. 오히려 그 논문은 다섯 계명이 공유하는 형식상 특징을 언급한다. "다음은 명시된 분량이 없는 것들이다. **페아, 첫 열매, 절기 제물, 자선 행위, 토라 연구.**"[21]

명시된 분량이 없는 계명들의 순서는 무작위가 아니다. 나는 그 계명들을 다음과 같이 정리하겠다.

1. 페아 – 가난한 이들에게 기부
2. 첫 열매 – 성전
3. 절기 제물 – 성전
4. 자선 행위 – 가난한 이들에게 기부
5. 토라 연구

가난한 이들에게 필요한 것을 제공하는 첫째와 넷째 항목이, 성전과 관련이 있는 안쪽 두 계명에 대해 일종의 바깥 틀을 이루고 있다. 유일하게 맞아떨어지지 않는 항목은 토라 연구인데, 그래서 미쉬나는 토라 연구를 "나머지 모든 계명과 중요성 면에서 동등"하다고 서술했을 것이다.[22] 토라 연구는 앞의 네 가지 항목의 균형을 잡아 주는 역할을 한다. 토세프타도 미쉬나와 거의 똑같이 시작하지만, 덧붙이자면 토세프타는 토라 연구가 중요성 면에서 나머지 모든 계명과 동등하다고 말하지는 않는다. 이는 토세프타가 나중에 소논문에서 "구제를 베푸는 것과 자선 행위는 토라의 모든 계명과 중요성 면에서 동등하다"(4.19)고 선언할 것이기 때문이다. 그렇다면 미쉬나와 토세프타는 모든 계명 중에서 무엇이 가장 중요한지, 즉 토라 연구인지 자선 행위인지에 대해서 서로 의견이 다르다.

가난한 자들에게 주는 선물(페아와 자선)이 성전에 드리는 두 가지 형태의 예물(첫 열매와 절기 제물)의 바깥 틀이 된다는 사실에서, 제2성전 시대 유대교에서 구제를 높이 평가한 것이 생각난다. 집회서 35장 2절에서 구제는 찬미의 제사에 비유된다. 집회서 7장 29-36절에서 현자는 독자에게 강권하기를, 성전에 드리는 것을 통하여 사제와 하나님을 공경하고 구제로 가난한 이웃을 공경하여, "주님의 충만한 복을" 받으라고 한다. 현자가 보기에 이것들은 동등한 행동이다.

토비트서는 더 미묘하다. 이 책은 토비트가 평생 실천한 수많은 자선 행위를 언급하며(토비트서 1:4) 시작한다. 그리고 토비트가 유배되어 메소포타미아에 도착하자마자, 이 원리대로 행하는 모습이 보인다(토비트서 1:16). 그 중간에는 토비트가 이스라엘 땅에 거주하는 동안 보인 종교적 열정에 관한 이야기가 있다. 그 이야기에서 토비트는 성전에 희생 제물을 드리는 데 민첩하고 열정적이어서 눈에 띈다(1:5-9). 요지는 분명해 보인다. 이스라엘 땅에서 드리던 희생 제사를 이제는 구제와 기타 자선 행위가 대체한다.[23]

이 미쉬나의 특징이 또 하나 있다. 이 소논문은 시작 부분에서, 다섯 계명(페아, 첫 열매, 절기 제물, 자선 행위, 토라 연구)을 아주 조금이라도 준수해도 그 의무를 충분히 수행한 것이라고 말한다. 그러나 이 사실이 얼마나 중요하길래 미쉬나가 그것을 시작 부분의 주제로 삼은 것일까? 사울 리버먼Saul Lieberman은 그 행을 이렇게 해설했다. "더 많이 행할수록 계명을 더 많이 지킨다."[24] 다시 말해, 이런 계명들은 누군가의 경건함을 **특출나게** 드러낼 가능성을, 가톨릭에서 잉여 행위라고 부르는 것을 제공한다. 그 계명 중 어느 하나라도 많이 행할수록 공로zĕkūyōt가 더 많이 쌓인다. 하녹 알벡Hanokh Albeck도 주석에서 거의 똑같은 말을 한다. "더 많이 행할수록 그는 더 칭찬받을 만하게 된다."[25] 이러한 계명들을 구별 짓는 특징은, **이 계명들이 하나님을 향한 깊은 헌신을 실행할 기회를 준다**는 사실이다. 만약 희생의 패러다임을 정말로 믿는다면, 진실로 경건한 유대인은 최소한으로 내놓는 자선에는 관심이 없을 것이다. 아브라함의 희생적인 드림을 본받아 자기가 귀하게 여기는 것을 죄다 내어놓을 것이다. 구제에 제한이 없고, 내가 내미는 동전 한 닢까지 내 공로에 더해진다면, 과감하게 **모든 것**을 가난한 이들에게 기부하지 않겠는가?

그러나 전통적이든 현대적이든 막론하고 미쉬나를 해설하는 주석가는 누구나 그러한 개념을 바로 차단한다는 사실에 주목해야 한다. 구제에 한계가 없다는 이 율법의 단순한 의미에는 한계를 두어야 한다. 죽은 사람의 장례를 치러 주는 것이나, 병자를 보살피는 것, 감옥에 갇힌 사람을 찾아가 보는 것같이, 대인 관계에 관한 자선에 대해서만 미쉬나를 액면 그대로 받아들일 수 있다. 반면 돈을 나누어 주는 일에 관한 한, 심하게 가난해지지 않도록 신중한 제한을 마련해 둔다.

예루살렘 탈무드: 구제에 제한이 있는가?

미쉬나를 해설하는 주석가들은 예루살렘 탈무드에서 다음과 같은 신중한 배려를 끌어온다. 그러나 앞으로 살펴보겠지만, 탈무드의 논의가 보여 주듯이 일부 유대인들은 이 미쉬나를 액면 그대로 이해했다. 자선 행위에는 제한을 두지 말아야 한다는 말에 관해, 탈무드는 이렇게 말한다.

> A. 이는 사람의 신체와 관련 있는 행동(병문안이나 죽은 자를 묻어 주는 것 같은)과만 관련이 있다. 돈 사용(즉, 구제를 베푸는 것)과 관련해서는 제한이 있다.
> B. 이러한 시각은 라퀴쉬의 아들 랍비 시몬Shimon이 하나의 아들 랍비 예후다의 이름으로 한 말과 잘 어울린다. "우샤에서 그들은 구제[miṣwôt]를 위해 자기 소유의 1/5을 떼어놓을 수 있다고 판결을 내렸다."[26]
> C. 이닌냐의 아들 랍비 감리엘Gamliel이 랍비 마나Mana에게 질문했다. "한 사람이 매년 1/5을 떼어놓는다면, 5년 후에는 무일푼이 될 겁니다!" 랍비 마나가 대답했다. "처음에는 원금을 쓰지만, 그 이후에는 거기서 생기는 이자만 기준으로 합니다."[27]

A의 첫 부분은 일반 자선 행위 gĕmîlût ḥāsādîm와 돈을 기부하는 ṣĕdāqâh

특정 행위를 구분한다. 일반 자선 행위의 경우에는 제한이 없다. 원하는 한, 새벽부터 황혼까지 병문안을 할 수 있다. 그러나 가난한 이들에게 기부하는 돈의 경우에는 엄격하게 제한을 두어야 한다. 랍비 시몬의 생각으로는(B), (2세기 중반) 우샤의 랍비 법정은 사람들이 이 미쉬나를 자기의 전 재산을 나누어 주라는 권유로 해석하지 않을지 염려했다. 그래서 처음 한 번은 20퍼센트를 기부하라고 엄격히 제한하고 그 다음에는 이자를 기준으로 훨씬 적은 양을 내라는 내용이 이어졌다. 아마도 이러한 판결에는 자선에 지나치게 욕심내는 일을 효과적으로 제지하려는 의도가 담겨 있을 것이다. 여느 자선기금의 관리자들처럼, 랍비 시몬은 결국에는 자선이 필요한 상태가 되면 안 되므로, 원금을 무모하게 쓰는 일이 위험함을 알고 있다.

우샤 랍비 법정의 판결로 어려운 문제를 최종적으로 해결한 듯이 보였다. 영웅적인 구제 행위의 가능성이 더 말할 것도 없이 배제되었다. 그러나 탈무드의 그 다음 두 단원은, 단호하고 빠른 결정으로 보이던 내용에 곧바로 단서를 단다.

D. 어느 날 랍비 예세바브Yeshebab(주후 80-120)가 전 재산을 가난한 자들에게 나누어 주기로 결정했다. 랍비 감리엘이 그에게 전언을 보냈다. "재산의 1/5만 구제금으로 낼 수 있다는 것을 못 들으셨습니까?" 그러나 감리엘은 우샤 회의 이전 사람이 아닌가? 랍비 번의 아들인 랍비 요세Jose가 랍비 레위Levi의 이름으로 말했다. "한때 그들에게 그런 법이 있었습니다. 그러나 그들은 그것을 잊어버렸고, 그 다음 세대가 나타나서 이전 세대의 견해에 부합하도록 그 틀을 만들었습니다."[28]

랍비 감리엘은 랍비 예세바브의 행동에 충격을 받는다. 그러나 탈무드는 곤혹스러움을 표한다. 감리엘은 우샤 회의 이전 사람인데, 어떻게 이 판결에 대해 알 수 있었을까? 랍비 요세는, 그 법이 우샤 이전에 있었지만 이제는 사람들이 그것을 잊었다고 설명한다. 랍비 요세의 설명에 따르면 우샤 판결을 언급한 것은 그저 잊혔던 법 전통을 복원한 것에 불과하다. 랍비 요세의 설명이 역사적으로 진실인지 혹은 그저 감리엘의 반대를 설명하려는 수단이었는지는 알기 어렵다. 어떻게 설명하든 랍비 예세바브의 행동에서 알 수 있는 사실은, 1세기 후반과 2세기 초반 팔레스타인에서 살았던 일부 유대인들이 이 미쉬나의 의미를 자기의 전 재산을 나누어 주라는 명령으로 받아들였다는 것이다.[29] 또 20퍼센트만 나누라는 이후의 판결은, 더 많은 사람이 똑같이 하리라는 랍비들의 두려움을 보여 준다.

탈무드는 정도에서 벗어난 랍비 예세바브의 행동을 설명하고 나서, 법을 어긴 또 다른 사람을 살펴보지만 이번에는 아무 제한도 없다. 오히려 그 행동으로 최고의 칭찬을 얻는다.

E. (아디아베네의) 왕 문바즈^{Munbaz}가 어느 날 전 재산을 가난한 이들에게 나누어 주기로 결정했다. 몇몇 친구들이 왕에게 전언을 보내어 말했다. "자네 조상들은 자기 재산과 조상의 재산을 늘렸는데, 자네는 자네 재산과 조상들의 재산을 나누어 주는군." 왕이 친구들에게 말했다. "[이런 식으로 하는 것이] 훨씬 더 낫다네. 조상들은 땅에 [재산을] 쌓았지만 나는 하늘에 [재산을] 쌓았네."[30]

문바즈의 행동은 비난받을 일이 아닐 뿐 아니라, 탈무드는 이 이야

기가 끝나자마자 이 사례를 들어 탈무드의 주장을 요약하고 구제의 중요성을 총체적으로 이야기한다.[31]

F. [그래서 이렇게 결론지을 수 있다.] 구제와 자선 행위는 토라의 모든 명령과 동등하다. 그러나 구제가 관습상 산 자를 위하지만, 자선 행위는 관습상 산 자와 죽은 자 모두를 위한다. 그러나 구제가 관습상 가난한 사람들을 위하지만, 반면에 자선 행위는 관습상 가난한 사람들과 부유한 사람들 모두를 위한다. 그러나 구제가 관습상 돈으로 하는 것인 반면, 자선 행위는 관습상 돈과 몸 둘 다로 한다.

문바즈의 관대함은 구제와 자선 행위가 모든 계명과 동일하다는 것을 알리는 기회가 된다.[32] 실제로 F를 E에 대한 주석으로 읽는다면, 문바즈의 급진적인 관대한 행동에 관련해서는 아무런 단서도 없으며, 나누어 줄 수 있는 것에 대한 제한(A)을 우려하는 기색이 전혀 없다. 오히려 탈무드는 이 고결한 왕을 전폭적으로 칭찬한다.

구제는 '정관사가 붙은' 계명이다

구제가 토라에 나오는 다른 모든 계명과 동등하다는 탈무드의 선언은, 랍비 문헌뿐 아니라 현대 히브리어와 아람어에서도 널리 퍼진 주제다. 20세기의 가장 중요한 탈무드 연구자인 사울 리버먼의 지적에 따르면 계명에 해당하는 히브리어와 아람어 미츠바^{miṣwāh}는 보통은 단순히 '구제'라는 뜻일 수 있다.[33] '정관사가 붙은' 계명을 지킨다는 것은 구제를 베푼다는 뜻이다!³⁴⁾ 실제로 아람어 구절 바르 미츠베타^{bar miṣwĕtâ'}는 '계명의 아들'이나 '계명을 지키는 자'라는 뜻이 아니라, 오히려 '관대한 사람', 즉 구제를 베푸는 습관이 있는 사람을 뜻한다. 이는 《레위기 라바》라고 알려진, 5세기 랍비 레위기 주석에 예시되어 있다(3:1). "가서 일하여 자기 것으로 자비를 베푸는 사람이, 가서 도둑질하여 폭력으로 빼앗아 다른 사람들의 것으로 자비를 베푸는 사람보다 더 낫다.… 그 사람은 자비로운 사람[bar miṣwĕtâ']이라 불리기를 바란다." 랍비 자료들 이외에도, '계명'을 구제를 나타내는 암호로 사용하는 경우들이 있다. 위의 《레위기 라바》에 나오는 본문과 아주 유사한 전승이 《아셀의 유언 Testament of Asher》에 나오며(2:8), 이는 그 전승이 제2성전 시대로 거슬러 올라갈 수 있음을 보여 준다. "또 그는 재력으로 많은 것을 망치고, 과도한 사악함[을 통해 확보한 부]으로 구제를 베푼다." 헬라어로 이 본문의 마지막 구절을 직역하면 '그가 그 계명들을 행한다'이지만, 이는 거의 의미가 통하지 않는다.³⁵⁾ 리버먼은 《아셀의 유언》에서 '계명들'은 구제금을 내는 것에 해당하는 암호가 틀림없다고 아주 옳게 보았다.

  토비트서도 이를 염두에 두고 다시 읽어 볼 만하다. 토비트는 아들에게 토라에 나오는 내용을 마지막으로 가르치면서 구제의 중요성을 강조한다(토비트서 4:5-11). 그리고 나서 그 이야기 후반부에서는 라파엘이 토비트를 가르치면서 토라를 구제를 행하라는 명령으로 요약한다(토비트서 12:8-10). 책의 말미에서 토비트는 단 하나의 명령인 구제를 염두에 두고 말하는 것으로 임종 유언을 마친다(토비트서 14:8-11).

자선에는 원금과 이자가 모두 포함된다

미쉬나 〈페아〉의 주장으로는 구제금을 무한정 베풀 수 있을 뿐 아니라, '원금과 이자' 모두 자선 기부의 범주에 속한다. 그 본문은 다음과 같다. "다음 사안들에 대해서는, 사람은 이생에서 그 열매를 즐길 수 있을 뿐 아니라, 원금이 내세에도 그대로 남아 있을 것이다. 그것은 부모 공경, 자선 행위, 친구들 화해시키기다. 토라 연구는 이 모든 것과 동등하다." 토세프타에 나오는 병행 본문은, 특정 죄의 평가를 비슷하게 설명한다. "다음 사안들에 대해서는, 이생에서도 대가를 지불하지만 내세에도 원금이 그대로 남아 있을 것이다. 그것은 우상숭배, 근친상간, 살인, 험담이며, 험담은 이 모든 것을 다 합한 것보다 나쁘다." 이 주장의 본질을 이해하려면, 일부 랍비 문서들 배후에 있는 제로섬 경제 원리를 알아야 한다.

최근 엘리저 다이아몬드Eliezer Diamond가 이 주제를 다룬 책을 보면, 랍비 시대 인물들 다수가 공로의 열매들을 내세에 빼앗길세라 이 세상에서는 누리기 싫어했다.36) 그래서 다이아몬드는 바빌론 탈무드에 나오는 다음의 이야기를 그렇게 이해한다. "랍비 얀나이Yannai가 건너가기 전에 [출항하기에 적합한지 확인하려고 나룻배를] 점검했다. 랍비 얀나이는 자신의 추론에 따라 [행동]했다. '자신을 위험한 상황에 두고 나서, 기적이 일어나지 않으면 안 되니까 자기에게 기적이 일어나리라고 말해서는 안 됩니다. 그리고 만약 기적이 일어난다면, 그의 공로가 그만큼 줄어들 겁니다[즉, 이생에서 혹은 내세에서 그가 받을 상이 줄어들 것입니다].' 랍비 하난Hanan이 말했다. '그렇게 말하는 성경적 근거가 무엇입니까?' [족장 야곱의 말에 따르면] '주께서 주의 종에게 변함없이 베푸신 그 모든 은총^{hāsādîm}으로 인해 [내 하늘 계좌가] 줄어들었나이다•'(창 32:10)."[37] 얀나이가 인용하는 야곱의 증언은, 야곱이 얍복강을 건너 가나안 땅으로 귀향하려 할 때 말했다(창 32:23-33). (그래서 얀나이의 이 성경 본문 인용은 적절하다. 야곱도 배를 타려 했었다.) 야곱은 아람에 있었을 때 궁핍하여 하나님의 선하신 은혜만 의지했다. 야곱은 지난 20년 세월을 장인 라반을 섬기며 보냈다. 라반은 몇 번이나 야곱에게 사기를 치려고 했지만, 하나님이 계속 오셔서 야곱을 도우셨다. 그러나 야곱이 다시 가나안 땅으로 돌아오자 그의 운이 더 확실하게 안 좋은 쪽으로 돌아선다. 딸이 세겜 족속에게 강제 추행을 당하고(창 34장), 야곱이 꾸물거리는 동안 야곱의 아들들이 누이를 구하고자 폭력을 써서 개입한다. 그리고 나서 야곱이 사랑하는 아들 요셉이 이집트의 노예로 팔리고 야곱은 요셉을 영원히 잃었다고 생각한다(창 37장). 오랜 세월이 지난 후에야 운이 뒤바뀐다. 미드라쉬는 야곱의 인생에서 이러한 패턴을 관찰하고, 가나안 땅에 다시 들어가기가 두렵다는 야곱의 말을 그 패턴에 따라 해석한다. 성경을 그 단순한 의미, "나는 주께서 주의 종에게 베푸신 모든 은총을 받을 자격이 없으니[직역하면 '받기에는 너무 작으니']"로 보지 않고, 그 절을 더 문자적으로 이해한다. "나는 주께서 베푸신 모든 은총 때문에 너무 작아집니다, 내 공로가 너무 많이 줄어들었습니다."

다이아몬드가 언급하듯이, 랍비 얀나이의 걱정은 미쉬나 〈페아〉와 대조해 봐야 한다.[38] (1) 부모 공경, (2) 자선 행위, (3) 논쟁자들 화해시키기, (4) 토라 연구에 관한 한, 현세에 이것들을 통해 혜택을 누리는

• "나는 주께서 주의 종에게 베푸신 모든 은총과 모든 진실하심을 조금도 감당할 수 없사오나."

것을 염려할 필요가 없다. 그렇게 혜택을 누려도 이자만 차감될 뿐이다. 반면 원금은 내세에 전액 유지될 것이다. 랍비 얀나이의 공로가 이런 행동들 중 어느 것 덕분에든 쌓였다면, 현세에 원금을 쓰는 것을 염려할 이유가 없었을 것이다.[39] 구제로 벌어들인 이자는 원금이 줄어들 염려 없이 쓸 수 있다.

에프렘 역시 이미지는 조금 다르지만, 자선이 일반적인 영적 경제의 틀 밖에 있다는 데 경탄했다. 에프렘이 성자 아브라함 키두나이아를 칭찬한 내용을 앞에서 논하기는 했지만, 여기서 짧게 되풀이할 만하다. "그대의 구제와 기도는 대출해 주는 것과 같습니다. 그것은 어디서든 받는 이들을 풍요롭게 하지만, 원금과 이자는 모두 그대 것입니다. 대출해 준 것이 그대에게 돌아옵니다. 기부자의 구제는 의인이 주는 대출과 같습니다. 빌리는 사람과 빌려주는 사람 모두의 온전한 소유이기 때문입니다. 그것이 이자와 함께 그에게 돌아가기 때문입니다."[40] 에프렘은 랍비 문헌에 나오는 것과 동일한 경제학 관용구를 사용하지만, 구제를 베푸는 일이 에프렘에게는 제로섬 경제라는 관습적인 규율을 다른 방식으로 깨는 일이다. 일반적으로 매매에서 주고받는 것을 판매자가 잃고 구매자가 얻는다고 생각한다. 그러나 에프렘이 구제의 경우에는 양편이 다 얻는 위치에 있다고 주장하는 이유는, 빌리는 사람과 빌려주는 사람 둘 다 주고받은 재화를 소유하기 때문이다. 하지만 기부자가 수령인보다 더 많이 얻는 위치에 있다. 구제를 베푸는 사람은 원금과 이자를 모두 보유하기 때문이다. 예를 들어, 어떤 사람이 궁핍한 사람에게 백 달러를 주면, 그 사람은 이제 백 달러만큼 부유해지고, 기부자는 백 달러에다 쌓일 이자가 더해진 만큼 부유해진다. 그러므로 더 합리적인 경제 결정은, 관대한 행위에 낭비하는 것이다. 어쨌든 에프렘과 랍비들 모두 죄를 채무로, 선행을 채권으로 생각하는 데서 도움을 받아, 구제의 유일무이한 특징을 동일한 금융 용어로 약술한다.

소논문 〈페아〉의 시각으로 본 마가복음

앞에서 언급했듯이 소논문 〈페아〉는 관대한 기부에 관해 몇 가지를 주장한다. 첫째, 가난한 이들에게 구제를 베푸는 일은 성전에서 드리는 희생 제사에 필적해서, 둘 다 하나님에게 직접 전달된다. 둘째, 구제는 최소한도를 특정하지 않는다는 점에서 계명들 중에서 특별한 위치에 있다. 이러한 불확실성 때문에 신앙이 깊은 사람들은 이 계명을 보기 드문 경건을 드러내는 수단으로 이용할 수 있을 것이다. 리버먼이 언급했듯이, 구제를 많이 베풀수록 공로가 더 많이 쌓이기 때문이다. 마지막으로, 구제는 하늘의 경제에서 '존재론적으로' 유일무이한 지위에 있다. 제한은 제로섬 경제의 일부이지만, 구제는 그렇지 않다. 사람들은 이 세상에서는 물론 다음 세상에서도 공로의 열매를 누릴 수 있다. 이를 염두에 두고 부자 청년 이야기에 제기된 세 가지 질문으로 돌아가 보자.

첫째로, 수많은 신약 학자들은 왜 예수께서 **수직적 측면보다는 수평적 측면**에 있는 계명들만 언급하시는지 궁금해했다. 그 계명들은 인간과 하나님 사이보다는 인간들 사이에 일어나는 일과 관계가 있다. 하지만 그렇게 특징지어 버리면, 당시 유대 자료에서 구제를 바라보던 방식과 맞지 않는다. 가난한 이들을 구제하는 일은 성전에 예물을 가지고 오는 것과 같았다. 제단이 희생 제물을 하늘로 곧장 연결하는 도관이었듯이, 다른 사람의 동전을 받는 가난한 사람도 그런 도관 역할을 했다. 예수께서 구제를 베풀라고 명령하신 데는 가난한 이들을 매개로 청년의 초점이 세상에서 하늘 쪽으로 향하도록 바꾸려는 의도가 있었다. 이는 이 이야기가 세 번의 수난 예고 가운데 들어 있다는 문맥상 위치와도 조화를 이룬다. 십자가 죽음이 아버지 하나님에 대한 충성을 대표하는 그리스도의 최고 희생이었듯이, 전 재산을 가난한 사람들에게 나누어 주는 것도 그러했다.[41]

둘째 질문은, 왜 예수께서 청년이 하나님나라에 합당한지 보시려고 십계명의 여섯 계명에다 다른 계명을 덧붙여야 한다고 생각하셨는지에 대한 것이다. 이에 답하기 위해, 미쉬나 〈페아〉의 첫 문장을 떠올려 보라. "다음은 명시된 분량이 없는 것들이다." 구제의 특징 중 하나가 관대함을 통해 유명해질 기회라면, 예수께서 제자가 될 만한 인물에게 그렇게 하라고 조언하신 것은 놀랍지 않다. 본문이 말하듯이, 청년은 외견상 별 노력 없이 십계명의 '둘째 판'을 지킬 수 있었다.[42] 어쨌든 살인과 간음과 도둑질을 하지 않고, 속이지 않는 것은 그다지 어렵지 않다. 그러나 예수께서는 하나님을 향한 그 청년의 진짜 사랑이 수면으로 올라오게 할 또 다른 명령을 찾고 계셨다. 그리고 구제가 바로 그런 명령이었다.

구제에 관련한 예수의 가르침에 대해 제기된 셋째 의문은, 가난한 자에게 준 것이 이 세상에서 백 배로, 또 다음 세상에서 훨씬 더 많이 기부자에게 돌아오리라는 예수의 약속이었다. 이는 〈페아〉에 있는 전승과 잘 맞아떨어진다. 실제로 토세프타가 강조하는 자선 행위의 유일한 특징은, 독특하게도 그 계명이 토라의 다른 모든 계명 위에 있다는 것이다. 토라에 순종하는 모든 행동이 공로^{zekut}를 낳지만, 구제는 원금과 이자를 다 얻는다는 점이 독특하고, 이는 자선 행위로 현세뿐 아니라 내세에서도 유익을 얻을 수 있다는 뜻이다.

유대교와 기독교에서 나타난 영웅적 구제

미쉬나 〈페아〉의 첫 문장은, 다섯 계명에 공통 특징이 있다고 말한다. 명시된 분량이 없다는 것이다. 원하는 만큼 적게 혹은 많이 줄 수 있다. 미쉬나가 그런 식으로 틀을 만들자, 사람들이 엄청나게 관대한 행위로 유명해지고 싶은 마음이 생길 가능성이 열렸다. 실제로 소논문 〈페아〉는, 예수의 가르침에 나오는 결론을 바로 내릴 수 있었으며, 실제로 그렇게 결론 내렸다. 복음서에 대고 호소하는 것이, 랍비 유대교 학자에게는 가치 있는 일인데, 복음서는 이 미쉬나가 1세기 팔레스타인에서 어떻게 이해되었을지 분명히 보여 주기 때문이다. 미쉬나가 가난한 사람들에게, 전 재산은 아니더라도 많이 나누어 줄 가능성을 열어 두었으므로, 또 랍비 예세바브나 문바즈왕 같은 사람들이 정확히 그렇게 했으므로, 탈무드는 그 명령이 대인관계에서 행하는 자선(병 문안, 죽은 자 장사하기 등)에만 적용될 뿐 구제를 베푸는 데는 적용되지 않는다고 말해서 그 단순한 의미를 제한했다. 바로 이 탈무드의 해석이, 그 이후 계속 유대 사상을 형성했다.

그러나 미쉬나와 탈무드 시대 유대 민족의 역사 때문에, 탈무드에서 명료하게 끌어낸 설명이 복잡해졌다. 에프라임 우르바흐$^{Ephraim\ Urbach}$가 언급했듯이, 우샤 판결이 탈무드 편집자들에게 아주 중요했는데도,

그 판결로 "사람들이 그들 재산의 상당 부분을 나누는 것을 막지 못했다."[43] 그렇다면 왜 그 위원회는 오히려 인기 있어 보이는 관행을 중지시키는 데 그렇게 열심이었을까? 우르바흐에 따르면 2세기 무렵에는 영웅적인 구제 관행이 기독교인들 사이에 아주 인기 있어져서 그 관행이 유대교에서 나왔다는 사실이 흐릿해진 것이 한 가지 이유였을지도 모른다. 이 해석으로 보면 랍비들은 교회와 회당의 경계를 명확하게 하려고 자기들의 판결을 발표했다. 이러한 추정을 다니엘 슈바르츠Daniel Schwartz가 최근 논문에서 지지하여서, 특정 유대인 집단이 한때 견지하던 율법적 태도를 기독교에서 수용하였기 때문에 이후 랍비 시대 인물들이 그러한 태도를 거부하게 되었음을 보여 준다.[44]

그렇지만, 똑같이 타당해 보이는 설명이 하나 더 있다. 놀라운 사실은, 부자 청년에 관한 신약 성경 이야기가 가족에 대한 책임에 신경쓰지 않는 듯한 일단의 사람들을 다룬다는 것이다. 그 내러티브는 예수나 그 청년이나 제자들 중 누구에 대해서도 아내와 아이들을 보살펴야 한다는 상충하는 의무를 놓고 타협점을 찾으려 했다고 묘사하는 데는 관심이 없다. 이들은 **모든 것**을 버려 두고 예수를 따르고자 한 듯하다.[45] 교회 초기에 이 내러티브에 서술된 내용이 영웅적 구제 실천에서 중요한 요소가 되었다. 그러한 행위가 독신 사이에는 아주 흔했다. 그렇기 때문에 전 재산을 나누어 주는 것이 가족에게 부정적인 영향을 미치지 않았다. 그러나 랍비 유대교에는 그러한 생활 방식은 들어설 자리가 없었다. 실제로 어떤 문서를 보면, 결혼을 하지 않고 살겠다는 선택을 살인과 유사한 것으로 여겼는데, 독신은 새 생명이 세상에 태어나는 것을 의도적으로 막고 있기 때문이다.[46]

엘리저 다이아몬드는 최근에, 영웅적 구제에 관한 랍비의 이야기에 가정 내의 갈등들이 들어 있는 경우가 흔하다고 주장했다. 그 한 예가 비르타의 엘리저라는 2세기 하시드*basid*(거룩한 사람)에 관한 것이다.

자선 기금 모금자들이 비르타의 엘리저를 보자 피했다. 엘리저는 무엇을 가지고 있든 그들에게 주었기 때문이다. 어느 날 엘리저가 딸의 혼수를 사러 시장에 갔다. 자선기금을 모으는 사람들이 엘리저를 보자 피했다. 그러자 엘리저가 그들을 뒤쫓아 가서 말했다. "포기할게요. [말씀해 주십시오.] 지금 무슨 일에 관여하고 계신가요?"

"우리는 두 고아의 결혼을 위해 기금을 모으고 있습니다."

"성전 예배에 따르면, 그들이 제 딸보다 먼저입니다." 엘리저는 가진 것을 다 가져와서 그들에게 주었다. 은화 한 닢만 남아서, 그것으로 밀을 조금 사서 집으로 돌아와서 창고에 던졌다.

아내가 집에 와서 딸에게 물었다. "아버지가 너한테 뭘 갖다 주셨니?"

딸이 대답했다. "아버지는 무엇을 가져오시든 다 창고에 던지세요." 아내가 가서 창고 문을 열어 보니, 밀이 가득 차 있었다. 밀은 문의 경첩 밖으로 흘러나오고 있었고, 너무 많아서 문을 열 수도 없었다.

딸이 서재로 가서 아버지에게 말했다. "아버지를 사랑하시는 하나님이 아버지를 위해 하신 일을 보세요!"[47]

이 이야기는 몇 가지 사실을 밝히고 있다. 엘리저는 별나게 기부를 한다고 소문이 났으며, 그래서 자선기금을 모으는 사람들은 분명 엘리저의 돈을 받기를 꺼렸다. 그들 생각에는 엘리저의 돈은 엘리저의 가족을 위해 더 많이 쓰여야 했다.[48] 엘리저는 딸을 위해 혼수를 사러 나갔다가 훨씬 더 큰 필요를 알게 된다. 그래서 자기가 가진 것 거의 전부를 그 일에 쓴다. 엘리저가 얼마 안 되게 밀을 사서 집으로 돌아와 창고에 던지자, 하늘의 손이 개입하여 그곳이 말 그대로 밀 때문에 터질 지경으로 변하게 한다. 구제를 베풀면 원금과 이자를 다 가진다는 사실을 보여 주는 것으로 이보다 더 좋은 예가 있을 수 있을까? 그는 자기 돈을 가난한 자들에게 나누어 줌으로써, 하늘의 무한한 능력을 끌어다 쓴다. 하나님은 우샤의 판결을 무시하기로 결정하신 듯 보인다. 그리고 그 이야기가 딸이 "아버지를 사랑하시는 그분이 아버지를 위해 하신 일을 보세요!" 하고 말하는 것으로 끝났다면, 독자는 이러한 엄청난 행동을 경외할 수밖에 없다. 예수의 말씀을 인용한다면, 엘리저는 현세에 백 배의 보상을 받고 내세에 원금을 비축했다.

그러나 이 이야기는 위에서 인용한 그대로 끝나지 않는다. 그 끝에 내가 생략한 중요한 문장이 하나 있다. "[엘리저가] [딸에게] 대답했다. '성전 예배에 따르면, 너는 이스라엘 땅에 사는 가난한 사람 중 하나로서만 그 밀로 혜택을 누릴 수 있다. 밀이 너와 관해서는 거룩히 구별되었기 때문이다.'" 이 충격적인 결론으로 독자는 놀라고, 하나님의 한없는 은혜에 관한 감동적인 이야기에 어두운 그림자가 덮인다. 엘리저는 하나님의 관대함으로 얻은 수익을 딸과 나누는 대신 그 곡물이 다 거룩하게 구별되었다고 선언하였고, 그 말에서 엘리저가 그 모든 것을 가난한 이들에게 주겠다고 서약했으리라 추정할 수 있다. 다이아몬드가 언급하듯이, 탈무드에서 유일하게 아버지가 아들에게 재산을 주지 않는 다른 예는 그 아이가 자격이 없었기 때문이었다. 이 이야기는 분명 그런 주장을 하지 않고, 탈무드의 병행 부분은 엘리저의 행동에서 인상적인 특징을 강조한다. 다이아몬드는, 엘리저가 이렇게 행동함으로써 "그 딸이 아버지와의 관계에서 수혜자가 되는 것을 거부한다. 그 딸은 하나님에게 엄청난 재산의 복을 받은 비르타의 엘리저의 딸이 아니라 그저 이스라엘의 가난한 사람 중 하나일 뿐이다."[49]

이 랍비 이야기는 부자 청년 이야기를 새로운 시각으로 읽게 한다. 예수께서 갈릴리로 들어가실 때, 예수를 따르려고 가족을 떠난 추종자 무리가 동행하고 있었다. 이 핵심층은 그 나라의 급진적인 요구 때문에 잠시라도 가족에게 전혀 신경 쓸 수가 없었다. 2세기와 3세기에 기독교 운동이 팽창했을 때는, 이러한 형태의 영웅적인 구제가 하나님 나라를 위해 가족을 두고 떠나기도 했던 성자의 영역이라고 여겼다.[50] 기독교가 마가복음에 나오는 영웅적인 구제 관행을 유지할 수 있었던 까닭은, 사회적 상황이 그 요구에 잘 맞았기 때문이다. (그러나 종교개혁은 이 이야기의 해석을 복잡한 과제로 삼았다. 이는 여러 면에서 탈무드가 미쉬나 〈페아〉를 받아들인 것과 비교할 만하다. 동일한 논지가 쟁점이 되고 있었기 때문이다. 즉, 교회는 전 재산을 나누어 주는 이들에게 특별한 경의를 표해야 하는가? 또 교회는 그러한 행동이 아주 자연스러웠던 독신의 삶을 극찬해야 하는가? 탈무드처럼 종교개혁자들도 상당한 노력을 쏟아서 예수께서 말씀하신 자연스러운 의미를 제한했다.) 랍비 유대교의 경우는 달랐지만, 미쉬나의 내적 논리를 계속해서 따른 랍비 인물들의 이야기가 탈무드에 몇 개 들어 있다는 점은, 미쉬나의 단순한 의미에 담긴 힘을 증명한다.

구제의 특징

이번 장의 원래 질문으로 돌아가서, 우리는 하나님의 경제에서 대변과 차변의 관계를 어떻게 이해해야 할까? 한 측면에서 보면 거기서는 비례적으로 수지를 맞춘다. 사람이 죄를 지으면, 하나님이 보시기에 적당한 때에 회수하실 수 있는 채무 증서를 보유하신다. 사람이 선한 행동을 하면, 그 사람은 나중에 인출할 수 있는 예금을 하게 된다. 이렇게 정의와 자비라는 닫힌 우주에서는 자연히 많은 염려가 생기기 마련이다. 미쉬나 〈아보트^{Avot}〉 3장 6절에서 랍비 아키바는 하나님이 세상을 상점으로, 그분 자신은 상점 주인으로 보신다고 말한다. "회계 장부가 펼쳐지고 재판관이 앉는다. 그가 알든 모르든 수금원들은 날마다 외상 대금을 회수한다." 무엇을 가져가든지 하나님이 그것을 근거로 계좌 잔액을 인출하신다는 이러한 두려움 때문에, 앞에서도 언급했지만 랍비 얀나이는 강 건너로 출발할 때마다 나룻배를 점검하게 되었다. 나룻배가 망가진다면, 그래서 살아남기 위해 기적이 필요하게 되어서 하나님이 개입하시면, 자기가 하늘의 보고에 쌓은 공로가 줄어드는 일이 일어나기 때문이다. 랍비 아키바의 표현으로 하자면, 자기가 전에 쌓은 공로에서 하나님이 상환액을 제하실 것이다. 다이아몬드가 말했듯이, 얀나이의 염려는 미쉬나 〈페아〉에서 자선을 이야기하는 방식과 대조해 보아야 한다. 다이아몬드의 주장에 따르면, 자선은 비용을 똑같이 계산하는 대상이 아니기 때문이다. 관대함의 경우, 현세는 물론이고 내세에 혜택을 얻지 못할까 봐 염려할 필요가 없다.

구제가 독특한 역할을 하는 또 다른 영역은, 가뭄이다.[51] 빗물, 또는 빗물 부족은 늘 하나님 보시기에 이스라엘이 어디에 서 있는지 판단하는 일종의 측정기였다. 이 점이 신명기 11장 13-17절에 분명히 나와 있다.

내가 오늘 너희에게 명하는 내 명령을 너희가 만일 청종하고 너희의 하나님 여호와를 사랑하여 마음을 다하고 뜻을 다하여 섬기면 여호와께서 너희의 땅에 이른 비, 늦은 비를 적당한 때에 내리시리니 너희가 곡식과 포도주와 기름을 얻을 것이요 또 가축을 위하여 들에 풀이 나게 하시리니 네가 먹고 배부를 것이라. 너희는 스스로 삼가라. 두렵건대 마음에 미혹하여 돌이켜 다른 신들을 섬기며 그것에게 절하므로 여호와께서 너희에게 진노하사 하늘을 닫아 비를 내리지 아니하여 땅이 소산을 내지 않게 하시므로 너희가 여호와께서 주신 아름다운 땅에서 속히 멸망할까 하노라.

이 본문에서 비에 대한 관심은 전혀 놀랍지 않다. 고대 이집트와 메소포타미아는 관개 수로 덕분에 위대한 문명이 꽃피었지만, 고대 이스라엘은 그러한 혜택을 누리지 못했다. 식량이 풍부하게 공급되었기에 이집트와 메소포타미아는 엄청난 부와 번영을 보장받았다. 이스라엘에는 그러한 사회 기반 시설이 없었다. 하늘에서 내리는 것 말고는 수원水源이 없었다. 신명기에 나오는 모세의 말에 따르면 비는 하나님이 주시는 은혜로운 선물로 여겨졌으며, 따라서 그것은 이스라엘의 토라 순종에 달려 있었다. 실제로 비가 내리는지의 여부가 이스라엘의 영적 상태의 지표였다. 예언자 아모스에 따르면, 북왕국의 죄악이 너무도 심해서 하나님이 그렇게 끔찍한 가뭄을 보내심으로 "두세 성읍 사람이 어떤 성읍으로 비틀거리며 물을 마시러 가서 만족하게 마시지 못하였[다]." 그러나 이스라엘은 그러한 심판에 직면해서도 "내게로 돌아오지 아니하였[다]"(암 4:8)고 하실 정도로 뻔뻔했다.

비는 그 나라가 안녕한지에 대한 지표로서, 성경 시대가 끝났을 때에도 여전히 중요했다. 유대인들이 하루에 두 번 신명기 11장 13-21절 낭송을 정기 기도에 포함시켰다는 것은(쉐마), 그들이 계속해서 우기의 시작을 염려했다는 의미다. 미쉬나는 소논문 하나를 할애하여 겨울비가 예상대로 오지 않는 시기를 공동체가 어떻게 처리해야 하는지를 다룬다. 그 소논문 제목은 딱 맞게도 〈타아니트*Ta'anit* 금식〉이다. 금식은 심판의 자리에 계시는 하나님을 자비의 자리로 가시게 하려는 회개의 표시였기 때문이다. 그 소논문에 따르면, 혹독한 가뭄이 들면 사람들에게 연이어 금식하기를 요구했다. 이렇게 금식하는 동안, 회중은 "하나님의 질책을 받는 사람들로" 행동해야 했다(타아니트 1.7). 그 소논문은 예언자 아모스가 비통해한 문제, 곧 뻔뻔하게도 하나님의 심판을 무시하는 일을 저지르지 않으려고 노력하고 있었다.

이 소논문을 다룬 탈무드 주석들에는, 개별 공동체가 가뭄의 위기를 해결하려고 자비를 구한 이야기들로 가득하다. 예루살렘 탈무드에 나오는 그러한 내러티브 가운데 하나에서는 가뭄, 죄, 빚의 문제가 다 들어 있는 이야기를 해 준다.

한번은 그들이 금식을 요청해야 했다. 그러나 비가 오지 않았다. 남쪽에서는 랍비 예호슈아가 금식을 요청했고 비가 내렸다. 세포리스에 살던 이들이 말했다. "레위의 아들 랍비 예호슈아는 남쪽에 사는 이들을 위해 비가 오게 했지만, 랍비 하니나는 세포리스에 비가 내리지 않게 했다."

그래서 두 번째 금식을 요청할 필요가 있었다. 랍비 하니나는 랍비 예호슈아에게 사람을 보내어 세포리스로 데려 오게 했다. 그 사람이 랍비에게 말했다. "금식에 참여하러 우리와 함께 가시겠습니까?"

두 사람이 금식하러 떠났지만 비가 오지 않았다. 그가 들어가서 그들에게 말했다. "랍비 예호슈아가 남쪽에 사는 사람들을 위해 비가 내리게 하는 것이 아니며, 랍비 하니나가 세포리스에 비가 내리지 않게 하는 것도 아니다. 그보다 남쪽에 사는 사람들은 마음이 부드러워서 토라의 말씀을 들을 때 순종한다. 그러나 세포리스에 사는 사람들은 마음이 강퍅하다. 그들은 토라의 말씀을 들을 때 순종하지 않는다."

그가 들어가 눈을 들어 바라보니 공기가 맑았다. 그가 말했다. "(이 모든 노력을 했는데도) 지금도 이렇습니까?" 그러자마자 바로 비가 내리기 시작했다. 그는 다시 그런 [뻔뻔스러운] 짓은 하지 않겠다고 맹세했다. 그가 설명했다. "왜 내 채무 증서를 소유하신 분에게 빚을 받아내지 말라고 해야 하지?"[JT 타아니트 3:4 (66c-d)]

이 이야기는 랍비 문화의 다양한 측면을 들여다보는 창문 역할을 훌륭히 한다. 즉 랍비와 공동체의 관계, 다른 랍비보다 뛰어난 랍비의 영적 역량, 개별 공동체의 요구에 대한 두 랍비의 동지애 등이다. 그러나 결말이 가장 의미심장하다. 세포리스 공동체에 비가 내리게 하지 못했으며, 이는 분명 그 공동체의 제멋대로인 성향 때문이었는데, 랍비 중 하나가 뻔뻔스럽게 하나님을 향해 은근한 비난을 발한다. "(이 모든 노력을 했는데도) 지금도 이렇습니까?"

그러나 비가 오자, 자연스러운 승리감과 찬양이 터져 나오는 대신, 오히려 심한 두려움을 표출한다. 공동체가 그럴 자격이 없는데도 하나님을 도발하여 비를 내리시게 하는 것은 뻔뻔하고 위험해 보였다. 하나님은 세포리스 주민들에 대한 채무 증서를 가지고 계시기에, 적당해 보이는 때에 돈을 받아낼 권리를 전적으로 가지고 계셨다.

그러나 모든 가뭄에 그러한 인과응보가 나타나는 것은 아니었다. 어떤 경우, 이를테면 원을 그리는 호니Honi the Circle-Drawer에 대한 유명한 이야기*에서처럼, 기도의 힘만으로 필요한 비를 확보했다.[52] 구제 행위와 같이 또 다른 경우들에는, 하늘의 회계 장부의 수지를 맞추는 규례가 무시되었다. 《창세기 라바》로 알려진 창세기 랍비 주석에, 이에 대한 아름다운 사례가 있다. 이 문서는 예루살렘 탈무드처럼 이스라엘 땅에서 나온 것이다. 둘 다 연대를 주후 4세기 후반이나 5세기 초반으로 추정한다(《창세기 라바》의 연대를 조금 뒤로 추정하는 사람도 있기는 하다). 논의하고 싶은 본문은, 시편 한 구절을 인용하며 시작한다. "여호와께서 모든 것을 선대하시며 그 지으신 모든 것에 긍휼을 베푸시는도다"(시 145:9). 그런 다음 하나님이 땅에 비가 내리지 않도록 하늘의 수문을 닫으시는 장면으로 넘어간다.

랍비 탄후마Tanhuma 시대에, 이스라엘은 금식을 시작해야 했다. 그들이 그에게 와서 말했다. "랍비여, 금식을 명하십시오." 그는 첫째 날, 둘째 날, 그리고 셋째 날 금식을 명했지만 비가 내리지 않았다. 랍비가 회당에 들어가 설교를 했다. 그들에게 말했다. "형제들이여, 서로를 향한 자비가 넘치면 거룩하신 분(그분께 찬양을 드리라!)이 그대들에게 자비를 풍성히 부어 주실 겁니다."

그들이 가난한 이들에게 구제금을 나누어 주고 있었을 때, 한 남자가 이혼한 아내에게 돈을 주는 것이 보였다(그래서 그녀에게 불법적인 성관계에 대한 값을 치르는 것이 아닌가 하는 의혹이 있었다). [이것을 본] 사람들이 랍비 탄후마 앞에 와서 말했다. "이런 엄청난 죄를 보고 우리가 어떻게 여기 이렇게 그냥

- 호니는 1세기 유대교 학자. 바빌론 탈무드에 따르면 호니가 비를 내려 주시기를 기도하면 기적적으로 비가 왔다. 한 번은 겨울 우기에 비가 오지 않자 호니가 땅에 원을 그려 놓고서 비가 내리기 전에는 원 밖으로 나가지 않겠다고 했고, 호니의 기도대로 비가 적당히 내렸다. 여기에서 '원을 그리는 사람'이라는 별명을 얻었다.

앉아 있을 수 있습니까?" 랍비가 물었다. "무엇을 보셨습니까?" "어떤 사람이 이혼한 아내에게 돈을 주는 것을 보았습니다." 랍비 탄후마는 두 사람을 불러 오라고 사람을 보냈고 그들이 그 앞으로 왔다. 랍비가 남자에게 말했다. "그대는 왜 이혼한 아내에게 돈을 주었습니까?" 남자가 랍비에게 대답했다. "그 여자가 심한 곤경에 빠져 있는 것을 보니 너무 불쌍했습니다."

랍비 탄후마가 하늘을 향해 얼굴을 들고 말했다. "오, 우주의 주시여, 법적으로 이 남자는 이 여자에게 생계를 유지할 수단을 제공할 의무가 없는데도, 여자가 곤경에 처한 것을 보고 불쌍히 여기는 마음이 가득했습니다. 성경은 이렇게 기록합니다. '여호와는 긍휼이 많으시고 은혜로우시며'(시 103:8). 그러면 아브라함과 이삭과 야곱의 자손이자 사랑받는 이들의 자손인 저희를, 저와 주의 자녀를, 주께서 얼마나 더 긍휼히 여기시겠습니까!" 즉시 비가 내리고 세상이 그 고통에서 벗어났다(창세기 라바 33.3).

이 놀라운 내러티브에서 랍비 탄후마는 염려하는 기색이 없다. 랍비는 우주의 주께 아주 담대히 말했다. 앞의 이야기에 나오는 랍비 하니나처럼 그 역시 비참한 상황에 직면해 있는데, 금식에 매달리는 것으로는 충분하지 않다. 틀림없이 사람들이 빚을 엄청나게 쌓았고, 채무 증서 소유자는 지금 신체적 고난의 형태로 상환을 받고 계셨다.

그러나 공동체가 구제를 시작하자 상황이 완전히 바뀐다. 한 남자가 이혼해서 법적으로 도와줄 의무가 없을 뿐 아니라 아마도 악감정도 품었을 전 아내에게 구제금을 주는 뜻밖의 행동을 하자, 하늘에서 차변 계산이 완전히 바뀐다. 그 이야기에 이혼한 여자가 포함되어 있다는 사실은 지적할 만하다. 성경은 물론이고 탈무드에서도 이스라엘을 으레 하나님의 신부로 여겼으며, 이는 다음과 같은 유비를 시사하기 때문이다. 하나님과 [일시적으로] 소원해진 그분 백성의 관계는 그 이스라엘 남자와 이혼한 아내의 관계와 같다. 그러나 이 평범한 남자는 아무 의무가 없는 이에게 자비를 베풀 이유를 자신 안에서 찾은 반면, 하나님은 외견상 현시점에는, 영원히 쫓아내지는 않겠다고 약속하신 배우자에게 그러한 태도를 보이지 않으신다. 이 사례에서 구제는, 하나님이 세상을 향해 어떤 태도를 보이셔야 하는지를 도덕적 행위자를 통해 실례로 보여 준다. 어느 미드라쉬 본문이 담대하게 언급하듯, 가난한 자를 먹이는 사람은 하나님의 의무를 이행하고 있다(레위기 라바 34.2). 이렇듯 구제는 인간의 경제적 의무에만 기반을 둔 것이 아니다. 미쉬나와 성 에프렘이 말한 대로, 구제는 원금과 이자를 다 가지는 일이다.

마지막으로 구제를 다시 살펴보기

앞의 세 장에서 나는 구제가 하나님의 경제에서 어떻게 작용하는지 탐구했다. 이렇게 고대에 널리 퍼져 있던 관행을 살펴보자. 다섯 가지 중요한 주제가 나왔다.

1. 가난한 사람들의 손은 제단

이 개념은 집회서에 평범하게 표현되었다. 벤 시라가 생각하기에, 여호와를 경외한다는 것은 제사장을 공경하고(필요한 성전 기부금을 내고), 가난한 사람들에게 손을 내미는 것이다. 같은 내용에 대한 살짝 다른 고찰을 토비트서에서 볼 수 있다. 토비트서에서는 주인공이 예루살렘에 가서 희생 제물을 드리고 제사장들과 가난한 자들에게 십일조를 바침으로써 이스라엘 땅에서 자신의 경건을 드러내 보인다. 그러다 앗시리아로 유배를 가서 성전에 기부금을 낼 수 없게 되자 가난한 이들에게 직접 기부하기 시작한다. 몇 세기 후 랍비 문서들에서 읽을 수 있듯이, 거지들은 기부자들에게 "제키 비$^{zěki\,bi}$", 즉 "나를 통해(즉, 내 손에 동전을 쥐어 줌으로써) [하늘에서] 공로를 획득하라"고 말했다. 성전 시대에 제단이 땅에서 하늘에 음식을 전달하는 역할을 했듯이(희생 제사는 종종 '하나님의 음식'으로 불렸다), 가난한 사람의 손이 현금을 하늘에 전달하는 역할을 했다. 이러한 개념은 주후 70년 성전 멸망 이후 유대교에서 특히 중요해졌다.

2. 구제는 정관사가 붙은 계명

랍비 히브리어에서 '하-미츠바$^{ha\text{-}miṣwāh}$'라는 용어는 '그 계명'과 '자선 행위' 둘 다로 옮길 수 있다. 랍비 유대교에서는 자선이 아주 중요했으므로 **정관사가 붙은** 계명으로 알려졌다. ('바르-미츠바'라는 용어 역시 단순히 '계명의 아들'이 아니라 '관대한 사람', 즉 구제를 잘 베푸는 사람을 의미한다.) 한 걸음 더 나아가 (예루살렘 탈무드와 아울러) 토세프타 〈페아〉는 자선 행위가 모든 계명을 지키는 것과 동등하다고 선언한다.

3. 구제와 믿음

잠언 19장 17절이 선언하듯이, 가난한 자에게 나누어 주는 사람은 동시에 하나님에게 대출해 드리는 것이다. 중요한 것은 그와 같은 대출을 해 주는 사람은 차용인이 상환할 수 있다고 충분히 믿는다는 사실이다. 영어와 독일어 둘 다 대출해 주는 사람에 해당하는 단어가 문자적으로 '믿는 사람'을 뜻한다는 사실(라틴어 *credere*에서 온 영어 creditor; '믿다'라는 glauben에서 온 독일어 Gläubiger)은 우연이 아니다. 대금 사업은 높은 위험 수준을 당연하게 여긴다. 시리아 문서와 랍비 문서 둘 다 가난한 자에게 관대한 것은 믿음을 시험하는 것이라고 주장함으로써, 이 사실을 분명히 밝힌다. 그러므로 구제를 베푸는 것은 단순한 선행이 아니다. 사람들은 구제를 베풂으로써 자신에게 있다고 주장하는 믿음을 행동으로 보여 준다.

4. 제한 없는 구제 행위

구제를 희생 제물에 비교하면, 자연스럽게 얼마나 주어야 하느냐는 문제가 나온다. 소유에 비례해서 주는 것이 가장 합리적인가(토비트서 4:6-7), 아니면 예수께서 부자 청년에게 하신 더 급진적인 조언을 따라 소유를 다 팔아야 하는가?(막 10:17-34과 병행 구절) 앞에서 보았듯이, 가난한 자에게 영웅적으로 기부를 하고자 하는 욕구가 있었음은 당시 유대교의 다른 데서 입증했다. 그러한 욕구를 랍비 예세바브와 문바즈왕이 행동으로 분명히 보여 주었다. 랍비 예세바브의 예는, 기부에 제한을 둔 할라카가 잊혀졌다는 이유로 해명할 수 있을지 모르지만, 예루살렘 탈무드에서 후한 칭송의 대상이 되기까지 했던 문바즈왕의 행동과 들어맞지 않았다. 그러나 일반적으로 랍비 유대교는 전 재산이나 재산의 상당 부분을 나누어 주는 것에 찬성하지 않았다. 가족에게 악영향을 미칠 수 있기 때문이었다. 그러나 초기 기독교 운동에서는 가족을 버리는 것을 귀하게 여겼으므로, 가난한 자에게 전 재산을 기부했다(그러나 얼마 지나지 않아서 다수의 기독교인 저자들도 가족이 있는 이들은 제외시켜 주었다).

5. 하늘의 보고

죄를 채무로, 선행을 채권으로 이해한 세계관에서는, 도덕적 삶을 제로섬 경제의 일부로 볼 위험이 항상 있었다. 실제로 이 책의 전반적인 논지에 대한 비판은 대부분은 거기에서 출발한다. 유대교를 순전히 율법주의적인 것으로, 혹은 심지어 차변과 대변을 수학적으로 맞춰 보는 경제의 종교로 폄하하는 기독교인 저자들이 많다. 그러나 랍비 사상가들과 기독교 사상가들은 구제에 독특한 '경제적' 속성들이 있다고 생각했다. 다른 형태의 선행에 대한 보상은 죄로 인한 인출금으로 사용할 수 있는 반면, 구제로 쌓은 '자본'과 '이자'는 모두 (랍비 문서와 시리아 문서는 이 점에서 동일하다) 항상 기부자의 채권으로 남아 있었다. 에프렘은 이렇게 썼다. "그대의 구제와 기도는 대출해 주는 것과 같습니다. 그것은 어디서든 그것을 받는 이들을 풍요롭게 하지만, 원금과 이자는 모두 그대 것입니다. 대출해 준 것이 그대에게 돌아옵니다." 이러한 관대함을 베풀면, 주는 자와 받는 자가 함께 풍요로워지는 대안 경제에 참여하는 것이다.

하늘의 보고의 둘째 특징은, 제공하는 수익률에 있다. 에프렘은, 성인들의 보고는 세상의 어떤 보고와도 다르다고 말한다. 신자들이 그곳을 약탈할수록, 그것은 더 채워진다! 분명 하늘에서는 대규모 예금 인출 사태를 두려워할 이유가 없다. 아우구스티누스는 이를 잘 요약하여 이렇게 말한다. "대금업자의 방식을 연구해 보라. 대금업자는 적게 주고 이윤과 함께 돌려받기를 원하며, 누구나 마찬가지다. 조금 주고 대대적으로 받으라. 이자가 얼마나 늘어나는지 보라! 영원하지 않은 재산을 주고 영원한 이자를 요구하라. 땅을 주고 하늘을 얻으라. '그것을 누구에게 주나요?'라고 질문했는가? 주님이 먼저 나서서 그대에게 대출을 요구하신다. 고리대금업자가 되는 것을 금하신 그분이 말이다. 성경이 주님을 그대의 채권자로 만드는 방법을 이야기해 주고 있으니 귀 기울여 들으라. '가난한 자에게 구제를 베푸는 사람은 누구든 여호와께 꾸어 드리는 것이다'(잠 19:17).”

하늘의 보고의 성격에 비추어 볼 때, 차변과 대변이라는 종교 체계가 은혜롭고 사랑이 많으신 하나님의 틀 안에 있지 않다는 말은 정당하지 않다. 실제로 가난한 자에게 구제를 베풀 때, 하나님 안에 존재하는 것과 동일한 속성을 흉내 내고 있는 것이다. 느부갓네살에게 다니엘이 해 준 조언을 논의하면서 언급했듯이, 구제가 어떻게 느부갓네살을 속량하는 역할을 하는지에 관해서는 일종의 역설이 있다. 한편으로 우리는 구제금이 하늘에 있는 왕의 보고로 흘러들어, 그 보고가 점점 커져서 빚이 상쇄되고 속량이 이루어질 수 있다고 말할 수 있다. 그러나 기독교 신학 전통이 주장하듯이, 어떤 의미에서는 그 빚이 너무 엄청나서 아무리 구제를 많이 해도 그 빚을 줄일 수 없다. (다음 장에서 보겠지만, 성 안셀무스가 이 점을 가장 명료하게 말한다.) 그 난관을 해결하는 한 가지 방법은, 하늘에서의 엄청난 수익률을 생각하는 것이다. 마치 느부갓네살왕이 가난한 자들에게 재산을 나누어 줌으로써, 신규 공모주의 가격으로 급등한 성장주를 매수할 수 있다는 말인 것 같다. 실질적으로 하나님은 기부된 돈은 모조리 수백, 수천만 배로 바꾸어 주신다. 그 문제에 다가가는 또 다른 방법은, 구제 행위 자체의 은혜로움에 주의를 기울이는 것이다. 가난한 자에게 돈을 주는 것은 아주 은혜로운 행위였고 여전히 그렇다. 받는 사람에게는 아무것도 요구하지 않는다. 그래서 느부갓네살은 구제를 베풀 때, 자신이 대접받기를 바라는 대로 대접했다. 그러나 어느 쪽이든, 종교개혁 이래로 흔히 고대 유대교와 기독교가 구제를 '스스로 구원하는 행위^{Selbsterlösung}'로 생각했다고 묘사해왔지만 사실은 그렇게 생각하지 않았음을 알 수 있다.

12장
하나님이 인간이 되신 이유

죄를 빚으로 본 역사를 다루는 책을 마무리하려면 캔터베리의 성 안셀무스를 논해야 할 것이다. 안셀무스는 1093-1109년에 캔터베리 대주교로 섬겼으며, 아마도 철학자들 사이에서는 하나님의 존재를 지지하는 존재론적 증명으로 가장 유명할 것이다. 그래서 안셀무스의 저작에서 엄청나게 논문이 많이 나왔다. 그러나 신학자들 사이에서 안셀무스는 대표 저작인 《인간이 되신 하나님*Cur deus homo*》*으로 잘 알려져 있다. 그 책에서는 성육신이 왜 필요했는지 설명한다.[1] 안셀무스는 논의를 전개하면서, 아담의 죄와 그 죄 때문에 생긴 엄청난 빚을 이야기한다. 그 결과, 죄를 빚으로 보는 비유가 책 전체에 영향을 미친다. 기독교 전통에서 빚과 속죄를 그렇게 통합한 사상가가 없다. 그 사실 때문에 안셀무스는 가장 강력하게 지탄을 받은 사상가라는 말도 덧붙여야겠다. 현대의 많은 사상가들이 보기에, 아버지 하나님이 채무를 상환하는 수단으로 아들의 죽음을 요구하셨다는 개념은 잔혹한 일에 가깝

- 영어 제목은 '하나님이 인간이 되신 이유Why God Became Man.'

다. 그것은 신성 자체에 폭력이 새겨져 있다는 말로 보인다.

안셀무스의 글을 해석한 이들 대부분은, 인간의 죄에 대한 이해에서 특히 **성경적인** 것을 하나도 보지 못했으며, 그 이해의 논리적인 기원은 종종 중세 봉건 문화로까지 거슬러 올라간다.[2] 이 저작에서 성경적 근거를 보지 못하는 이유로 두 가지를 예측해 볼 수 있다. 첫째로, 안셀무스의 독자들은 빛 비유가 성경에 깊이 뿌리박고 있음을 인지하지 못한다(이 책의 존재 이유 중 하나다). 게다가 안셀무스는 자신의 논의가 '멀리 계신 그리스도'*remoto Christo*'를 (즉, 계시가 그리스도의 신성에 대해 말하는 바를 괄호로 묶음으로써) 보여 줄 것이라 주장한다. 우리의 구원을 이해하기 위해 그러한 사실을 긍정할 필요가 있든지 없든지 말이다.[3] 그러나 안셀무스가 그리스도에 대한 교회의 주장을 일시적으로 괄호로 묶어 놓았다고 해서 성경의 영향력을 제쳐 놓았다고 할 수는 없음을 명심해야 한다.

안셀무스의 주장은 그렇지 않다고 해도 내게는 그의 논의가 아주 성경적으로 보인다. 많은 점에서 그 논의는 교부들이 오래 전에 그려 놓은 길을 따라간다. 그러나 안셀무스의 저작을 다루기 전에 그의 논의를 요약해 보겠다.[4]

1. 인간은 하나님이 주시는 복을 누리기 위해 지음 받았다. 그 보답으로 그들은 하나님 뜻에 순종하는 백성이 되기만 하면 되었다. 인간이 이렇게 하여 하나님에게 영광을 돌리려 하지 않는다면 빚을 지게 된다.[5]
2. 인간에게는 하나님에게 드릴 것이 아무것도 없으므로, 즉 자기에게 있는 것은 모두 받은 것이므로, 그 빚을 갚을 '화폐'가 없다.
3. 인간 편에서 상황을 보면 아무 소망이 없으며, 영원한 정죄가 불가피해

보인다. 그러나 이러한 곤경은 하나님의 선하심과 대조된다. 만일 하나님이 현상 유지를 용납하신다면, 손수 창조하신 세상이 허물어질 때 무력하게 바라보실 수밖에 없을 것이다.[6]

4. 그래서 하나님에게 딜레마가 있다. 인간이 진 빚을 갚을 수단은 하나님에게만 있지만 빚에 대한 책임은 인간이 져야 한다. 안셀무스가 내린 결론에 따르면 유일하게 가능한 해결책은 하나님이 인간이 되시는 것이며, 여기에서 《인간이 되신 하나님》이라는 그의 저작의 제목이 나왔다.

5. 하지만 그리스도 역시 인간으로서 하나님에게 완벽히 순종해야 하며, 완전한 순종은 아담 자손 모두의 책임이다. 만약 아담이 죄를 짓지 않고 산다면 자기 의무는 완수하겠지만, 다른 누군가에게 유익은 주지 못할 것이다. 그러나 그리스도께서 기꺼이 인간의 형벌을 받으심으로써 생명을 내주기로 결정하셨다면, 자신의 의무를 넘어선 것이다. 그분은 죄를 짓지 않으셨기에 죽어야 할 의무가 없다. 그리고 하나님이신 그분의 생명은 무한히 소중하다. 이러한 잉여 행위에서 아버지 하나님에게 기꺼이 내준 그 무한한 가치에 대한 보상 요구가 나온다.

6. 그러나 그리스도가 하나님이시므로 그분은 하나님에게 아무 보상도 받으실 필요가 없으시며, 아무런 부족함이 없으시다. 이 보상을 누가 받을까? 하나님의 아들 예수 그리스도의 이름으로 하나님에게 나아가며, 하나님의 길을 따르려는 진실한 마음을 품은 사람들이 받는다.

안셀무스의 논거에 관련한 첫 질문은, 그 논거가 성경에 근거를 두고 있느냐이다. 안셀무스의 주장에 대한 요약 대부분은, 그의 사상의 기원을 테르툴리아누스(1세기 후반과 2세기 초반)와 키프리아누스(3세기)까지만 거슬러 올라간다.[7] 이들은 죄에 대한 '변제' 개념을 제시한 사상가들이다. 그러나 나는 죄를 빚에 비유하는 일은 그보다 훨씬 더 오래되었다고 주장했다. 안셀무스의 주장의 성경적 근거를 올바로 이해하기 위해, 두 가지 질문에 초점을 맞추면서 이 책에서 주장한 내용 몇 가지를 되돌아보겠다. 첫째 질문은, 안셀무스의 주장이 성경적인지 여부이며, 그 다음이자 중요한 질문은 그 주장이 얼마나 성경적이냐 하는 것이다.

안셀무스의 논의가 성경적인가

여러 해 전 쿰란의 그 분파가 어떻게 모였는지 이야기하는 본문인《다메섹 규약》을 읽고 있다가 고대 이스라엘의 죄를 요약하는 글줄을 하나 접했다. "언약의 이전 [모든] 구성원들이 빚을 졌으므로 그들은 칼에 죽도록 넘겨졌다. 그들은 하나님의 언약을 버리고 자기들 뜻을 택했다. 마음이 완고해져서 각자 자기 마음대로 행했다"(다메섹 규약 3:10-12).[8] 이 문서는 주제가 아주 직설적이어서, 홍수에서 유배까지 이스라엘 역사를 이야기한 후에 비극적인 결말로 향한다. 이스라엘 자손은 자신들의 완고한 마음을 따름으로써 언약의 책임을 저버렸다. 이 문서의 문법도 성경 히브리어를 아는 사람에게는 복잡하지 않다. 내게 거의 모든 단어가 익숙했던 이유는, 히브리 성경에 나오는 단어였기 때문이다. 이미 보았듯이, 쿰란의 언약도들covenanters은 성경 역사의 궤적 안에 있기를 바랐기에 성경 저자들의 문체를 흉내 냈다.

그런데《다메섹 규약》에서 단어 하나가 눈에 띄었다. 그 본문은 이스라엘 자손이 하나님에게 반역을 저질렀다^{mārĕdû}거나 죄를 지었다

$ḥāṭē'û$고 말하지 않고, 대신 이렇게 말한다. "언약의 이전 구성원들이 빚을 졌다.$ḥābû$"[9] 나는 이 줄에서 멈추었다. 그 단어가 좀처럼 보기 힘들거나 어려워서가 아니라, 성경적이지 않았기 때문이다. 개인에게 죄가 있다는 의미를 표현하는 데 쓰이는 이 어근$^{h-w-b}$은 랍비 사전에서만 볼 수 있었다. 나는 인간의 죄를 묘사하는 문맥에서 저자가 그렇게 열심히 유지하려 했던 성경적 표현을 담지 못하고, 그 자리에 당대의 동사 표현이 드러난다는 사실에 마음이 끌렸다.

그 책을 더 읽어나가면서 또 더 큰 걸림돌에 이르렀다. 다윗을 다루면서 다윗이 신명기 율법에 나오는 어느 사안에 불복종한 것을 다루는 부분이었다. 그 예는 "하나님이 그의 죄들을 버리셨다/포기하셨다"는 말로 마무리되었다.[10] 분명 그 본문의 의미는 하나님이 "그의 죄들을 용서하셨다"였는데, 나는 저자가 왜 용서의 개념을 나타는 데 그렇게 특이한 용어^{āzab}를 사용했는지 궁금했다. 그 용어가 히브리 성경에 여러 번 나오기는 하지만 절대 이런 의미가 아니었다. 그 단어를 아람어로 다시 번역한다면 그 문장의 의미가 완벽하게 통하겠다는 생각이 들었다. 왜냐하면 아람어에서 '버리다, 포기하다'를 뜻하는 그 용어 $šbaq$가 넓게는 "빚을 받아낼 권리를 포기하다"를 뜻하기 때문이다. 아람어에서는 빚이 죄를 뜻하기도 한다는 점을 감안하면 그 문장이 이해가 된다. 하나님이 다윗에게 빚을 받아낼 권리를 포기하셨다는 말은, 하나님이 그를 용서하셨다는 뜻일 것이다. 그러나 이렇게 언어상 특이한 점을 설명하려면, 서기관이 아람어의 일반 표현을 생각하고 구어체 히브리어에서 그에 가장 가까운 표현을 찾으려 했다고 추정하는 방법밖에는 없다. 언어학자들은 이러한 언어상 오용을 번역 차용이라 부르며, 이중 언어 사용자들 사이에서 흔히 일어나는 현상이다.[11] 어떤 사람이 제2언어를 사용하고 있다면, 다른 언어의 일면을 완벽하게 배제하기란 거의 불가능하다. 후기 히브리어(즉 랍비들이 사용한 언어)에서는, 빚이나 죄를 청구하지 않음을 나타낼 때 완전히 다른 단어인 m-ḥ-l을 썼다. 그 결과, 죄 용서를 나타내는 데 아자브 ͞azab라는 단어를 사용하는 일은 오래지 않아 사라졌다. 쿰란에서만, 또 벤 시라의 조금 더 이른 시기 저작에서만 아자브 동사를 그런 식으로 사용한다.[12]

바룩 슈바르츠는 1990년대 초반에 쓴 논문에서 '죄를 지다'라는 히브리어 표현의 비유적 성격을 강조하여서, 내게는 수수께끼였던 그 표현을 명확하게 설명해 주었다.[13] 나는 그 문제가 슈바르츠가 관찰한 것보다 훨씬 더 중요함을 알게 되었다. 성경이 죄에 대한 비유를 여럿 사용했지만, 죄를 등에 지는 짐으로 보는 표현이 가장 널리 퍼졌다. 그러나 제2성전 시대로 가면 이 표현이 거의 완벽하게 사라진다. 완벽하게 사라지지 않은 이유는, 정경 본문에 나와 있어서 자주 인용되기 때문이다. 그러나 쿰란이나 복음서, 또는 랍비 문헌의 저자들은 인간의 죄를 이야기할 때, 무게나 짐의 이미지를 거의 사용하지 않는다. 대신 (탈굼이라고도 알려진) 히브리 성경의 아람어역에서 입증된 대로, 빚이라는 이미지가 인기가 있으며, 그 아람어역에서는 '죄를 지다'를, 빚을 떠맡거나 빚에서 해방된다는 뜻을 지닌 절로 정연하게 번역한다.

기독교 초기 신학자들이 아람어의 방언인 시리아어로 글을 썼으므로 빚 비유를 광범위하게 사용한 것은 놀랄 일이 아니다. 그들은 성 바울의 말씀을 보고(롬 5장) 인간 죄성의 기원이 아담에게로 거슬러 올라간다고 보았으므로, 당연히 아담과 하와가 에덴동산에서 빚 문서에 서명을 함으로써 모든 후손이 연체 상태가 되었다고 주장했다. 그리스도께서 오셔야 이 '금융' 위기를 해결할 수 있다. 그러나 이러한 셈어 관용구를 아람어권 기독교인들만 사용하지는 않았다. 아마도 신약 성경의 주기도문과 같은 문서들의 존재나, 초기에 히브리어와 아람어를 사용하는 기독교인들의 영향으로, 아담과 하와의 채무 증서라는 이미지는 지중해 유역 전역으로 급속히 퍼졌을 것이다.[14] 헬라어 자료는 물론 라틴어 자료에서도 그리스도께서 그 증서를 둘로 찢으셨다는 말을 수백 개 찾을 수 있다. 또 그 유산은 교부 시대에 한정되지 않았다. 중세 시대에 특히 유명하던 책 가운데 하나인 《황금 전설*Golden Legend*》에는 이런 글이 나온다. "[예수께서] 채무자의 피가 아니라 자기 피를 흘리기로 하셨기에 그분은 채무자가 아니었다. 사도 [바울]은 이러한 빚을 **증서**(골 2:14), 즉 자필 증서라 칭하고 그리스도께서 이것을 가져다가 십자가에 못 박으셨다고 말한다. 아우구스티누스는 이 증서에 대해 이렇게 말한다. '하와가 마귀에게 죄를 빌리고 증서도 쓰고 보증인도 세웠으며 그 빚에 대한 이자가 후손에게 쌓였다. 하와는 마귀에게 죄를 빌렸으며, 그때 하나님의 명령을 어기고 마귀의 사악한 명령, 아니 제안을 받아들였다. 하와가 금단의 열매에 손을 뻗었을 때 증서를 쓴 것이다. 하와는 아담이 그 죄에 동조하게 하면서 보증인을 세운 것이다. 그래서 그 빚에 대한 이자가 후손에게 짐이 되었다.'"[15]

교부 자료와 중세 자료들에서 이런 본문들을 처음 접했을 때, 나는 두 광부 작업반이 서로 산 맞은편에서 터널을 파는 모습을 상상했다. 그들은 결국 중간에서 만나게 될까? 산 한쪽 편(구약성경 쪽이라 부르자)에서는, 레위기 26장과 이사야 40장에 나오는 것처럼 빛 비유의 발전을 볼 수 있다. 레위기 26장에서는 이스라엘이 어떻게 변제를 해야 하는지 명시하고("그들은 그 죄의 빚을 갚으리라"), 이사야 40장에서는 그 변제가 성취된 사실임을 알린다("그 죄로 진 빚을 변제받았느니라"). 다른 한쪽

편(초대 기독교 세계)에는 그리스도의 구원 사역을 채무 증서를 파기하는 것으로 묘사하는 자료들이 엄청나게 많다. 양쪽이 어떻게 연결될지 궁금할지도 모르겠다. 사해사본("이스라엘이 빚을 졌다")과 신약성경("우리 빚을 탕감해 주소서"와 "그리스도께서 채무 증서를 지우셨다")의 증거는 터널의 경로를 표시해 준다. 이 책에서는 《황금 전설》에서 인용한 것과 같은 본문이 아주 성경적임을 보여 주고 싶다. 성경으로 곧장 이어지는 터널이 있다. 광부의 비유를 조금 바꾸어 보자. 교회 교부들과 랍비들의 빚 표현과 제2성전 시대에 있는 그 표현의 시작점 사이의 관련성을 이해하면, 주요 광맥을 만난 것이다. 이사야 40장 2절, 레위기 26장, 다니엘 4장, 토비트서를 보면, 뒤이어 일어난 발전이 분명히 드러난다.

안셀무스의 논의 방식은 어느 정도 성경적인가

그리스도의 구속 사역을 빚 면제 행위로 이해한다고 해서 문제가 완벽하게 해결되지는 않는다. 빚 비유가 성경적이라고 말하는 것으로는 충분하지 않다. 그 비유가 어떻게 사용되는지 질문해야 한다. 로버트 젠슨Robert Jenson이 언급했듯이, 신약성경이든 기독교 전통이든 그리스도께서 **어떻게** 우리 죄에서 우리를 구속하시는지를 한목소리로 분명히 말하는 것은 적절치 않다고 보았다. 신경들은, 그리스도께서 인간을 위해 죽으셨음을 분명히 말하지만 그분의 죽음이 어떻게 죄를 속하는지에 대해서는 침묵한다. 그 과제를 받아들여 성경 자료들을 모아 온전히 의미 있게 만드는 것은 신학 전통의 책임이었다.

가장 초기의 기독교 사상가들 다수가 보통 생각하기로는 하나님이 사탄에게 에덴동산에서 서명한 채무 증서를 소유할 권리를 내주셨다. 하나님은 아담과 하와가 그분의 명령을 지키지 않는다면 죽을 것이라고 위협하셨으므로, 그들의 모든 후손이 사탄이 보유한 증서의 영향 아래 있다고 여겨졌다. 그 빚은 죽음의 형태로 회수되었다.

현대의 신학자들은, 그리스도께서 마귀를 물리치시고 그 증서를 파기하신 이야기가 성경 내러티브와는 관련이 없는 일종의 신화라고 주장한다.[16] 이에 동의하면서 그리스도께서 십자가에서 죽으신 이후 부활하시기 전에 사탄과 나눈 대화에 관해서 나르사이(5세기 시리아의 교부)가 작성한 장황한 내러티브를 근거로 삼고 싶을 수도 있다. 한스 우르스 폰 발타자르 Hans Urs von Balthasar가 상기시켜 주듯이, 복음서 내러티브들은 예수의 마지막 말씀과 그분이 영광 중에 나타나신 일 사이에 어떤 일이 일어났는지에 대해서는 침묵한다.[17]

그러나 초기 기독교 저술가들이 죄를 채무로 생각하고 속죄를 채무 면제로 묘사한 전승의 계승자들이었음을 고려하면, 신학자들과 설교가들이 그 설명을 완성하고 싶었던 것은 당연하다. 리쾨르가 통찰력 있게 논평했듯이 "상징이 사고를 낳는다." 그리고 초기 기독교인들에게 죄에 해당하는 주요 상징은 빚이었고, 그리스도 안에 있는 구원과 관련하여 그 의미가 무엇인지 숙고하는 방법은 내러티브 확장을 통하는 것이었다. 그래서 내가 생각하기에, 교부 사상의 중심이었던 속죄 모형, 즉 구스타브 아울렌이 '승리자 그리스도'라 칭한 모형이 흔히 주장하는 것만큼 그렇게 비성경적이지는 않았다. 내 의견에는, 나르사이는 아주 간결한 성경 본문이 점선으로 남긴 빈칸을 채우고 있었을 뿐이다.

그러나 그 내러티브에 성경의 표현이 나온다고 해서, 그것이 **유일**

한 성경적 묘사라고 할 수는 없다. 어느 표현이 얼마나 성경적인지 규정하는 일은, 그 표현이 성경의 개념을 따르고 있는지를 묻는 것만큼이나 중요하다. 리쾨르가 또 언급했듯이, 특정 비유에 내러티브 실례가 단 하나만 필요하지는 않다. 그러므로 레위기 16장에서 이스라엘의 죄를 지고 떠나는 염소 내러티브는, 죄가 범죄자의 어깨 위에 있는 짐이라는 생각에서 논리적으로 나왔다고 어느 정도 확신 있게 말할 수 있다. 그러나 이와 같은 내러티브 하나가 죄를 짐으로 여기는 문화에서 비롯되었다고 예측할 수는 없다. 또 다른 수많은 내러티브와 실례가 될 만한 의식을 상상할 수 있다. 죄를 빚으로 이해한 문화의 경우에도 마찬가지다. 골로새서 2장 14절과 로마서 5장 12-21절의 조합이 '승리자 그리스도' 모형, 즉 아담과 하와가 모든 인류를 포함하는 증서에 서명을 했는데 결국 그것을 그리스도가 파기했다는 모형의 상당 부분을 규정하기는 하지만, 중요한 세부 사항 대다수는 여전히 모호하다. 예를 들어, 사람들이 아담과 하와의 죄를 반복해서 지음으로써 빚을 지는가, 아니면 빚을 상속받는가? 이는 아우구스티누스와 펠라기우스를 갈라놓은 대표적인 질문이다. 펠라기우스는 우리 각자에게 아담의 죄를 답습하거나 피할 자유가 있다고 믿는 반면, 아우구스티누스는 아담의 파탄 상태가 인간에게 태어날 때부터 유전으로 전해진다고 주장했다.

또 다른, 더 무시하기 힘든 질문은 아담과 하와가 서명한 그 증서와 관련이 있다. 누가 그 증서 소유자인가, 사탄인가 하나님인가?[18] 랍비들은 일관되게 하나님이 그 증서 소유자라고 생각했다(그러나 랍비들은 그 증서의 기원을 아담과 하와까지 거슬러 올라가 찾지는 않는다). 나르사이가 대변하는 '승리자 그리스도' 모형에서는, 사탄이 그 증서 소유자다. 그리스도를 승리자로 보는 생각의 배후에는, 그분이 대적이라 할 만한 이를 완파하셨다는 개념이 있다. 이렇게 극적인 이야기에는 그리스도께서 전복할 수 있는 강력한 악의 행위자가 필요하다. 그 결과인 예수와 사탄의 '전투' 덕분에 이야기가 흥미진진해지기는 하지만, 신학적으로 상당히 중대한 문제가 생겨났다. 주후 4세기에 나지안주스의 그레고리우스가 말했듯이, 사탄 같은 강도가 하나님에게서 몸값을 받아야 한다고 선언하기가, 또 "[하나님이] 정당하게 우리의 목숨을 살리시려고 그의 포악 행위에 대해" 그러한 "터무니없는 값을 지불하셔야 한다고" 하기가 난처하다.[19] 하나님이 악의 설계자에게 해명할 책임이 있으신가?

이러한 그레고리우스의 근심을 안셀무스가 이어받았다. 안셀무스는 '승리자 그리스도' 모형을 완전히 거부하고, 인간은 마귀가 아니라 하나님에게 빚을 졌다고 말했다(《인간이 되신 하나님》 2.19). 교부들처럼 안셀무스는 자신의 논의 방법의 근거를 골로새서 2장 14절의 해석에 둔다. 그러나 안셀무스의 주장으로는 그리스도께서 파기하셨다고 언급되는 증서는 "마귀의 증서가 아니라 '법조문의' 증서"다. "그런데 그 법조문은 마귀의 법조문이 아니라 하나님의 법조문이다. 그 법조문을 하나님의 정의로운 심판이 공포하였으며, 또 말하자면, 자유 의지로 죄를 지은 인간이 자기들 노력으로는 죄든 죄에 대한 형벌이든 피할 수 없도록 증서로 확증했다"(《인간이 되신 하나님》 1.8). 안셀무스의 말은, 에덴동산에서 아담은 죽음의 형벌이 첨부된 명령을 받았다는 뜻이다. 아담은 그 명령을 어겼을 때, 하나님이 처음부터 정해 놓으신 형벌 조항의 지배 아래 들어가게 되었다. 그런 점에서 보면, 그러한 일을 확증한 증서의 소유자는 하나님이다.

안셀무스는 하나님이 그 증서 소유자라고 선언함으로써, 한 가지 골치 아픈 문제를 해결한 반면, 다른 문제를 열어젖혔다. 전형적인 '승리자 그리스도' 논의 방식의 이점은, 하나님을 인간의 전폭적인 후원자의 위치에 두었다는 것이다. 하나님은 수난을 받으실 때, 사탄이 이전에 가지고 있던 권리를 폐하시려고 인간을 대신하여 행동하셨다. 십자기 이야기는 하나님이 사탄에게 노련하게 승리하신 이야기다.

그러나 만약 하나님이 그 증서의 소유자라면, 긴장점이 생길 수 있다. 그러면 하나님을 인간의 대변자가 아니라 인류를 향한 진노를 달래 드려야 하는 분노한 존재로 여길 수 있다. 이사야 40장 2절에서 이스라엘이 그들이 쌓은 빚을 다 상환하고 나서야 하나님이 이스라엘을 용서하실 수 있다고 한 것을("그 죄[때문에 진 빚]가 변제받았느니라") 떠올려 보라. 같은 묘사가 레위기 26장("이스라엘이 그 죄의 빚을 갚으리라")은 물론, 다니엘 9장("그들의 죄의 빚이 완료될 때")에도 있다. 이스라엘이 하나님에게 반역하여 하나님의 인내에 금이 갔다. 막다른 데에 이르자 하나님이 진노하셔서 이스라엘을 유배 보내기로 결정하셨다. 이스라엘은 이 형벌을 받아서 배상을 하고 결국 회복되었다. 그 묘사를 신약 성경으로 확장해 보면, 십자가는 하나님이 온 인류에게서 그들이 진 많은 빚의 상환을 받아낸 순간에 불과해 보일 것이다. 그 값을 얻어낸 수단은 온 인류를 대신할, 죄 없는 산 제물의 처형이었다(소위 '대리적 형벌' 모형). 인류 전체의 빚을 상쇄하려면 그리스도의 고난은 헤아릴 수 없이 커야 했다.

이러한 발상은 수난 내러티브를 이해하는 데 신학적으로 엄청난 이의를 제기한다. 이사야 40장과 레위기 26장에는 자신의 악행의 결과로 고통당하는 사람들이 있는 반면(이는 부당하지 않다), 복음서들은 하나님을 무죄한 자의 죽음을 요구하시는 분으로 그리는 것 같다. 하나님이, 자신의 회계 장부에 지울 수 없게 새겨진 채무를 상환하려면 아들의 피가 필요하다고 하실 정도로 복수심이 강한 분인가? 갈보리에서 일어난 일이 이것뿐이라면, 유명한 신약 학자 에른스트 케제만Ernst Käsemann에게 기꺼이 동의하게 될 것이다. 케제만은 기독교 신학자라면 "예수의 죽음을 희생적으로 해석하는 교회와 성경의 전통을 버려야" 한다고 썼다.[20]

많은 현대 신학자들이 보기에, 이는 안셀무스가 공표한 길과 반대편에 있는 위험이다. 그러나 우리는 이 평가를 너무 빨리 받아들이는 것에 대해 조심해야 한다. 안셀무스의 글을 자세히 읽은 이들은 (안셀무스를 폄하하는 이들은 분명 그 글을 자세히 읽지 않았지만), 그가 하나님이 그리스도를 십자가에서 죽게 하심으로써 인간 전체에게서 배상을 받아내고 계시다는 개념을 분명하게 거부한다는 데 주목했다. 그 문제 해설에 나오는 어느 결정적인 지점에서 안셀무스의 대화 상대가 질문한다.

그러나 아버지이신 하나님이 아주 기뻐하시며 사랑하는 아들이라 칭하셨고 아들로서 그분의 본성을 지니신 그분을 하나님이 이런 식으로 대하시고, 그렇게 대하도록 허용하신 것이 어떻게 공정하고 합리적인 일이라 할 수 있습니까? 가장 의로운 분이 죄인을 위해 죽임 당하는 것이 무슨 공의입니까? 만약 그분이 죄 없는 사람을 정죄하고 죄인을 풀어 준다면, 정죄받을 만하다고 판단받지 않을 사람이 누구입니까?… 만약 하나님이 의로운 사람을 정죄해야 죄인들을 구원하실 수 있다면, 그분의 전능하심은 어디에 있습니까? 다른 한편으로, 그분이 죄인들을 구원하실 수 있는데도 하지 않으셨다면 하나님의 지혜와 정의를 어떻게 변호하겠습니까?

그러자 이 질문에 안셀무스가 대답한다.

하나님 아버지는 그 사람을 그대 생각처럼 대하지도, 무죄한 사람을 죄인 대신 죽도록 넘겨주지도 않으셨습니다. 아버지께서 그리스도에게 억지로 죽음을 마주하도록 강요하시거나 그리스도가 죽도록 허락하신 것이 아니라, 그리스도께서 친히 인간을 구원하시려고 자의로 죽음을 당하셨습니다. 《인간이 되신 하나님》 1.8).

안셀무스는 아주 명쾌하다. 그리스도께서는 우리의 형벌을 대신 받는 분이 되심으로써 인간의 죄를 속하신 것이 아니다.[21] 그분은 인류를 구속하시려고 오로지 그 자신의 선택으로 죽음을 당하셨다. 아버지 하나님은 아들의 고통이나 죽음을 즐기지도, 기뻐하지도 않으셨다. 이는 안셀무스의 신앙생활에서 확인할 수 있다. 레이첼 풀턴Rachel Fulton이 보여 주듯이, 안셀무스는 보속penance의 수단으로 스스로 고행을 하는 극단적인 행동을 하지 않으려고 했다. 그것이 그와 동시대인이었던 베드로 다미아누스Peter Damian의 삶에서는 흔한 일이기는 했다. 분명 안셀무스는 십자가를 묵상할 때 그리스도의 고난을 보았지만, 그 고난은 교회를 향한 하나님의 사랑의 선물로 인간의 빚을 완전히 덮고도 남았다. 하나님 아버지는 채무 증서에 따라 형벌을 받아내신 것이 아니라, 그리스도께서 인간을 사랑하셔서 자신을 내놓으신 일에 보답하신 것이다. 풀턴이 주장하듯이, 안셀무스는 그 헤아릴 수 없고 분수에 넘치는 선물을 자신의 신앙생활의 중심으로 삼았다.[22]

변제냐 형벌이냐

안셀무스를 이해하는 핵심은, 그가 변제와 형벌을 명확하게 구분했다는 데 있다. 이는 현대 독자들이 대체로 주목하지 않는 측면이다.[23] 안셀무스의 추정에 따르면, 형벌은 죄에 대한 정당한 결과를 겪는 것으로, 원하든 원하지 않든 죄인에게 일어나는 일이다. 반면 변제는 악행에 대한 **자발적** 배상이다. 안셀무스의 생각으로는 그리스도께서는 변제를 하신 것이지, 형벌을 겪으신 것이 아니다.

이 책의 틀에서 볼 때, 우리는 예언자 다니엘이 권한 구제 행위로(단 4:27. "구제를 행함으로 죄를 사하소서") 이사야 40장 2절 같은 본문에 있는 형벌의 범위를 조절해야 한다. 이사야서에서 이스라엘은 바빌론 유배라는 결과를 겪음으로써 그 죄를 청산한다. 페르시아제국이 출현하자, 이 예언자는 이스라엘의 죄로 인한 빚이 상환되었다고 의기양양하게 선언했다. 반면 다니엘은 다르게 접근했다. 느부갓네살왕의 죄에 대해 왕에게 심한 형벌을 부과하기보다는 구제 행위를 통해 속전을 벌라고 권했다. 하늘에서 이러한 종류의 보고를 얻으면 그 빚을 청산하든지 아니면 처리할 수 있는 규모로나마 줄일 수 있었다.

안셀무스의 관심은 그리스도의 희생에서 어떻게 잉여 공로가 생기는지에 있었으므로, 그리스도의 행위를 형벌보다는 자선으로 여기는 것이 더 적절하다. 안셀무스가 보기에 형벌은 한 사람이 갚을 빚을 청산할 수 있을 뿐, 다른 사람들에게 혜택을 줄 추가 공적credit을 제공하지는 못한다. 그리스도께서 이런 식으로, 즉 범죄의 결과를 겪는 식으로 이러한 자선을 보이셨다고 하자 당연히 안셀무스의 독자들이 상당수 떨어져 나갔다. 그러나 범죄의 결과를 겪는 것을 사랑의 행동으로 해석할 수 있다. 예를 들어, 교부들은 아담을 자주 그리스도에 비교했다. 디모데전서 2장 14절("아담이 속은 것이 아니고 여자가 속아 죄에 빠졌음이라")에 근거를 둔 어느 전승에 따르면, 타락의 진짜 원인은 아담이 아니라 하와였다. 오리게네스가 보기에, 아담이 금지된 열매를 먹기로 한 것은 하나님의 명령에 불순종하려는 마음이 아니라, 아내인 하와와 갈라서는 것을 피하려는 마음 때문이었다.[24] 이러한 해석은 풍유 해석을 기반으로 하는데, 하와는 교회를 나타내고 아담은 그리스도를 나타낸다. 이 해석에서는, 아담이 하와를 너무 깊이 사랑해서 하와를 마땅히 당해야 할 유배에서 속량하기 위해 그 죄의 결과를 함께 겪는다. 이 이미지의 의미를 축소해서 말할 수는 없다. 아담의 **고난**, 더 나아가 그리스도의 고난이 우리가 주목하는 주요 주제가 되어서는 안 된다. 아담(그리고 따라서 그리스도)의 고난은 죄인을 향한 측량할 수 없는 사랑을 증명한다.

수많은 기독교 신학자들이 주장했듯이, 이 모형이 그리스도의 행위를 가장 잘 묘사한다. 그리스도께서 분명 고난을 당하시지만 그것은 대가를 치르는 것이 중요하기 때문이 아니며, 우리를 얼마나 깊이 사랑하시는지 나타내시려고 우리가 받아 마땅한 벌을 받으신다. 이사야 40장의 주제, 즉 죄에 대한 형벌을 치르는 것이라는 주제로 돌아가 본다면, 그리스도는 자기 백성을 너무 사랑하여, 그들을 속량하기 위해 유배에 동행하기로 한 어느 죄 없는 유대인에 비유할 수 있다. 그 유대인은 그렇게 함으로써 동포와 함께 하나님의 진노를 견디겠지만, 그 정도로 크게 자선을 보임으로써 동시에 하늘에 큰 보물을 쌓을 것이다. 요셉 라칭거 추기경Joseph Cardinal Ratzinger은 여러 신학 안내서들에서 유포되던, "심히 조잡한 형태의 성 안셀무스 속죄 신학"을 비판하며 그 문제를 바로잡는다.[25] 라칭거는 이렇게 말한다. "정말 많은 기독교인들에게 이는 마치 십자가를 상처 입고서 회복될 권리라는 기제의 일부로 이해해야 하는 것처럼 보인다. 그래서 하나님의 공의를 무한히 해쳤기 때문에 무한한 보속expiation으로 누그러뜨려야 하는 것 같다.… 이러한 묘사가 널리 퍼졌지만 그만큼 거짓되었다. 성경에서 십자가는 상처 입은 권리라는 기제의 일부로 보이지 않는다. 오히려 성경에서 십자가는 그와는 완전히 반대라서, **그 자체를 완벽하게 내어 주는 사랑의 철저한 성격을 표현한다.** 그 과정에서는 존재가 곧 행위고, 행위가 곧 존재이며, 완벽하게 다른 사람들을 위한 삶의 표현이다."

그러나 아마도 여전히 한 가지 질문이 남을 것이다. 그러한 사랑이 어떻게 다른 사람들의 죄를 덮을 수 있을 만한 공로가 될 수 있는가?

그리스도의 예표인 이삭

그 질문에 답하기 위해 다른 전승으로 넘어가겠다. 내 생각에는 공로가 엄청나게 생기게 하는 고난에 대한 유비가 제2성전 시대와 랍비 유대교에 있다. 나는 성경 시대 이후 유대 자료들이 창세기 22장의 이삭을 희생 제물로 바치는 이야기를 해석한 방식을 생각하고 있다. 그 성경 이야기에서 독자들은 하나님과 아브라함에게 끌린다. 먼저 우리는 하나님이 아브라함을 시험하려 하심을 알게 되고, 이야기의 절정에서 아브라함이 시험을 통과한 것을 알게 된다. 그 이야기에서 이삭은 일종의 장신구 같아 보인다. 이삭이 분명 중요한 역할을 하지만, 아버지의 사랑을 받는 대상일 뿐이다.

이 성경 시대 이후 자료들은 이삭이라는 인물에 관심이 많았다. 그들 대부분에서는 이삭이 기꺼이 자기 목숨을 걸려고 했음을 확인하는 것이 중요했다. 이 변화에서 마카베오 반란 이후 여러 유대 가문이 처형되는 동안 이 이야기의 맥락이 재설정된 방식이 중요하다. 어떤 문서를 보면, 유대인들이 배교할지 죽을지에 대한 선택권을 받자 일단의 형제들이 서로 이삭의 운명을 떠올리며 이스라엘의 하나님에게 충성을 보이라고 권했다. 한 사람이 "용기를 내시오!" 하고 말하자 또 다른 사람이 "당당히 버티시오" 했다. 그러자 또 다른 사람이 과거를 떠올리며 말했다. "그대가 누구의 후손인지를, 또 우리 조상 이삭이 신앙을 위해 희생 제물이 되려고 몸을 바친 일을 기억하시오"(마카베오4서 13:10-12). 그들은 자신들의 곤경을 이삭의 곤경과 비교하며, 이삭이 하나님의 이름을 거룩하게 하려고 죽음을 **택했**다고, 세상에 있는 무엇보다 하나님에 대한 사랑을 더 중요하게 여겼다고 생각했다.

이렇게 하나님에게 더 영광을 돌리려고 기꺼이 영웅적인 죽음을 선택한 것을 전무후무한 잉여 행위를 쌓는 행동으로 여겼다. 그래서 이삭의 이름에 엄청난 공로^{zekûyôt}가 기록되었다. 앞에서 논의한 어느 본문에서는, 이스라엘이 금송아지의 죄를 지은 후에 하나님이 민족 전체를 없애겠다고 위협하시자 그 공로들에 매달렸다. 모세는 간절히 기도하며 하나님에게 간청했다. "주의 종 아브라함과 이삭과 이스라엘을 기억하소서"(출 32:13). 현대의 주석가들 대부분은 하나님에게 "기억"하시기를 간청한 것은 하나님이 창세기에서 택하신 백성과 맺으신 언약을 언급한다고 이해하는 반면, 랍비들은 족장들이 행한 위대한 신앙 행위들, 특히 이삭이 기꺼이 하나님에게 자기 목숨을 희생 제물로 바치려 한 것을 언급한다고 이해했다. 이삭이 모리아산에서 얻은 공로가 이스라엘이 시내산 기슭에서 발생시킨 빛보다 훨씬 많다는 추론이었다. 이 유비는 안셀무스의 속죄 개념과 아주 유사하므로, 그의 결론을 가져와서 조금만 수정하면 유대교와 같아질 것이다. 안셀무스는 이렇게 썼다. "실제로 영원한 고통을 당하리라는 판결을 받아 자신을 속량할 수단이 하나도 없는 죄인에게, 성부께서 '내 독생자를 데려다가 너 대신 내주어라'라고 말씀하시는 것보다 더 자비로운 것이 있을까?"(《인간이 되신 하나님》 2.20) 이를 살짝 바꾸어 이렇게 읽을 수 있다. "이스라엘의 하나님이 자기 백성에게 '아브라함의 독생자를 데려다가 그를 너 대신 내주어라'라고 말씀하시는 것보다 더 자비로운 것이 있을까?"

또 랍비들의 생각으로는, 그리스도의 희생이 미사 때 일정한 역할을 하듯이, 이삭이 기꺼이 죽으려 한 일도 이스라엘의 희생 제사에서 계속 일정한 역할을 한다. 여기서 레위기 1장 11절을 대상으로 한 상상의 미드라쉬가 나온다. 레위기 1장은 소(3-9절), 양이나 염소(10-13절), 새(14-17절)를 희생 제물로 바치는 규칙을 알려 준다. 성경은 소나 새와는 달리 양이나 염소는 "제단 **북쪽**"에서 잡으라고 요구한다. 이러한 지리적 언급이 특이하다. 다른 동물들은 다른 쪽에서 희생 제물로 드렸을까? 현대 독자들은 여기에 별로 주의를 기울이지 않겠지만, 랍비 독자들은 이 독특한 규칙이 우연한 것일 리가 없으며, 더 깊은 진리를 어느 정도 드러낸다고 믿었다. 왜 양을 다른 동물들과 구별할까?

랍비들이 이 수수께끼를 어떻게 풀었는지 이해하려면 두 가지 사실을 알아야 한다. 첫째로, 예루살렘에서는 매일 아침저녁으로 양을 제단에서 번제로 드렸다(출 29:38-42과 민 29:3-8). 실제로 출애굽기에 따르면 성전 건축의 유일한 이유는 이 특별한 희생 제사를 드리는 것이어서, 이를 통해 이스라엘의 하나님이 그분의 백성 가운데 은혜로 임재하심을 나타냈다. 둘째로, 하나님은 이삭을 미래의 성전 자리에서 제물로 바치라고 명령하셨다. 랍비 독자들에 따르면 이삭의 희생 제사는 기초가 되는 제사며 성전에서 계속될 예배의 길을 닦았다.

미드라쉬의 해석은 그 성경 구절, 즉 "그가 제단 북쪽^{ṣāpônâh} 여호와 앞에서 그것을 잡을 것이요"(레 1:11)를 인용하면서 시작된다. 그 절의 해설은 이렇다. "우리 조상 아브라함이 아들 이삭을 묶었을 때, 거룩하신 분(그분을 송축하라!)이 양 두 마리에 대한 제도, 즉 한 마리는 아침에 또 한 마리는 저녁에 드리라는 제도를 세우셨다(출 29:38-42). 왜 그만큼인가? 왜냐하면 이스라엘이 매일 제단에서 희생 제물을 바치며 이 구절['제단의 ṣ-p-n-h 쪽에']을 암송할 때 거룩하신 분(그분을 송축하라!)이 이삭이 묶인 것을 기억하실 것이기 때문이다." 내가 ṣ-p-n-h를 번역하지 않고 남겨 둔 까닭은, 이것이 이 본문을 이해하는 열쇠이기 때문이다. 히브리 성경은 원래 모음 없이 기록되었으므로, 랍비 독자는 항상 자유롭게 단어를 모음화하는 다른 방식들을 탐구했다. 현대의 성경 번역들이 확인해 주듯, 자음 ṣ-p-n-h는 보통은 차포나^{ṣāpônâh}로 표현되고 '북쪽'으로 번역된다. 그러나 랍비들은 이 본문을 이삭 이야기와 연결하기 위해 이 단어의 분명한 의미를 피했다. 그들은 그 단어를 장난스럽게, '숨겨진'이라는 뜻의 여성 수동 분사인 체푸나^{ṣĕpûnâh}로 잘못 읽음으로써 그 의도를 이루었다. 그러면 '숨겨진'이라는 단어는 이삭이 묶인 이야기(히브리어에서 '아케다^{akedah}[묶임]'로 알려져 있으며, 이는 위의 여성 수동 분사에 해당하는 여성 명사)를 가리킬 것이다. 이렇게 읽으면 미드라쉬의 끝부분을 다음과 같이 바꾸어 표현할 수 있다. "왜 매일 아침저녁으로 양을 희생 제물로 드릴까? 왜냐하면 이스라엘이 제단에서 그 양을 희생 제물로 바치며 이 절('여호와 앞에서 숨겨진[sĕpûnâh])을 암송할 때, 거룩하신 분(그분을 송축하라!)이 이삭의 '아케다'를 기억하실 것이기 때문이다." 다시 말해, 랍비들은 이스라엘이 매일 드리는 희생 제사는 족장 이삭이 영웅적으로 자신을 바친 일을 기억하는 방식이라고 생각했다. 이스라엘이 땅에서 희생 제사를 드릴 때마다 하나님은 하늘에 쌓인 이삭의 공로를 생각하셨다. 그리고 기독교인 독자들은 오랜 세월 동안 편협하고 지역주의적인 표현을 사용하여 유대교를 떠올리기 쉬웠기에, 레위기의 이 절이 보편적으로 영향을 미친다고 여겨진다는 사실에 특히 더 놀랄 것이다. 이 본문은 하나님이 극적으로 개입하시면서 끝난다. "내가 하늘과 땅에 맹세한다. 이방인이든 유대인이든, 남자든 여자든, 남종이든 여종이든, 누구든지 이 절('북쪽 여호와 앞에서')을 읽을 때마다, 거룩하신 분(그분을 송축하라!)이 '여호와의 임재 가운데 북쪽에서'라 기록된 대로 이삭의 묶인 것을 기억하신다"(레위기 라바 2.11).

'아케다'와 안셀무스의 유사점은 시사하는 바가 많다. 내가 역사적이 아니라 유비적으로 논의했음을 분명히 하고 싶다. 안셀무스는 자신의 신학적 통찰을 랍비들의 글에서 끌어내지 않았다. 그러나 랍비들과 안셀무스 모두 죄를 빚에 비유하는 전통과 하나님이 증서의 소유자라는 개념에서 도움을 받았음을 고려할 때, 그들의 신학 체계가 아주 흡사한 것은 당연하다. 또 랍비들과 안셀무스 모두 죄를 갚아야 할 빚으로 보았으므로, 잔고를 다른 사람들의 죄를 덮을 만큼 충분히 소유한 이가 필요하다.

게다가 이 둘의 체계 배후에는 희생 제사가 있다. 유대 편에서 볼 때 '아케다'가 그렇게 영향력 있는 내러티브가 된 까닭은, 그것을 성전 희생 제사의 토대가 되는 내러티브로 이해했기 때문이다. 기독교 편에서는, 그리스도의 희생이 성찬 제물의 토대가 되는 내러티브가 되었다. 야로슬라프 펠리칸Jaroslav Pelikan은 이렇게 말했다. "기독교 예배의 중심인 미사의 제물은, 그리스도의 고난과 십자가 죽음이 속죄 제물이라는 이미지에 의미를 부여했고, 그 이미지에서 의미를 도출해냈다."[26] 사실 성찬과 속죄를 모두 희생적으로 이해한 것은 "상호 보완된다. 안셀무스의 말대로 '우리를 위해 자신을 희생하신 한 분 그리스도가 계신 것처럼, 우리가 빵과 포도주로 드리는 한 제물과 한 희생이 있다.' 더 정확하게 말해서, '매일 계속… 자기 몸과 피를 우리를 위해 번제물로 드리는' 분이 대속자 그리스도시다."[27] 물론 이 두 제물의 결합은 중세 시대에 새로 도입된 것이 아니며, 교부 시대에 이미 잘 정립되어 있었다. 앞에서 언급했듯이, 아우구스티누스는 어머니 모니카가 죽었을 때 어머니가 매일 미사에 참석했기 때문에 천국에 들어갈 만하다고 주장했다. 아우구스티누스의 추론에 따르면 모니카는 자신의 구원을 위해 그리스도께서 치르신 희생을 미사에서 묵상하면서 자신을 그분의 형상으로 다시 빚으시게 했다.

마지막으로 한 가지 경고를 하겠다. 나는 자격도 없으면서 그리스도의 희생에 대한 안셀무스의 이해를 추천하며 이 책을 마무리하려는 것이 아니다. 그것은 오만한 행동일 것이다. 나보다 더 박식한 신학자들이 이 문제와 씨름했고, 나는 그들의 글에서 많은 것을 배웠다. 그러나 나는 안셀무스의 아주 유명한 논문이, 죄를 빚으로 보는 성경의 비유에서 영감을 얻었음을 보여 주었다. 이 비유를 속죄 교리의 기본 구성 요소로 받아들이는 정도로 안셀무스의 위대한 저작이 신학적 탐구의 출발점이 되기를 바란다.

주註

1장 죄는 무엇인가?

1 George Lakoff and Mark Johnson, *Metaphors We Live By* (Chicago: University of Chicago Press, 1980). Donald Davidson, "What Metaphors Mean," *Critical Inquiry* 5 (1978): 31-47과 Gottlob Frege, "On Sense and Reference," in P. Geach and M. Black, eds., *Translation from the Philosophical Writings of Gottlob Frege* (Oxford: Blackwell, 1966)도 참조할 만하다. 주목해야 할 최근의 두 가지 신학적 논의는 Janet Martin Soskice, *Metaphor and Religious Language* (Oxford: Clarendon, 1985)와 Colin Gunton, *The Actuality of Atonement: A Study of Metaphor, Rationality and the Christian Tradition* (Edinburgh: T & T Clark, 1988)이다.

2 Lakoff and Johnson, *Metaphors We Live By*, 4-5.

3 Paul Ricoeur, *The Symbolism of Evil* (Boston: Beacon Press, 1967). 《악의 상징》(문학과지성사).

4 이는 밀그롬Milgrom의 의견을 따른 것이다. 밀그롬의 추정에 따르면, 손을 얹는 의식을 치르는 동안(레 16:21) 아론이 이스라엘의 죄를 그 동물에게 옮기고, 그 다음에 그 동물이 죄들을 광야로 가지고 가는 것이다. 이 의식적 행위는, 지성소에서 지키는, 불결한 것을 씻는 행위kippēr와는 완전히 다른 것이다. Jacob Milgrom, *Leviticus 1-16* (AB 3; New York: Doubleday, 1991), 1041-1045 참고.

5 Baruch Schwartz, "Term or Metaphor: Biblical *nōśēʾ ʿāwōn/pešaʿ/ḥeṭ*" [in Hebrew] *Tarbiz* 63 (1994): 149-171. 내 논문 "From Israel's Burden to Israel's Debt: Towards a Theology of Sin in Biblical and Early Second Temple Sources," in E. Chazon et al., eds., *Reworking the Bible: Apocryphal and Related Texts at Qumran* (Leiden: Brill, 2005), 1-30도 참고.

6 *Midrash Rabbah* (London: Soncino Press, 1939), 3:509-510에서, *Exod Rab* 44:5, "'아브라함과 이삭과 야곱을 기억하소서'(출 32:13)에 대한 다른 해설"을 보라. "여기서 이 세 족장이 언급되는 이유가 무엇인가? 현자들에 따르면, 모세가 이렇게 주장했기 때문이다. [A] '만약 그들을 불태울 만하다면, 그렇다면, 오 주님, 주의 이름을 위해 번제를 드리려고 타는 불 가운데서 그의 생명을 위험에 빠트린 아브라함을 기억하시고, 그의 번제로 그의 자손들의 번제를 거두어 주소서. [B] 그들의 목을 벨 만하다면, 그렇다면, 주의 이름을 위해 도살당할 준비를 하고 제단에서 목을 폈던 그들의 조상 이삭을 기억하시고, 지금 그가 제물이 된 것으로써 그의 자손들이 제물이 되는 것을 거두어 주소서. [C] 그들이 추방당할 만하다면, 그렇다면 아버지의 집에서 하란으로 추방당한 그들의 조상 야곱을 기억하소서. 요컨대, [족장들의] 이 모든 행동이 지금 [송아지를 만든] 그들의 행동에 대한 속죄가 되게 하소서.' 이 때문에 그는 '아브라함과 이삭과 이스라엘을 기억하소서'라고 말했다." 랍비 문헌에서 족장들의 공로에 대한 자세한 설명은, S. Schechter, *Aspects of Rabbinic Theology* (New York: Macmillan, 1909), 171-189와 Arthur Marmorstein, *The Doctrine of Merits in Old Rabbinic Literature* (1920; rpt., New York: KTAV, 1968)를 보라.

7 인용문 출처는 *The Works of Emperor Julian*, ed. and trans. W. Wright (New York: G. P. Putnam's, 1933), 3:67-7.

8 Rodney Stark, *The Rise of Christianity: How the Obscure, Marginal Jesus Movement Became the Dominant Religious Force in the Western World in a Few Centuries* (San Francisco: HarperCollins, 1997), 88. 강조는 원문에 있는 것.

9 현재의 우리 시대를 보건대, 이슬람 역시 이러한 전통의 계승자였다고(또 지금도 계승자라고!) 언급할 만하다. 구제는 이슬람의 다섯 기둥 중 하나가 되었고, 구제에 해당하는 이슬람 용어인 *zakât*는 히브리-아람 용어인 *zekût*를 그대로 차용한 것이다.

10 Maureen Flynn, *Sacred Charity: Confraternities and Social Welfare in Spain, 1400-1700* (Ithaca: Cornell University Press, 1989)에서 훌륭하게 다룬 것을 보라. 이 저작을 참조하라고 해 준 동료 카를로스 에이레Carlos Eire에게 진심으로 감사를 전한다.

11 Carter Lindberg, *Beyond Charity: Reformation Initiatives for the Poor* (Minneapolis: Fortress Press, 1993)를 보라.

12 *T. Peah*, 4.19. 이 주제에 관한 내 논의는 11장을 보라.

2장 져야 할 짐

1 이 절들과 이 장에 나오는 다른 절 대부분은 주로 NJPS역을 사용했지만, 약간 수정하여 비유의 이미지를 두드러지게 했다. 다른 성경 시대 이후 히브리어 본문의 번역은 내가 한 것이다. (한글의 경우 개역개정을 기본으로 하되, 의미가 일치하지 않는 경우 저자가 사용한 번역을 한글로 그대로 옮기고 각주에 개역개정을 넣었다)

2 Baruch Schwartz, "Term or Metaphor: Biblical *nōśē 'āwōn/peša'/ḥeṭ*" [in Hebrew], *Tarbiz* 63 (1994): 149-171. Schwartz의 "The Bearing of Sin in Priestly Literature," in D. Wright, D. N. Freedom, and A Hurwitz, eds., *Pomegranates and Golden Bells* (FS Jacob Milgrom; Winona Lake, Ind.: Eisenbrauns, 1995), 3-21도 보라.

3 Schwartz, "Term or Metaphor," 158.

4 흥미롭게도, 히브리어에서는 '… 위에upon'를 뜻하는 전치사 *'al*로 의무를 나타낼 수 있다. 예를 들어, *'alay nedāreka*라는 어구는 "나는 당신에게 한 맹세를 지킬 의무가 있다"는 뜻인데, "당신에게 한 맹세를 지키도록 [짐이] 내 위에 있다"로 옮길 수도 있다.

5 유사한 표현에서, 성경 저자는 '지고 [가다]'라는 뜻의 *nāśā'* 대신 '빼앗아 [가

다]'라는 뜻의 *lāqaḥ*를 사용함을 주목하라. "[내가] 누구의 나귀를 빼앗았느냐"(삼상 12:3). 현대 히브리어에서 *nāṭal*('지다', 명사 형태로 '무거운 짐'을 뜻함)이라는 동사가 '카페인이 없는'을 뜻하는 *neṭûl*-caffeine 같은 구조에 사용된다는 사실 역시 주목할 만하다.

6 보통 히브리어 본문 교정에서는 *haśśaw* 대신 *haśśôr*로 읽는 것을 추천한다.
7 *Leviticus 1-16* (AB 3; New York: Doubleday, 1991), 1072.
8 내가 번역했다. 히브리어 어근 *k-b-š*를 '밟아서 밟아'라고 번역한 것은, 어원이 같은 아카드어 용어인 *kabāsu*에서 비롯된 것이다.
9 Hayim Tawil, "Azazel the Prince of the Steppe: A Comparative Study," *ZAW* 92 (1980): 43-59의 논문과, Milgrom, *Leviticus 1-16*, 1072의 논의를 보라.
10 이 두 안은 Samuel R. Driver, *The Book of Genesis* (London: Methuen, 1913), 66과 Nahum Sarna, *The Jewish Publication Society Torah Commentary: Genesis* (Philadelphia: JPS, 1989), 34에 나온다.
11 *Pesiqta deR. Kahana*. James Kugel, *The Bible as It Was* (Cambridge: Harvard University Press, 1997), 96에 인용됨.

3장 갚아야 할 빚

1 비록 공공연한 반 유대 감정 때문에 훼손되긴 했지만, *TDOT*(vv. 561-562)는 그 변화를 잘 포착한다. "하나님과의 관계를 법적, 사업적 관계로 본 후기 유대교는, 채무의 비유를 하나님과 사람 사이의 윤리적, 종교적 관계에 적용하곤 한다.… 모든 죄는 율법을 주신 하나님에게 빚을 진 것이다. 인간의 행동들은 하늘의 회계 장부*star ḥôb*에 입력되고, 최후의 심판에서 율법 준수가 우위에 있는지 죄가 우위에 있는지 판결을 내린다. 각 사람은 (자기 행실의) 어느 쪽이 우위에 있느냐에 따라 판결을 받기 때문에… 항상 의로운*zaki* 면도 있고, 죄*ḥayyāb*도 있다. 계명을 지킨다면, 잘 하는 것이다. 저울이 공로 쪽으로 기울어지기 때문이다"(*t.Qid* 1.14). 이 내용이 랍비 유대교뿐 아니라 시리아어권 기독교에도 해당된다는 사실에 특히 주의해야 한다. 죄에 대한 이러한 새로운 이해의 결정적인

변수는 유대교보다는 아람어 관용구다.

2   한 가지 눈에 띄는 예외는 창세기 15:16일 것이다. 7장에서 이 절에 대한 내 논의를 보라. 이스라엘의 죄로 인해 하나님이 이스라엘을 이방 나라의 손에 '파심 selling'이라는, 흔한 관용구 같은 다른 예들도 있다(삿 2:14; 3:8; 4:2; 10:7). 이사야 40:2과 50:1에서 이스라엘이 바벨론에 '팔려간' 후로 그 죄의 빚을 변제했다(4장에서 내 논의를 보라)는 이미지와 이 이미지는 크게 차이가 없다. 나는 이러한 관용구를 일일이 나열하려는 것이 아니다. 제2성전 시대에 죄를 빚으로 보는 이미지가 뚜렷해졌지만, 제1성전 시대에도 그 기반이 되었을 수 있는 예가 몇 가지 있다고 언급하는 것으로 충분하다.

3   이 어근 역시 히브리어에도 나타나지만, 아마도 아람어에서 유래한 듯하다. 사실 전반적으로 그러한 상업적 표현법으로 옮겨가게 된 것은, 아마도 원래는 앗시리아-아람 어법에서 차용한 결과일 것이다. 이 단어들이 미쉬나 히브리어에 미친 영향에 대해서는, Eduard Y. Kutscher, *Words and Their History* [in Hebrew] (Jerusalem: Kiryat Sefer, 1961)를 보라. 법률 비유의 도관으로서 아람어의 중요성과 아람어가 랍비 종교에 미친 영향에 대해서는, Yochanan Muffs, *Love and Joy: Law, Language and Religion in Ancient Israel* (New York: Jewish Theological Seminary, 1992), 121-193을 보라.

4   아람어 탈굼은 상대적으로 늦게 작성되었으며, 아마 다른 랍비의 글들과 거의 동시대일 것이다. 그러나 빚이나 용서 관련 용어들에 대한 탈굼의 번역이, 우리가 복음서와 쿰란 문헌에서 볼 표현들과 일치하는 것으로 보아(이 장 후반부의 내 논의를 보라), 탈굼이 고대의 번역 관행을 반영하고 있다고 말하는 것이 온당할 것이다.

5   더 문자적인 번역은 '그가 자기 빚을 지다'겠지만, 내가 보기에는 그냥 '빚을 지다'가 더 관용구 같다.

6   이는 성경에 나오는 '죄를 지다'라는 어법과 아주 유사하다. Baruch Schwartz도 보여 주듯이["Term or Metaphor: Biblical *nōśē 'āwōn/peša'/ḥeṭ*" [in Hebrew], *Tarbiz* 63 (1994): 149-171], 많은 사람들은 이 관용구가 형벌을 뜻한다고 생각하지만 그렇지 않다. 그보다 이 관용구는 유죄 상태를 의미하지, 그

죄를 어떻게 바로잡을 수 있는지는 전혀 말하지 않는다. 레위기 율법에서 죄는, haṭṭā't에 대한 제사를 드리는 것(레 5:6), 또는 자식 없이 죽거나(레 20:20) 돌에 맞아 죽거나(레 20:27) 신의 섭리로 죽는 것(레 22:9) 같은 다양한 형벌을 통해 없앨 수 있다.

7 저자 번역.
8 BT *B. Bathra* 5a.
9 *Mekhilta deR. Ishmael*, 출애굽기 14:21.
10 BT *San* 100b.
11 BT *Ket* 90a.
12 *Gen Rab* 23:4.
13 앞의 책, 85:2.
14 BT *Gittin* 26b
15 BT *Ta'anit* 7b. R. Tanhum이 그 본문을 해석한 방식에 맞추기 위해 JPS 번역을 약간 수정했다.
16 Brown, "The Pater Noster as an Eschatological Prayer," *TS* 22 (1961): 175-208; reprinted in *New Testament Essays* (Milwaukee, Wis.: Bruce, 1965), 217-253. 이 인용문은 재판본 244에 있다.
17 Brown, "Pater Noster," 245.
18 이 이슈에 대한 현대 학자의 훌륭한 논의로는, John P. Meier, *A Marginal Jew, Mentor, Message and Miracles*, vol. 2 (New York: Doubleday), 19-177을 보라.
19 *Early Biblical Interpretation* (Philadelphia: Westminster Press, 1986), 46.
20 *CD* 3:9-10.
21 본문은 실제로 말도 안 되게 *hābû*로 판독되지만, 보통은 *ḥābû*로 교정한다.
22 이 본문을 주로 다룬 내용이, Josef Milik, "Milki-sedeq et Milki-resha' dans les anciens écrits juifs et chrétiens," *JJs* 23 (1972): 95-144; Paul Kobelski, *Melchizedek and Melchiresha'*, CBQMS 10 (Washington, D.C.: Catholic Biblical Association, 1981); Émile Puech, "Notes sur le manuscrit de

11QMelkisedeq," *RQ* 12 (1987): 483-514; 그리고 Florentino G. Martínez, *DJD* 23:222-241에 들어 있다. 여기에서는 *DJD*에 나오는 Martínez의 편집에 따라서 고쳐 실었다.

23 이 본문은 쿰란에서 발견한 파편에서 번역한 것이다. 그래서 본문에 누락 부분이 상당히 있으며, 대괄호로 표시하였다. 대괄호 안에 있는 글은 Martínez가 채워 넣었다(주22를 보라). 합리적인 추측으로 복원이 불가능한 지점은 대괄호 속 생략 부호로 표시했다. 독자들의 편의를 위해 성경 인용 구절 표시는 내가 덧붙였다.

24 쿰란의 다른 문서인 '여호수아 외경'은, 당연히 이스라엘이 약속의 땅으로 처음 들어간 때를 희년의 해로 추정한다. 그 본문은 이렇게 되어 있다(ll. 5-6). "이스라엘 자손이 출애굽 이후 41년 첫째 달에 마른 땅으로 건너 들어갔다. 그들의 가나안 땅 입성이 시작된 때가 희년이었다." Hermann Gunkel도 당연하게 여길 대칭구조에서, 끝나는 시간이 시작 시간을 정리한다.

25 Milik, "Milki-sedeq," 103은 *maśśā*(=빚)라는 단어를, '면제하다 혹은 제하다'라는 뜻의 동사 *'āzab*의 목적어로 교정했다. 이러한 제안은 느헤미야 5:10에 나오는 말을 근거로 한다. "나와 내 형제와 종자들도 역시 돈과 양식을 백성에게 꾸어 주었거니와 우리가 그 이자 받기│*hammaśśā hazzeh*를 그치자*na'ăzōb*." 11QMelchizedek에 일어난 듯한 일은 (Milik가 그 본문을 재구성한 방식에 따르면), 느헤미야 5:10의 금융 이미지가 신학 이미지가 된 것이다. "그들의 죄의 빚으로 인한 (이자 받기를) 그치는 것"으로 말이다. Elisha Qimron은 더 단순한 교정을 제안했다. 명사 *maśśā*를 교정하는 대신, 직접 목적어를 표시하는 *et*를 둔 것이다. 이 본문과 몇몇 다른 본문을 위해, 곧 출간할 원고를 내게 보여 준 Qimron 교수에게 감사를 전한다.

26 어근 *'āzab*를 이렇게 번역 차용한 사례는, 밧세바와 동침한 다윗을 용서하는 것과 관련하여 《다메섹 규약》 쿰란 문서들에 두 번째로 나온다(5:5-6). 이 본문에 대해서는, Gary Anderson, "The Status of the Torah in the Pre-Sinaitic Period: The Retelling of the Bible in Jubilees and the Damascus Covenant," *DSD* 1 (1994): 1-29, 특히 주35를 보라. Tadeusz Penar,

Northwest Semitic Philology and the Hebrew Fragments of Ben Sira (Rome: Biblical Institute Press, 1975)는 집회서 3:13을 근거로 최초로 이렇게 제안한 책이지만, Penar는 그 의미가 그에 상응하는 아람어 번역 차용어에서 온 것임을 알아차리지 못했다.

27 그러나 이러한 비유에서 생기는 문제 하나는, 누가 이스라엘 자손을 구속하는 채무 증서 소유자냐 하는 질문이다. 분명 이 땅의 대적은 그러한 영적 권위를 행사할 수 없었다. 쿰란 신학의 이원론이 준비된 대답을 제공한다. 벨리알이 그 증서를 소유한다고 선언하고, 벨리알이 그렇게 이스라엘 위에 행사한 권력이 적법하다고 주장한다. 이는 이 본문을 해설하는 이들이 눈여겨보지 않았던 놀라운 논지다. 이는 초기 기독교에 출현한 주제와 두드러진 상관관계가 있는데, 사탄이 인간을 상대로 정당한 채무 증서를 소유하고 있다는 주제다. 이에 대한 간단한 해설로는, Gary A. Anderson, *The Genesis of Perfection* (Louisville, Ky.: Westminster John Knox, 2001), 158-161을 보고, 더 자세한 해설로는 Michael E. Stone, *Adam's Contract with Satan: The Legend of the Cheirograph of Adam* (Bloomington, Ind.: Indiana University Press, 2002)을 보라.

28 쿰란 자료들에는 ḥāb와 ʿāzab의 다른 예들도 있지만, 항목을 전부 찾아내는 것은 내 의도가 아니다(ḥāb에 대해서는, 4Q542 Testament of Qahat, frag. 1, 2.6, 그리고 4Q179 ApoLamentations A 1.14를 보라. ʿāzab에 대해서는, 4Q271 [4QCDˡ], frag. 3 3을 보라). 더 중요한 것은, 죄를 실패한 재정적 모험으로 보는 관용구를 다른 종류의 담화에서도 찾아볼 수 있다는 것이다. 예를 들어, 4Q504, Words of the Luminaries에는 "우리 죄로 인해 우리가 [포로로] 팔렸다"라는 말이 나온다. 이 본문은 분명 이사야 50:1을 근거로 한 것이다. 11Q5 19:10에는 이런 말이 있다. "나는 내 죄 때문에 거의 죽을 뻔했으며, 내 범죄가 나를 스올에 팔았다."

4장 속량과 변제

1 이 규칙의 중요한 한 가지 예외는, '죄를 짓다'라는 이미지를 사용하는 성경 본

문들을 인용하는 제2차 성전 시대 문서들일 것이다. 이에 대한 좋은 예는 요한복음 1:29로, 여기서 예수는 세상 죄를 지고 가는 하나님의 어린 양으로 표현된다. 이 본문은 레위기 16장과 이사야 53장을 융합한 듯하다.

2 Gustav Aulén, *Christus Victor: An Historical Study of the Three Main Types of the Idea of the Atonement* (New York: MacMillan, 1969), 81. 《승리자 그리스도》(정경사).

3 이 문제에 관해 접하기 쉬운 소개로는, Brevard Childs, *Introduction to the Old Testament as Scripture* (Philadelphia: Fortress, 1979), 311-338과 Marvin Sweeney, *The Prophetic Literature* (Nashville, Tenn.: Abingdon, 2005), 45-84를 보라.

4 이사야 1-39장의 일부 역시 후기 저자에게서 나왔다고들 여긴다는 점도 언급해야겠다.

5 민수기 4:3, 23, 30, 35, 43; 8:24, 25.

6 Gerhard von Rad, "*Kiplayim* in Jes 40,2 = Äquivalent?" *ZAW* 79 (1967): 80-82. *mishneh*의 이러한 용법에 대해서는 신명기 15:18을 보라.

7 Jan Koole, *Isaiah, Part 3, volume 1, Isaiah 40-48* (HCOT: Kampen: Kok Pharos, 1997), 55.

8 Joseph Blenkinsopp, *Isaiah 40-55* (AB 19A; New York: Doubeday, 2000), 180.

9 *Sifre*, 32. L. Finkelstein, ed., *Siphre ad Deuteronomium* (New York: Jewish Theological Seminary, 1969), 57. R. Nehemiah의 논거 전문은 4장 끝 부분에서 볼 수 있다.

10 *The Jewish Study Bible, JPS Tanakh*, ed. A. Berlin, M. Brettler, and M. Fishbane (New York: Oxford University Press, 1999), 885에 실린 Sommer의 이사야 주석을 보라.

11 엘리사는 기적을 통해 그 과부에게 돈을 대줄 수 있었다. "엘리사가 그에게 이르되 내가 너를 위하여 어떻게 하랴. 네 집에 무엇이 있는지 내게 말하라. 그가 이르되 계집종의 집에 기름 한 그릇 외에는 아무것도 없나이다 하니, 이르되

너는 밖에 나가서 모든 이웃에게 그릇을 빌리라. 빈 그릇을 빌리되 조금 빌리지 말고 너는 네 두 아들과 함께 들어가서 문을 닫고 그 모든 그릇에 기름을 부어서 차는 대로 옮겨 놓으라 하니라. 여인이 물러가서 그의 두 아들과 함께 문을 닫은 후에 그들은 그릇을 그에게로 가져오고 그는 부었더니 그릇에 다 찬지라. 여인이 아들에게 이르되 또 그릇을 내게로 가져오라 하니 아들이 이르되 다른 그릇이 없나이다 하니 기름이 곧 그쳤더라. 그 여인이 하나님의 사람에게 나아가서 말하니 그가 이르되 너는 가서 기름을 팔아 빚을 갚고 남은 것으로 너와 네 두 아들이 생활하라 하였더라"(왕하 4:2-7).

12 세심한 독자라면 여기서 미묘한 긴장을 알아챌 것이다. 이사야 50:1은 하나님이 이스라엘의 채권자가 아님을 분명히 하지만, 이사야 40:2에는 다른 묘사가 나오는 듯하다("그 죄[로 진 빚]이 변제받았느니라. 그의 모든 죄로 말미암아 여호와의 손에서 벌을 배나 받았느니라"). 거기서, 이스라엘은 그 죄로 인한 빚의 두 배를 갚았다고 한다. 그런데 이스라엘은 이를 누구에게 갚았다는 것인가? 본문은 이 상환금을 받은 이가 다름 아닌 바로 이스라엘의 하나님이라고 추정하는 듯하다! 이 두 본문 사이의 긴장은 이 책에서 해결되지 않는다. 우리는 8장과 12장에서 기독교 사상가들이 이 문제를 놓고 어떻게 씨름했는지 살펴볼 것이다.

13 이사야서에 나오는 실제 동사 형태는 *niphal* 활용형 *nirṣâh*다. 그러나 히브리어를 사용하지 않는 독자들에게 논지를 더 명확하게 하려고 모두 기본형으로 제시했다.

14 예를 들어, BDB는 '받아들이다'인 G 유형stem의 표준 의미들 가운데 하나를 언급한다(이런 이유로 하나님이 희생 제사를 '받으신다'). 이는 결국 '빚을 갚다'라는 뜻으로 '받아들여질 만하게 만들다'라는 의미로 이어진다(그래서 레 26:34, 43). 아래에서 살펴볼 것처럼, 이러한 전개는 거의 정확하지만, 이사야 40:2을 이해하는 방편이 되지는 못한다. 어떻게 죄를 '받아들이는 것'이 '용서'와 연결되는가? 다른 한편으로, *HALOT*는 완전히 다른 방향으로 나아가서 이차적인 어근의 의미인 '[빚을] 갚다'를 받아들인다.

15 근대 이전의 주석가들은 어느 *Miqrāôt Gedôlôt*에서든 찾을 수 있다. 다른 이들에 대해서는, Samuel R. Driver, *The Book of Leviticus in Hebrew* (Leipzig:

Hinrichs, 1894), 102; Karl Elliger, *Leviticus* (HAT 4; Tübingen: Mohr, 1966), 378; S. Luzzato, *Commentary to the Pentateuch* (Tel Aviv: Dvir, 1965), at Lev 26:34, J. Milgrom, *Leviticus 23-27* (AB 3B; New York: Doubleday, 2000), 2323-2324를 보라.

16 여기 우리는 *HALOT*와 Tur-Sinai의 수정을 포함시킬 수 있다. 이것들은 E. Ben-Yehuda의 기념비적인 사전 *Millon Ha-Lashon Ha-Ivrit*, 8 vols. (New York: Thomas Yoseloff, 1960), 6702-6703과 같은 현대의 재판본들에 들어가 있다.

17 하나님이 받으실 만한 희생 제물을 드리는 것이 너무도 중요해서, 그 책 후반부에는 더 긴 일련의 기준들이 나열되어 있다. "만일 누구든지 서원한 것을 갚으려 하든지 자의로 예물을 드리려 하여 소나 양으로 화목제물을 여호와께 드리는 자는 기쁘게 **받으심**이 되도록 아무 흠이 없는 온전한 것으로 할지니 너희는 눈 먼 것이나 상한 것이나 지체에 베임을 당한 것이나… 여호와께 드리지 말며 이런 것들은 제단 위에 화제물로 여호와께 드리지 말라. 소나 양의 지체가 더하거나 덜하거나 한 것은 너희가 자원제물로는 쓰려니와 서원제물로 드리면 기쁘게 **받으심**이 되지 못하리라. 너희는 고환이 상하였거나 치었거나 터졌거나… 여호와께 드리지 말며 너희는 외국인에게서도 이런 것을 받아 너희의 하나님의 음식으로 드리지 말라.… 너희를 위하여 기쁘게 **받으심**이 되지 못할 것임이니라. 여호와께서 모세에게 말씀하여 이르시되 수소나 양이나 염소가 나거든 이레 동안 그것의 어미와 같이 있게 하라. 여덟째 날 이후로는 여호와께 화제로 예물을 드리면 기쁘게 **받으심**이 되리라.… 너희가 여호와께 감사제물을 드리려거든 너희가 기쁘게 **받으심**이 되도록 드릴지며 그 제물은 그 날에 먹고 이튿날까지 두지 말라 나는 여호와이니라"(레 22:21-30).

18 이 관용구는 성경에 13회 가량, 주로 시편에 나온다(22:26; 50:14; 56:13; 61:9; 65:2; 66:13; 116:14, 18).

19 여호와께는 기름만 바친 반면, 제사장들은 다리와 가슴 부위를 받았다(레 7:28-34를 보라).

20 이러한 용법은 시편에 흔하다. 50:14; 56:13; 61:9; 65:2; 66:13; 76:12; 116:14,

18을 보라.

21 앵글로 노르만어와 고대 프랑스어에서 비롯된 이 단어가 독일어로 들어갔다. 영수 조항의 중요성에 대해서는, Yochanan Muffs, *Studies in the Aramaic Legal Papyri from Elephantine* (Leiden: Brill, 1969)을 보라. 문제의 용어는, 아람어 구절 '내 마음이 만족한다*tyb lbby*'와, 아카드어의 유사한 표현*libbāšu ṭāb*이다. Raymond Westbrook은 Muffs의 논증에 이의를 제기했지만["The Phrase 'His Heart Is Satisfied' in Ancient Near Eastern Legal Sources," *JAOS* 111 (1991): 219-224], 그것이 여기서 우리가 하고자 하는 바를 실질적으로 바꾸지는 않는다.

22 Muffs, *Studies*, 44.

23 Milgrom, *Leviticus 1-16* (AB 3; New York: Doubleday, 1991), 254-258.

24 이 본문의 출처에 대해서는 위의 주9를 보라. R. Nehemiah는 모든 죄를 빚으로 이해해야 한다고 생각하므로, 심지어 죄로 인해 드리는 성경의 희생 제사도 빚을 갚는 것으로 보았음을 주목해야 한다. 그러나 성경은 속죄 제물을 그렇게 생각하지 않는다.

25 *BDB*, 953.

26 *HALOT*, 1280-1282. 특히 1282쪽 왼쪽 세로단 윗부분에 있는 내용을 보라. "성경의 히브리어만으로도 [두 어근이 있다는 결론을] 도출할 수 있지만, M[미쉬나]히브리어, J[유대]아람어, Akk[아카드어]와 O[고대] S[남] Ar[아랍어]는 동음이의어 어근이 인정되어야 한다고 암시한다. M[미쉬나] 히브리어에서 [이 의미는 사역 동사 유형으로 나타난다]: 1. 세다, 잔고를 이월하다… 2. 죄를 갚다, 속죄하다."

27 Blenkinsopp, *Isaiah 40-55*, 181.

5장 고대의 채권자, 예속 노동자, 땅의 신성함

1 레위기 17-26장은 그 독특한 어휘와 신학을 기초로 볼 때, 그 책의 앞부분과 구별된다. 1-16장(제사장과)은 성전과 제사장의 정결에 대해 살피는 반면, 17-26장은 그 백성의 거룩함과 그 땅의 정결에 깊은 관심을 표명한다. 성결법이 제사

장파보다 후기에 나타나는 이유에 관한 글로는, Israel Knohl의 획기적인 저작, *Sanctuary of Silence* (Minneapolis: Fortress, 1995)를 보라. 성결법의 신학에 관한 탁월한 글로는, Jan Joosten, *People and Land in the Holiness Code: An Exegetical Study of the Ideational Framework of the Law in Leviticus 17-26* (New York: Brill, 1996)을 보라.

2 redeem(되사오다, 구속하다)이라는 영어 동사는 '되사다'라는 뜻의 라틴어 *redimo*에서 온 것이다. 성경적 사고에서 하나님이 이스라엘의 '구속자(기업 무를 자)'가 되신 까닭은, 이스라엘이 궁지에 처할 때 하나님이 이 백성의 가까운 친족으로서 그 백성을 구해 낼 의무가 있기 때문이다.

3 Baruch Schwartz가 내게 (구두로) 제안했듯이, 다른 가능성은 가난한 사람이 자기 땅을 팔기보다는 가까운 친족의 집에 식솔로 들어가는 것이다.

4 Jacob Milgrom, *Leviticus 23-27* (AB 3B; New York: Doubleday, 2000), 2208.

5 NJPS 번역을 조금 바꾸었다.

6 이 장에서 하나님이 일련의 벌이 아닌 경고를 발하고 계시다는 생각은, Baruch Schwartz가 처음 언급했다. 그의 *Jewish Study Bible* (New York: Oxford University Press, 2003), 273-277에서 레위기 26장 주석을 보라. 나는 한 가지 중요한 부분에서 의견이 다르다. 그는 마지막 개입을 포함하여 하나님의 모든 개입을 경고로 보는 반면, 나는 네 번의 경고와 최종 형벌로 이해한다. 이는 부분적으로 Schwartz가 그 장이 중요한 편집 과정을 거치지 않았다고 생각하기 때문이다. 그렇다면 이스라엘이 하나님에게 돌아오는 것이 최초 본문에 속한 것이다. 이런 시각에서는 멸망과 포로 생활이 마치 또 다른 경고처럼 되어서, 그 역할은 이스라엘을 결국 돌아오게 하는 것이다.

7 이 장에 대한 다양한 단계의 편집을 재구성하는 것은 복잡한 일이다. 가장 난해한 재구성은, Karl Elliger가 했다(*Leviticus*, [Handbuch zum alten Testament; Tübingen: Mohr, 1966]). 가장 간단한 재구성은, H. L. Ginsberg, *The Israelian Heritage of Judaism* (New York: Jewish Theological Seminary, 1982), 80-81에 있다. 나는 Ginsberg의 관점을 선호한다. Elliger의 시각보다 훨씬 덜 사변적이고, 성경 다른 부분에 있는 병행 본문들을 근거로 하기 때문이다. Ginsberg

에 따르면, 마지막 형벌은 원래 27-33a절과 37b-38절로 구성되어 있었는데, 이 원래 본문에 그 장의 나머지 부분이 더해졌다. 그 나머지 부분에서는 포로 생활 중인 이스라엘의 현재와, 이스라엘이 진 빚의 상환, 그분의 백성을 회복시키시는 하나님의 언약 의무에 대해 이야기한다(33b-37a, 39-45절). 더 나아가 Ginsberg는 이 추가된 부분을 두 개로 다시 나눈다는 것도 언급해야겠다. 그의 논증의 이 부분은 우리의 목적에 중요하지 않기는 하다.

8 Ginsberg, *Israelian Heritage of Judaism*, 80.
9 이러한 형식을 따르는 본문이 더 있다. 예를 들어, 이집트에 임한 열 재앙을 생각해 볼 수 있다(출 7-12장). 매번 재앙이 임한 다음, 하나님은 한숨 돌릴 시간을 주셔서 이집트인들이 자기들의 길을 재고하고 이스라엘을 해방시키라는 하나님의 명령을 지킬 수 있게 하셨다. 일련의 사건들이 마무리되고, 점점 강해진 경고로도 바로를 설득하지 못했을 때, 하나님은 극단적인 조치를 취하셔서 인간 역사의 싸움에 가담하신다. 바로는 이집트의 장자들이 학살당한 후에야 참회하며 이스라엘이 떠나도록 자신과 자신의 동포들이 준비하겠다고 모세에게 말한다. 그러나 바로는 이스라엘이 길을 나서는 순간 마음을 바꾸어 그 택함 받은 민족을 뒤쫓는다(출 14:5-9). 그러나 하나님이 이스라엘 편에서 싸우셔서 그 결과로 바로와 바로의 대군이 갈대 바닷물에서 몰살당한다(출 14:10-30). 우리는 이 연속 사건들에서, 일련의 경고들이 중요한 적수의 최종 멸망으로 바뀜을 본다. 그러나 바로와 바로의 신하들이 누그러지기를 바라며 바로에게 경고했다는 생각은 이 전승의 J문서에만 나온다. P문서는 그러한 생각을 품고 있지 않다(이를 지적해 준 Baruch Schwartz에게 감사한다).
10 랍비 사상에서도 동일한 신학적 민감성을 찾아볼 수 있다. 이스라엘 땅에 살던 현자들은 "처녀 이스라엘이 엎드러졌음이여 다시 일어나지 못하리로다"라고 말하는 아모스 5:2에서 골치 아픈 절을 근본적으로 고쳐서, "이스라엘이 엎드러졌지만 더 [엎드러지지] 않는다. 오, 처녀 이스라엘이여, 일어나라!"로 이해했다. 이 특별한 미드라쉬는 *BT Berachot* 4b에서 찾아볼 수 있다. James Kugel의 "Two Introductions to Midrash," *Prooftexts* 3 (1983): 131-155에서 그것에 대한 탁월한 논의를 보라.

11 이 장의 편집 과정에 관한 내 의견을 요약해 보겠다. 나는 그 작품의 원 중심은 27b-33a, 37b-38절이며, 다음과 같이 읽혔으리라 생각한다. "너희가 이같이 될지라도 내게 청종하지 아니하고 내게 대항할진대, 내가 진노로 너희에게 대항하되 너희의 죄로 말미암아 칠 배나 더 징벌하리니, 너희가 아들의 살을 먹을 것이요 딸의 살을 먹을 것이며 내가 너희의 산당들을 헐며 너희의 분향단들을 부수고 너희의 시체들을 부숴진 우상들 위에 던지고 내 마음이 너희를 싫어할 것이며 내가 너희의 성읍을 황폐하게 하고 너희의 성소들을 황량하게 할 것이요 너희의 향기로운 냄새를 내가 흠향하지 아니하고 그 땅을 황무하게 하리니 거기 거주하는 너희의 원수들이 그것으로 말미암아 놀랄 것이며 내가 너희를 여러 민족 중에 흩을 것이요 내가 칼을 빼어 너희를 따르게 하리니, 너희가 원수들을 맞설 힘이 없을 것이요 너희가 여러 민족 중에서 망하리니 너희의 원수들의 땅이 너희를 삼킬 것이라." 이차적으로 추가된 부분은 33b-37a절과 39-45절이다.

12 번역을 일부 수정하였다.

13 안식일과 하나님의 소유권의 관계에 대해서는, M. Tsevat의 탁월한 글, "The Basic Meaning of the Biblical Sabbath," *ZAW* 84 (1972): 447-459를 보라.

14 이 언어 자료는 레위기 26장의 이 부분이 왜 이차적 추가분인지를 보여 주는 또 다른 논거다. Ginsberg가 주장하듯이, 그 장의 원본은 아마도 유배기 이전에 형성되었을 것이다. 그때에는 그 경고들이 정확히 이스라엘이 불순종으로 반항한다면 벌이 임하리라는 것이었다. 그러나 주전 587년 바빌론 군대가 침략하여 이스라엘을 멸망시킨 이후에 레위기 26장 원본이 확장되어, 유배라는 최종 형벌이 이스라엘과 그 땅이 빚을 갚는 수단으로 변했다. 레위기 26장에서 이스라엘의 빚 상환 부분을 유배기 이전으로 보고 싶어 하는 Milgrom은, 제2이사야(유배기)가 이 더 이른 자료(즉, 레 26장)에서 이미지를 차용했다고 주장한다. Milgrom, *Leviticus 23-27*, 2333을 보라. 그러나 내가 2장과 3장에서 주장했듯이, 이 관용구는 뒤를 이은 저자들이 차용한 것이 아니며, 오히려 히브리어에 새로운 비유가 들어온 다음인 유배기와 유배기 이후에 그 표현이 도입됐음을 보여 준다. 그것은 이 시기의 모든 저자가 흔히 사용할 수 있던 관용구임에

틀림없다.

15 Milgrom, *Leviticus 23-27*, 2323.

16 *Jewish Study Bible*, 252에서, 레위기 19장에 대한 Schwartz의 주석을 보라.

17 이 장의 서두에서 언급했듯이, 26장은 가장 초기 형태의 성결법전(레 17-26장)만 요약한 것으로 볼 수도 있다.

18 이러한 예를 가장 잘 볼 수 있는 곳은, 그 절들에 대한 Rashi의 주석이다(11세기 프랑스).

19 Rashi는 독창적으로 주석한 것이 아니라 이전의 랍비 자료들을 사용하였다.

20 '시내산에서at Mount Sinai'라는 언급 역시 논리적으로 혼란을 일으킬 수 있다. 이 표현으로 모세가 그 산에서 들은 것을 말하고자 한다면, 본문은 연대순으로 되어 있지 않은 것이다. 모세는 시내산에서 성막 건축법에 대한 지침만 들었다(출 25-31장). 나머지 계명들은 성막 안에서 들었다. 다른 한편 어떤 사람들은 '에서at'라는 전치사는 '위에서upon'와 다르다는 데 주목하여, '시내산에서'라는 언급은 거룩한 산 옆에 처음 세운 성막을 다른 방식으로 언급하는 데 불과하다고 말했다. 아무리 그 문제를 해결하고 싶어도, 정확히 이 지점에서 저자가 25-26장 내의 자료를 괄호로 묶으려고 이러한 기묘한 어구를 두 번 사용한다는 것은 여전히 특이하다.

21 왜 이 내러티브를 시내산에서 계시된 것으로 여겼는지에 관한 수많은 설명은, Milgrom, *Leviticus 23-27*을 보라. B. Schwartz(*The Jewish Study Bible*, 269)는 히브리어 어구 *be-har sinay*는 '시내 산에서[at; 위on가 아니라]'를 뜻한다고 주장한다. 다시 말해, 그것은 그저 정기적으로 계시를 받는 장소, 즉 시내산 옆에 서 있는 성소를 가리킨다. 이 해설이 가능성이 높고 합리적이긴 하지만, 왜 성소의 위치를 나타내기 위해 레위기의 이 특정 부분에 그러한 어법을 사용하는지는 설명하지 못한다.

22 이 주제에 관한 B. Schwartz의 글을 보라. "Reexamining the Fate of the 'Canaanites' in the Torah Traditions," in Ch. Chohen et al., eds., *Sefer Moshe: the Moshe Weinfeld Jubilee Volume* (Winona Lake, Ind.: Eisenbrauns, 2004), 151-170.

23 Milgrom, *Leviticus 23-27*, 2278. 레위기 23:1-3에 대한 주석에서 안식일 준수에 관한 그의 논의도 보라(1951-1964).
24 William Holladay, *Jeremiah 1* (Hermeneia; Philadelphia: Fortress, 1986), 509-511에 나오는 설명, 특히 511의 언급을 보라. 그는 예레미야 17:19-27에 분명히 표현된 것처럼 안식일 준수의 필요성을 언급하면서 이렇게 쓴다. "그 공동체의 생존은 안식일 준수에 달려 있다. 우리의 결론은, 그 단어의 출처가 [예레미야]는 아니지만 그 단어가 포로기 이후 공동체의 세계관 형성을 도와주었다는 것이다." 이사야 56:2과 관련하여 Jeseph Blenkinsopp은 이렇게 쓴다(*Isaiah 56-66* [AB 19B; New York: Doubleday, 2003], 135). "악행을 피하라는 아주 일반적인 명령이 안식일 준수라는 아주 구체적인 요지와 연결되어 있다는 것은 다소 놀라워 보일 것이다.… [그렇게 함으로써] 그 구절은 구약성경 첫 6권의 제사장적 역사Preistly History의 저자였던 제사장 서기관들의 시각과 밀접한 관계에서 돌아선다."
25 Tanhuma (Buber) to Lev 25를 보라.
26 Milgrom, *Leviticus 23-27*, 2149-2151; Milgrom은 2274-2275에서 자신의 주장을 (미드라쉬와 함께!) 반복한다.

6장 채무 기한 연장

1 이 점에 대해서는, Michael Knibb의 중요한 논문, "The Exile in the Literature of the Intertestamental Period," *Heythrop Journal* 17 (1976): 253-272를 보라.
2 이는 그 예언자의 말이기보다는 후기의 (아마도 신명기적) 편집자에게서 나온 것일 가능성이 많다. 그러나 나는 어색하게 에둘러 말하지 않으려고 예레미야서 본문을 예레미야가 한 말로 언급하겠다.
3 이 문제에 관한 가장 최근 논의로는, Israel Ephal, "The Conceptual Timing of Salvation in the Restoration Period [in Hebrew]," *Tarbiz* 76 (2007): 5-16을 보라.
4 Ephal의 의견과 70년이 개인의 수명이라는 성경의 설명을 모순으로 볼 필요는

없다. 둘 다 참일 수 있다. 실제로 아마 성경 저자는 고대 근동의 모티브에 끌렸을 것이다. 그것이 이러한 성경 내적 개념과 잘 맞았기 때문이다.

5 Michael Fishbane, *Biblical Interpretation in Ancient Israel* (New York: Oxford University Press, 1985), 479-485, 특히 481.

6 히브리어 원문에 나오는 유사성이 좀더 분명하도록 NJPS 번역을 수정했다.

7 이는 몇 가지 이유로 중요한 본문이다. 아마도 가장 중요한 이유는, 이 본문이 유배기와 유배기 이후에 성경이 점점 중요해졌음을 보여 준다는 것이다. 역대기의 이 본문에서 무슨 일이 일어났는지 설명하려면, 저자가 그 앞에 레위기와 예레미야서를 둘 다 두고 있다고 추정해야 한다. 역대기 저자는 그 각 예언의 연관성이 필요했기 때문에 이 두 저작을 성경으로 여겨야 했다. 다시 말해, 역대기 저자에게는 레위기와 예레미야서 둘 다 신적 권위를 가진 글이어야 했다. 그렇다면 질문은 그 둘이 어떤 관련이 있느냐 하는 것이다. 역대기 저자는 고대 유대의 서기관들이 성경을 어떻게 해석했는지 보여 주는 창문 역할을 한다.

8 다양한 저자들이 유배를 이해한 방법인 예표론에 대해서는, R. Albertz, *Israel in Exile: The History and Literature of the Sixth Century B.C.E.* (Atlanta: Society of Biblical Literature, 2003)를 보라.

9 Bradley Gregory의 논문, "The Postexilic Exile in Third Isaiah: Isaiah 61:1-3 in Light of Second Temple Hermeneutics," *JBL* 126 (2007): 475-496을 보라.

10 Knibb, "Exile in the Literature of the Intertestamental Period"를 보라.

11 열왕기에 따르면, 유배의 원인이 므낫세의 시대에 있다는 사실에 (왕하 21장) 주의해야 한다. 므낫세는 비극적인 사건이 일어나기 전 몇 세대에 다스린 왕이었다. 그러나 역대기는 그 설명을 거부하며 (대하 33장에서 므낫세의 통치와 반역에 대한 설명을 보라) 유다의 마지막 왕 시드기야와 그의 세대에 책임이 있다는 생각을 지지한다(대하 36:11-21).

12 다니엘이 말하듯이, 예언된 내용은 70년이 아니라 "일흔 이레[의 해]"(단 9:24)다. 다시 말해, 예레미야는 그저 연이은 70년이라는 달력의 단위가 아니라, 채워야 할 70번의 안식년을 생각하고 있다. '일흔'이라는 단어와 '이레'라는 단어

가 히브리어 자음 본문에서는 똑같아 보이므로, 70년을 일흔 이레의 해로 바꿀 생각을 하기가 그다지 어렵지 않다.

13 John Collins, *Daniel* (Hermeneia; Minneapolis: Fortress, 1993), 354.

14 Adele Berlin, *Lamentations* (OTL; Louisville, Ky.: Westminster John Knox, 2002), 114.

15 이 두 절에는 사본상 문제가 몇 가지 있다. 8:23에 대한 해결책은 복잡하지 않고 거의 모든 사람이 받아들인다. 그 히브리어 본문은 모음을 넣어서 '죄인들이 끝날 때'로 읽었지만, 대부분은 '그들의 죄가 완료될 때'로 다시 모음을 넣는다. 차이는 hap-pōšē'îm('죄인들')으로 읽느냐, hap-pěšā'îm('죄들')으로 읽느냐에 있다. 9:24에서 히브리어 자음 본문은 '죄를 봉인하다'로 읽히지만, '죄가 완료되다'로 읽기 위해 모음을 붙였다. 거의 모든 주석가가 그러한 모음삽입을 따른다.

16 이 본문에 대해서는 4Q389, col. 2, frag. 9:4-6을 보라. 원본에 대해서는, *DJD* 30, 228을 보라. 나는 어근 *šālēm*의 이차 용법을 수정하였다. 본문은 *bšlm'wnm*으로 되어 있지만 나는 *b<h>šl[y]m'wnm*을 제안한다. 이 시기에는 일반적으로 모음 사이에 있는 *heh*를 뺀다.

17 예레미야외경에 있듯이, *hiphil*보다는 *piel*에서 그렇다. 이 지점에서 나는, 어근상 의미가 '[무언가]를 끝내다'인 여러 용어들이 성경 후기 시대 히브리어와 미쉬나 히브리어에서 '죄 용서'를 나타내는 데만 사용된다는 사실을 덧붙이고 싶다. 의미심장하게도 그 용어들은 보통 정확히 이 목적으로 이 후기 방언들에서 쓰인다. 이는 이 단어들이 죄에 대한 대금 상환 완료를 가리킨다는 가장 좋은 표지다. 그것이 이 시기의 두드러진 비유이기 때문이다. 게다가 '용서'를 뜻하는 '완료'의 용법을 달리 어떻게 설명하겠는가?

18 Gary Anderson, "Two Notes on Measuring Character and Sin at Qumran," in E. Chazon, D. Satran, and R. Clements, eds., *Things Revealed: Studies in Early Jewish and Christian Literature in Honor of Michael Stone* (Leiden: Brill, 2004), 141-148을 보라. 많은 비유의 원천으로서 저울에 대한 문제는 신중한 조사가 필요하다.

19 신약성경 주석가들은 일반적으로 이 절을 군인이 받아야 할 삯의 개념과 연결

한다. 그래서 Joshep Fitzmyer(*Romans* [AB 33; New York: Doubleday, 1993], 452)는 이렇게 쓴다. "바울은 군대 비유로 돌아가 군인에게 지급하는 '배급량 (돈)'인 *opsōnion*'을 사용한다. 그 비유의 기저에 있는 것은 정기적으로 반복 되는 지불이라는 개념이다. 한 사람이 죄를 위해 더 많이 일할수록, 그는 죽 음이라는 대가를 더 많이 벌어들인다. 죄에 기여한 사람에게 그 '삯'이 죽음 으로 지급된다." 그러나 나는 Fredrik Danker에게 동의한다. 그는 개정판 *A Greek-English Lexicon of the New Testament and Other Early Christian Literature* (Chicago: University of Chicago Press, 2000), 747에서, 로마서 6장에 서 *opsōnion*의 용법은 군대 장면과는 거리가 멀며, 일반적인 의미의 '보답, 보 상'으로 이해하는 편이 더 낫다고 말한다. Danker가 옳다면, 랍비 용어 *śākār* 와 거의 정확하게 겹쳐서, 죄의 인생에 대해 갚아야 할 것은 죽음이다.

20 *m. Avot 3.17*을 보라. "랍비 아키바가 말하곤 했다. '담보에 대해 모든 것을 받 게 되고, 모든 삶에 그물이 드리운다. 상점 문이 열려 있고 상점 주인은 외상 을 준다. 회계 장부를 펼쳐 기록하고 빌리고자 하는 사람은 모두 와서 빌려간 다. 그러나 징수원들이 매일 계속 돌아다니며 동의 여부와 상관없이 사람들에 게 상환을 요구한다.'" Jonathan Schofer, *The Making of a Sage: A Study in Rabbinic Ethics* (Madison, Wis.: University of Wisconsin Press, 2005)에 멋진 요약이 나온다. "본문은 하나님을 묘사하기 위해 두 가지 강력한 비유를 든 다. 곧 장부를 가지고 있는 상점 주인과 징수원들을 관리하는 판사다. 하나님 이 거래와 함께 육체적 물질적 혜택이 온다고 넌지시 말하며 외상으로 재화 를 팔고, 사람들은 의로운 행동으로 값을 지불해야 한다. 하나님은 빚진 사람 들에게 판사가 되시어 판결을 하고 징수원을 보내어 벌을 내리신다." 물론 이 두 비유는 별개가 아니다. 판사는 일종의 '회계상' 부정 행위 때문에 회수 조 치에 착수한다.

21 영어 번역은 Jonathan Goldstein, *II Maccabees* (AB 41A; New York: Doubleday, 1983), 269에서 가져온 것이다(한글번역은 공동번역이다).

22 "Is *Divrei Ha-Meorot* a Sectarian Prayer?," in Devorah Dimant, ed., *The Dead Sea Scrolls: Forty Years of Research* (Leiden: Brill, 1992), 3-17과

"Prayers from Qumran and Their Historical Implications," *DSD* 1 (1994): 265-284, 특히 271-273을 보라.
23 여기 *Divre Ha-Me'orot*에서 인용한 본문은 4Q504, frag. 1-2, col. 6:4-8에 나온다. 이 구절에 대한 더 자세한 논의는 내 논문 "From Israel's Burden to Israel's Debt: Towards a Theology of Sin in Biblical and Second Temple Sources," in E. Chazon et al., eds., *Reworking the Bible: Apocryphal and Related Texts at Qumran* (Leiden: Brill, 2005), 26-29를 보라.
24 《베니스의 상인*Merchant of Venice*》은 일부러 언급했다. 이 희곡 전체가 채무 증서 이미지에 의존하여 공의와 자비의 관계에 대한 신학적인 주장을 하기 때문이다. 슬프게도 그 희곡은 이 주제를 반유대주의를 맥락 안에서 설정하느라 상당히 고생한다.

7장 대출금과 랍비 현자들

서두 인용문: Jerusalem Talmud *Peah* 5a; Thomas Aquinas, *Summa Theologica I*, q.21, a.3.
1 예수께서 알고 있던 다양한 언어(아람어, 히브리어, 헬라어)를 얼마나 유창하게 구사했는지에 대해 학자들은 의견이 분분하다. 대부분의 신약 학자의 추정으로는 아람어가 예수의 모국어였고, 히브리어가 제2언어였다. 이러한 쟁점을 훌륭하게 조망한 내용은, Joseph Fitzmyer의 대표 논문인 "The Languages of Palestine in the First Century AD"를 보라. 이 글은 Stanley E. Porter, ed., *The Language of the New Testament: Classic Essays* (JSNTSS 60; Sheffield, Eng.: Sheffield Academic Press, 1991), 126-162에 게재되었다. Fitzmyer는 아람어가 예수의 모국어였으리라는 견해를 지지하긴 하지만, 히브리어 역시 그렇다는 증거가 충분하다는 것도 인정한다. 문제의 한 면은, 제2성전 시대 후기 히브리어에 대한 탁월한 학문 연구가 히브리대학에서 진행 중이며, 현대 히브리어로 쓰였다는 것이다. 소수의 신약 학자들만 이 논의를 지켜 볼 수 있었고, 나는 누가 그렇게 하고 있는지 모른다. 결과적으로 주후 1세기와 2세기에 사용되던 히브리어에 대한 사례는 주목을 받지 못했다.

2   3장의 내 논의를 보라.
3   Eliezer Diamond, *Holy Men and Hunger Artists: Fasting and Asceticism in Rabbinic Culture* (New York: Oxford University Press, 2004), 67.
4   그 조건의 역할에 대한 수많은 예는 *CAD*의 '*ṭuppum*' 항목을 보라.
5   그러한 증서에 해당하는 단어 šṭar가 고전적인 메소포타미아의 언어인 아카드어에서 차용한 단어였다는 것은 아마 우연이 아닐 것이다. 그러나 아카드어에서는 동사 saṭāru가 그저 '기록하다'라는 뜻인 반면, 히브리어와 아람어로 들어온 명사 šṭar는 특별한 형태의 기록, 즉 법적 구속력이 있는 문서를 가리켰다.
6   물론 유대인들끼리의 대출에는 이자가 허용되지 않았다. 대출에 이자가 없다면, 앞으로 그 대출을 갚으리라는 담보를 요구하는 일이 흔했다. 성경에서 대출에 대한 담보를 확보하는 문제에 대해서는, Isac Seeligmann, "Darlehen, Bürgschaft und Zins in Recht und Gedankenwelt der Hebräischen Bible," in *Gesammelte Studien zur Hebräischen Bibel* (FAT 41; Tübingen: Mohr Siebeck, 2004), 319-348의 탁월한 논의를 보라.
7   자세한 내용에 대해서는 Joseph, *Jewish War* 2.247을 보라. 이 시기 개인 부채 문제에 대한 훌륭한 논의로는, Martin Goodman, *The Ruling Class of Judaea: The Origins of the Jewish Revolt Against Rome, A.D. 66-70* (Cambridge: Cambridge University Press, 1987), 57-58; "The First Jewish Revolt: Social Conflict and the Problem of Debt," *JJS* 33 (1982): 417-427을 보라.
8   *Gen Rab* 23:4.
9   앞의 책 85:2. 나는 Ch. Albeck이 개정 증보한 J. Theodor판을 사용했다 (Jerusalem: Wahrmann, 1965), 2:1033.
10 번역은 내가 한 것이다.
11 *Gen Rab* 85:2.
12 요셉 이야기의 이 부분에 대한 내 해석은 J. Levenson의 *The Death and Resurrection of The Beloved Son* (New Haven: Yale University Press, 1993)의 훌륭한 논의에서 도움을 받았다.
13 *Gen Rab* 82:13

14 Theodor and Albeck, *Bereshit Rabba*, 2:992. 4행에 대한 주註를 보라.

15 하나님이 아브라함에게 "나는 이 땅을 네게 주어 소유를 삼게 하려고 너를 갈대아인의 우르에서 이끌어 낸 여호와니라"라고 말씀하신 직후에 아브라함은 "내가 이 땅을 소유로 받을 것을 무엇으로 알리이까?"라고 반응한다(창 15:7-8). 하나님이 하신 선언("나는 너를 갈대아인의 우르에서 이끌어 낸 여호와니라")은 분명 하나님이 이스라엘을 시내산으로 데리고 오신 다음 이스라엘에게 토라를 주실 때 하실 말씀을("나는 너를 애굽 땅에서 인도하여 낸 네 하나님 여호와니라"[출 20:2]) 미리 보여 주신 것이다. 그러나 이스라엘은 "여호와의 모든 말씀을 우리가 준행하리이다"(출 24:7)라고 아주 기꺼이 만장일치로 반응하겠지만, 아브라함은 약간의 의심을 넘어서는 표현을 한다. 또 다른 가능성은, 창세기 12:11-13에서 아브라함이 아내에게 결혼에 대해 거짓말을 하라고 한 결과로, 아브라함의 자손이 벌을 받으리라는 것이다(그래서 중세 유대 주석가 Nachmanides이 이런 제안을 했다).

16 Moshe Mirkin, ed., *Midrash Rabbah: Be-Midbar Rabbah* (Tel Aviv: Yavneh, 1987), 2:231-232.

17 Hermann Strack and Paul Billerbeck, *Kommentar zum neuen Tesatment aus Talmud und Midrasch*, 6 vols. (Munich: Beck, 1924-1961).

18 E. P. Sanders, *Paul and Palestinian Judaism: A Comparison of Patterns of Religion* (Philadelphia: Fortress, 1977).《바울과 팔레스타인 유대교》(알맹e).

19 앞의 책, 42-43.

20 앞의 책, 43.

21 사실 양팔 저울의 이미지에 짐의 개념이 포함되어 있다. 어떤 상품의 가격을 매길 접시 위에 추를 놓기 때문이다. 그러나 여기서는 짐의 개념이 상업적 맥락 속에 포함되어 있다. 여기서는 개인의 죄의 무게가 아니라 그 죄 때문에 생긴 증서들의 무게를 잰다. 죄에 일종의 '실체'가 있음을 기억하라. 제1성전 시대에는 죄를 짓는 순간 생긴 그 '실체'가 사람들의 어깨 위에 얹힌 짐이었다. 그 짐은 너무 무거워서 실어 가려면 수레에 실어야 했을 것이다. 제2성전 시대에는 그 이미지가 완전히 바뀐다. 빚에 대한 증서가 작성된다. 이 미드라쉬에서 양팔

저울 접시에 놓인 것은 그 증서들이다. 이는 제1성전 시대 본문들에 나오는 묘사와는 사뭇 다르다.

22 Peter Shäfer, *Rivalität zwischen Engeln und Menschen: Untersuchungen zur rabbinischen Engelovorstellung* (Berlin: de Gruyter, 1975)에 나오는 실례들을 보라.

8장 초기 기독교의 속죄 사상

1 3장에서 이에 대한 내 논의를 보라.
2 St. Ephrem의 사상에 대한 탁월한 소개로는, Sebastian Brock, *The Luminous Eye: The Spiritual World Vision of Saint Ephrem the Syrian*, Cistercian Studies Series, 124 (Kalamazoo, Mich.: Cistercian, 1985)를 보라.
3 내가 찾은 세 가지는 (더 있을지도 모른다), "Homily on Our Lord," in Joseph Amar and Ed Matthews, trans., *St. Ephrem the Syrian: Selected Prose Works* (FC 91; Washington, D.C.: Catholic University of America, 1994), sect. 16, 290-291; *Carmina Nisibena* 60:1-8 (시리아 원본은 Edmund Beck ed., *Des Heiligen Ephraem des Syrers: Carmina Nisibena* (CSCO 240; Louvain, 1963); 공관복음서에 대한 주석, Carmel McCarthy, *Saint Ephrem's Commentary on Tatian's Diatessaron* (JSSSuppl 2; Oxford: Oxford University Press, 1993), pars. 8-10, 170-171에 있다.
4 Amar and Matthews, *St. Ephrem the Syrian*, 290-291의 번역과 비교해 볼 수 있다. 나는 시리아역에서 직접 번역했다. E. Beck, ed., *Des Heiligen Ephraem des Syrers: Sermo de Domino Nostro* (CSCO 270-271: Louvain, 1966)를 보라.
5 이 절의 해석의 역사에 대해서는 여전히 연구가 필요하다. 지금으로서는 Eugene Best의 작품을 보라. *An Historical Study of the Exegesis of Colossians 2:14* (Rome: Pontificia Universitas Gregorian, 1956).
6 유대 사상가 Philo of Alexandria는, 일곱째 해인 안식년에 빚 *ta daneia*을 탕감해 줄 때 채권자들이 채무자에게 베푸는 너그러움을 나타내기 위해, 이 용어

를 정확히 이런 식으로 사용했다(*Spec. Leg.* 2.39). Philo는 신명기 15:2에 나오는 율법을 염두에 두고 있다. 그 구절은 칠 년마다 빚을 받아낼 권리를 포기하거나 내려놓아야*aphiemi* 한다고 요구한다. 히브리어 원문의 헬라어 번역은 이렇게 되어 있다. "그의 이웃에게 꾸어 준 모든 채주는 그것[빚](*ophelei*, 주기도문에서 '빚'과 같은 어근)을 면제하고*aphiemi* 그의 이웃에게나 그 형제에게 독촉하지 말지니 이는 여호와를 위하여 면제*aphesis*[년]를 선포하였음이라." Philo는 그 법을 요약할 때, 면제에 해당하는 더 상투적인 단어*aphiemi* 대신 덜 흔한 이형*charizo*을 사용했다.

7 Gustav A. Deissmann의 대표작 *Light from the Ancient East: The New Testament Illustrated by Recently Discovered Texts of the Graeco-Roman World* (New York: George H. Doran, 1927)를 보라.

8 Wesley Carr, *Angels and Principalities* (Cambridge: Cambridge University Press, 1981), 52-66은, 문제를 잘 인식하고 그 문제를 창의적으로 해결하려고 시도하지만, 내 생각에는 틀린 해결책 같다.

9 죄가 빚*hôb*으로 이해되자마자 이는 자연스럽게 그 빚이 기록된 법적 문서*štar*와 연결되었다는 말을 해야겠다. *hôb*와 *štar*의 결합은 틀림없이 아주 일찍부터 나타났다.

10 토비트서에서 그 증서가 어떻게 활용되는지는 전혀 명확하지 않다. Joseph Fitzmyer는 *Tobit* (New York: de Gruyter, 2003), 186에서 그 문제를 이렇게 풀려고 한다. "두 개의 증서, 곧 토비트의 것과 가바엘의 것이 있었는데 그 두 증서를 모두 반으로 나눈 듯하다. 분명 토비트가 두 부분을 가지고 있었는데 하나는 가바엘이 가지고 있던 증서의 절반과 맞는 것이고, 다른 하나는 돈과 함께 보관한 증서의 절반과 맞는 것이다. 이 두 절반이 사실은 한 개의 증서다. 그래서 토비트는 그것을 '하나'로 언급한다."

11 이 번역은 불가타 성경 Douay-Reims 판에 있다.

12 Jerome이 사용했다고 주장하는 토비트서의 아람어역에 대한 논의로는, Fitzmyer, *Tobit*, 19-21과 Fitzmyer의 학생 Vincent T. M. Skemp의 논문, *The Vulgate of Tobit Compared with Other Ancient Witnesses* (SBLDS 180;

Atlanta, Ga.: Society of Biblical Literature, 2000)를 보라.

13 이 주제는 10장에서 길게 논의할 것이다. 지금은 Seeligmann의 논의 "Darlehen, Bürgschaft und Zins in Recht und Gedankenwelt der Hebräischen Bibel," in *Gesammelte Studien zur Hebräischen Bibel* (FAT 41; Tübingen: Mohr Siebeck, 2004), 319-348을 보라.

14 이것이 토비트서의 원래 의미가 아닐 가능성이 크긴 하지만, 여기에서는 이 금융 거래를 무이자 대출로 바꾼다. 이를 몇몇 유대인 집단에서 돈을 가난한 이들에게 전달하는 가장 친절한 방법으로 여긴 것이다. 무이자 대출은 장차 수령인이 상환할 방도가 있다고 전제함으로써 존엄성을 지켜 주었다.

15 현대 학자들은 바울이 골로새서를 쓰지 않았다고 추측하지만, 초기 기독교인 독자들에게는 그러한 문제들이 없었다. Harry Gamble이 *Books and Readers in the Early Church: A History of Early Christian Texts* (New Haven: Yale University Press, 1995), 98-100에서 주장하듯이, 고대의 서신 회람은 오늘날과는 달랐다. 아주 초기부터 바울의 서신들은, 원래의 수신인이라 할 수 있는 이들(예를 들어, 로마인들 혹은 고린도인들)보다 더 넓은 공동체 사이에서 회람되었다. 이 서신들이 이렇게 광범위하게 유포되었기 때문에, 그 공동체들은 베껴 쓰고, 편집하고, 나누어 주는 일을 적극적으로 감당했다. 이제 소유권이 바울에게만 있지는 않았다. 덕분에 다른 사람들이 기존의 서신을 편집하고 심지어 바울의 이름으로 새로운 서신을 쓰는 일이 아주 쉬워졌고 자연스러워졌다. 그 일을 우리는 위조행위로 이해할지 모르지만, 그렇지 않았으며 그저 새롭지만 비슷한 방향에서 바울의 권위 있는 영향력을 확대하는 것에 불과했다. 이러한 바울 서신 모음집은 심지어 바울 당시에도 회람되었으며, 몇몇 사람의 추정에 따르면 바울 역시 그러한 선집을 만들었을 저술 과정에 몸소 기여했다. 만약 바울이 이러한 편집 과정에 관여했다면, 그 서신들이 현장에서 편집될 수 있음을 알았을 테니, 사전에 자기가 신뢰하는 사람이 그 과정을 감독하게 했을 것이다. 아무리 그렇다 해도, 아주 고대 시대부터 바울 서신들을 기독교 신앙을 논리 정연하게 표현한 글로 이해했다.

16 Deissmann, *Light from the Ancient East*를 보라.

17 St. Irenaeus, *Against Heresies*, bk. 5:17.
18 Paul Bedjan, ed., *Homiliae selectae Mar-Jacobi Sarugensis* (Paris, 1905), 1:225. 8장의 시리아어 번역은 다 내가 한 것이다.
19 Gustav Aulén, *Christus Victor: An Historical Study of the Three Main Types of the Idea of the Atonement* (New York: Macmillan, 1951).
20 Narsai의 "Homily for the Great Sunday of the Resurrection" 본문에 대해서는, Frederick McLeod, "Narsai's Metrical Homilies on the Nativity, Epiphany, Passion, Resurrection and Ascension," in *Patrologia Orientalis* 40 (1979): 136-161을 보라.
21 Veselin Kesich의 중요한 논문, "The Antiochenes and the Temptation Story," *Studia Patristica* 7 (1966): 496-502와, 다음 두 논문을 보라. Klaus-Peter Köppen, *Die Auslegung der Versuchungsgeschichte unter besonderer Berücksichtigung der Alten Kirche: Ein Beitrag zur Geschichte der Shriftauslegung* (BGBE 4; Tübingen: Mohr-Siebeck, 1961)과 Martin Steiner, *La tentation de Jésus dans l'interprétation patristique de Saint Justin à Origène* (EtB; Paris: Gabalda, 1962).
22 대부분의 주석가는 이때를 수난 기간이라 생각하며 누가복음 22:3을 인용하여 이를 뒷받침한다. "열둘 중의 하나인 가룟인이라 부르는 유다에게 사탄이 들어가니." H. Conzelmann은 여기서 한걸음 더 나아가, 시험과 수난 사이의 기간은 '사탄이 없는 시기'였다고 주장한다. Conzelmann의 *Theology of St. Luke* (Philadelphia: Fortress, 1961), 15, 27-29, 80-81을 보라.
23 일부 현대 주석가들도 이러한 견해를 따른다. 가장 최근 저작으로는 Joel Marcus, *Mark 1-8* (AB 27; New York: Doubleday, 2000), 169-171을 보라.
24 Narsai의 글은 모두 "Homily for the Great Sunday of the Resurrection"에서 인용한 것이며, F. McLeod가 자신의 글에 제시한 행을 따라 인용하였다(위의 주20을 보라). 이 부분에서 시리아어 본문에 인쇄상 실수가 있는 듯하다. 나는 '만족을 모르는'이라고 읽기 위해, *yā'nâ*가 되도록 첫 글자 요드*yod*를 되살려야 했다.

25 고대 세계의 합법적 계약에서는, 계약 당사자들이 각자 자유 선택에 따라 계약에 참여했음을 확고히 하는 것이 중요했다. 그렇지 못했다면, 계약에 대해 차후에 법적 다툼이 생길 수 있었다. 이 논지에 대해서는, Yochanan Muffs, *Studies in the Aramaic Legal Papyri from Elephantine* (Leiden: Brill, reprint, 2003), 128-141을 보라. 이 본문에서 사탄은 아담과 하와가 자유롭게 이 증서에 서명하기로 했음을 그리스도께 확실히 보여 주어 계약을 무효화하기가 더 어려워지게 한다.

26 나중에 이런 논지가 나온다. ll. 291-292를 보라. "그가 [법률상] 그 부당한 증서를 만들어 보여 주었는데/ 그것은 제대로 된 증인들 앞에서 서명을 받아 봉인된 것이 아니었다."

27 ll. 295-296을 보라. "내가 이기고 $z \bar{a} k y$ 우리 인간을 미워하는 이가 패했으므로 $h \bar{a} b$/ 나는 내 동료들과 내 위대한 승리를 함께 나눌 것이다." 시리아어의 $h \bar{a} b$가 항상 '빚'을 가리키지는 않음을 주목할 만하다. 가장 기본 의미는 '패하다'이고 여기서 '빚을 지다'라는 의미가 파생된다. 법정이나 전쟁에서 패하는 사람은 일종의 값을 (벌 혹은 조공 부과 형태로) 치러야 하기 때문이다.

28 시리아 사상에서는, 천사 같은 체질이 죽을 운명의 인간 육체로 변화하는 것이 타락의 표시였다. 여기서 육체에 생기는 상처는, 죽을 운명이 시작되었음을 나타낸다. Sebastian Brock의 대표적인 글, "Clothing Metaphors as a Means of Theological Expression in Syriac Tradition," in M. Schmidt and C. Geyer, ed., *Typus, Symbol, Allegorie bei den östlichen Vätern und ihren Parallelen im Mittelalter* (Regensburg: Friedrich Pustet, 1982), 11-37과 Gary A. Anderson, "Garments of Skin in Apocryphal Narrative and Biblical Commentary," in J. Kugel, ed., *Studies in Ancient Midrash* (Cambridge, Mass.: Harvard University Press, 2001), 101-143을 보라.

29 이는 "Homily on Fasting"에서 발췌한 것이다. 시리아어 본문은 Frédéric Rilliet, "Jacques des Saroug: Six Homélies Fastales en Prose," *Patrologia Orientalis* 43 (1986): 568, 570에서 편집했다.

30 히브리서 1:14; 6:12, 17과 로마서 8:17도 보라. 마태복음 21:33-44도 아마 관

련이 있을 것이다.

31 "Homily on Good Friday." 시리아어에 대해서는, *Jacques des Saroug*, 612를 보라.

32 *Jacques des Saroug*, 626, 628

33 Robert Jenson, *Systematic Theology*, vol. 1: *The Triune God* (New York: Oxford University Press, 1997): "어떤 속죄 이론도 보편적으로 받아들여진 적이 없었다는 사실은, 신학 역사에서 아주 놀랍고 거론할 만한 측면 가운데 하나다. 이제는 이 현상이, 속죄 이론을 제기하는 이들이 설명해야 하는 것 가운데 하나다"(187).

34 "On the Incarnation," par. 6. 본문에 대해서는, E. Hardy and C. Richardson, eds., *The Christology of the Later Fathers* (LCC; Philadelphia: Westminster, 1977), 60-61을 보라.

35 많은 비판들 중의 한 예로, Jenson, *Systematic Theology*, 1:188을 보라. St. Anselm을 향한 Aulén의 공격은 약간 다른 사실에 기반을 두고 있었다. Aulén은, 빚으로 여겨지는 죄를 변제한다는 개념은 라틴(즉, 가톨릭) 사상의 산물이라고 생각했다. 그러나 우리가 보았듯이, 그 개념은 아주 성경적이다. 속죄에 대한 (Aulén을 비롯한 수많은 다른 이들의 반대측인) Anselm과 헬라 교부 전통 사이의 연속성에 대해서는, David Hart, "A Gift Exceeding Every Debt: An Eastern Orthodox Appreciation of Anselm's *Cur Deus Homo*," *Pro Ecclesia* 7 (1998): 333-349를 보라.

36 이 문제는 더 자세히 연구할 만하다. 지금은, 주5에 인용된 Best의 저작을 보라.

37 내가 다룰 부분은 bk. 9, chap. 13, pars. 35, 36에 있다.

38 Rex Warner가 번역한 *The Confessions of St. Augustine* (New York: New American Library, 1963), 208에서 인용.

9장 구제로 죄를 속량하라

1 속죄 제물의 의무가 있는 사람은 *ḥayyāb ḥaṭṭā't*, 채찍질을 받아야 하는 사람은 *ḥayyāb makkôt*, 중죄를 지은 사람은 *ḥayyāb mîtâh*라 불린다.

2 M. Sokoloff가 *A Dictionary of Jewish Palestinian Aramaic* (Ramat Gan, Israel: Bar Ilan University Press, 1990), 177에서, 어근 z-k-y의 기본 의미를 '죄가 없다'로 기록하고, 중요한 파생 의미 '[무언가를] 손에 넣다'를 덧붙이는 것은 주목할 만하다. 이 두 의미의 관계는 두 가지로 설명할 수 있다. 한편으로는, 재판에서 분쟁 중이던 부동산과 관련하여 무죄 선고를 받은 사람에게는 그 부동산에 대한 권리를 준다. 따라서 법정에서의 무죄와 그에 뒤이은 부동산 소유가 밀접하게 연결될 수 있다. 다른 한편, 아카드어의 증거를 진지하게 받아들인다면(*CAD* vol. 31, 23-32에서 *zakû* 항목을 보라), 그 어근은 원래 '깨끗하다'라는 의미일 것이고, 거기서 '깨끗이 씻김을 받다' 혹은 '법적 재산권이 제거되다'라는 의미가 나왔을 것이다. 합법적인 계약에서 부동산에 대한 재산권을 제거했다는 말은 그것을 구매하는 것과 마찬가지이므로, '씻다'에서 '손에 넣다'로 발전이 가능하다.

3 이러한 의미 발달은, 히브리어, 아람어, 아카드어 자료가 확실하게 입증한다. Eduard Y. Kutscher, *Hebrew and Aramaic Studies* (Jerusalem: Magnes, 1977), Hebrew Section, 417-430에 나오는 상세한 논의를 보라.

4 *The Jerusalem Talmud, First Order: Zeraim*에 있는 소논문 *Peah* 5a를 보라. *Tractates Peah and Demay*, ed. Heinrich W. Guggenheimer (Berlin: de Gruyter, 2000).

5 아브라함이 희생 제사를 드리라는 명령을 받았을 때 성경은 이삭의 역할을 전혀 강조하지 않는다. 그러나 랍비 전승은 이삭을 아버지의 명령에 순응하는 자발적인 참여자로 바꾼다. 이삭의 참여의 중요성은 랍비 문학에서 익숙한 주제다. 1장에서 출애굽기 32장에 나오는 모세의 중보 기도를 *Exod Rab*에서 어떻게 해석하는지를 설명한 내 논의를 보라.

6 '공로의 보고'는 적잖이 신학적 비난의 대상이었으며, 어느 때든 누구든 이 보고를 활용할 수 있는 것은 아니었음에 주목하라. 공로가 고갈되지 않는 것도 아니었다. 사실 몇몇 랍비들은 그 보고를 전혀 중요하게 여기지 않고 개인에게 모든 도덕적 책임을 두었다. 또 다른 랍비들은 이스라엘의 과거 죄들 때문에 그 보고가 고갈되었다고, 그래서 지금 이스라엘은 언약에 신실하신 하나님만 의

지하고 있다고 주장했다. 이에 대한 자세한 설명으로는, Solomon Schechter, *Aspects of Rabbinic Theology*, 171-189에 나오는 논의를 보라.

7 Ephrem, *Hymns on Fasting*, 1:14. 시리아어는, E. Beck, ed., *Hymnen de Ieiunio* (CSCO 246; Louvain: Secrétariat du CorpusSCO, 1964)를 보라.

8 이 번역은 내가 한 것이다. 종래의 번역은 상당히 다르다. 그 이유는 아래에서 분명해질 것이다.

9 '구제'에 해당하는 영어 단어(alms)가 헬라어 *eleēmosynē*의 변형이라는 것은 묘한 우연이다. Jan Joosten이 보여 주듯이, 랍비 시대에 *ṣĕdāqâh*와 *ḥesed* 둘 다 가난한 이들에게 베푸는 자비 행위를 뜻했음을 칠십인역이 의식하고 있었다는 것 역시 의미심장하다. 그의 "*Ḥesed* 'bienveillance' et *eleos* 'pitie': Reflexions sur une equivalence lexicale dans la Septante," in "*Car c'est l'amour qui me plaît, non le sacrifice···*": *Recherches sur Osée 6:6 et son interprétation juive et chrétienne*, ed. Eberhard Bons (SJSJ 88; Leiden: Brill, 2004), 25-42를 보라.

10 4Q424 혹은 4QWisd로 알려진 잠언 모음집을 보라. 그 모음집 Fragment 3:7-10은 이렇게 읽힌다. "재력이 있는 사람은 율법에 열성을 보인다. 그는 경계표를 옮기는 이들을 기소하는 사람이다. 자비롭고 은혜로운 사람은 가난한 이들을 구제*ṣĕdāqâh*한다. 그는 자본금이 부족한 사람을 걱정한다." (Sarah Tanzer 가 *Qumran Cave 4; Cryptic Texts and Miscellanea Part 1, DJD* 36 [Oxford: Clarendon Press, 2000], 342에서 마련한) 원본은 *ṣĕdāqâh*라는 독법을 증명하지만, 나는 그 행의 나머지 부분을 위해 Elisha Qimron의 (미출간된) 새로운 독법을 참고했다. 또 그 단어가 토비트서 쿰란 파편들에 나온다는 사실을 주목하라(4Q200, 2:9. [*ba-'ăś]ōtekā ṣĕdāqâh śîmâh ṭôvâh*, "너희가 구제를 베푸는 것을 통해 멋진 보물을 얻을 것이다"). 그 본문은, Florentino García Martínez, *The Dead Sea Scrolls Translated: The Qumran Texts in English* (Leiden: Brill, 1994) 를 보라. 이 행에 대한 논의는, Joseph A. Fitzmyer, *Tobit* (Commentaries on Early Jewish Literature; Berlin: Walter de Gruyter, 2003), 171을 보라.

11 Rosenthal, "*Ṣĕdāqâh*, Charity," *Hebrew Union College Annual* 23 (1950-

1951): 411-430.

12 이 장에서 나는, 정확성과 내 논지를 조금 더 명확하게 하기 위해 유대출판공회 판 시편과 잠언 번역을 조금 바꾸었다.

13 Isac Seeligmann은 동사 *nôtēn*에 '대출해 주다'(신명기 15:7-11, 특히 10절에 동사 *nātan*이 사용된 것을 보라)라는 전문적 의미가 있는 경우가 많음을 예리한 통찰력으로 관찰해 냈다. 그러한 경우, 시편의 구절들은 의인들이 가난한 이들에게 신속하고 관대하게 대출을 해 준다고, 즉 돌려받지 못할 수도 있는 대출을 해 준다고 말하는 것이다. Seeligmann, "Darlehen, Bürgschaft und Zins in Recht und Gedankenwelt der Hebräischen Bibel," *Gesammelte Studien zur Hebräischen Bibel*, ed. I. Seeligmann, I. Leo, R. Smend, and E. Blum, FAT 41 (Tübingen: Mohr Siebeck, 2004), 319-348을 보라.

14 여기서는 Avi Hurwitz의 탁월한 논문인 "Reshitam Ha-miqra'it shel Munahim Talmudiyyim-Le-Toledot Tsemihato shel Musag Ha-Sedaqâh," in *Mehqarim be-Lashon* 2-3 (Jerusalem: Center for Jewish Studies, 1987), 155-160을 참고했다.

15 Seeligmann은 이렇게 쓴다("Darlehen, Bürgschaft und Zins," 319). "이스라엘의 사회적 상황에 대한 특별한 통찰은 잠언으로 우리에게 전해 내려오는 유명한 경구들에서 찾을 수 있다. 일부 시편, 특히 지혜 시편도 마찬가지다."

16 성경에서 하나님을 공경하는 행위는 보통 헌물이나 희생 제물 같은 구체적인 기부와 결합된다. (이에 대해서는, 민수기 22:17[참고, 22:37]을 보라. 여기서 발락왕은 발람의 섬김에 대해 그를 존귀하게honor 하겠다고 약속한다. 그의 말뜻은 그에게 후하게 보상하겠다는 것이다.) 그렇다면 이 잠언에서 가난한 자들에게 관대하게 나누는 것이 하나님을 공경하는 행위라고 하는 것은 아주 적절하다. 관대한 기부는 희생 제물을 대신한다.

17 BT *B. Bathra*, 10a를 보라.

18 시리아역은 다음과 같다. "주님과 동행하는[*metlawwe*, 대출에 해당하는 히브리어 단어와 같은 어근이지만 의미는 다르다] 자는 가난한 자에게 자비를 베풀고, 그분이 그의 행위에 따라 갚으시리라." 그러나 하나님에게 꾸어 드린다는

개념이 시리아 전통에 알려지지 않은 것은 아니었다. 잠언의 이 지혜 교훈은 약간 수정되긴 했지만, 집회서의 페쉬타판에 들어가 있다. "하나님이 네게 주신 것같이 잘 보고 너그럽게 하나님에게 드려라. 가난한 자들에게 나누어 주는 자는 하나님에게 꾸어 드리는 것이기 때문이다. 그분이 아니면 누가 되갚아 주시겠느냐? 그는 되갚아 주시는 하나님이시니 만 배의 만 배를 되갚으시리라"(35:10-11). 그리고 놀랍게도 어느 히브리어 집회서 사본에도, 같은 위치에 비슷한 표현이 난외주로 들어 있다. Pancratius Beentjes, *The Book of Ben Sira in Hebrew: A Text Edition of All Extant Hebrew Manuscripts and a Synopsis of All Parallel Hebrew Ben Sira Texts* (Leiden: Brill, 1977), 61을 보라.

19 유대 성경에서는 이 본문이 가장 처음으로 그렇게 명한다. 기독교 구약 정경에서는 토비트서와 집회서에서 그 단어가 그런 뜻으로 사용되는 것을 발견할 수 있다.

20 내 번역이다. (한글번역은 개역개정)

21 이 주제와 관련한 문헌이 어마어마하게 있지만, 그 주제와 성경에 함축하는 바에 대한 최상의 논의는, 여전히 Moshe Weinfeld, *Social Justice in Ancient Israel and the Ancient Near East* (Minneapolis: Fortress, 1995)다.

22 "Anduraru," in *CAD*, vol. 1, pt. 2, 115-117을 보라.

23 희년과 그 해석의 초기 역사에 대해서는, John S. Bergsma, *The Jubilee from Leviticus to Qumran: A History of Interpretation* (SVT 115; Leiden: Brill, 2007)을 보라.

24 성경에서 *mîšôr/mêšar*는 보통 *ṣedeq/ṣĕdāqâh*와 나란히 나온다. 한 예로, 시편 9:7-9을 주목하라. "여호와께서… 공의*ṣedeq*로 세계를 심판하심이여/ 정직 *mêšarîm*으로 만민에게 판결을 내리시리로다. 여호와는 압제를 당하는 자의 요새이시요/ 환난 때의 요새이시로다." 이 절에서는 공의와 정직이 가난한 자들의 권리에 특별한 관심을 기울이는 신적 속성이라고 지목한다.

25 이 본문에 대해서는, Jacob Lauterbach, *Mekhilta de-Rabbi Ishmael*, 3 vols. (Philadelphia: Jewish Publication Society, 1935), 3:86-87을 보라.

26 그 단어를 '끊다'로 번역하는 사람도 있다. 원래 그 단어는 '풀다, 해체하다'나

더 나아가 '분해하다'라는 의미였다. 이는 종종 동물이나 노예의 멍에를 벗기는 행동을 묘사하는 데 사용되었다. 거기서부터 '속량하다'라는 이차적 의미를 추정했다. 노예의 속량은 그를 주인에게 매이게 한 일종의 '멍에'를 벗기는 것이기 때문이다. 구제의 재정적인 이미지 때문에, *praq*를 '속량하다'로 번역했다고 추정하는 것이 가장 현명할 듯하다.

27 명확성을 위해 NJPS 번역을 고쳤다.

28 칠십인역에는 헬라어 단어 *lytrōsis*의 변형이 나오는데, 이는 '속량' 혹은 '몸값'을 뜻한다.

29 레위기 신학에 따르면, 여기 나오는 그 사람은 엄밀히 따지면 노예가 아님을 주의하라. 그러나 우리의 목적상 이러한 미세한 사항은 중요하지 않다. 이 문제에 대해서는, Jacob Milgrom, *Leviticus 23-27* (AB 3B; New York: Doubleday, 2000)의 논의를 보라.

30 이사야 40:2에서 우리는 예루살렘이 이제 위로를 받을 수 있다고 읽는다. "[채무 노예로서] 그들의 노역 기간이 끝났고 그 죄로 진 빚이… 벌을 배나 받았[기]" 때문이다. 이 절의 번역에 대해서는 4장과, Anderson, "From Israel's Burden to Israel's Debt," in E. Chazon et al., eds., *Reworking the Bible: Apocryphal and Related Texts at Qumran* (Leiden: Brill, 2005), 19-24를 보라. 이사야 50:1에는 이스라엘이 하나님에 의해 노예로 팔린 것이 아니라 자신의 죄 때문에 팔린 것으로 묘사되어 있다. "내가 어느 채주에게 너희를 팔았느냐. 보라, 너희는 너희의 죄악으로 말미암아 팔렸고." 이사야서에 나오는 채무 노예로서의 이스라엘이라는 주제는, Klaus Baltzer, "Liberation from Debt Slavery After the Exile in Second Isaiah and Nehemiah," in *Ancient Israelite Religion: Essays in Honor of Frank Moore Cross*, ed. Patrick D. Miller, Jr., Paul D. Hanson, and S. Dean McBride (Philadelphia: Fortress, 1978), 477-484에서 논의된다.

31 많은 초기의 기독교인 저자들은, 구제가 세례 이후 쌓인 죄들을 처리하는 유일하고 가장 중요한 수단이라고 보았다. 그 문제에 대한 고전적인 해설은, 3세기에 쓴 Cyprian의 "Works and Almsgiving"에서 볼 수 있다. 그 본문에 대

해서는, *Saint Cyprian: Treatises*, ed. and trans. Roy J. Deferrari (FC 36; Washington, D.C.: Catholic University of America, 1958), 225-256을 보라. Roman Garrison, *Redemptive Almsgiving in Early Christianity* (JSNTSS 77; Sheffield: JSOT Press, 1933)에 나오는 논의도 보라.

32 명확하게 하기 위해 NJPS 번역을 고쳤다.

33 예수께서도 이 잠언들이 말하는 위험들을 묘사하셨다. "또 [예수께서] 비유로 그들에게 말하여 이르시되 한 부자가 그 밭에 소출이 풍성하매 심중에 생각하여 이르되 내가 곡식 쌓아 둘 곳이 없으니 어찌할까 하고 또 이르되 내가 이렇게 하리라 내 곳간을 헐고 더 크게 짓고 내 모든 곡식과 물건을 거기 쌓아 두리라 또 내가 내 영혼에게 이르되 **영혼아 여러 해 쓸 물건을 많이 쌓아 두었으니 평안히 쉬고 먹고 마시고 즐거워하자** 하리라 하되 하나님은 이르시되 어리석은 자여 오늘 밤에 네 영혼을 도로 찾으리니 그러면 네 준비한 것이 누구의 것이 되겠느냐 하셨으니 자기를 위하여 재물을 쌓아 두고 하나님께 대하여 부요하지 못한 자가 이와 같으니라"(눅 12:16-21). 예수께서는 이 사람이 어떻게 재산을 습득했는지를 비판하지 않으신다. 부자는 마을에서 가장 도덕적인 농부였을지도 모른다. 예수께서 비판하신 주제는 그 사람이 신뢰한 대상과 관련이 있다. 예수께서 하신 생각에 따르면 이 사람은 **땅의** 보고가 고통의 날에 자기를 구해 주리라고 추정하는 실수를 범했다(특히 눅 12:19을 보라).

34 토비트서의 연대와 기원을 정하기가 어렵지만, 나는 그 연대를 주전 3세기로 보고 메소포타미아에서 기원했다고 보는 견해를 따르고 싶다. 쿰란에서 나온 히브리어는 물론 아람어 파편도 있으므로 토비트서의 연대가 주전 1세기 중반보다 더 이후일 수 없다.

35 *Lev Rab* 34:7, in H. Freedman and Maurice Simon, *Midrash Rabbah*, vol. 2 (London: Soncino, 1939).

36 히브리대학교 탈무드학과 Shlomo Naeh와 나눈 개인적인 대화.

37 토비트의 자선 행위는 다른 면에서도 희생 제사와 비슷하다. 토비트는 이 두 행위를 동료 유대인들은 제대로 순종하지 못하는 상황에서 순종하여 행한다. 성전을 향한 열심 면에서 동료들과 구별되었던 것처럼("**나만은**… 명절마다 예루살

렘으로 올라갔다"[1:6]), 토비트는 자선행위에서도 구별되었다. 결국 토비트는 이스라엘의 죽은 사람들을 묻어 주었다고 해서 이웃들에게 비웃음을 산다(토비트서 2:8). 요지는 분명한 듯하다. 디아스포라에서 토비트가 행한 자선처럼, 이스라엘 땅에서 행한 희생적인 섬김도 개인적으로 상당한 대가를 치른 것이었다.

38 이 본문은 계명을 지키는 것과 구제를 나란히 둔다. 나는 11장에서 이 주제로 돌아갈 것이다. 지금은 랍비 히브리어의 *ham-miṣwâh* 혹은 아람어의 *miṣwĕtâ'*라는 단어가 일반적으로 '계명'을 뜻한다는 사실에 주목하고 싶을 수도 있다. 그것은 '구제'에 대한 약칭일 수 있다. 다시 말해, 구제는 **정관사가 붙은** 계명이다. 따라서 *t. Peah* 4:19(11장에서 이 본문에 대한 논의를 보라)는 구제가 토라의 다른 모든 계명과 동일하다고 선언한다.

39 (여기서 '입금될 것이다'로 번역된) 히브리어 본문은 까다롭다. 내가 사용한 번역은 금전적 관용어를 지나치게 자신 있게 전달한다. M. Kister는 최근에, "Romans 5:12-21 Against the Background of Torah-Theology and Hebrew Usage," *HTR* 100 (2007), 394-395에서, 14절의 첫 구절에 대한 멋진 제안을 했다. Kister는 '아비를 잘 섬긴[kindness, *ṣĕdāqâh*]'이라는 어구를 '아버지의 공로'로 이해한다. Kister가 옳다면, 이는 *ṣĕdāqâh*를 죄와 균형을 이루어야 하는, 재정적인 의미의 공로로 사용한 아주 초기 사례 중 하나일 것이다. 이는 특히 '조상들의 공로'이라는 관용구에 있는 랍비 용어 *zĕkût*와 아주 유사하다.

40 BT *B. Bathra* 10a.

41 *2 Clement* 16:4. 본문에 대해서는, *The Apostolic Fathers*, ed. and trans. Bart D. Ehrman (LCL 24; Cambridge: Harvard University Press, 2003)을 보라.

42 *Didache* 4:5-6. 본문에 대해서는, *The Didache, The Epistle of Barnabas, the Epistles and Martyrdom of St. Polycarp, The Fragments of Papias, The Epistle to Diognetus*, trans. and annotated by James A. Kleist (ACW 5; New York: Newman, 1948)를 보라.

43 랍비 문헌은 적합한 구제*ṣĕdākāh*와 일반 자선 행위*gĕmîlût ḥăsādîm*를 율법적으로 구분한다(11장에서 이에 대한 내 논의를 보라). 그러한 구분이 더 초기 문헌에도

있는지, 또 그 구분이 랍비 작품에서 율법을 다루지 않는 부분들에도 있는지는 나는 잘 모른다. 이는 더 논의해야할 주제다. 지금으로서 내 생각에는 자선 행위로 빚을 상환할 수 있다고 여겨진 것을 볼 때, 그렇게 하는 가장 분명한 방법이 구제를 베푸는 것이었다. 구제가 명성을 얻었기 때문에 다른 자선 행위들도 중요하게 여겨진다.

10장 행위로 인한 구원?

서두 인용문: St. Ephrem the Syrian, *Hymns to Abraham Kidunaya* 1:7.

1 James A. Montgomery가 언급하듯이, 이러한 공식은 수세기 동안 가톨릭 해석자와 개신교 해석자 사이에 있는 표준구locus classicus였다. Montgomery는 1694년에 Matthew Pole이 내린 신랄한 결론을 인용한다. "Pontificii ex hoc loco satisfactiones suas et merita colligunt." 대략 번역하면 이렇다. "가톨릭 신자들은 이 절에서 그들의 보속satisfaction과 공로 개념을 얻는다." Montgomery, *A Critical and Exegetical Commentary on the Book of Daniel* (ICC 24; Edinburgh: T & T Clark, 1927), 238을 보라. 16세기 논란들의 원인인 이 절에 대한 원문 자료들은 아주 방대하여 그 자체로 연구할 만하다.

2 Roman Garrison, *Redemptive Almsgiving in Early Christianity* (JSNTSS 77; Sheffield: JSOT Press, 1993), 11의 논의를 보라. 클레멘스서와 디오그네투스서 본문들과 관련하여 Garrison은 이렇게 쓴다. "예수의 죽음이 죄를 속하는 유일무이한 방법이라는 초기 기독교 믿음은, 구제를 속량의 도구로 보는 교리와 양립할 수 없어 보인다."

3 *Epistle of Diognetus*의 번역은 J. B. Lightfoot, *The Apostolic Fathers* (London: Macmillan, 1926)에 나온 것이다. 클레멘스의 글에 대해서는 아래 주4를 보라.

4 Clement of Alexandria, "Who Is the Rich Man That Would Be Saved?," in *Clement of Alexandria: With an English Translation*, ed. and trans. G. W. Butterworth (LCL; London: W. Heinemann, 1919), 32.

5 Martin Hengel, *Property and Riches in the Early Church* (Philadelphia: Fortress, 1974), 82.

6 T. F. Torrance, *The Doctrine of Grace in the Apostolic Fathers* (London: Oliver and Boyd, 1948).

7 번역은 Kathleen McVey, *Ephrem the Syrian: Hymns* (Classics of Western Spirituality; Mahwah, N.J.: Paulist, 1989), 107에 나온다.

8 앞의 책, 103.

9 우리는 마가복음에서 부자 청년의 이야기(막 10:17-31)가, 예수께서 세 번 자신의 죽음과 부활을 언급하시는 문맥(막 8:31-33; 9:31; 10:33-34)에 나온다는 사실에 주목해야 한다. 마가복음은 가난한 이들에게 모든 재산을 나누어 주는 것이 십자가를 지라는 요구에 상응하는 것이라고 생각한다. 이러한 해석은 제자들의 반응이 확증해 준다. 예수께서는 자신이 십자가에서 죽어야 한다고 말씀하시지만, 이는 제자들에게는 상상할 수도 없는 일이다(막 8:32). 예수께서 부자 청년에게 가진 것을 모두 가난한 자들에게 주라고 요구하실 때 그들도 똑같이 충격을 받는다(막 10:26). 나는 에프렘 역시 재산을 모두 가난한 자들에게 나누어 주는 것과 십자가를, 자신을 내어 주는 동일한 행위로 이해했다고 말하겠다. 구제는 그리스도께서 자비롭게도 교회에 남겨 주신 구원의 경륜의 한 면이다.

10 Text in Edmund Beck, ed., *Des Heiligen Ephraem des Syrers: Hymnen de Fide* (CSCO 154-155; Louvain: Imprimerie Orientaliste, 1955).

11 헝가리어(동사 *hitelező*는 '대출을 해주는 사람'을 뜻하는 반면, 그 명사형은 '믿음'을 뜻한다)와 아카드어(*CAD*에서 동사 *qâpu/qiāpu* 항목을 보라. vol. 13 [Chicago: University of Chicago Oriental Institute, 1982], 93-97)에서도 동일한 현상을 찾을 수 있다는 사실에 주목해야 한다. *qiāpu*의 의미 가운데 하나는 '신앙을 갖다, 믿다'인 반면("누군가가 당신에게 한 말에 대해, 당신은 '나는 믿지 않아[*ul qīpāku*]'라고 말했다"), 또 다른 의미는 '대출을 해 주다'다[여관을 관리하는 한 여인이 맥주 혹은 보리를 빌려주었는데 *qīptu* (왕이 빚 탕감을 선포한 이후) 빌려준 것을 전혀 받아낼 수 없다].

12 Text in *Midrash Tannaim zum Deuteronomium*, ed. David Hoffmann (Berlin: Ittzkowksi, 1980), 84.

13 *Hymns on Faith* 5:17. 구제가 여호와께 꾸어 드리는 것이라는 말은 원래 잠언

19:17에서 유래한 것이다(그러나 시리아어에서 이 절의 문제에 대해서는, 9장의 주18을 보라). 강조는 내가 추가했다.

14 주15를 보라.

15 에프렘은 *Carmina Nisibena* 42:4에서, 에데사 성유물함^{聖遺物函}의 보고들을 이와 유사한 방식으로 취급한다. 성자들의 유골이 담긴 이 상자는 일종의 무궁무진한 부활의 능력 저장소로 여겨진다. 성자들의 유골이 그 혜택에 예기적^{豫期的}으로 참여한다고 여겼기 때문이다. 에프렘은 실제로 신자들이 그 안에 담긴 영적 보물들을 많이 약탈할수록 그 크기는 커질 것이라고 주장했다. 이 보물들은 제로섬 경제 규칙을 따르지 않았다. 마치 신자들이 사용하도록 자연 세계에 하나님이 정해 두신 다양한 은혜의 틈이 있는 것 같다. 사람들은 재산을 이용하여 하나님에 대한 믿음을 실증한다.

16 본문은 E. Beck, ed., *Des Heiligen Ephraem de Syrers: Hymnen auf Abraham Kidunaya and Julianos Saba* (CSCO 322-323; Louvain: Imprimerie Orientalische, 1955)에 나온다.

17 유사한 주제가 *Hymns on Fasting*, 1:13에도 나온다. 그러나 그 예에서는 그리스도가 증서 소유자다.

18 이 중요한 개념에 대해서는 11장을 보라.

19 마가복음 10:23-31(그리고 마태복음과 누가복음의 병행 구절)과 11장을 보라.

20 Augustine, *Exposition of the Psalms* (33-50), vol. 2 trans. M. Boulding (OSB; Hyde Park, N.Y.: New City, 2000), 133.

21 Michael Root("Aquinas, Merit, and Reformation Theology after the Joint Declaration on the Doctrine of Justification," *Modern Theology* 20 [2004 5-22]와 Joseph Wawrykow ("John Calvin and Condign Merit," in *Archiv für Reformationsgeschichte* 83 [1992], 73-90)의 훌륭한 논문들에 주목해야 한다. Root는 인간의 공로(즉 선행의 결과)와 하나님의 은혜의 관계에 관한 토마스학파의 이해가, 은혜로만 구원받는다는 종교개혁의 강조점과 본질적으로 모순되지 않는다고 주장한다. Wawrykow는 한걸음 더 나아가, Calvin과 Thomas는 인간의 구원 계획에서 인간의 공로의 중요성과 관련하여 아주 중요한 측면에서 이해

하는 바가 같다고 주장한다. 이 두 학자가 언급하듯이, 공로가 될 만한 행동의 실행에서 인간의 작인과 신적 작인의 관계를 우리가 어떻게 이해하느냐에 따라 모든 것이 달라진다. 성령의 역사하심의 결과로 공로를 얻는다면, 개신교도들이 이 주제와 관련하여 품고 있는 수많은 염려들은 상당히 순식간에 사라질 것이다.

22 이 시점에서, 구제는 희생 제사와 아주 유사하다. 초기의 희생 제사 이론가들은 제단에서 이루어지는 거래가 단순한 보상이라고 단정했다. 사람들은 투입한 대로 되돌려 받는다. 그러나 내가 이미 썼듯이, 그러한 이론은 "희생 제사 절차의 불균형을 설명하지 못한다. 어떻게 인간이 그렇게 조금 (동물 한 마리) 드리고 그렇게 많이 (여러 다양한 형태로 하나님이 복을 주신다는 약속) 받을 수 있는가? 여기서 우리는 선물을 주는 것에 관한 최근의 인류학 이론들에서 큰 도움을 받는다. 신들은 받는 것보다 많이 줌으로써 그들의 우월성을 확립한다는 것이다.… 이런 식으로 상호 관계가 계급과 공존할 수 있으며, 희생 제사의 거래가 인간에 대한 신들의 우월성을 나타낼 수 있다." 나의 "Sacrifices and Sacrificial Offerings (OT)," *Anchor Bible Dictionary* (New York: Doubleday, 1992), 5:871-872를 보라.

23 St. Anselm of Canterbury, *Cur deus homo*, bk. 1, chap. 20을 보라. 나는 12장에서 이 저작으로 돌아올 것이다.

24 St. Thomas Aquinas, *Summa Theologica*, pts. II-II, quest 32, art 1을 보라. 나는 *Summa Theologiae: Latin Text and English Translation*, Blackfriars English Translation, vol. 34 (New York: McGraw-Hill, 1975)를 참고하였다.

25 1장과 9장에서 이에 대한 내 논의를 보라.

26 K. Aland, ed., *Martin Luther's 95 Theses* (Saint louis: Concordia, 1967), 54를 보라.

11장 하늘의 보고

서두 인용문: Sebastian Brock, "A Syriac Dispute Between Heaven and Earth," *Le Muséon* 91 (1978): 261-270의 1.11에서 인용했다. 번역은 내가 했다. 그 원고는 연대가 6세기로 추정되지만 본문은 분명 그보다 더 오래되었다.

1 *Peah* 1:1에 대한 예루살렘 탈무드와, 미쉬나에 대한 전통적인 주석들을 보라. Clement of Alexandria(주후 2세기 후반)도 "Who is the Rich Man That Would Be Saved?"라는 저작에서, 평범한 일반인이 어느 정도의 돈을 내놓을지와 관련하여 신중함이 필요함을 인식한다. 그러나 Cyprian(주후 3세기, 북아프리카 출신)은 구제에 관한 논문에서, 사람이 얼마나 기부하든 하나님은 그를 먹이시고 그에게 보답하실 만큼 넉넉하시다고 생각한 것도 주목하라. Cyprian의 "Works and Almsgiving," in *St. Cyprian: Treaties*, trans. R. Deferrari (New York: Fathers of the Church, 1958), chaps. 8-13을 보라. 이 장 끝 부분에서 논의하겠지만, 초기 기독교는 자신이 가난해질 정도로 너그럽게 나누는 것을 더 흔쾌히 받아들였다.

2 집회서와 토비트서는 이 사실을 분명히 한다(9장을 보라). 따라서 탈무드를 앞선다(BT *Sukkah* 49b를 보라. "구제가 희생 제사보다 더 낫다").

3 이는 동쪽의 시리아에서 서쪽의 라틴까지 초대 교회에 중요한 본문이다. 이는 시빌의 신탁Sibylline Oracles에도 나온다(그러나 이것이 제2성전 시대 유대교의 어법을 보여 주는지, 아니면 이후에 기독교에 추가된 것을 보여 주는지는 알기 어렵다). "구제를 베푸는 사람은 누구나 하나님께 꾸어 드리고 있음을 안다. 심판이 올 때 자비[아마도 더 나은 표현은 '자선']가 죽음에서 구해 준다." James Charlesworth, *Old Testament Pseudepigrapha* (New York: Doubleday, 1983), 1:347에서 인용.

4 St. Ephrem은 하나님의 경륜에서 구제의 역할에 대해 비슷한 입장을 취한다. 10장에서 내 논의를 보라.

5 St. Irenaeus, *Against Heresies*, bk. 4:18; 인용은 ANF 1:486에서 가져온 것이다.

6 잠언 19:17과 마태복음 25:31-46의 연결은 Irenaeus 이후 거의 모든 주석자들에게 일반적인 것이 된다. 예를 들어, John Chrysostom, *On Repentance and Almsgiving*, trans. G. Christo (FC 96; Washington, D.C.: Catholic University Press, 1998), homily 7.24, 105; St. Gregory of Nazianzus, *Select Orations*, trans. M. Vinson (FC 107; Washington, D.C.: Catholic University

Press, 2003), oration 14, 68-70; Clement of Alexandria, *Stromateis, Books One to Three* (FC 85; Washington, D.C.: Catholic University Press, 1991), bk. 3.6, 290; *S. Ambrosii, De Tobia: A Commentary*, with an introduction and translation by L. Zucker (Patristic Studies 35; Washington, D.C.: Catholic University Press, 1933), 71-73을 보라.

7   Ephraim Urbach가 이미 언급했듯이("Religious and Sociological Tendencies Regarding the Rabbinic Understanding of Almsgiving," in *The World of the Sages: Collected Studies* [in Hebrew] [Jerusalem: Magnes, 2002], 20), 이 전승은 시편에 대한 미드라쉬에 나오는 내용과 유사하다. 그는 이렇게 쓴다. "사도 시대와 그 후 첫 몇 세기 동안의 교회의 가르침과 랍비들의 가르침 사이에는 상당한 유사성이 있다. 교회는 의심의 여지 없이 유대 사상의 영향을 받았다. 예수께서는 이렇게 말씀하신다. '내 아버지께 복 받을 자들이여 나아와 창세로부터 너희를 위하여 예비된 나라를 상속받으라. 내가 주릴 때에 너희가 먹을 것을 주었고 목마를 때에 마시게 하였고 나그네 되었을 때에 영접하였고 헐벗었을 때에 옷을 입혔고 병들었을 때에 돌보았고 옥에 갇혔을 때에 와서 보았느니라.' 교회가 유지하려고 한 이 자비로운 행동 목록들을 보면, 저자 미상인 어느 미드라쉬가 떠오른다. 그것은 '내게 의[charity, *sedeq*]의 문을 열지어다'(시 118:19)라는 구절에 대한 내용이다. '내세에 우리는 "당신은 무슨 일을 했습니까?"라는 질문을 받을 것이다. 그가 만약 "나는 주린 자에게 먹을 것을 주었습니다" 하고 답하면 그들이 "이는 여호와의 문이라"(시 118:20)고 말할 것이다. 주린 자를 먹인 사람은 그리로 들어가라고 말이다. 그가 만약 "목마른 자에게 마시게 하였습니다"라고 하면 그들이 "이는 여호와의 문이라"고 말할 것이다. 목마른 자에게 마시게 한 사람은 그리로 들어가라고 말이다. 그가 만약 "나는 헐벗은 자에게 옷을 입혔습니다"라고 대답하면 그들이 "이는 여호와의 문이라"라고 말할 것이다. 헐벗은 자에게 옷을 입힌 사람은 그리로 들어가라고 말이다. 이렇게 계속된다.'" Urbach가 언급했듯이, 이러한 의로운 행동 목록은 마태복음 25장의 목록과 겹치지만 궁극적으로 이사야 58:6-7 목록에서 나온 것이다.

8   Rudolf Bultmann이 언급했듯이(*History of the Synoptic Tradition* [New York:

Harper and Row, 1963], 214), 이러한 전통 전체가 유대교의 맥락에서 비롯되었다고 볼 근거가 충분하다. Bultmann에 따르면, 복음서 전승에서 중요한 변화는 "하나님의 이름이 인자라는 호칭으로 대체되었다"는 것이다. 마태복음 25장이 그 기반으로 삼은 유대 전승이 잠언 19:17에 대한 미드라쉬였다면, 25장은 오히려 고高기독론을 대변한다고 볼 수 있다. 하나님이 계시던 자리에 예수께서 계시기 때문이다.

9 이런 이유로, 레위기 5장에 속죄 제물 혹은 속건 제물의 등급이 나온다.

10 참고. 요나서 1장 말미에서 선원들이 자의로 드리는 제물과 서원.

11 세포리스의 한 회당 바닥에서 발견된 모자이크 중 하나에는, 꼭대기 부분에 아론의 첫 타밋Tamid 제사, 즉 매일 드리는 번제(레 9장) 이야기가 나오고, 맨 아래 부분에는 이삭을 제물로 바치는 이야기가 나온다는 사실에 주목하라(Ze'ev Weiss and Ehud Netzer, *Promise and Redemption: A Synagogue Mosaic from Sepphoris* [Jerusalem: Israel Museum, 1996], 14-31에 나오는 논의를 보라). 이는 이스라엘이 매일 번제를 드릴 때마다 하나님이 이삭의 묶임을 주시신다고 말하는 미드라쉬와 비교해 보아야 한다(Weiss와 Netzer는 p. 38에서 이 미드라쉬를 논한다; 12장의 내 논의를 보라). 이러한 해석에서는, 이삭의 희생 제사가 성전 제사의 토대다.

12 그는 마태복음에서만 부자 청년이라 불린다. 마가복음에서는 그저 부자다. 하지만 그 이야기에서 이 호칭이 훨씬 더 많이 일반적이므로, 마가복음에서도 계속 그 호칭을 사용할 것이다.

13 성경에서 사랑받는 아들과 희생적인 죽음이 결합되는 모습에 대해서는, Jon Levenson, *The Death and Resurrection of the Beloved Son* (New Haven: Yale University Press, 1993)을 보라.

14 *Homilies on Genesis and Exodus*, trans. R. Heine (FC 71; Washington, D.C.: Catholic University Press, 1982), homily 8, par. 8, 144-145.

15 Philo, *Decal.* 121을 보라. "십계명의 '두 번째 세트'는 '같은 인간들에 대한 의무로 금지된 행동들'을 가리키는 반면, 다른 '다섯 개의 세트는… 하나님과 더 관련이 있다.'" Dale Allison and W. D. Davies, *The Gospel According to*

Saint Matthew (ICC; Edinburgh: T & T Clark, 1997), 3:43 n. 32.

16 Joel Marcus가 (곧 나올, AB의 마가복음에 대한 그의 두 번째 책에서) 보여 주듯이, 랍비 자료들에는 "이웃의 재산을 탐내지 말라"는 계명이 자주 "속여 빼앗지 말라"로 이해되었음을 보여 주는, 율법과 관련된 광범위한 증거가 있다.

17 이 난제를 설명하는 한 가지 방법은, 그 사람이 예수께 율법을 다 지켰다고 한 말이 완벽한 진실은 아니었다고 추정하는 것이다. 많은 신약 성경 주석가들이 그 사람의 주장을 의심한다. 한 세대 전 영국의 탁월한 학자 C. E. B. Cranfield는 이렇게 썼다(*The Gospel According to Mark* [Cambridge Greek Testament Commentary; Cambridge: Cambridge University Press, 1959], 329). "그 사람의 천진난만한 대답은, 그 계명들을 이해하지도 못했고 실제로 진지하게 여기지도 않았음을 분명히 해 준다. 오히려 그 사람은 동시대 유대인들이 일반적으로 그랬던 것처럼 율법의 심각성을 오해하고 있었다." Cranfield가 어쩌다가 이러한 주장을 하게 된 것은 분명히 아니다. 그 사람의 정직성에 대한 의심은 구체적으로 그 율법에 대한 바울의 해석을 근거로 한다. 바울은 율법이 요구하는 것을 아는 것과, 그것을 행하는 것은 별개의 문제라고 생각했다. 바울은 "우리가 율법은 신령한 줄 알거니와 나는 육신에 속하여 죄 아래에 팔렸도다. 내가 행하는 것을 내가 알지 못하노니 곧 내가 원하는 것은 행하지 아니하고 도리어 미워하는 것을 행함이라.… 내 속 곧 내 육신에 선한 것이 거하지 아니하는 줄을 아노니 원함은 내게 있으나 선을 행하는 것은 없노라. 내가 원하는 바 선은 행하지 아니하고 도리어 원하지 아니하는 바 악을 행하는도다. 만일 내가 원하지 아니하는 그것을 하면 이를 행하는 자는 내가 아니요 내 속에 거하는 죄니라"(롬 7:14-21)고 주장한다. 만일 율법을 지키는 일이 불가능하다는 바울의 추정에서 시작한다면 그 청년의 진실성을 의심하는 것 외에 다른 대안은 없다. 그러나 Joseph Fitzmyer는 "예수께서는 그 관리가 실제로 그 계명들을 준수했다는 것을 부인하지 않으셨다. 그분은 그 계명들이 무엇인지에 대한 그 사람의 대답을 들으시고 그를 이끌어 한걸음 더 나아가게 하신다"라고 하며 분명 올바르게 이해했다(*The Gospel According to Luke X-XXIV* [AB 28a; New York: Doubleday, 1985], 1197).

18 내 글 "Sacrifices and Offerings," in the *Anchor Bible Dictionary* (New York: Doubleday, 1992), 5:87-86을 보라. '도 우트 데스(*do ut des*, 나는 당신이 주기 때문에 준다)'라는 어구에 대한 이 특별한 해설은, 인류학자 Valerio Valeri 에게 도움을 받았다.

19 Shamma Friedman, "The Primacy of Tosefta to Mishnah in Synoptic Parallels," in *Introducing Tosefta* (Hoboken, N.J.: KTAV, 1999), 99-122; *Tosefta Atiqa* [in Hebrew] (Ramat Gan: Bar Ilan University Press, 2002); Judith Hauptman, *Rereading the Mishnah: A New Approach to Ancient Jewish Texts* (Tübingen: Mohr Siebeck, 2005)를 보라.

20 레위기 19:9-10; 23:22; 신명기 14:27-29('가난한 사람의 십일조', 이는 7년 주기 에서 셋째 해와 여섯째 해에 내는 제2의 십일조에 해당한다); 24:19-22를 보라.

21 이 미쉬나와 사해사본의 관계에 대해서는, Aharon Shemesh, "The History of the Creation of Measurements: Between Qumran and the Mishnah," in S. Fraade, A. Shemesh, and R. Clement, eds., *Rabbinic Perspectives: Rabbinic Literature and the Dead Sea Scrolls: Proceedings of the Eighth International Symposium of the Orion Center for the Study of the Dead Sea Scrolls and Associated Literature, 7-9 January, 2003* (Leiden: Brill, 2006), 147-173을 보라. 그의 주장에 따르면, 쿰란 분파 사이에서는 이 첫 미쉬 나에 열거된 항목들에 원래는 분량이 첨부되어 있었다고 한다.

22 소논문 *Peah*의 시작 부분 미쉬나의 전체 내용은 다음과 같다. "다음은 명시된 분량이 없는 것들이다. 바로, '페아', 첫 열매, 절기 제물, 자선 행위, 토라 연구다. 또 다음 항목들의 경우, 사람은 이 세상에서 그 열매를 즐길 수 있으며, 다음 세 상에서도 원금은 그대로 그 사람의 것이다. 부모 공경, 자선 행위, 어떤 사람과 그 친구를 화해시키는 것이 그것이다. [그러나] 토라 연구도 이 모든 것과 동등 하다."

23 Urbach("Religion and Sociological Tendencies," 10이하)는, 주후 2세기 초반 이 스라엘 땅에서 가난이 그렇게 극심했던 이유 가운데 하나는, 성전이라는 사회 기반 시설이 사라졌는데 그것을 대체할 것이 아직 생기지 않았기 때문이라고

주장한다. 토비트 시대 디아스포라도 비슷하게 가난했음에 틀림없다. 만약 그렇다면, (가난한 자들을 위한 십일조를 포함하는) 성전 제물에서 구제로 돈의 방향을 전환하는 것이 사회적으로 중요한 기능을 했을 것이다.

24 *The Tosefta* (Jerusalem: Jewish Theological Seminary, 1992), 41.

25 Albeck, *Shishah Sidre Mishnah: Seder Zera'im* (Jerusalem: Bialik, 1959), 41.

26 최소한 얼마를 내야 그것을 의무 이행으로 여길 수 있는지에 대해서는 약간 편집했다.

27 다른 계명들에 얼마나 쓸지에 대한 내용이 길게 이어진다.

28 그들이 열심히 따른 한 율법에 대한 또 다른 내용이 길게 이어진다.

29 나는 2세기에 *Peah*의 내용 전체에 권위가 있었을 가능성이 높기는 하지만, 그랬다고 생각하지는 않는다. 오히려 서두의 일부("이것들은 한계가 없는 것들입니다")가 이미 회자되고 있었다고 생각한다.

30 그 본문은 이렇게 마무리된다. "성경이 '진리는 땅에서 솟아나고 의almsgiving는 하늘에서 굽어보도다'(시 85:11)라고 말하기 때문이네. 내 조상들은 결실을 맺지 못하는 땅에 [재산을] 쌓았지만 나는 결실을 맺는 보고에 [구제금을] 쌓았네. 성경이 '의almsgiving와 공의가 주의 보좌의 기초라'(시 85:14)고 말하기 때문이네. 내 조상들은 돈을 모았지만 나는 영혼을 모았네. 성경이 '의인의 열매는 생명 나무라. 지혜로운 사람은 사람을 얻느니라'(잠 11:30)고 말하기 때문이네. 내 조상들은 다른 사람들을 위해 모았지만, 나는 나 자신을 위해 모았네. 성경이 '그 일이 [네 하나님 여호와 앞에서] 네 공의로움almsgiving이 되리라'(신 24:13)라고 말하기 때문이네. 내 조상들은 이 세상에서 모았지만 나는 오는 세상을 위해 모으네. 성경이 '공의almsgiving는 죽음에서 건지느니라'라고 말하기 때문이네. 여기서 죽음은 육체적 죽음이 아니라 오는 세상에서의 죽음을 말하는 것이네."

31 바빌론 탈무드(*B.Bathra* 10a)와 토세프타(4:19)의 병행되는 전승을 보면, 그는 기근 때문에 관대함을 베풀었다. 일부 주석가들은, 예루살렘 탈무드에 이 단락이 나오는 것은 그의 행동이 이러한 극심한 사회적 정황에서 불가피했기 때문

이라고 설명한다. 여기서 20퍼센트만 나누어야 한다는 탈무드의 단정은 괄호로 묶여 있다. 그러나 예루살렘 탈무드가 세부 사항을 없앤 것은 확실히 중요하다. 추정컨대 예루살렘 탈무드는 토세프타의 이야기를 알았지만 나름대로 설명하기로 선택한 것 같다.

32 어떤 사람은 이러한 논의를, 일반적인 자선 행위와 특별한 구제의 구분으로 시작하는 할라카의 (즉, 법률의) 해설에 대한 결론으로 보는 것에 반대할지 모른다. 그러나 우리는 두 가지를 주시해야 한다. 첫째로, 이 단락에서의 구분은 사실상 순전히 형식적이다. 즉 자선이 더 나은 까닭은 더 포괄적이기 때문이지 가장 중요하기 때문이 아니다. 이러한 형식적인 기준은, 탈무드에서 이 단락을 시작하는 실제적인 이슈와는 차이가 있다(A 단락을 보라). 실제로 이 단락(F)에 따르면 자선은 구제를 포함한다("자선 행위는 관습상 돈과 몸 둘 다로 하는 것이다").

33 Lieberman, "Two Lexicographical Notes," *JBL* 65 (1946): 67-72, 특히, 69-72.

34 이는 구제가 다른 모든 계명과 동등하다는 토세프타의 믿음이, 토라에 대한 미쉬나의 반대 주장보다 더 오래되었다는 탁월한 논거다. 내가 알고 있는 바로는, 토라 연구 어디에서도 구제를 **정관사가 붙은** 계명(*the* commandment)으로 묘사하지 않는다. 랍비식 의미는, 우리가 토비트서와 집회서와 복음서에서 본 묘사를 확증해 준다.

35 놀랍게도 Howard C. Kee는, Charlesworth, *Old Testament Pseudepigrapha*, 1:817에 실린 번역을 할 때 Lieberman의 주장을 몰랐다. 그 결과 이해할 수 없는 번역이 나왔다. "다른 누군가가 간음을 범하고 성적으로 문란한 삶을 살면서도, 식사는 절제한다. 금식하면서도 악행을 한다. 자신의 부의 힘으로 많은 것을 황폐하게 만들고 과도한 악을 행함에도 불구하고, **그는 계명들을 행한다.**" 여기서는 자기 모순적인 행위들의 목록을 다루고 있으므로, '그는 속이고 도둑질하고 나서 그가 취한 것으로 구제를 베푼다'는 Lieberman의 의견이 여전히 훨씬 더 합리적이다. 헬라어 본문에 대해서는, Marinus de Jonge, *The Testaments of the Twelve Patriarchs: A Critical Edition of the Greek Text* (Leiden: Brill, 1978), 137을 보라. De Jonge는, 그 *Testaments*의 최종 형태가 유대적이지 않고 기독교적이

라는 증거를 충분히 제공했다. 그러나 Lieberman의 논거는 이 절이 유대 자료로 거슬러 올라가야 함을 시사한다.

36 Eliezer Diamond, *Holy Men and Hunger Artists: Fasting and Asceticism in Rabbinic Culture* (New York: Oxford University Press, 2004). 특히 2장, "'The Principal Remains for the Next World': Delayed Gratification and Avoidance of Pleasure in Rabbinic Thought"이 중요하며, 이는 *m. Peah* 1:1과 관련이 있다.

37 BT *Shabbat* 32a. 번역은 Diamond, *Holy Men*, 70에서 가져와서 약간 고친 것이다. 이 세상에서 보물을 끌어다 쓴다는 이 주제를, 누가복음에 나오는 부자와 나사로 이야기와 비교할 수 있을까?(눅 16:19-31) 신약 학자 중에 이러한 생각을 계속 말하는 사람도 없고, 나도 그렇게 하고 싶지 않다. 하지만 이러한 랍비 시대의 주제가 관련이 있다면, 누가복음의 요지 가운데 하나는 부자가 이생에서 그의 수고의 모든 열매를 누렸으므로 내세에는 아무것도 남지 않았다는 것이다.

38 Diamond, *Holy Men*, 70.

39 현 세상은 물론 내세에도 그 혜택을 누릴 수 있는 공로를 쌓는 행동들이 있듯이, 이생은 물론 사후에도 벌을 받는 죄들이 있다. 토세프타 〈페아〉는, 하나님이 이 세상과 다음 세상 둘 다에서 상환을 요구하시는 네 가지 죄를 나열한다(우상 숭배, 부정한 성관계, 살인, 험담). 미쉬나 〈페아〉에 나오는 네 가지 덕목과의 대비가 매우 완벽하다. 네 가지 죄의 경우, 이 세상에서 고난을 당하여 얻은 화폐로 빚이 공제되지 않는다. 원금 전체가 내세로 옮겨지고 거기서 추가 상환이 요구된다. 이러한 덕과 악덕 목록의 대칭에 대해서는, Marc Hirshman, "Learning as Speech: Tosefta Peah in Light of Plotinus and Origen," in H. Kreisel, ed., *Study and Knowledge in Jewish Thought*, 2 vols. (Beersheva: Ben-Gurion University of the Negev Press, 2006), 1:49-64를 보라. 셋째와 넷째 항목의 대조는 분명하다. 이웃 간의 평화가 살인과 비교되고, 토라 연구(하나님의 '순전한 말씀'; Hirshman, 52)가 악한 말과 대조된다. 자선 행위(둘째 항목)가 불법적인 관계와 명확하게 대조되는 것 같지는 않지만, 랍비 사상에서 구제가 '정관사

가 붙은' 계명이듯이, 간음이 '정관사가 붙은' 죄임을 주목하라(Shlomo Naeh, 개인적인 대화; 이는 Meir Grossman의 논문, "Le-mashma'utam shel ha-bituyyim 'averah u-devar 'averah bi-leshon hakamim," *Sinai* 100 [1987]: 260-272에서 확인된다). 부모 공경과 우상 숭배의 대비에 대해서는, Hirshman의 논평을 보라 (51-52). "고대 후기에 종교는 무엇보다 '타 파트리아*ta patria*', 부모들의 관습 [이어서], 우상 숭배는 한 분이신 하나님을 거부하는 것일 뿐 아니라 부모의 길을 버리는 것으로 보이기도 했음을 [기억해야 한다.]"

40 이 본문은 Edmund Beck, ed., *Des Heiligen Ephraem des Syrers: Hymnen auf Abraham Kidunaya und Julianos Saba* (CSCO 322-323; Louvain: Imprimerie Orientaliste, 1955)에 나온다.

41 수많은 해석자들이 구제하라는 명령을 예수를 따르는 행동에서 중요성 면에서 부차적인 것으로 여긴다. Vincent Taylor는 *The Gospel According to St. Mark* (New York: St. Martin's, 1966), 429에서, 대다수 사람을 대표해서 말한다. "예수께서는 그 사람에게 '한 가지 부족한 것'이 있다고 말씀하시는데, 그것은 영생을 얻기 위해 **행해야 할 단 한 가지 행동**이 있다는 뜻이 아니다. 예수께서는 그에게 가진 것을 다 팔라고 명하신 다음, '와서 나를 따르라'고 덧붙이시기 때문이다. 이 '따르는' 행동이 생명을 낳는다. 그의 경우, 재산을 포기하고 가난한 자들에게 나누는 것은 예수를 따르는 일에 수반되는 행동이다." Taylor에게는 분명, 어느 특정 **행동**에 대해 보상을 받으리라는 개념이 불편하다. 그것은 너무 바리새주의적으로 보인다. 오히려 따르라는 명령은, 가장 중요한 것이 **믿음**임을 보여 준다. 그러나 후에 Taylor는 "예수 자신이 가난한 삶을 선택하신 것 같다. 그분은 안정된 집 없이 이리저리 돌아다니시고(막 1:39; 눅 9:58), 제자들은 굶주리고(막 2:23; 8:14), 여인들이 그분을 부양하고(눅 8:3), 제자들은 '보소서, 우리가 모든 것을 버리고 주를 따랐나이다'(막 10:28)라고 말한다"(Taylor, 429)는 논평을 동의하며 인용하여, 자기 주장의 기반을 일부 약화시킨다. 그러나 기독교 전통 자체는, 그 행동을 그렇게 낮게 평가하려 하지 않는다. 사실, 예수를 따를 수 있는지 여부는 이런 행동을 하고자 하는 욕구가 있는지 여부에 달려 있는 것이 분명해 보인다. 이 이야기에서 믿음과 행위는 떼어놓을 수 없다.

42 Cranfield가 설명했듯이(위의 주17을 보라), 그 청년이 계명을 지켰다는 주장을 부정직한 것으로 설명할 필요는 없다. 문맥은 청년이 정직하게 말했고, 예수께서 그 말을 믿으셨음을 암시한다. 특히 Cranfield의 입장(즉, 실제로 그 율법을 지킬 수 있다는 전제)에 대한 개신교 자료들로는, 탁월한 해설인 Ulrich Luz, *Matthew 8-20* (Hermeneia; Minneapolis: Fortress, 2001), 521-522를 보라. E. P. Sanders가 언급했듯이, 예수께서는 랍비 운동 내에서 율법 존중주의가 과도한 것에 반대하셨을 테지만, 전반적으로는 "바리새인들이 충분히 의롭지 않기 때문에 그들을 반대하신다(*Jesus and Judaism* [Philadelphia: Fortress, 1985], 277)." 부자 청년에 대한 이 내러티브에서, 예수께서는 미쉬나의 법적 논리를 엄격하게 따를 것을 요구하고 계신다.

43 Urbach, "Religious and Sociological Tendencies," 15.

44 Schwartz, "From Priests at Their Right to Christians at Their Left? On the Interpretation and Development of a Mishnaic Story (m. Rosh HaShanah 2:8-9)" [in Hebrew], *Tarbiz* 74 (2005): 21-42.

45 물론 일부 사도들은 (아마도 심지어 대다수가?) 결혼을 했다. 그럼에도 복음서들에서 그들에 관한 내러티브들은 그 사실에 전혀 관심이 없다. 그들은 모든 것을 두고 떠난 것으로 묘사된다. 사도 시대 이후에는 이러한 결혼 포기가 많은 사람들에게 바람직한 선택이 되었을 것이다.

46 참고. *t. Yeb* 8:7. 여기서 Ben Azzai는, 누구든 출산을 하지 않으려는 사람은 [하나님의] 형상을 손상시키는 것이므로 살인자와 같다고 선언한다. 랍비 문화에서 토라에 대한 헌신과 가족에 대한 헌신 사이의 갈등에 대해서는, Daniel Boyarin, *Carnal Israel: Reading Sex in Talmudic Culture* (Berkeley: University of California Press, 1993), 134-136을 보라.

47 나는 Diamond의 번역을 열심히 따랐지만 세부 내용들을 꽤 많이 바꾸었다. 본문은 BT *Ta'anit*, 24a에서 가져온 것이다.

48 디모데전서 5:8에 비슷한 문제가 있지 않느냐고 생각하는 사람도 있다("누구든지 자기 친족 특히 자기 가족을 돌보지 아니하면 믿음을 배반한 자요 불신자보다 더 악한 자니라"). 랍비 아키바와 동시대인인 비르타의 엘리저는 디모데전서를 쓴

사람과도 거의 동시대인일 것이다. 내게 이런 제안을 해준 내 학생 Bradley Gregory에게 감사를 전한다.

49 Diamond, "Hunger Artists and Householders," *USQR* 49 (1994): 33.

50 예를 들어, St. Athanasius의 유명한 논문 "The Life of Antony"를 살펴보라. Antony는 마태복음에서 부자 청년 이야기를 듣고 나서, 교회를 떠나, 여동생을 보살피는 데 필요한 만큼만 재산을 두고, 가난한 자들에게 재산을 나누어 주러 나갔다(Athanasius, *The Life Antony and the Letter to Marcellinus* [Classics of Western Spirituality, trans. R. Gregg; Mahwah, N. J.: Paulist, 1980], 31을 보라).

51 랍비 자료들에 대한 내 논의는, 이 주제에 대한 Jonathan Schofer의 저작과, 이 본문들에 대한 우리의 수많은 논의에서 도움을 받았다. Schofer의 *The Making of a Sage: A Study in Rabbinic Ethics* (Madison: University of Wisconsin Press, 2005); "Theology and Cosmology in Rabbinic Ethics: The Pedagogical Significance of Rainmaking Narratives," *JSQ* 12 (2005): 227-259; 그리고 "Protest or Pedagogy? Trivial Sin and Divine Justice in Rabbinic Narrative," *HUCA* 74 (2003): 243-276을 보라.

52 Honi의 일생에 대한 간단한 개요와 그 이야기가 기록된 문서들 목록으로는, *Encylopedia Judaica* (Jerusalem: Keter, 1972), 8:964-965에 나오는 표제어를 보라.

12장 하나님이 인간이 되신 이유

1 나는 Brian Davies and G. R. Evans, eds., *Anselm of Canterbury: The Major Works* (New York: Oxford University Press, 1998)의 번역을 사용했다. 또 안셀무스에 대한 다음의 작품들을 참조했다. G. R. Evans, *Anselm* (Wilton, Conn.: Morehouse-Barlow, 1989); Evans, *Anselm and Talking About God* (Oxford: Clarendon Press, 1978); R. W. Southern, *Saint Anselm: A Portrait in a Landscape* (Cambridge: Cambridge University Press, 1990). 다른 자료들은 아래의 주에서 볼 수 있다.

2 Rachel Fulton은, *From Judgment to Passion: Devotion to Christ and the*

Virgin Mary, 800-1200 (New York: Columbia University Press, 2002), 185에서 언급한 내용에 따르면, 일반적으로 신학자들은 안셀무스가 자신의 유비를 당대 문화에서 끌어왔다고 주장하지 않았지만, 역사학자들은 그렇게 신중하지는 않았다.

3 안셀무스는 서문에서, 자신의 저작은 "만약 그리스도께서 그분과 관계있는 것이 전혀 없었던 것처럼 배제된다면, 그분이 없다면, 어느 인간도 구원받는 것이 불가능하다"는 것을, "피할 수 없는 논리적 단계로" 증명한다고 썼다. Davis and Evans의 번역본, *Anselm*, 261-262를 보라.

4 이 요약은 David B. Hart, "A Gift Exceeding Every Debt: An Eastern Orthodox Appreciation of Anselm's *Cur Deus Home*," *Pro Ecclesia* 7 (1998): 333-349에서 가져온 것이다.

5 그리고 설상가상으로, 그 빚은 규모가 무한하다. 바로 하나님을 상대로 죄를 지었기 때문이다. Josheph Cardinal Ratzinger가 적절한 비유를 제시한다. "이 배후에는, 그 죄의 규모가 죄를 지은 상대의 신분에 따라 결정된다는 개념이 있다. 내가 거지에게 죄를 지었다면, 그 결과는 내가 대통령에게 죄를 지은 것과 같지 않다는 말이다. 죄의 중요성은 상대에 따라 달라진다. 하나님이 무한하시므로, 인류의 죄에 내재된, 그분에게 지은 죄 역시 무한히 중요하다." 그의 *Introduction to Christianity* [1968 (in German); San Francisco: Ignatius, 2004], 232를 보라.

6 Hart의 "A Gift Exceeding Every Debt"는, 많은 정통파 신학자들이 안셀무스를 이해하는 방식과는 대조적으로, 속죄에 대한 안셀무스의 서술이 전통 교부신학과 아주 유사하다고 주장한다. 이러한 특징은 St. Athanasius와 아주 유사하다. Athanasius는 자신의 "On the Incarnation"(par. 6)에서, 하나님이 사면을 선포하시고 아담과 그 후손이 곤경을 면하게 하신 것은 어마어마한 일이라고 주장한다. 그분은 아담에게 그가 죽을 것이라고 위협하셨고 그것을 그대로 따르셔야 했기 때문이다. Athanasius는 "하나님이 우리가 죽어야 한다고 말씀하셨는데 인간이 죽지 않았다면 그분은 진실하지 않으신 것이기 때문이다"라고 말한다. 그러나 하나님이 인간을 만드시는 수고를 하셔서 인간 안에 그분의

존재의 한 측면을 두셨다면 그러실 것 같지 않다(말씀[*logos*]의 한 부분이 그 안에 거하기 때문에 사람이 이성적이다[*logikos*]). 사람이 멸망하도록 내버려두는 것은 사람을 만들지 않느니만 못한 것이다. "방치는 하나님의 약함을 드러내는 것이지 하나님의 선함을 드러내는 것이 아니기 때문이다." 이 본문에 대해서는, E. Hardy and C. Richardson, ed., *The Christology of the Later Fathers* (LCC; Philadelphia: Westminster, 1977), 60-61을 보라.

7 이는 Gustav Aulén, *Christus Victor: An Historical Study of the Three Main Types of the Idea of the Atonement* (New York: Macmillan, 1951), 81-84의 태도다. 그러나 다른 많은 이들이 그의 뒤를 따랐다. 예를 들어, Hans Urs von Balthasar, *Theo-Drama IV: The Action* (San Francisco: Ignatius, 1994), 254-255와 Colin E. Gunton, *The Actuality of the Atonement: A study of Metaphor, Rationality and Christian Tradition* (Edinburgh: T & T Clark, 1988), 89의 논의를 보라.

8 번역은 내가 한 것이다. 나는 G. Florentino Martínez와 E. Tigchelaar의 *The Dead Sea Scrolls Study Edition* (Grand Rapids, Mich.: Eerdmans, 1997)에 나오는 본문을 사용했다.

9 원문에 필사자의 오류가 있다. 3장 주21에 나오는 내 논의를 보라.

10 *CD* 5:5-6.

11 이 문제에 관한 내 첫 논의는 "The Status of the Torah Before Sinai: The Retelling of the Bible in Jubilees, and The Damascus Covenant," *DSD* 1 (1994), 19 n. 35에서 볼 수 있다.

12 3장의 주26을 보라.

13 "Term of Metaphor: Biblical *nōśē'ʾāwōn/peša'/ḥeṭ*" [in Hebrew] *Tarbiz* 63 (1994), 149-171.

14 Gary A. Anderson, *The Genesis of Perfection: Adam and Eve in Jewish and Christian Imagination* (Louisville, Ky.: Westminster John Knox, 2001); 특히 그리스도께서 십자가에서 파기하신 아담의 증서에 대해 앞서 논의한 것은 162-165를 보라.

15 Jacobus de Voragine, *The Golden Legend*, trans. William Granger Ryan (Princeton: Princeton University Press, 1993), 1:210.

16 예를 들어, *Systematic Theology*, vol. 1, *The Triune God* (New York: Oxford University Press, 1997), 187-188에서 Robert Jenson의 논의를 보라. 그는 이렇게 결론짓는다. "그리스도께서 하나님을 반대하는 세력들을 이기셨다는 이야기는, 십자가 죽음을 성경 내러티브 안에 둔 것이라기보다는, 성경과 교부들의 표현 몇 가지로 새로운 별개의 내러티브를 구성한 것이다. 끌어다 쓴 그 표현은 대부분 신화적이며, 성경에서 또 교부들이 역사를 이야기하는 과정에서 해설을 위해 사용한 것이다. 그러나 이 표현으로 구성한 이야기는 진짜 신화가 된다. 따라서 그것은 구약 성경과 복음서들에서 이야기하는 역사와 무관하다." Gunton, *Actuality of the Atonement*, 53-82에서도 비슷한 평가를 볼 수 있다.

17 Hans Urs von Balthasar, *Mysterium Paschale: The Mystery of Easter* (Grand Rapids, Mich.: Eerdmans, 1990), 148의 논평을 보라. "복음서들이 예수의 수난과 죽음, 그리고 그분의 장사를 더 웅변적으로 묘사할수록, 그분을 무덤 속에 안치한 후 부활이 일어나기까지의 시간에 대한 복음서들의 전적으로 이해할 만한 침묵이 더욱 두드러진다. 우리는 이에 대해 그들에게 감사한다."

18 제2이사야서에 이미 나타났던 신학적 갈등에 대한 논의를 보라. 이사야는 거기서 하나님은 증서의 소유자가 아니라(사 50:1) 상환을 받으시는 분이었다고(사 40:2) 주장하고자 했다. 이 문제에 대해서는 4장 주12를 보라.

19 *Theological Oration* 45.22; 인용은, J. N. D. Kelly, *Early Christian Doctrines* (San Francisco: Harper and Row, 1978), 383에서 했다.

20 Gerald O'Collins, SJ, *Jesus Our Redeemer: A Christian Approach to Salvation* (New York: Oxford University Press, 2007), 133에서 인용했다. Käsemann이 '희생적'이라는 표현으로 의미한 바는, 하나님의 진노를 달래는 것이 유일한 목적인 희생 제사다. 물론 '희생적'을 정의하는 다른 방식들이 있으므로, 그 용어를 신학자들의 어휘에서 뺄 필요는 없다(그래서도 안 된다).

21 Hart가 날카롭게 언급하듯이("A Gift Exceeding Every Debt," 337-338), Adolph

von Harnack는 이미 자신의 *History of Dogma*에서 이 점을 강조했다. Hans Urs Von Balthasar 역시 자신의 *Theo-Drama IV*, 255-261에서 이 점을 강조한다.

22 Peter Damian과 Anselm의 차이에 대해서는 Fulton, *From Judgment to Passion*, 176을 보라.

23 J. Patout Burns, "The Concept of Satisfaction in Medieval Redemption Theory," *TS* 36 (1975): 285-304를 보라. Anselm에 대해 수많은 주석가들이 언급하듯이, 그의 이 두 영역 구분을 이해하는 것이 아주 중요하다. Anselm를 폄하하는 많은 사람들은 변제의 개념을 형벌의 개념에 접어 넣는다.

24 "Is Eve the Problem?" in C. Seitz and K. Greene-McCreight, eds., *Theological Exegesis: Essays in Honor of Brevard S. Childs* (Grand Rapids, Mich.: Eerdmans, 1998), 100-102에서 Origen이 아담과 하와를 어떻게 설명하는지에 대한 내 논의를 보라.

25 이후 몇 개의 인용은 Joseph Cardinal Ratzinger, *Introduction to Christianity*, 281-282에서 가져온 것이다. 강조는 덧붙인 것.

26 Jaroslav Pelikan, *The Growth of Medieval Theology, 600-1300* (Chicago: University of Chicago Press, 1978), 137.

27 두 개의 인용문 모두, Pelikan, *The Growth of Medieval Theology*, 137에서 가져온 것이다. 첫째 인용문은, Anselm의 *On the Sacraments of the Church*에 나오고, 둘째 인용문은, Rupert of Deutz의 *Commentary on the Book of Job*에 나온다.

찾아보기

ㄱ

가난한/가난 9, 11, 30-36, 102-105, 120, 125-127, 195-199, 233-241, 244, 246-248, 250-252, 254-255, 261, 263-269, 271-275, 278-281, 284-285, 287-293, 298-300, 303-304, 309, 311-313, 315, 327
  - 하나님에게 가는 도관으로서. '구제: 와 하늘의 보고'와 '구제: 하나님에게 대출해 드린 것으로서'를 보라
가뭄 106, 112, 305, 306-308
가인과 아벨 52-56, 169-171, 182
개리슨, 로만 257-258
개신교 35, 37, 180, 257-258, 274
겟세마네 205
고레스 82-83, 137-138
공로. '입금'을 보라
공로의 보고. '입금'을 보라
구제 29-36, 227-255
  - 가 미래의 구원을 가져다준다 242-248. 273-274
  - 그리스·로마 문화에서 32-33, 36
  - 속량하는 것으로서 31, 232-233,

  240-242, 258, 314-316, 331-332
  - 신중한 277-278
  - '영웅적' 291, 300-304
  - 와 가족에 대한 책임 300-304, 313
  - 와 믿음 262-269, 271, 312-313
  - 와 하늘의 보고 29-37, 242-248, 254-255, 269-273, 277-316
  - 와 희생 제사 34, 236, 249-252, 261, 271, 277-282, 286, 289, 298-299, 311-313
  - 원금과 이자 257, 266, 295-300, 303, 311, 314-315
  - 의 제한 278, 290-293
  - 정관사가 붙은 계명으로서 31, 36, 293-294, 298-300, 312
  - 제한이 없는 286-290, 298-299, 313
  - '체다카'의 의미로서 233-239, 271-272
  - 하나님에게 대출해 드린 것으로서 235-237, 251, 254-255, 257, 262-269, 279-281, 298-299, 311-312, 314-315
  - 행위로 인한 구원이 아닌 36-37, 257-275, 314-316
그레고리우스, 나지안주스의 191, 327
그레고리우스, 니사의 191

금송아지 229
긴즈버그, H. 110, 114

ㄴ

나르사이 203-206, 208-210, 214-215, 218-219, 222, 325-326
노예제도(미국의) 19-20, 97
느부갓네살 31, 34, 39, 231-232, 241, 246, 248, 252, 254, 257, 269, 271-272, 315, 331
니케아 신경 202

ㄷ

다리오 1세 135, 143
다미아누스, 베드로 330
다윗 45, 60, 114, 184, 321
대출 62-63, 167-168, 194-196. '채무: 경제'도 보라
 -과 믿음 262-264
 -에 대한 이자 103, 266-269
 -하나님에게. '구제: 하나님에게 대출해 드린 것으로서'를 보라
다이아몬드, 엘리저 166-167, 295-296, 301, 303, 305
드라이버, S. 90

ㄹ

라멕 169-171, 182
라시 120-121, 154
라칭거, J. 332
라트, 게르하르트 폰 86
랍비 감리엘 263
랍비 감리엘(이닌냐의 아들) 290-292
랍비 느헤미야 87, 96
랍비 레위 291
랍비 마나 290
랍비 메이어 252
랍비 사무엘(랍비 그달리아의 아들) 125-126
랍비 시몬(라퀴쉬의 아들) 290-291
랍비 아키바 252-253, 305
랍비 얀나이 295-297, 305
랍비 예세바브 291-292, 300, 313
랍비 예호슈아(레위의 아들) 307
랍비 예후다(하니나의 아들) 290
랍비 요세(랍비 번의 아들) 291
랍비 요세(하니나의 아들) 170, 186-187, 229
랍비 요하난 236
랍비 이삭 62, 173-174
랍비 엘르아살 176, 186
랍비 제이라 248
랍비 탄후마 309
랍비 탄훔(하닐라이의 아들) 63
랍비 하난 295
랍비 하니나 307

로젠탈, F. 233
루터, M. 274-275
루자토, S. 90
리버먼, S. 289, 293-294, 298
리쾨르, P. 23, 48, 52, 74-75, 188, 325-326

ㅁ

마귀. '사탄'을 보라
마카베오 격변기 142, 146, 160, 334
면벌부 273-275
면제년. '안식년'을 보라
메시아/메시아에 대한 기대 71, 139-140, 239, 259-260, 283
모니카 221-222, 338
모세 30-31, 44-47, 121-122, 126, 134-135, 151, 172, 179-180, 230, 286, 306, 334
무어, G. 166
문바즈 292-293, 300, 313
미사 222, 335, 338
미쉬나 59, 166, 268, 286-291, 300, 304-307, 311
미쉬나 히브리어 67, 79, 165-166
밀그롬, J. 51, 90, 95, 103, 117, 118, 120, 123, 128

ㅂ

바라바 215-216, 219
바실리우스 191
바인펠트, M. 239
발타자르, 한스 우르스 폰 325
버린, A. 149
번역 차용 74, 321
법정 154, 167, 227-229
 -하늘의 154, 181-187, 229-230, 304-305
변제(죄에 대한). '속죄'와 '입금'을 보라
 -'라차'(그리고 어원이 같은 말들) 72, 89-91, 94-96, 99, 116, 117, 129, 161, 166
 -성경의 79-98, 115, 129, 161, 166, 228, 272-273, 323
 -성경 후기의 79-81, 166, 228, 318-319, 331-333
보속 penance 28, 79-81, 144, 270-273, 330
봉건 영주와 봉신 110-111
브라운, R. 64, 66
블렌킨숍, J. 86, 90, 97
비. '가뭄'을 보라
비유 19-37, 74-75, 95
 -죄를 빚으로 보는 21, 25-37, 57-75, 79-81, 85-92, 95-98, 99-100, 115-118, 124, 128-129,

146-163, 165-167, 181, 183-188, 189-190, 193-195, 203-204, 220-221, 227-230, 240-242, 252, 253, 259, 298, 314, 317-338

-죄를 얼룩이나 오점으로 보는 19-21, 35, 40-42, 45, 55, 95, 212, 227

-죄를 짐으로 보는 21, 24-26, 29-30, 39-56, 57-60, 63, 66-67, 74, 124, 150-151, 161, 183-188, 227, 322

-전쟁 19, 52, 75, 227-229

빚. '채무'를 보라

ㅅ

사머, 벤자민 87

사탄 60, 184-185, 202, 203-213. '채무 증서: 사탄이 소유한'도 보라

사해사본 67-74, 152, 161-163, 166, 233, 320-324

사회 정의 237-239

샌더스, E. 181

서원(맹세) 89, 92-95, 281, 308

성결법전 11

세례 35, 221-222, 260. '세례: 예수의'도 보라.

세례 요한 67

세포르노 90

속량(기업 무르기) 118, 162

-땅/자산의 100-105, 131

-이스라엘의 84-85, 104-105, 149, 162

-죄의 81, 200, 227-255. '속죄'도 보라

-채무 노예의 84-85, 104-105, 131, 200, 241

속죄 29, 55, 70, 79-81, 91, 95-96, 117-118, 189-222, 258, 273, 317, 338. '채권'과 '변제'도 보라.

-대리적 형벌 모형 328

-승리자 그리스도 모형 80-81, 202, 206-207, 213, 220, 222, 230, 326-327

속죄 염소 24, 39, 40, 50-51, 55-56, 66, 74, 100, 326

속죄일 24, 39, 50, 56, 59, 70, 183-188, 238

쉐마 306

슈바르츠, 바룩 28, 43-44, 54, 56, 150, 161, 228, 322

슈바르츠, 다니엘 301

슈트라크, 헤르만과 파울 빌러베크 181-188

스스로 구원하는Selbsterlösung 182, 269, 316. '구제: 행위로 인한 구원이 아

닌'도 보라
스올. '음부'를 보라
스타크, 로드니 33
승리자 그리스도. '속죄'를 보라
시내^{Sinai} 120, 122, 126-129, 141, 284, 335
십계명 119, 284-285, 299

ㅇ
아담과 하와
   -그리스도와 교회의 모형으로서 332
   -의 타락 53, 200-201, 206, 209-218, 317, 323, 332
   -채무 증서 서명자. '채무 증서: 아담과 하와가 서명한'을 보라
아람어의 영향 26-29, 40, 57-60, 64, 73, 189, 227, 293-294, 321-322
아론 50, 56
아리스토텔레스 261
아사셀 52
아우구스티누스 191, 220-222, 268-269, 277, 314, 323, 326, 338
아울렌, 구스타브 80-81, 202, 325
'아케다(이삭을 묶음)' 230, 282, 333-338
아타나시우스 218
아퀴나스, T. 165, 185, 272

안셀무스 80, 219, 270, 273, 315, 317-338
안식일 100, 118-120, 123-124
안식년 70-72, 75, 100, 115-129, 134, 136-146. '유배: 안식을 갖기 위한'도 보라
안티오코스 4세 에피파네스 142, 150, 155
알벡, H. 289
알렉산더대왕 142, 149
야곱, 스룩의 201-203, 213-220
언약, 새로운 138-139, 261
에프렘 191-193, 230, 257, 259-268, 297-298, 311, 314
엘리저, 비르타의 302-304
예수 25-26, 28-29, 33, 63-67, 79, 165-166, 189-192, 246-247, 280-286, 298-300, 303-304
   -성육신 206-207, 211-212, 215-217, 258-259, 262, 317-319
   -수난 29, 204-208, 213-220, 222, 258, 274, 283-285, 299, 317, 325, 328-338
   -승리자 그리스도. '속죄'를 보라
   -의 세례 214
   -의 시험 204-207, 211-212, 212-215
오리게네스 283, 331

우르바흐, E. 300-301
우상 숭배 118-120, 123, 295
우샤 290-292, 300, 303
원을 그리는 호니 308
유배
   -바빌론 26-27, 39, 68, 100, 106, 131-135, 136, 241, 320, 331
   -안식을 갖기 위한 99, 114-118, 122, 128-129, 134-135, 136-138, 143-149
   -앗시리아 110-113, 132-133, 141
   -여전히 계속되는 131-132, 140, 141-146, 157-163
   -와 이혼 비유 88
   -형벌로서 26-27, 68, 75, 82-91, 106-109, 117-118, 126-129, 131-135, 141-146, 155-159, 162-163, 177-180, 328, 331. '채무 노예: 이스라엘의'도 보라
   -490년 143-146, 152, 161
   -70년 132-135, 136, 141-143, 143-146, 148-149, 161
율리아누스 31-33
음부 51-52, 172, 215-216
이레네우스, 리옹의 201, 279-281,
이븐 에즈라 90, 121
이삭. '아케다'와 '족장들'을 보라
이스라엘의 회복 71, 109-114, 115-117, 122, 131, 134, 138-140, 143-146, 147-149, 159
이슬람 204
이젠하임 제단화 29
입금(대변) 29-31, 36-37, 60, 180-188, 227-230, 270-273, 314-315. '변제'도 보라
   -고난을 통한 23-28, 30-31, 60-62, 64-67, 85-88, 96, 117, 145-153, 159, 167, 174-175, 178-180, 214-220, 228, 240-241, 310, 318-319, 331-332
   -공로의 보고 30-31, 230, 273-274, 334
   -자선을 통한. '구제'를 보라
   -'제쿠트'(그리고 어원이 같은 말들) 29, 182, 227-229, 248, 289, 300, 312, 334
   -'제쿠트 아보트' 230, 273
잉여 행위 273, 289, 319, 334

ㅈ

자선 198-199, 254-255, 271-272, 286-293, 293-298, 300-301, 305. '구제'도 보라
   -gĕmîlût ḥăsādîm(일반 자선 행위) 290-291
젠슨, 로버트 218, 324

족장들 31, 68, 151-152, 171-180, 182, 230, 295-296, 310, 334-335. '아케다'와 '입금'도 보라
죄의 용서. '구제'와 '입금'을 보라
- '쉬바크' 58, 63, 73, 190-191, 321
- 에 대한 비유 21-24, 74-75. '비유'도 보라
- '아자브' 73, 321-322
- '아피에미' 64-65, 73,
죄의 '실체성' 19-21, 24-25, 45, 51, 56

ㅊ

채권. '입금'을 보라
채무
- 경제상 151-153, 161, 185-186, 193-194, 237-238
- 그 땅의. '유배: 안식년 상환을 위한'을 보라
- 죄로서. '비유: 죄를 빚으로'를 보라.
- '홉'(그리고 어원이 같은 말들) 28, 29, 57-59, 62, 64, 68, 166-168, 177, 182, 189-192, 209, 212, 213-214, 215, 227-229, 321. '채무 증서: 쉬타르 홉'도 보라
채무 노예 25-27, 31, 65-66, 70-71, 75, 85-90, 96-98, 103-105, 120, 125-129, 240-242, 272
- 이스라엘의 27, 70-71, 75, 84-90, 96-98, 115-116, 122, 140-141, 143-146, 157-160
- 죄에 대한/죄로 인한 25, 31, 65-66, 200-201, 240-242, 246, 252-253, 272
채무 증서 35, 62-53, 167-180, 189-222, 229
- 그리스도께서 무효화하신 213-220, 259-261, 323-326, 330. '속죄: 승리자 그리스도 모형'도 보라
- 그리스도의, 그리고 성인들이 소지한 260-263, 265-270
- 하나님이 소지하신 61-62, 171-174, 182-187, 228-230, 303, 307-310, 326-329, 337
- 사탄의 실수로 무효화된 204-213, 218-219
- 사탄이 소유한 201-202, 209-213, 218-219, 222, 325-327
- '쉬타르'(그리고 어원이 같은 말들) 168, 194, 198, 201, 209
- '쉬타르 홉/호브'(그리고 어원이 같은 말들) 62, 168, 171-173, 176-77, 193-194, 209, 212-213
- 아담과 하와가 서명한 200-201, 209-212, 214, 218, 322-323,

325-327
- '케이로그라폰'(자필 증서) 193-197, 323
천사들 135
체이존, 에스더 157-158

ㅋ
'케이로그라폰/케이로그라폼.' '채무 증서'를 보라
케제만 329
콜린스, 존 148
쿨, J. 86
쿰란. '사해사본'을 보라
클레멘스, 알렉산드리아의 257
키프리아누스 80, 319

ㅌ
탈굼 58-59, 67, 90, 322
탈무드 62-63, 165, 186, 235-236, 287, 290-293, 295, 300, 303-307, 309-312
테르툴리아누스 80, 319
토랜스, T. 153
토세프타 286-288, 295-300, 312,

ㅍ
페르시아 시대 26-27, 39-40, 57, 82, 131, 135-136, 137, 140-143, 146

페쉬타 190-191, 236,
펠리칸, J. 338
펠라기우스 326
플라톤 22

ㅎ
하나님의 경제. '구제'를 보라.
하늘의 보고. '구제'를 보라
《황금 전설》 323-324
헨델 84
헹엘, M. 258
히에로니무스 196-198
히즈퀴니 90
희년 70-75, 100-105, 118-129, 237-239, 271
희생 제사 261, 267, 279-282, 334-337
- 번제 89, 281-282, 335, 338
- 배상 제사 28, 228
- 속죄제 28, 95, 228, 525
- 예수의. '속죄'를 보라
- 와 구제. '구제: 와 희생 제사'를 보라
- 화목제 91-92

자료 찾아보기

구약

창세기

2:9-19	53	37:33	171
4:8-12	53	37:35	172
4:13-14	53	37:36	172
4:17-19	169	38장	172
4:23-24	169	39:1	172
12:1-3	178	41:1-24	232
13:14-17	178	41:2-4	232
14장	69	41:5-7	232
15:7-11	151	41:32	232
15:12-14	177	44:2	174
15:13	147, 177	44:16	173-174
15:16	147, 152, 161	50:17	42, 47, 59, 151
22장	230, 333		
25:23	175		

출애굽기

10:7-11	46
10:16	47
10:17	42, 46, 48, 59,
14:21	61
20장	119
20:5	20
29:38-42	335, 336
32장	30
32:1	330, 334
34:6	187
34:6-7	186
40:10	279

32:11	296
32:23-33	296
33:3-4	176
33:8-11	176
33:16-17	176
34장	296
36:6	176
37장	296

레위기	24	25장	99-105, 118-
1-16장	99-100		129, 241
1:3-9	335	25:1	122
1:4	89	25:1-2	126
1:10-13	335	25:1-12	125
1:11	335-337	25:1-24	118
1:14-17	335	25:2-7	100, 125
5:1	42, 47, 54, 58	25:2b-4	101
5:5-6	54	25:8-12	126
7:12-18	91	25:8-17	71
7:18	89-91, 94	25:8-22	100
8-10장	121	25:8-24	125
11-17장	121	25:10	70, 71, 238
16장	326	25:13	70
16:2	151	25:14	126
17-26장	100	25:23	238
18:25	123	25:23-24	100-101
18:28	123	25:25-28	125-126
19장	120	25:25-34	102
19:4	119	25:25-55	71, 100, 102,
19:5	91		118, 125
19:5-29	119	25:29-34	125, 127
19:7	91	25:35-38	102, 125, 127
19:9	287	25:39-40a	105
19:15	238	25:39-46	125-127
19:30	119, 120	25:39-55	103
22:23	89	25:42	104
24:15	42, 46, 47, 151	25:44-46	104

25:47-49	241	26:27-33	106
25:47-55	104, 125-127	26:27-38	109
25:53	105	26:27-39	109
25:55	105	26:31-33	109
26장	99-100, 106-129, 146, 160-163, 240, 323-324, 328	26:33b-35	117
		26:33b-37a	110
		26:34	129
		26:34-35	122, 129, 136-137, 166,
26:1	120		
26:1-2	118	26:36-38	106
26:1-13	109	26:37b-38	110, 117
26:2	121, 123	26:39-45	110, 117
26:2-13	119	26:40	148, 158
26:2-33a	117	26:40-44	158
26:3	121	26:40-45	109, 122
26:3-4a	119	26:41	148, 158, 166
26:3-14	118	26:41-43	129
26:14-16a	119	26:43	158, 160, 166
26:14-17	106	26:43-45	115-117
26:14-26	109	26:46	122
26:14-45	119	27장	100
26:18	109		
26:18-20	106, 108	민수기	
26:21-22	106, 108	4:1-3	85
26:23	109	11:11-14	44
26:23-25a	108	11:11-15	52
26:23-26	106	13:25	135
26:27-29	109	14:26-35	135

14:31-33	135	대하		
14:34	135	36장		141
16:15	44	36:17-21	128	
20:14-17	179	36:19-21	136	
29:3-8	335	36:20-21	136	
		36:22-23	131, 137	

신명기

11:13-17	305	에스라	
11:13-21	306	1-3장	131
12-26장	113	1:1-3	82
15장	124		
15:1-1	171	느헤미야	
15:2	70	13:18	123
15:7b-8	278		
15:10a	278	욥기	
15:10	263	2:4	96
24:1-4	88	7:1-2	85
28장	106, 113-114	14:14	85
28:58-68	114		
30:1-3	115	시편	
30:1-10	114	22편	92
		22:1	92
사무엘상		22:20-22	92
17:34-35	45	22:23	92
		22:25	93
왕하		22:25-26	93
4:1-7	88	32:1	59-60, 184
17장	113, 132, 141,	32:1-2	184

37:21	234, 236-237	1:2-4	49
37:26	236-237, 243, 268	5:18	49
		11:4	239
51:2	40	40장	240, 323-324, 328, 332
62:12	165, 186		
85:1-4	63	40-66장	81
85:2	60	40:1-2	27, 84
85:3	184	40:2	85, 87-89, 91, 96, 116, 129, 149, 166, 324, 328, 331
90:10	134		
103:8	310		
109:12	236		
110	69	44:28-45:4	83-84
112:4-5	234, 236-237	50:1	87
145:9	309	56:2	123
		56:4	123
잠언		56:6	123
10:2	242-243	58:13	123
11:4	242-243	60:1-5	139-140
14:21	235	61:1	70
14:31	235	61:2	70
19:17	235, 236, 254, 263, 268, 279, 280, 312, 315, 236	**예레미야**	
		3:1	88
22:7		17:17-27	123
28:8	235	25:4	141
		25:4-5	133
이사야		25:7	133
1-39장	81	25:9	133

29:10b	134	8:8-12	149
29:14	134	8:20	149
31:33	138	8:21	149
31:34	139	8:22	150
50:20	184	8:23	150, 157
		9장	328

예레미야애가

4:22	149, 161	9:1-2	143
		9:4-6	143-144
		9:12-13	147

에스겔

4:4-6	50	9:17-19	144
20:10-26	141	9:18	147
20:13	123	9:24	147, 150, 161,
20:16	123		
20:21	123	**아모스**	
20:24	123	3:2	162
20:38	123	4:4-6	111
		4:4-12	113
		4:7	112

다니엘

4장	231	4:8	112
4:15-16	231	4:9	112
4:17	231	4:10	112
4:27	11, 31, 232-233, 237, 240, 331,	4:12	113
		9:7-15	114
		9:8	114
		9:11	114
8-9장	146-153, 161	9:14	114
8:1-3	149		
8:5-7	149		

미가
6:6-7   281-282
7:19   51

스가랴
1:12   135

토비트서
1:3   249
1:4   288
1:5-9   249, 289
1:14   195
1:16   196, 249, 288
1:17   197
4:5-11   244, 294
4:6-7   313
4:7   278
4:8   278
4:9   30
4:21-5:3   197
5:3   195
9:2   195
12:8-10   294
14:8-11   294

집회서
3:14-15   251
7:29-36   250, 288

29:9-13   247
29:10-11   248
35:1-2   251
35:2   288

마카베오2서(마카베오하)
6:12-17   156
6:14-15   131

신약
마태복음   24
6:12   25, 57, 64, 189, 324
6:19-20   246
18:23-34   25
18:23-35   65
19:16-20   246
19:16-30   246
25:31-46   280
25:34-36   33, 269, 280
27:15-23   215-217

마가복음
1:1-8:26   283
8:27-10:52 282
8:31-33   283
8:33   283
8:34-35   283

9:30-32	283	**요한복음**	
9:32	283	8:44	208
10:17-31	282	12:31-32	209
10:17-34	313	14:30-31	222
10:19-22	284		
10:23-31	268	**로마서**	
10:27-30	285	5장	322
10:32-34	283	5:12-14	201
11:1-16:8	283	5:12-21	326
14:53-65	208	6:2	328
		7:14	189
누가복음			
2:1-2	260	**고린도전서**	
4:1-4	205	13:3	278
4:13	205		
7:36-50	190, 191	**갈라디아서**	
7:41-42	190, 194	6:14	217
7:42-43	191		
11:4	65, 242	**에베소서**	
12:19	247	4:32	165
12:20-21	247		
18:18-30	282	**골로새서**	
22:3	205	2:13-15	193
22:4-6	205	2:14	35, 189, 193-
22:39-46	205		194, 201, 213,
22:42	206		218, 221, 222,
			259, 323, 326,
			327

데살로니가전서
2:14-16   155

디모데전서
2:14   332

히브리서
1:2   214

성경 이후 유대교 문서
마카베오4서
10:10-12   334

욥의 유언
11:2-4   199
11:7-12   199

아셀의 유언
2:8   294

사해사본
예레미야외경   161

4Q389, col. 2, frag.
9:4-6   152

《다메섹 규약》
3:9-10   68

3:10-12   69, 320, 321
5:5-6   321

4Q504(빛나는 존재들의 노래)   162
frag. 1-2,
col. 6:4-8   157-158

11Q멜기세덱   69-75, 124, 166

m. Avot
3:6   305

m. Makkot   228

m. Peah
1:1   287-289, 295-296, 299-300, 305

m. Ta'anit
1:7   307

t. Peah
1.2   295
4.19   36, 288

바빌론 탈무드
Baba Bathra

5a	61		창세기 라바	
10a	236, 253		23:4	62
			33:3	309-310
Gittin			82:13	173, 176-177
26b	63		85:2	62, 173
Ketubbot				
90a	62		레위기 라바	
			2:11	337
			3:1	294
Sanhedrin			34:2	311
100b	61		34:7	248
Shabbat				
32a	295		민수기 라바	
			19:15	180
Ta'anit				
7b	63		메킬타 드랍비	
24a	302		이스마엘	61, 240
예루살렘 탈무드			Midrash Tannaim to Deuteronomy	263
Peah				
1:1	278			
5a	165, 186-187, 229		Pesikta Rabbati	59-60, 183-186
			Sifra	160
			레 26:43을 다룬	160
Ta'anit				
3:3[66c-d]	307-308		*Sifre*	
			32	87, 96

성경 이후 기독교 문서

클레멘스2서
16:4　　　　　　253

아타나시우스
"on the Incarnation"
part. 6　　　　　218

아우구스티누스
Commentary on
Psalm 37　　　268-269, 277,
　　　　　　　314-315

《고백록》
9.13.35-36　　　221-222

알렉산드리아의 클레멘스
"Who Is the Rich Man
That Would Be
Saved?"　　　　258

디다케
4:5-6　　　　　253

디오그네투스서
9:3-5　　　　　257-258

에프렘
〈믿음 찬송〉
5:17　　　　　261-265

〈금식 찬송〉
1:14　　　　　230

〈성탄 찬송〉
4:203-205　　　261
5:11-12　　　　259-260

〈아브라함 키두나이아를 향한 찬가〉
1:5-8　　　　　266, 297
1:7　　　　　　257, 314

〈율리아누스 사바를 위한 찬가〉
6:14-16　　　　265

나지안주스의 그레고리
Theological Oration
45.22　　　　　327

이레네우스
Against Heresies
4:18　　　　　279-280
5:17　　　　　201

스룩의 야곱

"Homily on Good Friday"

6	215
35	217

나르사이

"Homily for the Great Sunday of the Resurrection"

23-26	206
29-32	207
33-36	207
35	208
37-40	208
47-48	209
49-50	211
49-52	209
54	210
55	211
56	210
59-62	210
82	211
91-92	211
95-98	212
96	212
109-114	213
110	213
111-112	213
659-660	210

죄의 역사

게리 A. 앤더슨 지음
김명희 옮김

2020년 10월 19일 초판 1쇄 발행

펴낸이 김도완
등록 제406-2017-000014호(2017년 2월 1일)
전화 031-955-3183
전자우편 viator@homoviator.co.kr

펴낸곳 비아토르
주소 경기도 파주시 문발로 197 102호(우편번호 10881)
팩스 031-955-3187

편집 이여진
제작 제이오

디자인 임현주
인쇄 민언프린텍
제본 정문바인텍

ISBN 979-11-88255-67-2 93230

저작권자 ⓒ 게리 A. 앤더슨, 2020

이 도서의 국립중앙도서관 출판예정도서목록(CIP)은 서지정보유통지원시스템 홈페이지(http://seoji.nl.go.kr)와 공동목록시스템(http://www.nl.go.kr/kolisnet)에서 이용하실 수 있습니다.(CIP제어번호: CIP2020040052)